普通高等教育"十一五"国家级规划教材
国家级精品课"新闻理论"配套教材

新编21世纪新闻传播学系列教材

• 基础课程系列 •

新闻理论新编

第二版

Journalism Theory

郑保卫 著

中国人民大学出版社
· 北京 ·

作 者 简 介

郑保卫　中国人民大学新闻学院新闻学科责任教授、博士生导师，教育部人文社会科学重点研究基地——中国人民大学新闻与社会发展研究中心主任，教育部社会科学委员会学部委员兼新闻传播学科召集人，全国新闻学研究会会长，中央马克思主义理论研究和建设工程新闻学教材编写组专家，国家二级教授，享受国务院政府特殊津贴专家。

主要研究领域为新闻学与传播学基础理论、马克思主义新闻理论与实践、新闻法制、新闻伦理、新闻教育、传媒改革、民族新闻传播、气候传播、区域传播等。

主要著作有《新闻学导论》、《当代新闻理论》、《新闻长思录》、《新闻理论新编》、《论新闻学学科地位及发展》、《马克思恩格斯报刊活动与新闻思想研究》等，并主编《中国共产党新闻思想史》、《马克思主义新闻经典论著导读》、《中国共产党领导人新闻实践与新闻思想研究》等书。

曾荣获新华社优秀教师、北京市优秀新闻工作者称号，获全国首届韬奋园丁奖、中国新闻奖优秀论文奖、吴玉章人文社会科学奖优秀奖等中央和省市级奖项；主讲的“新闻理论”课程被评为北京市精品课和国家级精品课。

内 容 简 介

《新闻理论新编》是中国人民大学新闻学院郑保卫教授主讲的国家级精品课“新闻理论”使用的教材，是他多年来从事新闻理论教学和研究的成果结晶。

该书对新闻理论所涉及的基本问题作了较为系统的梳理、归纳和评介，对新闻学本体理论所涉及的基本概念作了较为准确的阐释、界定和厘清，对新闻实践和理论研究中的重大问题作了较为全面的概括、分析和论述。此外，该书还注意吸收近些年来国内外新闻学研究最新理论成果和新闻实际工作最新实践经验，使得内容更加丰厚、充实。

该书是“普通高等教育‘十一五’国家级规划教材”和“国家级精品课‘新闻理论’配套教材”，既可作为新闻与传播专业学生学习新闻理论、了解新闻知识、掌握新闻理念的基础教材，也可以作为公众媒介素养教育的普及读物，同时还可以作为新闻与传播实务及科研人员学习和研究新闻理论的参考著作。

总 序

中国人民大学出版社策划出版的“21世纪新闻传播学系列教材”，是一套在新闻传播学领域内，皋牢百代，卢牟六合，贯穴古今，笼罩中外，密切联系新闻传播工作的实际，广泛吸收新闻传播学的最新研究成果，高挹遐揽，取精用宏，供新世纪的高等院校新闻传播院系教学使用的系列教材。

20世纪初以来的100年，是世界新闻传播事业飞速发展的100年。这100年来，随着科学技术的不断发展，继报纸、期刊、通讯社之后，广播、电视、网络和多种新媒体相继问世，新闻传播的媒介日趋多元化，新闻传播的手段日趋现代化，“地球村”变得越来越小，新闻传播事业对世界政治、经济和文化的影响则变得越来越大。

这100年，也是中国新闻事业飞速发展的100年。其中最近的30年，即中国改革开放以来的30年，发展得尤为迅猛。

进入21世纪以后，中国新闻事业发展的势头更为迅猛。报纸、期刊、通讯社、广播电台、电视台的数量在宏观调控下，虽无大变化，但软硬件的实力都有了很大的提高。据2011年12月出版的《中国新闻年鉴》的最新统计数字，2010年全国共出版报纸1 939种，平均期印数2.14亿份。共出版期刊9 884种，平均期印数1.63亿份。全国共有广播电台227座，电视台247座，广播电视台2 130座，教育电视台44座。广播综合人口覆盖率为96.78%，电视综合人口覆盖率为97.62%。

另据2012年1月中国互联网络信息中心（CNNIC）发布的《第29次中国互联网络发展状况统计报告》显示，截至2011年12月底，中国网民规模已达到5.13亿，互联网普及率达到38.3%。其中，手机网民数量为3.56亿，博客和个人空间用户数量为3.19亿，微博用户数量为2.5亿，社交网站用户数量为2.44亿，网络视频用户数量为3.25亿。中国居民中具备上网条件和技能的人已经基本转化为网民，大专及以上学历人群中互联网使用率已达96.1%。中国网站总数为230万个，网页数量为866亿个。

这样大的发展规模，这样快的发展速度，在世界和中国新闻事业史上都是空前的。回顾既往，盱衡未来，新闻传播事业在21世纪还将会保持旺盛的发展势头。新闻传播，作为上层建筑和意识形态的一个重要组成部分，在全面准确地宣传党的基本理论、基本路线和基本方针以及各项决策，反映人民群众的伟大业绩和精神风貌，以及推动改革开放和社会主义现代化建设等方面，必将继续发挥重要的作用。

与新闻传播事业的发展相配合，这100年来，为中国的新闻战线培养和输送人才的中国新闻教育，也有了相应的发展。中国的新闻教育起始于上个世纪初，迄今有近90年的历史。新中国成立前的30年，虽然先后在个别院校中设立了新闻系或新闻专科，但规模都不大，设备也不够完善，在校学生人数，最多的时候不超过400人，30年间累计培养出来的毕业生还不到3 000人。新中国成立后，为了给新中国的新闻事业培养人才，新闻教育有了新的发展，但到20世纪60年代中期为止，全国的新闻教育机构也还只有14家。当时全国只有343家报社、78座广播电台和13家电视台，革命老区来的新闻工作骨干正当盛年，足以支撑大局，新闻系和新闻专业的学生统招统分，基本上能够满足中央和省市以上新闻单位梯队建设方面的需要。"文化大革命"爆发后，新闻事业进入低谷，新闻人才的培养也被迫中辍。拨乱反正之后，新闻事业有了飞速的发展，但新闻工作的人才却出现了断层，明显供不应求，因而极大地推动了新闻教育的发展。中国的新闻教育得以重振旗鼓并得到空前迅猛的发展，主要是改革开放以来的这30多年的事情。30多年来，中国新闻教育和中国新闻事业同步发展。截至2011年，全国设有新闻传播学类院、系、专业的高校已由改革开放之初的两三所增加到800所以上，各种类型和层次的专业教学点已不下1 000个。新闻专业的教学已从单一的大学本科教育，发展到博士生、硕士生、本科生、大专生、成人教育、函授教育等多层次的格局，不少院系还设置了新闻传播学方向的博士后流动站。改革开放之初，全国在校新闻系科学生总共只有500来人，现在仅在校本科生就有16万人左右，硕士和博士研究生3万人左右，办学层次、办学规模、办学水平都有了很大的提高。进入新世纪以后，随着新闻传播事业的加速发展和新闻战线人才需求的不断增加，中国的新闻教育还将会有更大幅度的发展。

一般说来，新闻教育质量的高低，起决定作用的主要是两个因素：一个是师资，一个是教材。两者之间，教材的作用更大。这是因为，师资的多少和良窳，往往受办学主客观条件的限制，而教材一旦完成，就可以直接嘉惠于学子，风行四海，无远弗届。进一步说，一部好的教材，不仅可以满足教学的需要，培养出一大批人才，而且还可以同时拥有一定的学术含量，推动新闻传播学研究的发展。1919年出版的徐宝璜的《新闻学》，1927年出版的戈公振的《中国报学史》，就是这方面的很好的例子。这两本书都是作者在高等学校从事新闻学理论和新闻史教学时作为教材编写出来的，出版之后，立即引起世人的关注和推崇，一再重版，历久不衰，至今仍然是公认的新闻学理论和新闻史方面的传世之作和经典之作。正因为这样，新闻教育的前辈们，历来十分重视教材的建设。新中国成立初期的十来年，坊间出版的新闻学方面的书籍，绝大部分都是教材。改革开放以后，新闻传播学研究空前繁荣，新闻学方面的书籍大量问世，但教材仍然在其中占了很大的比重。这些教材，覆盖了新闻传播学的方方面面，经过出版家和众多作者们的长期努力，门类和品种基本配套齐全，曾经为同时期的新闻教学做出过重要的贡献。但是，随着时间的推移和新闻工作实际的飞速发展，这些教材的体例日显陈旧，观点和内容也亟待调整和更新。一些属于学科前沿和科技含量较高的新开课程的教材尚付阙如，使现有的教材出现了不少缺口。在新世纪已经到来之际，集聚力量，重新编写出一套体系完整，门类齐全，能够为新世纪的新闻教育和新闻人才培养服务的新闻传播学的系列教材，已经成为人们的共识和新闻业界与新闻教育界的迫切需求。

呈现在读者面前的，就是应这样的需求产生的一套系列教材，它将涵盖新闻学、传播学两个二级学科的方方面面内容，满足新闻、广播、电视、广告、媒体经济、新媒体等多个专业的教学需要。负责这些教材编写工作的，是中国人民大学、复旦大学、北京大学、清华大学、中国传媒大学、中国青年政治学院等多所著名院校长期从事新闻传播学方面教学与研究工作的专家学者，其中有相当大的一部分编写者都是相关学科的国家级的学术带头人，堪称一时之选。收入本系列的教材中，既有国家级重点教材，也有部级重点教材，其他的也都是经过严格筛选的精品，所以，本套系列教材的质量是有保证的，其权威性也将会得到社会的认同。

21世纪是一个高度信息化的时代，是信息经济和知识经济占主导地位的时代。信息经济和知识经济有两大支柱，一是以高科技为代表的传播技术产业，二是从事新闻和信息产品生产的媒体产业。新闻传播学作为将这两大领域有机联结的桥梁，在今后的国家建设和社会发展中必将发挥越来越重要的作用。中国人民大学出版社经过精心策划，隆重推出这套系列教材，是具有高度的前瞻性和战略眼光的。在这里，我谨代表编委会和全体作者向中国人民大学出版社表示由衷的感谢。

这部系列教材开始策划于上个世纪的最后一年，本世纪初起陆续问世，迄今已编写出版了50余种。在体例和内容的创新和开拓等方面，远远超过同时期出版的同类教材。其中有些教材，还根据整个新闻传播理论与实践的发展和新闻传播学教学与研究的发展，陆续作了必要的补充和修订，重新出版，实现了内容的与时俱进。

这批教材的问世，将会为新闻传播事业和新闻教育事业的发展和繁荣、为新世纪新闻传播人才的培养做出它应有的贡献。这是出版者和全体作者共同的一点希望。是为序。

方汉奇

2012年3月15日

于中国人民大学宜园

自 序

1978年10月，我回到阔别了8年①的母校中国人民大学，成为人大复校②后招收的首届108名研究生中的一员，师从甘惜分老师攻读新闻理论方向。从此，我走上了学习、研究和讲授新闻理论的道路，屈指算来至今已整整36个年头了。

当年同在甘老师门下的新闻理论研究生还有童兵。甘老师给我们确定的具体研究方向是“马克思恩格斯新闻理论与实践”。他交给我们的第一个任务就是通读《马克思恩格斯全集》。我们花了一年的时间，夜以继日地把《马克思恩格斯全集》50卷通览了一遍，做了几千张卡片，最后整理成40万字的《马克思恩格斯报刊活动年表》，后来交由中国人民大学出版社出版。这是我国第一本以年表形式出版的关于马克思和恩格斯报刊活动与新闻思想的书。

通读马恩全集，不但使我们对马克思和恩格斯的报刊活动与新闻思想有了全面的把握和了解，学到了知识，增强了理论修养；而且使我们领略了他们的道德品行，感受到了他们的人格魅力，思想上有很大的收获和提高；同时也培养了我们的研究兴趣，使得“马克思和恩格斯的报刊活动与新闻思想”，成为我们后来一直坚持的研究方向。

1981年10月研究生毕业后，我被分配到国际政治学院（后更名为中国人民警官大学，现已并入中国人民公安大学）新闻系任教，开始了我长达30多年的新闻理论教学生涯。此后，我先后在中国新闻学院、中国传媒大学和中国人民大学教授新闻理论以及与之相关的课程，包括给硕士和博士研究生开的“新闻理论研究”、“新闻理论专题研究”、“马克思主义新闻思想研究”以及“中外新闻学比较研究”等，总之始终没有离开过新闻理论这个大方向。

2002年，我作为引进人才，第三次回到母校中国人民大学，在担任教育部人文社会科学重点研究基地中国人民大学新闻与社会发展研究中心主任的同时，在新闻学院承担“新闻理论”课教学任务。这期间我主讲的“新闻理论”课先后被评为北京市精品课程和国家级精品课程。我想，这是对我个人教学的一个肯定，更是对几十年来以甘老师领衔的中国人民大学新闻理论教学工作的一个肯定。

教学需要教材，这些年来为了教学的需要，我先后编写了《新闻学导论》（1990年新华出版社出版）、《当代新闻理论》（2003年新华出版社出版）、《新闻理论新编》（2007年

① 我1964年从福建考入中国人民大学新闻系，1969年毕业，1970年分配到大连工作。

② “文化大革命”中，中国人民大学停办，1978年经党中央决定重新在原址恢复办学。人大停办后，新闻系并入北京大学中文系建立新闻专业，人大复校后，到北大的老师全部返回中国人民大学新闻系。

中国人民大学出版社出版），还同项德生老师共同主编了教育部全国专升本新闻理论教材《新闻学概论》（2000 年武汉大学出版社出版），后来又作为中央马克思主义理论研究和建设工程新闻学教材编写组专家参加了统编教材《新闻学概论》（2009 年高等教育出版社、人民出版社共同出版）的编写工作。

《新闻理论新编》是我在中国人民大学新闻学院工作期间编写和使用的教材。自出版以来，该书被许多学校作为指定教材使用，还被列入了“普通高等教育‘十一五’国家级规划教材”和“国家级精品课‘新闻理论’配套教材”。

这次此书根据中国人民大学出版社编辑的建议进行修订。在修订过程中，我梳理和回顾了 30 多年来从事新闻理论教学和研究的经历，感触很多。

“新闻理论”课是新闻学的基础理论课程，是新闻学与传播学专业学生的必修课，任课老师都希望能够教好。那么怎样才能教好“新闻理论”课呢？根据多年来的教学实践，我想要教好“新闻理论”课需要具备多方面的素养和条件，但下面三个环节十分重要：一是要弄清新闻学的学科性质及属性；二是要坚持用马克思主义新闻观作统率；三是要坚持紧密联系新闻实践。

● 要弄清新闻学的学科性质及属性

近些年来，我国新闻学界在关于新闻学学科性质及属性的认识问题上，存在一些不同观点。比如，有的认为新闻学科属于“社会科学”，有的认为属于“人文科学”，有的则认为属于“带人文科学性质的社会科学”。我赞同第三种观点，即新闻学科是一种带有人文科学性质的社会科学。

一般说来，新闻学作为一门实践性很强的科学，更多地体现的是社会科学的属性，需要从实践与应用的角度来关注和研究新闻现象及新闻传播活动规律。但是从新闻传播所承担的社会功能和所发挥的社会作用看，从新闻工作者所担当的社会责任和所肩负的社会使命看，新闻学又有着鲜明的人文科学属性，是一种带有人文科学性质的社会科学。

美国学者卡莱·詹姆斯就坚持把新闻学看作是一种带有人文性质的社会科学。他认为，新闻学同政治、文学、哲学、艺术和历史都有密切的联系。因此，要教育学生注意处理好这些关系。“新闻应该与政治联系，这样才能理解民主生活和民主机构；和文学联系，这样才能提高语言和表达能力，并深刻理解叙述的方式；和哲学联系，由此确立自己的道德基准；和艺术联系，这样才能捕捉到完整的视觉世界；和历史联系，在此基础上建立自己的意识和直觉。”①

我很赞成他的这些观点。我认为，新闻理论教学首先要让学生掌握新闻学的学科性质及属性，了解它是一门具有人文科学性质的社会科学，因此要注意引导学生关注社会，关注人生，关注国家和民族事业的发展，并且要帮助学生认识到，不能把新闻降格为一种没有灵魂、没有思维、没有方向的纯粹信息媒介和简单传播行为，要警惕那些把新闻驯化为一种纯粹的营利工具、公关帮手的做法。

我们的新闻理论教学要让学生明白，新闻学所关注和研究的“新闻”应当是一种有灵有肉、有情有感、有人有物的东西。新闻工作者应当用纯洁的心灵和真实的情感去讲述人

① ［美］卡莱·詹姆斯：《新闻教育错在哪里》，载《国际新闻界》，2002（3）。

间故事，去传播人类文明，去引导社会进步。新闻媒体应当是一种有生气、有灵性的活生生的信息提供者、舆论引导者和文明传播者，而绝不仅仅是一种单纯的“信息商品”、“传播中介”和“物化媒体”。

● 要坚持用马克思主义新闻观作统率

马克思主义新闻观，是指马克思主义对于新闻现象和新闻传播活动的总的看法。它涉及诸如新闻本源、新闻本质及新闻传播规律等许多根本性问题。它是马克思主义的世界观、人生观和价值观在新闻传播领域的反映与体现。它告诉人们怎样运用辩证唯物主义和历史唯物主义的观点和方法去看待新闻现象，去回答新闻传播活动中的各种理论与实践问题。

马克思主义新闻观能够提供认识和解释新闻传播现象与新闻运作规律的科学的世界观和方法论，是研究新闻学不可缺少的思想武器，也是新闻理论教学的指南。因此，我们应当坚持用马克思主义新闻观来统率新闻教学，而且应当将其体现到新闻理论教学的整个过程中。

新闻学理论中确实存在一些属于纯学术性的专业理念，如新闻的真实、客观、公正，以及新闻自由、责任，等等。不过要看到，即使是对这样一些内容，我们在新闻理论教学中也要尽可能运用马克思主义新闻观来加以分析和认识。

比如“客观”，按照马克思主义新闻观的认识，就要反对搞“纯客观”和“客观主义”；又如“责任”，按照马克思主义的新闻观，就要在强调传媒社会责任的同时强调其政治责任；再如“新闻自由”，虽然它是一个中性的概念，各国各类媒体都在讲新闻自由，但是按照马克思主义的新闻观，我们在使用这一概念时，就强调要正确区别和看待西方国家新闻自由和我国新闻自由的不同性质，及其不同的表现形式与实现手段等。

总之，坚持按照马克思主义新闻观统率新闻理论教学，要帮助学生增强政治意识，要学会立足于国情来看待我国新闻工作中的一些理论与实践问题。这样既可以准确把握这些理论观点的基本内容，又能够运用政治眼光来进行辩证分析，从而更好地认识其深刻内涵及其实质，使自己将来在新闻工作中能够坚持正确方向，避免出现政治错误。

● 要坚持密切联系新闻实践

新闻工作是一种实践性很强的工作，同时也是始终处在不断更新、变化和发展状况下的工作，因此，新闻理论教学，需要时刻保持同新闻实践的联系，要帮助学生养成关注社会、关注民生、关注国内外新近发生的重大事件，以及关注媒体、关注新闻，特别是关注新闻界新闻的习惯。

这些年来，我在“新闻理论”课教学中坚持每次课拿出一部分时间组织学生“读报评报”，即让学生对一周的媒体报道进行回顾与点评，借助这样一个环节来使学生保持同新闻实践的联系。同学们借助所学的新闻理论知识梳理一周来媒体报道的重大事件，点评一周来媒体上的重要报道，评述其优劣与得失，这样既可以了解当前的新闻工作实际，又加深了他们对新闻理论的理解，收到了很好的效果。

“新闻理论”课的读报评报不同于新闻业务课，它主要是从理论上培养学生的宏观意识和新闻敏感，锻炼学生的新闻发现力，提高学生的新闻悟性，使他们借助刚刚发生的新闻事件和刚刚出现的新闻报道来对所学新闻理论知识进行验证和消化，这将有助于他们更好地理解和掌握新闻理论中的一些基本原理，从而能够在以后的新闻实践中更加自觉地运用这些原理去做好新闻工作。

总之，要教好新闻理论，需要教师自身具有明确的政治意识，具备丰厚的人文素养，并且将其贯穿到教学之中，而且要善于用马克思主义新闻观去统率学生的思想，用人文精神和科学精神去感化学生的心灵，帮助他们成长为一个有事业心、责任感和人文情怀的人，从而自觉地去为社会主义新闻事业服务。同时还要坚持密切联系新闻实践，帮助学生始终不脱离新闻工作实际。从这一意义上说，新闻理论教学岗位光荣，责任重大，任务艰巨，需要每位老师付出辛勤的劳动。

《新闻理论新编》一书自2007年出版以来已使用了7年时间。这期间，国内外政治、经济、文化和社会环境都发生了重大变化。而随着新闻改革的不断深化，特别是在新媒体环境下传播技术在不断更新，整个新闻业在媒介形态、传播手段、表达方式，以及产业体制和运行机制等方面都发生了重大调整和深刻变化。另外，新闻界在深化改革中创造了许多新的实践经验，积累了许多新的理论成果。因此，此次修订，笔者力图将这些调整变化、经验成果，都尽可能地加以吸纳，在内容上加以充实。

另外，此次修订，本人对原书稿的章节作了一些调整和变动。原书稿中第三编“新闻工作”部分共分为三章，即“新闻工作基本业务规范”、“新闻工作道德与法律规范”和“社会主义新闻工作规范”。考虑到业务规范和社会主义新闻工作规范下面的各节内容都十分重要，因此将这两章下的节都改为章，即将真实性原则、客观与公正报道原则、新闻自由与社会责任原则，以及党性原则、“三贴近”原则、舆论导向原则和舆论监督原则都独设为章，这样共增加了五章。

原书稿中的第六章为“新闻事业的管理与经营”，考虑到许多新闻院校都开有专门的课程，因此将其删去。这样，全书就由原来的十三章增加到十七章，加上绪论，共十八讲，如果按照每学期十八周教学时间，每周可以讲授一讲，便于老师安排课程。

此外，为了学生们学习上的便利，在每章的开头增加了“本章学习要点”和“案例”部分，概括出该章中的知识要点和能够说明该章核心内容及观点的典型案例，以帮助学生加深对该章内容的把握和理解。

我真诚地希望这本教材能够对学生学好新闻理论知识、教师教好“新闻理论”课程有所帮助，同时也真诚地欢迎读者朋友，特别是使用此教材的同学和老师能够对教材使用过程中所发现的问题，特别是对如何完善和充实教材提出宝贵意见。

老师们、同学们，让我们共同为完善和充实新闻理论知识体系，改进和提高新闻理论教学，促进和推动新闻学繁荣发展贡献力量！

郑保卫

2014年9月28日于中国人民大学明德新闻楼

目　录

第三编　新闻工作

绪 论

【本章学习要点】

1. 世界新闻学经历了由术到学的积累过程、由史到论的发展过程和由西到东的传播过程。新闻学的形成与发展是多种因素共同作用的结果，即新闻实践是基础、传媒改革是动力、教育发展是关键、社会环境是保障。

2. 中国新闻学的发展始终与国家兴衰的命运相关联，与社会发展的大背景相吻合。进入改革开放时期后，中国新闻学获得了快速发展，成为一门独立的社会科学，今后要进一步加强学术规范，扩大研究领域，丰富研究成果，朝着更加科学化和规范化的方向，发展为一门具有丰厚学术含量和重大应用价值的学科。

3. 世界无产阶级新闻学是由马克思和恩格斯创立的，后来经历了以列宁为代表的俄国布尔什维克党人和以毛泽东为代表的中国共产党人不断继承、创新和丰富、发展的长期过程，逐步形成了科学的理论体系。

4. 新闻学学科体系由历史新闻学、理论新闻学、应用新闻学组成。历史新闻学主要研究中外新闻业产生和发展的历史；理论新闻学主要研究新闻的本质特征和新闻传播活动中的各种矛盾关系，以及新闻业的工作原则和运行规律；应用新闻学主要研究新闻采写编评制作等新闻业务方面的应用知识及一般规律。

5. 新闻学研究必须坚持以马克思主义为指导思想，注意理论联系实际，处理好共性与个性、继承与发展、吸收与扬弃、反“左”与防右的关系，吸收和借鉴当代科学研究的新方法。

6. 新闻理论在整个新闻学学科体系中处在基础和核心的地位。学习和研究新闻理论，可以帮助我们认识新闻学的基本原理，掌握新闻工作的基本原则、方法和一般规律，树立起马克思主义的新闻观，从而有助于更加自觉地运用新闻规律来指导新闻实践，为做好新闻工作服务。

案 例

反“客里空”运动及其历史教训

1947 年 6 月 25 日，中共中央晋绥分局机关报《晋绥日报》根据读者反映，开辟专栏并发表编辑部文章《不真实新闻与“客里空”之揭露》，主动对新闻报道中的失实现象进行检查和纠正。报纸希望读者大胆揭发虚假新闻，肃清新闻报道中“客里空”的影响，反“客里空”运动由此展开。

“客里空”是苏联剧本《前线》中一个惯于弄虚作假、吹牛拍马的战地特派记者的名字。他能坐在指挥部屋子里任凭想象编造新闻，而且编得活灵活现。“客里空”在俄文中的原意是空喊者，新闻界借用它泛指新闻报道中的虚构、浮夸现象。

8 月 28 日，新华社总社发表编辑部文章《锻炼我们的立场与作风》，9 月 1 日又发表社论《学习晋绥日报的自我批评》，使得反“客里空”运动迅速扩展到各解放区。这一运动是当时延安整风运动对新闻工作者进行教育的继续和发展。解放区各新闻单位纷纷响应，结合检查自身新闻报道中的“客里空”现象，展开了一场实事求是思想路线的教育活动，对于加强新闻队伍建设和密切党报同人民群众的联系，以及密切党和政府同人民群众的关系起到了重要作用。

从此，“客里空”一词在中国成为虚假新闻的代名词。然而值得注意和思考的是，半个多世纪过去了，“客里空”现象在我国媒体上依然存在，虚假新闻始终屡禁不绝。牢记“客里空”现象的历史教训，以史为鉴，可以帮助我们更好地发扬优良传统，做好当前工作，牢固树立实事求是的思想作风，坚决防治虚假新闻，维护新闻报道的真实性原则。这也是我们学习新闻理论所要解决的问题和所要追求的目标。

放眼世界，如今人类已经跨入了 21 世纪，和平、发展与合作的时代潮流不断推进，政治多极化和经济全球化的趋势日益发展，科学技术的进步日新月异，国家间综合国力的竞争日趋激烈，全球政治、经济、文化、社会、生态以及舆论环境更加复杂多变，整个世界更加多姿多彩。

与此同时，作为记录和反映客观世界与现实生活的新闻传播也呈现出超时空和全球化的趋势。广播、电视、通信卫星和互联网等现代通信技术使媒体传播越来越便捷，越来越广泛。如今，“人人都有麦克风”，“人人都是传播者”，媒体与传播已经真正实现了无处不在，无时不有，无远弗届。各种各样的信息借助多种多样的大众传媒像潮水一样涌向四面八方，信息的社会渗透力和影响力越来越大。一个人、一件事转瞬间就可能会成为世界瞩目的焦点，一条信息一经媒体传播就可能会引发社会政治、经济和民众生活发生变动，甚至会导致人与人、国与国之间的反目与争战。

未来学家们预言，21 世纪将是信息化的时代，谁拥有了信息，谁就将拥有对世界的控制权，谁就能在未来的发展中赢得主动权。因此，关注信息，关注信息传播，关注以信息和新闻传播为研究对象的新闻学与传播学，在今天已经成为一种时尚与潮流。

如今，人们生活在被现代传播技术缩小了的“地球村”里，天天都在感受信息与传播带来的冲击和影响，天天都要思考如何选择信息、掌握信息、用好信息。更有许多人立志从事信息与新闻传播事业，把学习和掌握新闻与传播知识作为实现自己理想和追求的必备条件。特别是信息传播进入自媒体阶段后，参与式新闻和公民新闻的出现，使得人人都成了传播者，学习媒介知识，增强媒介素养，掌握传播技能成了一种社会性需求。

本书旨在为新闻院校的学生和立志学习与研究新闻学的读者介绍新闻学的基础知识，使之掌握新闻学的基本理论，从而为将来更好地从事新闻工作，或是更好地掌握和利用新闻媒介提供帮助。

第一节　新闻学的形成与发展

一、世界新闻学的形成

人类的新闻传播活动早已有之，但研究新闻传播现象及其活动规律的新闻学的形成却是近代报刊出现以后的事情。

从近代新闻业的产生到新闻学作为一门独立学科的形成大约经历了两三百年的时间。新闻学的形成是一个学科知识积累的长期过程，同时也是一个不断扩充学科体系，增加学术含量，并且不断争取学界和社会的认可，赢得独立学科地位的过程。

探究新闻学学术研究发展的历史，不难发现，无论是国内，还是国外，人们对新闻学作为一门独立社会科学学科的认识都经历了一个复杂的过程。而在这个过程中，“新闻无学论”始终是影响新闻学学科发展的主要障碍。

例如，有人将新闻学划入政治学，认为新闻学只是政治学的附庸，没有自己的学术品格、价值体系和行为规范；有人把新闻学与传播学等相关学科相混淆，无视它作为一门独立社会科学学科的学术内涵及专业理念，甚至于脆提出要用传播学取代新闻学；有人说新闻有“术”无“学”，只要掌握点采写编播的技能方法就能做好新闻工作，甚至认为写作新闻稿是“雕虫小技”，新闻工作是简单的脑力劳动，无需高深学问；凡此等等。

这些对新闻学的曲解和偏见，使得新闻学在学术领域长期没有自己应有的地位，得不到学界和社会的认可。国内外一些高校长时间将新闻学排除在人文社会科学的学门之外；而在新闻实务界和社会上，也总有人对新闻学说三道四，排斥和否定新闻学的理论价值与实践意义。

为争取新闻学的学术地位，许多新闻学者付出了长期艰苦的努力。他们用自己孜孜不倦的探索精神和科研成果为新闻学学科殿堂的建立摇旗呐喊，添砖加瓦，终于使新闻学得以跻身人文社会科学学科之列，得到了学界和社会的认可。

从世界范围内看，新闻学首先是在西方国家获得独立学科地位的。从 19 世纪初开始，随着资本主义报业的发展，人们对报纸的报道方式、采编业务、版面表现形式、报业的经营管理等方面的探讨和研究不断深入，从而促进了新闻学研究的形成与发展。

当新闻传播成为一种社会职业之后，人们开始关心和探寻它产生与发展的轨迹，描述它产生与发展的历史，并试图从历史发展的宏观视野来揭示新闻传播活动的客观规律。1845 年，德国人普尔兹撰写的《德国新闻事业史》一书，被认为是世界上第一本新闻学专著。此书的问世，使得新闻学研究跳出了纯业务技能的狭窄范围，进入了更加广阔的领域，它标志着世界新闻学开始形成。

与此同时，报业的发展也促成了新闻学教育的兴起。从 19 世纪下半叶起，在德国、美国等一些欧美国家开始出现了一批新闻院校、系科和专业，其中最有代表性的是 1908 年美国密苏里大学新闻学院和 1912 年美国哥伦比亚大学新闻学院的建立。一些新闻院校的教师成为新闻学研究的主力和开拓者。他们除了讲授新闻实务课程外，还对新闻工作和新闻业进行理论研究，以争取新闻学在大学中的学科地位，并争取学术界的认可。这期间，一批学术刊物陆续出现，一些研究论文和专著相继问世，为新闻学的形成和发展奠定了基础。

在此后的几十年中，新闻学研究在西方国家不断拓宽领域，深化内容，逐步形成了较为系统的理论体系。特别是20世纪40年代前后开始出现的传播学，从更大的范围和更广的领域，来研究包括新闻传播活动在内的人类的一切传播活动，把对人类传播活动的研究推进到了一个新的阶段。

传播学是新闻业发展到广播电视等媒体阶段，形成社会性的大众传播业之后出现的，主要研究大众传播活动与社会变动和发展，及其与社会伦理道德的关系。传播学通过对一些传播过程和效果的实证研究来解释传播行为对人类及社会的影响。

传播学作为一门新兴学科，吸收了许多相关学科的理论原理和研究方法，形成了自己独特的研究方向、研究内容和研究方法，其研究思路和研究方法为新闻学提供了借鉴，对新闻学研究的深入和发展起到了促进作用，在一定意义上充实和丰富了新闻学的研究领域。

而从20世纪六七十年代开始，西方国家的新闻学研究开始向更加广阔的领域发展，先后出现了“新新闻学”、“调查新闻学”、“精确新闻学”、“发展新闻学”、“公共新闻学”等新的交叉学科，大大丰富了新闻学的学科领域和学科内涵。

正是在这种不断演进的过程中，新闻学逐渐发展为一门具有重要社会影响力的独立的社会科学学科。

二、中国新闻学的形成和发展

虽然中国是世界上最早的报纸——邸报的故乡，但近代报刊的出现却远远晚于西方国家。如果以1815年出版的《察世俗每月统记传》为中国近代报纸的滥觞，它问世的时间比西方国家整整晚了两个世纪。然而，中国新闻学研究的起步与西方国家新闻学却无太大差距。1918年10月，在蔡元培校长的倡导和支持下，北京大学创办了我国第一个新闻学教育和研究团体——北京大学新闻学研究会。蔡元培亲任会长，留学美国归来的年轻教授徐宝璜和《京报》社长邵飘萍成为研究会最早的导师，毛泽东等55人成为研究会的首批学员。一年以后，徐宝璜将他在研究会和北京大学政治学系授课的讲稿《新闻学》整理出版，这是中国最早的一部新闻学专著。

“但是，认真地说来，有关新闻思想的论述，并不自1918年始。早在上一个世纪的七八十年代，就已经有大量这方面的论文出现了。至于有关新闻思想的片言只语和断简另篇，则问世更早。其上限，甚至可以一直追溯到上一个世纪的四五十年代。”[①] 如果按报刊史专家方汉奇教授的上述说法，中国的新闻学研究可以说与西方国家新闻学几乎是同时起步了。

中国的新闻学研究若究其源头，最初起始于鸦片战争至辛亥革命前后出现的一批资产阶级思想家、政治家和宣传家。太平天国后期领导人洪仁玕，资产阶级报刊政论家王韬、郑观应，资产阶级改良派代表人物梁启超，资产阶级革命家孙中山等人这一时期提出的办

① 转引自胡太春：《中国近代新闻思想史》，1页，太原，山西教育出版社，1987。

报思想，代表着中国早期新闻学的理论成果。他们的办报思想与办报实践为中国新闻学的形成提供了丰富的源泉。特别是他们关于报刊性质、功能、任务、作用等方面的论述，成为后来人们认识新闻业性质和功能的重要依据。他们关于新闻真实、新闻时效、新闻伦理、新闻文风等方面的论述，也成为后来新闻学研究的重要内容。

20 世纪 20 年代前后，中国新闻学发展逐步进入成熟期，其标志是几本有代表性的新闻学专著的出版：1919 年徐宝璜的《新闻学》，1923 年邵飘萍的《实际应用新闻学》和 1926 年戈公振的《中国报学史》。这三本分别研究新闻理论、新闻业务和新闻历史的专著的出现，说明中国新闻学已经开始形成自己最初的学科体系。

从 20 年代开始，一批新闻院系和新闻学术研究团体纷纷建立。它们在进行新闻教学、培养学生的同时，还组建新闻学研究机构，创办新闻学学术刊物，积极开展新闻学研究，使得新闻学研究的队伍不断壮大。

如果以新闻学专著的出版作为新闻学研究状况和效果的一种标志的话，那么这一时期中国的新闻学研究，可以说取得了几乎与西方国家新闻学研究同步的成果。自此以后，中国的新闻学研究逐步深入，不断扩大自己的研究成果，仅在 30 至 40 年代，就有百余种新闻学专著出版，显示了中国新闻学的发展潜力和势头。

从 20 年代开始，中国共产党新闻事业的形成和不断发展成为中国新闻史上的重要事件。中国共产党人的报刊活动实践及其办报思想和办报理念为中国新闻学研究开辟了新的领域，提供了新的成果，充实了新的内容，并且将其发展到了一个新的阶段。

由于始终处在对敌斗争的状态，中国共产党人前期的新闻实践与新闻理论都服从和服务于政治斗争的需要。党的早期领导人，从陈独秀、李大钊到毛泽东、周恩来，都非常重视新闻工作，而且都有着丰富的报刊活动实践。陈独秀 1915 年创办的《新青年》、陈独秀与李大钊 1918 年共同创办和主编的《每周评论》、毛泽东 1919 年创办的《湘江评论》、周恩来 1919 年主编的《天津学生联合会报》等，在中国新闻史上都有着重要地位。作为党的活动家和领导人，他们在指导革命报刊工作的过程中对其性质、任务、工作原则和工作方法等作过许多阐释与论述，形成了他们独特的报刊思想。

中国共产党人有组织地开展新闻学研究是在延安时期。1941 年，延安中央研究院设立新闻研究室。在 1942 年开始的整风运动期间，配合全党的党风、学风和文风教育，党在根据地的新闻队伍中，进行了一场无产阶级新闻观的教育活动。这一活动不但统一了思想，纯洁了队伍，使广大新闻工作者对党的新闻事业的基本性质、工作原则、职业作风、写作文风等新闻理论的基本问题有了明确的理论认识，而且也促进了新闻学研究的开展。

整个 40 年代成为中国共产党新闻理论研究深入发展并取得重大成果的重要时期，也是中国共产党新闻理论进入成熟期的标志性时期。这期间，中国共产党对党的新闻工作提出的一系列方针、政策、要求，制定的一系列文件，《解放日报》改版、《晋绥日报》反“客里空”运动从正反两方面总结的党的新闻工作的经验和教训，陆定一的《我们对于新闻学的基本观点》、毛泽东的《对晋绥日报编辑人员的谈话》、刘少奇的《对华北记者团的谈话》等几篇有关新闻工作的经典性文章和讲话的发表，对党报理论作了较为系统的总结，为中国无产阶级新闻学的建立充实了丰富的内容。

社会主义新中国的建立，为新闻事业的发展创造了新的环境和条件，也对新闻学的发展提出了新的要求和任务。新闻事业如何继承和发扬延安整风以来所形成的党报传统，如何适应社会主义革命和建设的需要，如何为人民群众的生产和生活服务，成为新闻学研究需要解决的重要课题。

1956年7月以《人民日报》改版为代表的新闻改革，成为新中国成立初期中国新闻改革成果的标志。这次包括报纸、通讯社和广播等新闻机构在内的全面改革，在新闻观念、报道内容、传播方式和文风建设等方面都有许多新的突破，使得改革后的新闻传播更加适合人民群众的需要，更加适合各项工作的需要。这次改革形成的新闻理论成果，为我国社会主义新闻学的建立奠定了一定的基础。

然而遗憾的是，从1957年的反右斗争到1976年“文化大革命”结束，这期间由于极左路线的影响，新中国新闻事业的发展受到严重挫折，新闻学研究也几乎陷入停顿状态。特别是“文化大革命”期间，“阶级斗争工具”、“无产阶级专政工具”成为当时对新闻学理论的全部概括。

1978年中共十一届三中全会召开，国家进入改革开放新时期后，中国新闻事业进入了一个新的发展时期，新闻学研究也迎来了历史上不曾有过的最好时期。

在国家实行改革开放的大环境、大背景下，通过拨乱反正，正本清源，消除极左路线影响，吸收与引进西方新闻学与传播学研究成果，中国新闻理论和实务工作者在新闻观念、报道内容、传播形式、管理体制、经营理念和运行机制诸多方面都进行了卓有成效的改革，取得了可贵的经验，其成果大大丰富了社会主义新闻学的理论内涵。

作为社会主义新闻事业，中国新闻传媒在进行观念更新、业务和经营改革的同时，始终坚持党性原则，坚持正确的舆论导向，注意解决好坚持正确方向和促进事业发展的关系，为新时期新闻事业的繁荣和发展积累了经验，也为社会主义新闻学充实了许多新的内容。

经过30多年的改革，中国新闻事业获得长足发展，新闻学研究也是硕果累累。1987年，新闻学被国家科学技术委员会正式列为15个人文和社会科学学科之一。从此，新闻学终于取得了自己独立的学科地位。1997年，新闻学又与传播学一起成为一级学科。2004年，中央又将新闻学确定为国家重点发展的九大哲学社会科学学科之一。新闻学学科地位的快速上升和不断巩固，标志着中国新闻学进入了历史上最好的发展期，这是几代新闻理论和实务工作者不懈努力的结果。

今后，中国新闻学将进一步加强学术规范，扩大研究领域，丰富研究成果，朝着更加科学化和规范化的方向，发展为一门具有丰厚学术含量和重大应用价值的学科。

三、世界无产阶级新闻学的形成与发展

无产阶级和社会主义新闻学是由马克思和恩格斯创立的。他们从19世纪中期起，根据自己丰富的新闻实践提出并阐述了一系列关于无产阶级新闻工作的基本理论和基本观点。一百多年来，无产阶级和社会主义新闻学经历了以列宁为代表的俄国布尔什维克党人和以毛泽东为代表的中国共产党人不断继承、创新和丰富、发展的长期过程，逐步形成了科学的理论体系。

（一）马克思和恩格斯是无产阶级新闻学的创立者和奠基者

马克思和恩格斯不仅是伟大的无产阶级政治家、革命家、思想家和理论家，而且还是

卓越的无产阶级报刊活动家。他们作为无产阶级革命家的政治活动，始终都伴随着一系列有声有色的报刊活动。在长达半个多世纪的岁月中，他们创办、主编和参加编辑的报刊有十余家，指导过的报刊有数十家。他们通过对自己报刊活动实践的总结和对新闻事业一般规律的理解，提出并确立了无产阶级新闻学的基本原理，奠定了无产阶级新闻学的理论基础。

马克思和恩格斯所阐述的党的新闻事业是党的重要思想武器和政治阵地，应代表并捍卫无产阶级和人民大众的利益，须遵守及阐述党的纲领和策略原则，要在党的领导和监督下开展工作等一系列新闻思想，成为世界无产阶级及其政党新闻事业的工作指南。

（二）列宁是无产阶级新闻学的继承者和发展者

列宁是马克思和恩格斯事业的忠实继承者。他在继承马克思和恩格斯新闻思想的基础上，结合自己创办无产阶级党报，为建党、夺权和建设社会主义国家而斗争的新实践、新经验，大大丰富并发展了无产阶级和社会主义新闻学，将其推进到一个新的阶段。

作为一个职业革命家，列宁一生的大部分活动都同报刊活动有关，报刊成为他从事革命活动得心应手的工具。他根据俄国布尔什维克党的斗争需要，集中阐述了党报的宣传、鼓动和组织作用；明确提出并系统阐述了党报的党性原则，强调了党对党报的领导和监督责任；深刻揭露了资产阶级新闻自由的实质，从阶级分析入手，阐明了马克思主义的新闻自由观；在俄国十月革命胜利取得政权后，领导党和苏维埃报刊实现了工作重点由报道政治向报道经济的战略转移，初步提出了社会主义经济宣传的原则和方法；等等。

列宁的这一系列思想对于取得政权后的无产阶级政党搞好社会主义新闻宣传工作具有重要指导意义，成为社会主义新闻理论的重要组成部分。

（三）以毛泽东为代表的中国共产党人是无产阶级新闻学的实践者、继承者，也是其丰富者、创新者

以毛泽东为代表的中国共产党人认真总结自己运用新闻媒体指导战争、指导根据地政权建设、指导社会主义经济建设和改革开放事业，以及发动全党办报、群众办报等方面的经验，用以充实和发展无产阶级新闻学，并在创建中国特色社会主义新闻学方面做了许多开创性的工作，为无产阶级和社会主义新闻学的发展树起了一座新的里程碑。

中国共产党人在丰富并发展无产阶级和社会主义新闻学方面的贡献集中体现在毛泽东的一系列新闻思想中。毛泽东的新闻思想同马克思、恩格斯、列宁的新闻思想是一脉相承的。他接受并阐述了他们的一些理论观点，同时又根据中国政治、经济状况的不同特点以及中国共产党所肩负使命、任务的特殊要求，对党报的性质、任务、功能、工作原则和工作方法等作了新的理论概括和阐释，从而深化和发展了马克思、恩格斯、列宁的新闻思想，使无产阶级新闻学在新的历史条件下充实了新的内容，显示出了新的生命力。

而邓小平、江泽民、胡锦涛、习近平等几代领导人也根据自己所处时代党和国家所面临的国内外形势及新闻实际工作的需要，就改革开放和社会主义转型时期如何做好新闻工作，如何发展新闻事业，以便更好地为人民服务、为社会主义服务、为党和国家工作大局服务，提出了许多重要的理论观点，为无产阶级和社会主义新闻学的丰富与发展做出了时代性贡献。

无产阶级和社会主义新闻学发展到今天，已经形成了自己的理论内涵和科学体系。但作为一门科学，它还需要不断用新的内容去充实和发展。特别是面对当今时代的新形势和新任务，面对新媒体与新技术给新闻工作带来的新变化和新问题，还有许多新的课题需要去研究，去解决，无产阶级和社会主义新闻学需要在解决这些新课题的过程中不断完善和充实自己，建构起更加科学的理论体系。

第二节　新闻学研究的内容和方法

一、新闻学研究的内容

新闻学作为一门独立学科，有其独特的研究对象和系统的理论体系。它把一切新闻现象和整个新闻业作为自己的研究内容。因此可以说，新闻学是一门研究新闻现象及新闻传播活动规律的科学。

作为科学的新闻学既是对新闻工作实践经验的高度抽象，也是对新闻传播概念系统、知识体系和新闻事业运动规律的集中概括。

新闻学的理论体系包括新闻的本质特征及矛盾关系，新闻事业的社会地位和作用，新闻工作的原则、方法和规律，新闻传播活动的历史和现状，以及新闻业务的技能和方法等多方面知识。

按照上述思路，可以将新闻学的内容概括为以下三方面。

（一）历史新闻学

历史新闻学主要研究中外新闻业产生和发展的历史以及中外新闻界名人史。它要探寻人类最早的信息传播活动是怎样产生的，是什么力量在推动着人类新闻传播活动的发展，新闻传播媒介是怎样从低级形式向高级形式演进的，它与社会生产力的发展有什么联系。

报刊是人类从事新闻传播活动最先使用的媒介，可以说构成人类新闻传播活动最早的那部分历史是报刊史，因此，中外报刊史成为历史新闻学的最主要的研究内容。除此之外，历史新闻学还要研究广播、电视、通讯社、新闻图片、新闻电影、互联网等新闻传播形态、手段和方式，以及新闻教育、新闻学研究、新闻事业经营管理等有关的新闻事物、新闻活动产生与发展的历史。

新闻业作为一项社会事业的产生和发展是一大批致力于这一事业的人们长时期艰苦奋斗、不懈努力的结果，因此历史新闻学也把那些曾为推动新闻事业的繁荣与发展做出过卓越贡献的著名报刊活动家、记者、编辑、评论员、主持人、经营管理者以及新闻教育学家、新闻研究专家作为自己的研究内容。

（二）理论新闻学

理论新闻学主要研究新闻的本质特征和新闻传播活动中的各种矛盾关系，以及新闻业在社会生活中的地位和作用，它的社会功能和特点，它的工作原则、方法和一般规律等。

作为一种独特的社会现象，新闻传播区别于其他事物的本质特征是什么，有哪些自然属性和社会属性；如何理解新闻业作为一种社会事业的性质，它对社会的发展能起什么作用；新闻业的发展受到哪些政治、经济、文化和社会环境等因素的制约和影响；在现代社会中，各种政治组织、经济机构和社会团体是如何利用和控制新闻业的；各种新闻业的运作、经营和发展有哪些共同的规律可循；如何认识中国新闻业与西方新闻业的区别；如何批判地借鉴外国新闻学中的有益成果；中国新闻业有哪些优良传统，这些传统是怎样形成的，在改革开放新时期如何发扬这些传统；如何改革一些已经不适用的旧的传统观念和传播方式；如何开创中国新闻工作的新局面；如何建设中国特色社会主义新闻业；面对世界政治的多极化和经济与信息传播的全球化，中国新闻业如何抓住机遇，迎接挑战，壮大实力，扩大影响，真正把事业做大做强做优做好：这一系列问题都是理论新闻学研究的内容。只要对上述问题作出科学的阐释，新闻学的基本原理和新闻传播的客观规律便被揭示出来了。

（三）应用新闻学

应用新闻学主要研究新闻采访与写作、新闻编辑、新闻评论、新闻摄影、新闻广播、新闻电视、传播科技、新闻事业经营与管理等新闻业务方面的应用知识。它探讨的是新闻业务及新闻业经营与管理等方面的技能方法和一般规律。

历史新闻学、理论新闻学和应用新闻学是构成新闻学学科知识体系的三个基本组成部分。它们是相互联系、不可分割的整体。

这其中，历史新闻学是基础，丰富的新闻史料是总结和概括新闻理论不可缺少的条件，也是应用新闻学研究重要的借鉴内容；理论新闻学则是新闻学研究的核心，正确的新闻理论是新闻史和新闻业务研究的可靠指南；应用新闻学是新闻学研究的落脚点，一切新闻理论和新闻史的研究，其目的和归宿都是为了服务于新闻业务实践，真正为做好新闻工作提供方法和指南。

新闻学是一门独立的学科，但又与其他一些人文社会科学学科有着许多相互交叉的研究领域，比如政治学、社会学、统计学、心理学、伦理学、语言学、法制学、传播学、经济学、管理学、美学、哲学等，新闻学与它们交叉产生的边缘学科也属于新闻学研究的内容。此类交叉学科可以拓宽新闻学的研究领域，丰富新闻学的研究内容，可以为新闻学研究提供新的思路和方法，从而使新闻学研究更加科学，更加规范。

二、新闻学研究的方法

科学理论的研究需要借助于科学的方法，方法论问题历来是科学研究必须解决的重要问题。

新闻学作为一门科学，在其研究过程中应注意掌握以下方法。

（一）坚持以马克思主义为指导思想

马克思主义作为一种科学的世界观和方法论，是社会主义一切事业的指针，也是我国一切科学研究的指导思想。新闻学是一门具有鲜明政治性的社会科学，研究新闻学必须遵循马克思主义的立场、观点和方法，善于用它们来分析和阐述一切新闻现象，回答新闻工作中的各种理论与实践问题，概括和总结新闻传播活动的规律和特点，确立和阐明新闻学科学的理论体系，揭示新闻学学术问题的思想内涵及实质。尤其要注意运用作为当代马克思主义最新理论成果的邓小平理论、“三个代表”重要思想、科学发展观和习近平新时代中国特色社会主义思想来指导新闻学研究。

（二）坚持理论联系实际

坚持理论联系实际，坚持实事求是，一切从实际出发，是理论研究必须遵循的重要原则和方法。新闻学研究应当立足于本国国情，紧密联系当前新闻工作实际。

新闻学研究要从我国当前实际出发，研究作为党、政府和人民耳目喉舌的新闻业如何在党的领导下更好地坚持为人民服务、为社会主义服务的基本方针，为发展经济、服务群众、稳定政局、促进文明、实现四化大业和维护世界和平发挥自己的作用，做出更大的贡献。尤其要注意研究如何运用新闻传播的特点和优势，为实现党在新时期的总任务营造良好的舆论氛围，进行正确的社会舆论导向。同时还要敢于触及当前新闻实践中的各种热点、难点问题，要对其进行深入调查研究，认真总结经验，科学地做出理论回答。

（三）注意处理好几个关系

1. 共性与个性的关系

学习和研究人类新闻传播活动的一般规律，这是新闻学研究的重要内容。过去我们很长一段时间忽略了对新闻传播一般规律的研究和认识，从而导致新闻工作中无视甚至背离新闻规律的现象频频发生。对新闻传播一般规律的研究要注意遵守学术规范，尊重学术研究的独立性，要按照通行的学术活动规则来开展研究，以保证研究的过程和结论不受非学术因素的干扰与影响。

在此基础上，还要注意着重探讨当代社会新闻传播活动的特殊规律，尤其要注重探讨我国现阶段新闻传播活动的独特规律，努力构建中国特色社会主义新闻学的理论体系。

2. 继承与发展的关系

新闻学的学科发展有一个历史积累和延续的过程，在这个过程中许多优良的传统得以不断积淀和传承。因此，新闻学研究要注意吸收以往所积累的一切优秀成果，要在继承传统的基础上开辟创新发展之路。

新闻学研究的传统继承，尤其需要注意分清哪些是我们原先的工作传统和学科理论中应当继续保持与发扬的东西，哪些是应当加以更新和替代的东西。既要注意防止出现无视传统的倾向，更要避免出现随意颠覆传统的倾向。

无产阶级新闻事业自诞生以来，经过一百多年从马克思、恩格斯到列宁，再到以毛泽东为代表的中国共产党人的长期实践，逐渐形成了自身的工作传统和学科理论。特别是中国共产党的新闻事业，经历了战争年代和社会主义革命、建设以及改革开放和现代化建设时期的丰富实践，在不断总结经验和教训的基础上形成了特有的工作传统和科学理论。这些都是新闻学理论体系中的重要内容，我们应当很好地加以总结并将其作为财富继承下来。同时，也应实事求是地找出其中的失误，总结其中的教训，并不断用新的实践和理论去充实和发展它，以使新闻工作更加符合规律性，使新闻学研究更加具有科学性。

3. 吸收与扬弃的关系

新闻学的发展离不开对人类文明成果的学习和借鉴，积极学习和借鉴一切人类文明成果是新闻学研究的必然选择。

在世界新闻学发展的历史进程中，西方新闻学是先于中国新闻学产生的。它们在揭示新闻传播一般特征和普遍规律方面作了许多开创性的工作，积累了大量学术成果，其中有许多迄今依然具有一定理论价值和实践意义。像新闻价值理论、社会责任理论、客观公正报道原则、受众兴趣与需要原则、新闻伦理规范、新闻法制规范、新闻自由思想、新闻业管理和经营思想，等等，都是一些反映新闻专业品质、体现新闻专业理念、揭示新闻内在规律的理论观点。这些理论观点有助于我们更好地理解新闻的本质特征和新闻传播的一般规律，从而丰富新闻学研究的内容，同时也有助于维护新闻学的学科地位，增强新闻学的学术品位，因此都值得我们学习和借鉴。

近些年来我们在新闻学研究中一直在注意学习和借鉴外来的一些理论成果，例如传播学、信息论、系统论、控制论等许多西方新兴学科的知识原理和研究方法都被运用到新闻学研究中，成为新闻学学术发展的重要依据，并且有些内容本身还成了新闻学研究成果的一部分，一批新闻学交叉和边缘学科的产生就是例证。

当然，在学习和借鉴的过程中，需要注意弄清西方新闻学中哪些是值得我们吸收和借鉴的有益的东西，哪些是不符合我国国情，对我们的实际工作没有益处的东西，哪些又是完全体现和代表西方国家特有的价值观的东西。在介绍和阐释这些理论观点的时候，要注意按照辩证唯物主义和历史唯物主义的方法来分析与论证其形成背景、理论内涵、应用价值及历史局限，真正做到“学有所值”，“为我所用”。

4. 反“左”与防右的关系

由于现代中国特定的历史发展过程和社会政治环境，近几十年来，各种“左”的或右的思想倾向时时在冲击着新闻实际工作和新闻学研究。这就需要我们在新闻学研究中时刻保持清醒的头脑，坚持正确的政治方向，既要注意清除“左”的路线的流毒和影响，又要注意抵制一些错误思潮和有害思想的侵蚀与毒害，防止右的干扰，使新闻学研究始终不偏离社会主义的正确方向。

在新闻学研究中，有许多属于不同学术观点之间的争论，对此，应当努力创造一个宽松、平和的学术研究气氛，做到畅所欲言，平等论争，不要随便给别人扣上“左”的或右的帽子，这样才有利于新闻学的繁荣和发展。

（四）注意吸收和借鉴当代科学研究的新方法

科学研究通常需要运用实证和理性分析的方法，来对自己所反映和描述的特定事物、现象进行观察证实和逻辑推理，以证明其合理性。这种合理性要求在概念运用上必须做到清晰和准确，在逻辑推理上应当做到连贯与一致，要避免出现相互矛盾的现象。

因此，新闻学研究除了坚持运用马克思主义的一些基本方法之外，还应注意引入一些现代科学研究的新方法，借以分析和解释新闻传播活动中的理论与实践问题。

另外，还要善于运用数学和统计学方法，将新闻学研究从过去的仅仅依靠定性分析，发展到合理地运用定量分析的实证方法，从而增强新闻学研究的精确性和科学性。

实践呼唤理论，实践也推动着理论的发展。进入新世纪后，我国新闻业所处的国际传媒竞争的新环境、新态势，所面临的新形势、新任务，特别是新媒体的出现给新闻工作带来的新变化、新问题，向新闻学研究提出了更新更高的要求。如何紧跟形势，迎接挑战，如何使我国新闻业不断壮大实力，创新发展，扩大影响力，增强竞争力，对此必须做出理论的回答。每一个立志于新闻学学习和研究的人都应当立足国情、面向实际、开阔视野，不断拓展新的学习和研究领域，为新闻学的更大繁荣和发展做出新的贡献。

第三节 学习新闻理论的意义

一、服务实践，指导实践

新闻理论在整个新闻学学科体系中处在基础和核心的地位。它既是新闻实践经验的概括和总结，又是新闻实际工作的向导和指南。学习和研究新闻理论，可以帮助我们认识新闻学的基本原理，掌握新闻工作的基本原则、方法和一般规律，树立起马克思主义的新闻观，从而有助于更加自觉地运用新闻规律来指导新闻实践，为做好新闻工作服务。

然而，由于"新闻无学论"的长期影响，在我国新闻界一直存在着轻视新闻理论的倾向。有的人认为，只要能采写和编辑好稿件，懂不懂新闻理论无所谓；有的人觉得，只要听上面的话，按领导的意见办就行，不必学什么新闻理论；有的人甚至以某某某没学过新闻理论，照样成为"名记者"为理由来否定学习新闻理论的意义。

恩格斯曾断言，一个没有理论思维的民族不可能站在科学的高峰。无数事实说明，理论对于实践具有重要的指导意义。正确的理论来自实践，同时又对实践起指导作用；而一旦脱离正确理论的指导，便会导致盲目甚至是错误的实践。

在新闻工作中，不懂新闻理论知识，不按新闻规律办事，仅凭经验和热情行事，往往会事与愿违，得不到预想的效果。而如果完全无视新闻理论，背弃新闻规律，新闻工作便会走上邪路，给国家和人民带来巨大的损失。这方面，在过去的几十年中，我们的教训实在太深刻了！因此，我们应当充分认识学习和研究新闻理论的重要性和必要性，认真总结历史的经验教训，以马克思主义新闻观为指导，深入探讨新闻理论，弄清其基础知识和基本观点，掌握新闻工作的客观规律，提高从事新闻工作的自觉性和创造性。

在我国，新闻工作是政治性很强的工作，需要新闻工作者具有良好的政治素养与政治敏感。学好新闻理论有助于新闻工作者确立正确的新闻观，增强宏观意识和大局意识，提高政治洞察力和政治敏锐性，从而在纷繁复杂的政治环境和社会生活中，始终保持清醒头脑，坚持正确方向，站在全局、大局的高度，审时度势，做出准确判断，完成好新闻宣传和舆论导向的任务。

新闻工作同时又是一种实践性很强的工作，需要新闻工作者具有良好的新闻业务素质和能力。学好新闻理论有助于新闻工作者更好地理解和掌握新闻传播的专业理念、业务知识、工作原则及运作规律，从而更加自觉地运用这些理念、知识、原则和规律去做好新闻工作。

新闻工作还是一种始终处在不断更新、革新和创新状况下的工作，需要新闻工作者有良好的创新意识和改革精神。学好新闻理论有助于新闻工作者增强创新意识和改革精神，自觉运用新闻学的科学理论和正确方法去改革那些不适应社会发展与群众需要的传播内容和报道方式，去革除那些有损新闻事业声誉和形象的弊害，从而创造出更多能够满足广大群众需要的新的作品、节目和栏目、版面，树立起新闻业良好的社会声誉和社会形象。

早在90年前，著名报人邵飘萍在其《新闻学总论》一书中，就把新闻学理论的学习研究与改进新闻业的关系比喻为“形与影”的关系。他强调：“欲矫正新闻业之弊害，则新闻学之提倡研究，乃其根本急务也。”他甚至提出，新闻学作为一种“处世穷理之学”，“不独为新闻记者所应具”，“即多数国民，最好亦能使之相当了解”①。

按邵飘萍的说法，新闻理论与新闻实践的关系如影随形，可见新闻理论对于新闻实践的服务和指导作用之大、之切！而被邵飘萍称为“处世穷理之学”的新闻学对于新闻工作者，乃至每个国民的思想养成与道德修炼的理论价值和实践意义就更大了。因此，学习新闻学理论及其他相关知识不但是新闻工作者的需要，其实也应成为公众的一种自觉要求与行动。

二、继承传统，改革创新

世界新闻业自诞生以来，在长期的发展过程中，积累了许多实践经验，也形成了许多专业理念和工作传统。特别是无产阶级新闻事业，从一开始便在马克思主义的指导下，逐步形成了自己独特的理论观念和工作传统。学好新闻理论有助于新闻工作者更好地掌握这些理论观念，继承这些优良传统，用马克思主义的新闻观和优良的传统去规范和指导自己的实践。

无产阶级和社会主义新闻事业是无产阶级和社会主义整个事业的一部分，是无产阶级政党和广大人民群众从事革命与建设事业的不可缺少和无以替代的舆论工具。它通过传播新闻信息、报道和评述新闻事实，反映现实生活，反映群众的呼声和要求，宣传马克思主义，宣传党的路线、方针、政策，影响和引导舆论，把人民群众吸引到党和政府的周围，去为实现党和国家各个历史时期的中心任务而奋斗。

无产阶级革命导师都把新闻事业作为其宣传真理、唤起民众、指导斗争、干预运动、揭露敌人、抨击时弊的强大思想武器。他们轰轰烈烈的革命活动始终伴随着有声有色的报刊活动。

马克思大学毕业后选择的第一个工作岗位就是为《莱茵报》撰稿，办报成了他一生中唯一的正式职业。24岁时，他担任了《莱茵报》的主编。在他的主持下，该报成为当时揭露旧制度，宣传新思想，为贫苦群众代言的重要舆论阵地。恩格斯写的第一篇通讯《乌培河谷来信》就是抨击有产阶级，为家乡群众说话的。1848年，在欧洲民主革命的高潮中，马克思和恩格斯共同创办了共产主义者同盟的机关报——《新莱茵报》。在他们的领导下，《新莱茵报》成了德国革命运动的有力喉舌。

列宁作为职业革命家，深知报刊宣传对于革命斗争的重要性。他一生都在和报刊打交道，经他创办和主编的报纸多达30余家。1900年他创办的第一份报纸取名《火星报》，他希望这份报纸能像星星之火形成燎原之势。该报在他的领导下，为建立一个独立的马克思主义政党、传播革命真理、组织和动员广大群众投身革命斗争发挥了积极作用。而他领导

① 转引自胡太春：《中国近代新闻思想史》，301页，太原，山西教育出版社，1987。

创办的布尔什维克党中央机关报《真理报》更是在十月革命和社会主义经济建设事业的宣传中发挥了重要的作用。

毛泽东1919年在湖南长沙创办的《湘江评论》，是他早期革命活动的重要内容。他在《创刊宣言》中写道："时机到了！世界的大潮卷得更急了！洞庭湖的闸门动了，且开了！浩浩荡荡的新思潮业已奔腾澎湃于湘江两岸了！顺他的生。逆他的死。如何承受他？如何传播他？如何研究他？如何施行他？这是我们全体湘人最切最要的大问题，即是'湘江'出世最切最要的大任务。"① 显然，毛泽东正是要通过这份报纸来向民众宣传新思潮，传播新知识，唤起"民众的大联合"，推动湖南革命运动的发展。

研究革命导师们的办报经历和办报思想，总结他们的办报经验和办报传统，可以看出，在百余年的办报实践中，无产阶级新闻事业积累了许多成功的办报经验，形成了许多优良的办报传统。例如，坚持宣传革命真理，宣传党的纲领主张；坚持正确的舆论导向；无情揭露反动派，抨击一切丑陋现象；勇于为人民群众代言，当好人民群众的耳目喉舌；坚持实事求是，坚持说真话，报实情；不惧艰险，艰苦创业，依靠群众，办好报纸；等等。

这些办报经验与办报传统反映了无产阶级新闻事业的内在特征和客观规律，具有科学性和真理性，成为马克思主义新闻理论的重要内容，可以用于指导和规范今天的新闻工作，用于教育和引导今天的新闻工作者。

世间万事万物始终都处在不断变化、发展的过程之中。任何科学和理论也都不是僵化不变的，而是一个在继承前人理论成果的基础上，与时俱进，不断创新的过程。因此，学习和研究新闻理论不但要继承传统，还要不断改革，勇于创新。

无产阶级和社会主义新闻学是一个完全开放的理论体系，它的形成和发展过程是一个在继承前人理论成果的基础上，与时俱进，不断创新的过程。它总是根据无产阶级及其政党在不同历史时期和不同发展阶段新闻工作性质与任务的变化，用新的实践、新的理论来充实、完善和发展自己。

马克思和恩格斯在批判与借鉴资产阶级新闻理论的基础上创立了全新的无产阶级新闻理论；列宁在继承马克思、恩格斯新闻思想的基础上进行了创新与发展；以毛泽东为代表的中国共产党人在继承马克思、恩格斯新闻思想和列宁新闻思想的基础上同样进行了创新与发展，形成了反映自己所处时代特征的理论观点。这说明，他们都是站在时代的潮头，根据当时形势发展和新闻实际工作的需要，在不断总结经验的过程中进行理论创新，提出适合当时需要的新的理论观点的。因此，如果用形而上学的观点把无产阶级和社会主义新闻理论看作是一种僵化的、缺乏活力的"过时理论"，是不符合其在开放条件下不断创新和发展的实际情况的。

继承传统，改革创新是新闻理论和新闻实践永远的话题，也是学习和研究新闻理论所要达到的目的。通过新闻理论学习，知道哪些是应当继承和发扬的好的传统，哪些是需要根据新的形势、任务和工作要求，进行改革创新的东西，真正学会用新的实践、新的理论去充实、完善、创新和发展新闻学的学科理论。

理论创新的内涵非常丰富，既包括新闻理论观念的创新，也包括新闻业务方法的创

① 《毛泽东早期文稿》，294～295页，长沙，湖南出版社，1990。

新，还包括新闻管理体制和运行机制的创新，等等，总之应当是一种全方位的创新。只有全方位地进行理论创新才能使新闻学在发展过程中不断充实和完善，从而形成更加科学、系统、完整的理论体系，同时也能够更好地适应当前我国新闻业繁荣发展的需要。

改革开放以来，我国新闻业丰富多样的改革实践和逐步深入的理论研究，为新闻理论的创新与发展创造了良好的条件。

在国家实行改革开放的 30 多年中，我国新闻业不但在规模和数量上有了突飞猛进的发展，而且在宣传思想、新闻理念、报道业务及经营管理体制、机制与方式上都有很大的调整和变革，从而使得新闻传播能够建立在更加科学、更加规范、更加符合学理、更加讲究效益及效果的基础之上。特别是社会主义市场经济体制的建立，更为新闻业营造了深化改革、快速发展的良好环境，使得其能够借助市场机制实现自身的发展，同时也积累了在改革和创新中不断求发展的新经验。

我国新闻业在改革发展中所焕发出来的创造力，所积累的智慧和经验，为新闻理论研究提供了丰富的养分和宝贵的资料，特别是对建设中国特色社会主义新闻学具有重大意义。新闻理论的研究和新闻学科的发展离不开这些丰富多样的改革实践所提供的取之不尽，用之不竭的经验与资源。

三、构建中国特色社会主义新闻学理论体系

构建中国特色社会主义新闻学理论体系，是新的历史条件下我国新闻学发展的重要目标和任务。

所谓"中国特色社会主义新闻学理论体系"，顾名思义，这个理论体系要体现两个特点：一是要坚持社会主义方向，反映社会主义新闻事业的本质；二是要具有中国特色，适应中国新闻事业发展的需要。当然，这两点是相互联系，相互依存的。只有坚持社会主义方向的新闻学，才是具有中国特色的；反之，中国特色的新闻学，就应当是反映社会主义新闻事业本质属性、基本特征和一般规律的。

要坚持社会主义的方向，反映社会主义新闻事业的本质，就需要这个新闻学理论体系能够充分体现我国新闻业作为党、政府和人民的耳目喉舌所应具备的基本性质、所应遵循的基本方针、所应坚持的基本原则，等等。

要具有中国特色，适应中国新闻业发展的需要，就需要这个新闻学理论体系能够准确表述我国新闻业在改革开放和现代化建设新时期所应承担的历史使命、所应采取的发展方略、所应体现的风格特点，等等。

改革开放 30 多年来，我国新闻业的跨越式发展，新闻学研究的历史性进步，为构建中国特色社会主义新闻学理论体系提供了有利条件。多年来我们积累的丰富新闻实践经验，打下的坚实新闻理论基础，都将成为构建中国特色社会主义新闻学理论体系的有力保证。我们相信，一个科学的，经得起历史和实践检验的，能够体现当代马克思主义新闻学最新理论成果的中国特色社会主义新闻学科学的理论体系终将建立起来。

【思考题】

1. 世界新闻学经历了怎样的发展过程？

2. 中国新闻学的产生和发展有哪些特点？
3. 如何理解新闻学的产生经历了由术到学的发展过程？
4. 新闻学研究需要掌握哪些方法？
5. 学习新闻理论有何重要意义？

第一编

新　闻

第一章

什么是新闻

【本章学习要点】

1. 新闻是人类在共同劳动的过程中，为了协同行动、趋利避害而进行信息交流和社会交往的产物。认识新闻的起源，对于把握新闻的实质，认识新闻的社会价值与实践价值，树立正确的新闻观具有重要意义。

2. 新闻的本源是事实，新闻是事实的报道，事实是第一性的，新闻是第二性的，事实是新闻的基础，没有事实，就没有新闻。把事实作为新闻的本源，承认事实是新闻的实质所在，是对新闻本源问题的正确理解和科学把握。

3. 新闻是公众关注的最新事实信息的报道。“事实信息”，强调的是新闻的真实性；“最新”，强调的是新闻内容的新鲜性和新闻传播的及时性；“公众关注”，强调的是新闻传播的公众性；“报道”，强调的是新闻传播的公开性。

4. “真实”是新闻的一个本质特征和基本特性。认识新闻的真实性，有助于防止和克服新闻报道中存在的失实现象，努力反映客观事实和现实生活的真实情况，把世界的真实景况如实地报道给受众。

5. “新鲜”也是新闻的一个本质特征和基本特性。认识新闻的新鲜性，有助于防止和克服新闻报道中存在的事实不新、报道缺乏吸引力和可读性的现象。

6. “及时”传播是新闻产生的一个外部条件，也是新闻的一个基本特性。认识新闻的及时性，有助于防止和克服新闻传播中的拖拉、疲沓现象，提高竞争意识，增强新闻传播的时效性。

7. “公开”传播是新闻产生的又一外部条件，也是新闻的另一个基本特性。认识新闻的公开性，有助于防止和克服新闻报道中清规戒律太多、报道面太窄的现象，提高新闻传播的公开性，增强新闻报道的透明度。

案例

陆定一的“新闻本源观”及新闻定义

1943 年 9 月 1 日，陆定一（时任《解放日报》总编辑）在《解放日报》上发表《我们对于新闻学的基本观点》一文。这篇文章被后人评价为“延安《解放日报》改版经验的科学总结，也是我国无产阶级新闻学理论的扛鼎之作”。

此文首先论述的问题是“新闻的本源”问题，作者强调：“新闻的本源乃是物质的东西，乃是事实，就是人类在与自然斗争中和在社会斗争中所发生的事实。”并据此提出了新闻的定义，即“新闻是新近发生的事实的报道”。在论证过程中，作者指出：“事实是第一性的，新闻是第二性的，事实在先，新闻（报道）在后。”“因此，唯物主义的新闻工作者，必须尊重事实，无论在采访中，在编辑中，都要力求尊重客观的事实。”

文章中关于新闻本源的论述和新闻定义的表述，成为中国共产党人运用唯物主义认识新闻的代表性观点。尽管几十年来我国新闻界对于新闻定义的问题一直众说纷纭，但“新闻是新近发生的事实的报道”这一定义仍然被广泛使用。

“新闻”是新闻传播活动中的一个基本元素，也是新闻学中的一个基本概念，可以说一切新闻现象都是由它生发出来的，新闻业的全部工作也都是围绕着它而进行的。因此，研究新闻学必须首先从“新闻”入手，弄清什么是新闻、新闻的本质特征和基本属性，然后再探讨以传播新闻为主要活动内容和活动手段的新闻业的性质、功能、作用，以及新闻工作的原则、要求和一般规律。

第一节　新闻的起源与本源

一、新闻起源于人类的信息需求

当今社会已经进入媒介化社会，人们生活在一个新闻媒介无处不有、无时不在、无远弗届的环境中，天天都离不开新闻传播，时时都在和“新闻”打交道，但是要问“新闻到底是从哪里来的”，许多人却不一定说得清楚。

在西方有一种流行说法，认为新闻产生于“人的本能欲望”，因为人生来就有一种“好奇心”和“新闻欲”，喜欢了解外界事物，这是一种无法抗拒的心理需求和心理反应。例如，人生着眼睛就爱看东西，生着耳朵就爱打听事，生着嘴巴就爱传递消息。而正是这种“对于事物的好奇心和兴趣”，成为“新闻欲的源泉”①，从而也导致了新闻的产生。

实事求是地说，人类的确具有“好奇心”和“新闻欲”，而很多媒体也确实常常在依据人们的“好奇心”和“新闻欲”去采集和报道新闻。然而，人们的“好奇心”是怎么来的？人们的“新闻欲”又是怎样产生的呢？在对这些问题的认识和理解上，存在着两种不同观点。

一种观点认为，人类的“好奇心”和“新闻欲”来自人的“天性”与“本能”，是上苍所赋予的。

另一种观点则认为，人类的某种心理动机和心理现象，并不是上苍的赋予，而是人们为了自身的生存和发展，在社会生产和生活实践中产生的某种需要的一种反映与体现。人

① ［美］约斯特：《新闻学原理》，3页，北京，中国人民大学出版社，1983。

们对各种自然现象和社会事物的“好奇心”和“新闻欲”，就是他们在社会生产和生活实践中所产生的信息交流与社会交往的需要的一种反映和体现。

人类为了维持自身的生存和发展，在其生活的早期便开始聚群而居，协同行动，他们需要靠群体的力量，共同采集植物和猎取动物。这当中，他们要时时同自然灾害和凶禽猛兽的袭击作斗争，有时还要抵御其他氏族、部落的侵害。在这种共同劳动和生活的过程中，为了适应随时变化着的自然环境和社会环境，以便更好地劳动生产和生存生活，他们需要相互交往，相互联络，需要通过传递信息、交流情况来了解周围发生的各种事情，以便及时采取相应的应变措施。正是这种相互依存状态下信息交流和社会交往的需要，导致了人类最初的信息传播活动的产生，导致了“新闻”这种特殊的社会现象的产生。

“劳动的发展必然促使社会成员更紧密地互相结合起来，因为劳动的发展使互相支持和共同协作的场合增多了，并且使每个人都清楚地意识到这种共同协作的好处。一句话，这些正在生成中的人，已经达到彼此间**不得不说些什么**的地步了。需要也就造成了自己的器官”[①]。恩格斯正是用这种唯物论的需要论来解释语言的产生和以此为基础的信息交流与传播形式的产生的。

从这一意义上讲，劳动不仅创造了作为信息交流与传播的主体的人本身，而且创造了作为信息交流与传播的形式和手段的语言，同时也创造了人与人之间的信息交流，创造了新闻传播活动，创造了作为信息交流与传播客体的“新闻”——各种劳动生产和生活信息。

因此可以说，新闻是人类在共同劳动的过程中，为了协同行动、趋利避害而进行信息交流和社会交往的产物。反过来也可以说，人类的信息交流和社会交往是新闻传播活动得以产生的源头，也是“新闻”现象得以出现的源头。

人类在诞生之后便形成了一定的相互依存的社会关系，其劳动生产和日常生活都是在各种社会关系中进行的，无论是物质上的还是精神上的。而始终维系这种人类生活其中的社会关系的东西就是信息及信息交流与传播。随着人类与社会的发展，人们社会交往的范围逐步扩大，信息交流的需求日益增强，新闻传播随之逐步发展为一种社会性的事业，“新闻”也渐渐成了人们进行社会生产和日常生活须臾不可缺少的东西。

认识新闻的起源，对于把握新闻的实质，认识新闻的社会价值与实践价值，树立正确的新闻观具有重要意义。它告诉人们，一切新闻活动，究其源，都是人类劳动生产和社会交往需要的结果，而不是什么“好奇心”和“新闻欲”所导致的。

二、新闻的本源是事实

新闻到底是什么？它的存在依据和基本性质是由什么决定的？这是看似简单，但却常常不容易说清楚的问题。过去有些人习惯于根据新闻所具有的某一表象属性来解释新闻是什么，不是什么。于是，新闻便被说成了这个“性”或那个“性”的东西。那么，新闻的性质，或者说新闻的本源和实质究竟是什么呢？

陆定一依据唯物主义的立场和观点提出，不管一些人把新闻说成是“事宜性”、“一般

① 《马克思恩格斯选集》，3版，第3卷，991页，北京，人民出版社，2012。

性”也好，还是“普遍性”、“公告性”、“文艺性”、“趣味性”、“完整性”也好，他们都忽略了一个基本问题，即“新闻的‘性质’是从哪里来的呢？是由什么东西决定的呢？”他回答说，新闻的性质，“是由新闻所报道的事实来决定的”，并且明确指出：“新闻的本源乃是物质的东西，乃是事实，就是人类在与自然斗争中和在社会斗争中所发生的事实。”①

按照陆定一的观点，新闻的本源是事实，新闻是事实的报道，事实是第一性的，新闻是第二性的，事实在先，新闻（报道）在后，事实是新闻（报道）的基础，没有事实，就没有新闻（报道）。这一观点把事实作为新闻的本源，承认事实是新闻的实质所在，亦即性质所在，是对新闻本源问题的最深刻的理解和把握。

从陆定一的解释中，可以发现“事实”是认识“新闻”本源的一个关键词，是把握新闻的内涵和本质，做好新闻工作的基础。

认识“新闻的本源”是事实，可以提醒我们在新闻报道过程中，注意把握新闻与事实间的内在关系，严格按照一定事物、现象客观存在的实际情况，按照其本来面貌来客观、如实地表述和反映这一事物、现象，报道和传播关于这一事物、现象的新闻，而绝不能离开事实去报道和传播“新闻”。

第二节　新闻的定义

一、“新闻”一词的含义

“新闻”一词，据考证，在我国唐代时就已出现。《新唐书》中记载，有位叫孙处玄的文人，因抱怨当时缺少传播海内外新鲜事的书刊而慨叹曰：“恨天下无书以广新闻。”李咸用的《春日喜逢乡人刘松》一诗中，有这样的诗句：“旧业久抛耕钓侣，新闻多说战争功。”另有记载，唐人尉迟枢将他从南方收集到的一些民间传闻汇集起来，修成《南楚新闻》一书。

到宋朝，赵升在《朝野类要》一书中说：“其有所谓内探、省探、衙探者，皆衷私小报，率有泄漏之禁，故隐而号之曰新闻。”这里的“新闻”指的是民间流传的奇闻轶事。

到了清朝，“新闻”一词已有了现代意义，多指“新鲜消息”。《红楼梦》中多处出现的“新闻”，就多属此义。如第一回：“老先生倚门伫望，敢问街市上有甚新闻么？”再如第二回：“近日都中可有新闻没有？”等等。

从“新闻”一词在我国最早运用的情况看，它主要是指新鲜事，或民间流传的奇闻轶事。

美国新闻学者卡斯伯·约斯特对“新闻”一词在西方的起源也做过考证。他认为，虽然“新闻”一词在上古时代的语言中已可发现其根源，但据英国《牛津辞典》的解释，正式将其解释为“新鲜报道”则是发生在15世纪的事。苏格兰的詹姆士一世1423年在他发布的敕书中使用了“新闻”一词。约斯特经过考证还指出，有人把英文的“新闻”（news）一词说成是由英文“北”（north）、“东”（east）、“西”（west）、“南”（south）四个单词

① 陆定一：《我们对于新闻学的基本观点》，见《中国共产党新闻工作文件汇编》，下卷，188页，北京，新华出版社，1980。

的第一个字母组成的，意指来自四面八方的消息，这种说法“仅仅是一种幻想的观念，没有切实的依据”。他指出，“新闻”一词是由“New”（新）这个单词引申而来的，这种情况是字源的奇特发展之一。约斯特的这个说法与我们汉语中“新闻”的含义是相吻合的。

从以上对“新闻”一词由来的分析可以看出，“新闻”一词虽历经千余年演化过程，但它所表达的基本含义始终如一，即“新鲜事情”、“新鲜报道”。应当说，“新闻”一词的特定含义是“新鲜”，这是最能代表和反映其本义的一种解释。

二、新闻的定义

虽然我们天天在和新闻打交道，能够识别和判断哪些事实是新闻，哪些事实不是新闻，但是要给新闻下一个定义却不是件容易的事。尽管给新闻下定义很难，可我们看到的新闻定义却不计其数，这说明许多人都有自己对新闻定义的理解。

人们对新闻的定义之所以众说纷纭，关键在于对新闻定义的对象物的范畴界定不明确，亦即对“新闻”这一概念的内涵和外延的认识与理解不一致。

现实生活中使用与流行的“新闻”一词，其含义很多，内容很不确定。概括起来，主要有以下四种情况。

第一种是泛指社会上普遍存在的一切新闻事物、现象。这是一种对“新闻”的广义的理解。

第二种是指与新闻传播活动相关联的事物、现象。这是一种对“新闻”的次广义的理解。

第三种是专指新闻媒体对新闻事实、事件的报道这种现象和行为本身。这是对“新闻”的一种狭义的理解。

第四种是特指新闻媒体上所报道的那些属于消息类体裁的东西。这种“新闻”实际上指的就是消息。这是对“新闻”的一种最狭义的理解。

现实生活中人们对“新闻”的这些认识和理解虽然还不算是新闻的定义，但它们对确定新闻的定义却有重要的意义。因为实际上，很多新闻定义都是人们对现实生活中存在的各种新闻事物、现象的认识、解释和概括。

我们从国内外较为流行的一些新闻定义中可以看到，它们对新闻的概括和界定也是有广义和狭义之分的。

(1) 新闻是新近发生的，能引人兴味的事实。(美国，布莱尔)

(2) 新闻者，最近时间内所发生，认识一切关系人生兴味、实益之事物现象也。(中国，邵飘萍)

这两个定义就是把社会上普遍存在的新闻事物、现象作为对新闻的解释和界定，它们属于广义的新闻定义。

(3) 新闻是最近报道的事情。(美国，莫特)

(4) 新闻是报道或评述最新的重要事实以影响舆论的特殊手段。(中国，甘惜分)

这两个定义是把与新闻传播活动相关联的事物、现象作为对新闻的解释和界定，它们属于次广义的新闻定义。

（5）新闻是已经发生和正在发生的事情的报道。（美国，约斯特）

（6）新闻是新近发生的事实的报道。（中国，陆定一）

这两个定义是把“新闻”划定在新闻媒体报道新闻事实、事件这种现象和行为本身的范围内，它们属于狭义的新闻定义。

至于前述第四种情况中把新闻媒体上报道的消息称为“新闻”的情况在国内和国外都有。我国《现代汉语词典》中对“新闻”一词的第一种解释就属此类：“报社、通讯社、广播电台、电视台等报道的消息。”

从上述介绍中可以看出，人们在不同的范围内，从不同的角度认识新闻事物、现象，会对新闻作出不同的解释，产生不同的结论，从而形成广义和狭义几种不同的新闻定义。而无论哪种解释，都是人们对新闻现象的一种认识，当然也是人们认识新闻现象的一种依据。

现有的新闻定义五花八门，数目繁多，其分歧到底在哪里？稍作分析即可看出，关键在于它们对新闻定义的逻辑起点的认识不同，由此也导致了对新闻定义内涵和外延限定上的差异。

根据现有一些新闻定义对新闻定义的逻辑起点的不同认识，我们可以将其分为以下几种类型。

一是“事实说”。即将新闻看作一种事实、事物、现象，而且是指事实、事物、现象的本身。前面列及的定义（1）、（2）即属此类。我国著名新闻学者徐宝璜的定义（新闻者，乃多数阅者所注意之最近事实也）、著名记者范长江的定义（新闻就是广大群众欲知、应知而未知的重要事实）和胡乔木的定义（新闻是一种新的、重要的事实），以及法国人贝尔纳·瓦耶纳的定义（新闻即刚发生和刚发现的事物）和俄国人科尔尼洛夫的定义（新闻是值得社会重视的新的事实）亦属此类。定义（3）把新闻看作是一种被传播、报道的事情，也可以列入此类。

二是“活动说”。即将新闻视为一种报道或传播活动。这种报道或传播活动的行为主体既可以是新闻机构，也可以是其他机构或个人，当然，主要是前者。前面列及的定义（5）、（6）就属于前一种情况，指的是由新闻机构所进行的传播活动，这类活动通常又被称作“报道”。我国学者王中的定义（新近变动的事实的传布），就属于后一种情况。他也把新闻看作是一种传播（“传布”）活动，但非专指由新闻机构进行的传播，而是包括其他机构或个人的任何传播活动。

三是“功能说”。即把新闻归为一种实现某种目标、达到某种目的或完成某项使命的功能或手段。前面列及的定义（4）即属此类。另外，日本新闻学者小野秀雄的定义（新闻是根据自己的使命，对具有现实性的事实的报道和批判，是用最短时距的有规律的连续出现来广泛传播的经济范畴的东西），亦可归入此类。

四是“信息说”。即将新闻看作一种信息。20 世纪 80 年代，随着西方信息理论的传入，我国一些学者通过研究新闻与信息的关系，发现新闻实际上是一种信息，新闻传播的并不是事实本身，而是关于这一事实的信息。因此，他们开始另辟蹊径，把新闻定义的逻辑起点落定在“信息”上，于是又出现了“信息说”类型的新闻定义。其中较有代表性的是项德生在《当代新闻学》一书中提出的定义：新闻是及时公开传播的非指令性信息。其实，“信息说”与“事实说”可以归为一大类，即“本源说”，因为它们都是从新闻产生的本源上来认识新闻，确定新闻定义的。

还须提及的是，在西方还有一类主要是从新闻内容的趣味性、新奇性、反常性等特征来认识和解释新闻的“定义”。其中，最著名的便是那个“狗咬人不是新闻，人咬狗才是新闻”的“定义”，其作者是《纽约太阳报》的采编部主任约翰·博加特。其实，严格来说它根本称不上是个定义，而只能算作一个关于新闻的命题，是提出者自己对选择新闻的标准的一种经验判断。然而由于它形象、简练、概括，故自19世纪70年代被提出后，百多年来风行西方，传遍世界，至今仍为一些人所称道。

上述几种类型的新闻定义，尽管提出者的国别、身份、经历和所处的时代背景、社会环境不同，个人的文化传统、价值观念也不一样，但它们大都抓住了新闻的一些基本特征。只不过由于对新闻定义逻辑起点认识的不同，对新闻定义内涵和外延的限定标准不一，因而出现了见解上的差异，在结论的表述上自然也就五花八门了。

纵观这些定义，可以看出人们认识新闻现象，揭示新闻定义真谛的思索和进取的过程与成果，它们是新闻学研究的一笔财富。

如何给新闻下定义，多年来一直是新闻界关注的问题，为此，大家仁者见仁，智者见智，不断探索，所以才有那么多的定义见诸论文和新闻专著之中。

定义多，本是情理中事，因为，现实生活中的新闻事物、现象本来就是复杂、多样的，所以自然会出现人们对其不同的认识、理解和解释。在不同的情况下，从不同的角度去认识新闻事物、现象，完全可以有不同的解释和结论。这些解释和结论有许多已经成为约定俗成的东西，得到了人们的认可。因此，在新闻定义问题上，从鼓励探索的角度看也不必非要完全统一不可，应当允许各抒己见，百家争鸣。同时，对现有的一些定义、命题或论断，应当承认其所具有的一定的存在价值。

不过，为了更好地认识和研究新闻事物、现象，以便对其作出科学的解释，还是有必要对新闻定义的范畴有个大体的规范。如本文前面所归纳的四种情况就包括了“广义”、“次广义”、“狭义”、“最狭义”四种不同的范畴。人们可以在相应的范畴内来认识和研究新闻。

按此思路，可以确定不同范畴内关于新闻的不同命题和论断，在此基础上再找出处在不同范畴内的，关于新闻的不同命题和论断中的共同成分，然后以此作为给新闻下定义的依据。

根据这种思路和方法，我们提出以下几个关于新闻的命题和论断，作为进一步研究新闻定义的前提。

（1）新闻是公众关注的最新事实信息。

（2）新闻是报道公众关注的最新事实信息的社会传播活动。

（3）新闻是公众关注的最新事实信息的报道。

（4）新闻是媒体报道的有关公众关注的最新事实信息的消息。

上述四个命题和论断均可独立存在，而且也都可以视为一种新闻“定义”。

若从新闻学学科内涵的角度研究新闻的定义，将新闻定义限定在新闻媒体传播报道新闻事实、事件这种现象和行为本身的范畴内，则会更有助于研究内容的协调、规范，使之更具确定性。因此，按多数人习惯的定义方法，我们倾向于用上述第三种命题作为对新闻定义的表述，即：

新闻是公众关注的最新事实信息的报道。

这个定义借助上述四个命题中共有的几个关键词，概括出了新闻的一些基本特征。

“事实信息”，强调了新闻的**真实性**，说明新闻的本源是事实，新闻提供的是有关某一事实的信息。凡没有事实依据，凭空捏造和杜撰的东西，都不是新闻。这里需要说明的是，之所以在“事实”后面加上“信息”一词，是要强调新闻所反映和报道的不是“事实”本身，而是作为这一事实的表征和陈述的“信息”，应当说这更加接近于新闻传播的实际状况。

“最新”，强调了新闻内容的**新鲜性**和新闻传播的**及时性**，说明只有最近发生、发现的，具有新意，并以最快速度传播出去的最新事实信息才能成为新闻。而那些时过境迁、毫无新意的东西都不是新闻。

“公众关注”，强调了新闻传播的**公众性**，说明只有公众感兴趣的、欲知而未知的事实信息才具有新闻价值，才能最终成为被受众接受的新闻。而那些人们司空见惯、习以为常、不感兴趣的事物和现象不是新闻。

当然，随着新媒体的出现，人们获取新闻的渠道越来越多，而媒体服务受众的范围和方式也越来越多样化，因此新闻传播出现了“小众化”、“分众化”、“对象化”的趋势。另外，如今已经进入了“自媒体”时代，人人都有了“麦克风”，人人都成了“传播者”，人们对新闻的选择和需求呈现出更加多元化的趋势，在这种情况下有人觉得新闻不一定是“公众关注”的事了。其实，按照我们下定义的原则，新闻定义被限定在新闻媒体传播报道新闻事实、事件这种现象和行为本身的范畴内，所以“公众关注”依然是我们选择和判定新闻的一个基本条件。

按前面提到的划分范围的方法，这个定义属于在狭义范畴内对新闻的理解和把握，因此，特别强调了新闻与媒体传播的关系。定义中使用了一个关键词“**报道**”，而且将其作为定义的“落点”，便体现了这样一种思想。

“报道”一词，按通常的解释，一是指通过报纸、杂志、广播、电视或其他形式把新闻告诉群众，二是指用书面或广播、电视形式发表的新闻稿。因此，有人提出，在新闻定义中使用“报道”一词，似有同义反复之嫌。从语法上看，此说有一定道理。但要看到，“报道”一词，其含义要比这两种解释丰富得多。

莫斯科大学新闻系教授普罗霍罗夫在其《新闻学概论》一书中，就把“报道”一词作为新闻理论体系中一个最基本的概念。他认为，不能将“报道”仅仅理解为“作品汇总”和“消息集锦”的同义词，它是新闻媒体和新闻接受者之间的一个“中介物”，是新闻媒体实现其功能和任务的一种“劳动手段”。他指出，“报道”一词在新闻传播中的特殊意义须凭经验才能体会到。总之，按他的观点，“报道”一词内涵丰富，在新闻传播中的作用不容忽视。①

其实，“报道”一词在新闻定义中的使用，在国内外都很普遍，已经有些约定俗成了。人们见到它，很自然地会将其理解为媒体的“公开传播”，代表的是新闻的“**公开性**”，应当不致引起人们的歧见。况且，使用此词有助于规范新闻学研究的内容，将其限定在与媒体传播相关联的范畴内。因为通常，未经报道的新闻事实信息，同媒体传播无关的新闻事

① 参见［苏］普罗霍罗夫：《新闻学概论》，10～12页，北京，新华出版社，1987。

物、现象，一般不作为新闻学研究的主要对象。这一限定有助于深入研究新闻事物、现象，同时，对新闻实际工作也更具实践指导意义。

需要说明的是，这一定义中没有使用“新近发生和变动”一类的限制词，而是用“最新”一词替代。我们认为“最新”一词能够涵括“新近发生和变动”之意，因为“最新”的东西必定是“新近发生和变动”的东西。反言之，只有“新近发生和变动”的东西，才有可能成为“最新”的东西。随着信息时代的到来，面对瞬息万变的万事万物，人们对社会变动信息的需要程度增强，越来越需要媒体随时提供最新的事实信息。

这个定义还有一个特点，就是它可以引发出与其相对应的几个不同范畴的新闻命题，可以用以认识和解释在不同范畴内出现的其他新闻事物、现象，因而有助于全面把握和理解新闻。比如，广义上，首先，它可以引出“新闻是公众关注的最新事实信息”的命题。其次，它可以引出“新闻是报道公众关注的最新事实信息的社会传播活动”的命题。而最狭义的新闻命题则可以表述为“新闻是媒体报道的有关公众关注的最新事实信息的消息”。

综合上述理由，我们将此定义作为最终确定的新闻定义。其准确表述为：

新闻是公众关注的最新事实信息的报道。

在研究新闻定义的时候，人们很自然会想到陆定一的新闻定义——**新闻是新近发生的事实的报道。**

陆定一的这个新闻定义，自 1943 年在延安提出后，大半个世纪以来一直被作为一个约定俗成的标志性的新闻定义在我国新闻界广泛传用，成为拥有认知者最多的一个定义，许多人最初都是通过这个定义认识什么是新闻的。因此，其历史作用不可磨灭，我们应当充分肯定其所具有的科学、鲜明和普适性强的特点。

在研究新闻定义的时候，我们还有必要对国外一些报人从其办报经验出发，理解和认识新闻所提出的某些新闻“定义”作些评介。

除了前面提及的博加特的定义外，还有一些类似的定义。如美国堪萨斯州《阿契生市环球报》的前副主编爱德华·贺说：“凡是能让女人喊一声‘啊呀，我的妈呀’的东西，就是新闻。”美国《纽约先驱论坛报》前采编主任斯坦利·瓦利克认为，新闻是建立在三个“W”的基础上的，即 Woman（女人）、Wampum（金钱）、Wrongdoing（坏事）。等等。

上述这些“定义”，注重强调的是新闻内容的“新奇”、“异常”、“变态”、“刺激”、“色情”。在其提出者看来，凡与“女人”、“金钱”、“犯罪”沾边的，打破常态的奇特事情，都是新闻。有人则干脆提出：“最坏的消息就是最好的新闻。”

这些“定义”虽然反映和表达了新闻的某些特征，但严格来说都称不上“定义”。它们只是在西方国家出现大众化报刊之后，一些人对新闻选择标准的一种认识和理解。

从人们对新闻定义的不同认识和理解，我们可以看出，给新闻下定义，其意义不在于定义本身，而在于给出定义的过程中对所定义对象内涵的深入理解和准确把握。如果按照上述一些“定义”来认识和理解新闻，显然不可能真正理解和把握新闻的本质及内涵，而只会得出一些表面性和片面性的认识。而如果用这样一些表面性和片面性的认识去理解与把握新闻，难免会造成理论与实践上的偏差。

第三节 新闻的基本特性

特性是指一事物区别于其他事物的性质。新闻的特性即指新闻所具有的其他事物所不具有的个性特征，亦即新闻所具有的特质规定性。

按照前面所提出的新闻定义——新闻是公众关注的最新事实信息的报道，我们将新闻的基本特性概括为以下四个方面。

一、真实性

新闻是事实信息的报道，事实是新闻的本源和基础，没有事实就没有新闻。因此，新闻只能按照客观事物的本来面貌作真实的陈述。新闻中所涉及的人物的形象、言语和行动，所涉及的事件的起因、过程和结果，包括一些具体细节，都须用准确的文字作真实的交代，容不得半点虚构、夸张和粉饰，更不允许无中生有，凭空捏造，这是新闻赖以存在的基本条件。因此可以说“真实”是新闻存在的内在因素，是新闻的一个本质特征和基本特性。它是新闻与文学相区别的标志，从这一意义上讲，新闻是真实的文学。

认识新闻的**真实性**，有助于防止和克服新闻报道中存在的失实现象，努力反映客观事实和现实生活的真实情况，把世界的真实景况如实地报道给受众。

新闻是对事实的反映和报道，一切报道都须以事实作为依据，决不允许离开事实，凭着个人的想象或外界的压力去虚拟和捏造新闻，这是每家新闻媒体及每个新闻工作者都须具备的职业理念和都须遵行的职业规矩。

一个负责任的新闻媒体，一个具有新闻职业理想和职业道德的新闻工作者，应牢记“新闻要真实”的职业信条，坚持说真话，坚持用新闻反映现实生活中的真人真事，真情真景。这就需要新闻工作者在新闻采写过程中坚持深入实际，深入生活，深入群众，认真细致地做好调查研究工作，尽可能掌握准确、可靠的事实材料，并对自己所拥有的事实材料作出科学的分析和整理，努力从宏观和全局的角度把握事物的本质，真正采写出能够反映事物真貌、体现时代特征、激励人民前进的真实而有影响的新闻作品来。

二、新鲜性

有人说，“新闻姓新”，早先人们把报纸称作“新闻纸”。新闻的可贵之处就在于它的“新”。新闻事实要成为新闻，首先必须新鲜，这是人们需要新闻的关键所在。一家不提供新鲜事实信息的媒体是不会有受众的。因此，只有新近发生和出现的最新的事实信息——新情况、新事物、新现象、新问题、新思想、新经验等，换言之，即一切能给人们带来新消息、新知识、新意见的具有新意的新鲜的事实信息，才有资格成为新闻。因此可以说“新鲜”也是新闻存在的内在因素，是新闻的又一个本质特征和基本特性。它是新闻与历史相区别的标志，从这一意义上讲，新闻是今天的历史。

认识新闻的**新鲜性**，有助于防止和克服新闻报道中存在的事实不新、报道缺乏吸引力和可读性的现象。

新闻的灵魂是新鲜，内容不新，等于抽去了新闻的灵魂，“求鲜”是新闻的题中应有之义。然而，在实践中，有些媒体在这个浅显明白、十分简单的问题上，却常常会作出违反常识的事情。那些毫无新意、无法满足受众获知需要的信息屡屡见诸报端或出现在一些广播电视节目里，便是很好的证明。

造成这种情况的原因是多方面的，其中，缺少新闻敏感和新闻发现力是重要原因之一。因此，新闻工作者要培养和锻炼自己的新闻敏感，要严格训练和提高捕捉新鲜信息的本领，要善于在对客观事物和现实生活的观察与体验中发现新闻线索，提炼新鲜信息。有人曾形象地提出新闻工作者要善于抓“活鱼”，就是提倡新闻工作者深入到现实生活的海洋之中，寻找和捕捉那些活蹦乱跳的“鲜鱼”奉献给自己的服务对象——人民群众。

常言道，物以稀为贵。其他人没有的东西本身就具有新鲜性，因此新闻工作者要抓“独家新闻”和“首创新闻”，努力把那些群众欲知、应知而未知，别家新闻单位又尚未报道的新闻提供给受众。只有这样，才能使我们的新闻媒体日出日新，始终以崭新的面貌呈现在受众面前，增强对受众的吸引力和感染力。

三、及时性

真实、新鲜的新闻事实信息若得不到及时传播，新闻便成了旧闻，失去了存在的价值。因此，新闻报道要用最快的速度，在最短的时间内，把刚刚发生和正在发生的事实信息传播给公众，任何时间上的稍微拖延和懈怠都是新闻报道所忌讳的。因此可以说“及时”传播是新闻产生的外部条件，也是新闻的又一个基本特性。从这一意义上讲，时间是新闻如影随形的朋友。

认识新闻的**及时性**，有助于防止和克服新闻传播中的拖拉、疲沓现象，提高竞争意识，增强新闻传播的时效性。

在新闻传播中，时效性是确保新闻实现其价值并且获得预期传播效果的决定性条件。在一般情况下，快往往能够出奇制胜。“先声夺人”、“先入为主”、“先下手为强”等人们所熟知的词语都说明了“快”的价值和意义。因为快有助于赢得受众，争得主动，增强新闻的传播效果。

因此，新闻传播一定要讲求时效，要有强烈的时间观念，要善于用最快的速度把最近发生、刚刚发生和正在发生的最新事实信息，在最短的时间内，用最快的速度传播给受众，这是新闻传播的一条基本规律。因为再新鲜的事实信息，再好的传播内容，若不能及时传播出去，提供给受众，也会成为不招人喜欢的明日黄花，隔日饭菜。

过去我们一些媒体习惯于以“后发制人”的办法处理新闻报道，认为这样稳妥、效果好，对于许多重大新闻，特别是一些突发性重大事件，不是立足于抢，而是安之于等，总想看好时机再发，其效果都不好。这方面我们的教训很多，应牢牢记取！

新闻传播当然要讲时宜，要考虑传播效果，有时“后发制人”的做法也能收到一定的效果。但是这种方法在新媒体技术高度发达的今天已显得很不适用，而且常常会将自己置于被动地位。新闻图的是新，讲的是快，只要不涉及保密，不致引起副作用，就应立足于抢，争取先声夺人。因为受众都有先睹为快的心理，而且往往有先入为主的习惯。一般情况下，谁发在前面，谁就能先发制人，从而赢得主动。

新闻传播提倡和鼓励竞争意识，新闻工作者要学百米跑道上的竞技者，敢于竞争、敢于领先、敢于抢头彩。当然，一个有责任心的新闻工作者在抢新闻时应当时时保持清醒的头脑，对那些涉及国家重要机密或传播后可能产生不良社会影响的新闻，不该发的坚决不发，该推迟发的就不要随便抢先发。同时，还须注意保证抢发新闻的真实、准确，防止快中出错。总之，要强化时效观念，增强竞争意识，主动打好新闻争夺战，力争在第一时间发布新闻，要尽可能地多发“首发新闻”、“首创新闻”、“独家新闻”。

四、公开性

真实、新鲜的新闻事实信息只有公开报道出来，为公众所接受，为社会所承认，才能最终实现其新闻价值。通常人们采写、制作新闻的目的就是为了向公众公开传播。新闻事实信息若不公开报道，并借以影响公众和社会舆论，而只为少数人所知，那只能称作“情报”。因此可以说“公开”传播也是新闻产生的外部条件，是新闻的另一个基本特性。从这一意义上讲，新闻是公开传播的情报。

认识新闻的**公开性**，有助于防止和克服新闻报道中清规戒律太多、报道面太窄的现象，提高新闻传播的公开性，增强新闻报道的透明度。

提高新闻的公开性，增强新闻报道的透明度，一是为了适应建设民主政治的需要。人民群众作为国家的主人要参政议政，首先必须知情，必须了解政府的工作信息以及各种社会公共信息。因此，要增强党务和政务活动的透明度，要提高社会公共信息的公开性，要严格按照《中华人民共和国政府信息公开条例》的相关规定做好信息公开工作，解除过去设置的一些不必要的报道禁区，特别是在批评报道上，要保证人民群众运用新闻媒介对党和政府机关及其工作人员充分行使舆论监督的权利。

二是为了适应新闻竞争的需要。通信卫星和互联网等现代通信技术在新闻传播中的运用，已使世界变成了一个“地球村”，国内外发生的重大事件，转瞬间便会传遍世界各地。在这种情况下，你不报，人家报，你后报，人家先报，先报者往往会先声夺人，赢得主动，而后报者和隐情不报者往往会被动吃亏，受制于人。

在以往的新闻传播中存在着这样的情况：对于国内外发生的一些重大事件、突发事件，特别是一些涉及敏感问题的事件，我们一些媒体往往显得反应迟钝，动作迟缓，犹豫之间就失去了主动。而国外有些媒体则显得“机敏灵活”。它们常常会凭着自己所掌握的一点材料，有时甚至是道听途说的一些东西抢发新闻，闹得满世界都传着它们的“新闻”，响着它们的声音。而当我们的媒体在经过一番程序发出报道、做出解释时，已经很难替代和抵消它们的报道已造成的影响，此时纵使我们媒体的报道再准确，再权威，其影响力也打了折扣。有时，我们一些媒体对有些事件的报道不及时或不充分，还会使得一些原本希望通过我们的媒体了解情况的受众，只好借助境外媒体来获取他们所欲知的新闻信息，久而久之，他们便会对我们的新闻传播失望，进而会渐渐疏远。

因此，要尽量提高新闻报道的公开性，特别是对那些可能会引起较大社会反响的重大事件、突发事件，一定要尽可能在第一时间抢先做出反应和报道，争取先声夺人，掌握新闻报道和舆论引导的主动权。同时，又要注意掌握和控制新闻公开传播后的社会效果，做到既要公开，又要效果好。经验说明，讲透明要有个“度”，不能超过这个“度”；讲公开也不可能凡事都完全公开，要充分考虑新闻传播的社会效果。一些实在不宜公开的内容可以通过内参等形式向有关部门及时反映情况，以促使问题得到有效的解决。

【思考题】

1. 为什么说新闻起源于人们的社会交往和信息需求？
2. 怎样认识新闻的本源是事实？
3. 如何理解新闻的定义？
4. 认识新闻的真实性和新鲜性对于做好新闻工作有什么意义？
5. 认识新闻的及时性和公开性对于做好新闻工作有什么意义？

第二章

新闻的基本属性

【本章学习要点】

1. 凡能消除人们认识上的不确定性的消息、指令、代码、数据、信号、符号等都是信息。就其本质而言，信息是事物存在方式和运动状态的一种表征与陈述。

2. 新闻是对公众关注的最新事实信息的报道，因此，它本质上是一种信息，新闻活动实质上是一种信息传播活动。从这一意义上说，新闻具有信息属性。认识新闻的信息属性有助于充分发挥新闻的信息功能，大力开发信息资源，以便更好地服务于社会和公众。

3. 舆论是人们对其所关注的某一现实问题的共同意见。在这一定义中，“人们”为舆论的主体，“问题”为舆论的对象。人们“所关注的”“问题”，特别是“现实”问题，易于激发人们内在的话语冲动和意见表达诉求，从而为“共同意见”即舆论的产生提供前提和基础。

4. 舆论是新闻报道的重要内容，舆论产生着新闻；新闻则是舆论的载体，新闻既可以反映和表达舆论，也可以影响和引导舆论；而新闻对舆论的影响和引导，又导致了新的舆论的产生。舆论和新闻之间的这种关系决定了新闻具有舆论属性。认识新闻的舆论属性，对于正确把握新闻和舆论的关系，更好地发挥新闻媒体反映舆论、表达舆论、影响舆论和引导舆论等功能具有重要意义。

5. 宣传是适应宣传主体的传播需要而产生的一种社会现象。当一部分人希望另一部分人接受自己的观点和主张，并因此向对方尽力陈述事实和发表意见时，宣传活动便产生了。因此我们把宣传定义为：有目的地传播某种事理以影响他人意识和行为的一种社会活动。

6. 新闻与宣传存在着“交叉”关系。新闻可以用于宣传，为宣传服务，宣传也可以新闻的形式出现，成为新闻的组成部分。总之，新闻具有宣传属性。当宣传以新闻形式出现的时候，必须体现新闻的特质，必须能满足受众的新闻需求。

7. 认识新闻的宣传属性有助于准确把握新闻的本质特征，有效发挥新闻的宣传作用，实现新闻宣传的最佳效果。坚持用事实说话，把宣传价值与新闻价值统一起来是处理宣传与新闻关系的基本要求。

案例

1958年“大跃进”中的浮夸宣传

1958年5月，中共八大二次会议通过了“鼓足干劲、力争上游、多快好省地建设社会主义”的总路线。总路线激发了全党和全国人民高涨的社会主义建设热情，“大跃进”运动由此在全国展开。那时候，生产发展追求高速度，以实现工农业生产高指标为目标。政府提出工农业主要产品的产量要成倍、几倍甚至几十倍地增长。例如，提出钢产量1958年要比1957年翻一番，由335万吨达到1 070万吨，1959年要比1958年再翻一番，由1 070万吨达到3 000万吨。粮食产量1958年要比1957年增产80%，由3 900亿斤达到7 000亿斤左右，1959年要比1958年增产50%，由7 000亿斤左右达到10 500亿斤。

在这一背景下，各条战线纷纷制订跃进规划和发展指标，全国上下都搞起了“大跃进”，浮夸之风随之四处蔓延。新闻媒体也裹入其中，并且起到了推波助澜、火上浇油的作用。一些媒体公开宣传“人有多大胆，地有多高产”，“不怕做不到，就怕想不到”，各地制造的高产“卫星”通过媒体广为传播。这种做法既违背了新闻规律，也不符合宣传规律，导致了严重的后果，留下了惨痛的教训。

新闻作为一种特定的社会现象，有其相应的属性。本章将着重探讨新闻最基本的属性：信息属性、舆论属性和宣传属性。认识新闻的这些基本属性，对于准确地揭示和科学地把握新闻的内涵、功用及社会价值，具有重要意义。

第一节 新闻的信息属性

新闻的信息属性是在其满足受众新闻需求的过程中体现出来的。从本质上说，受众的新闻需求是一种信息需求。人们在生产劳动、社会交往和日常生活中，会产生各种各样的信息需求。新闻的生产过程就是新闻媒体采集、加工、制作和传播具有新闻价值的信息的过程。

一、信息的含义及功能

（一）信息的含义

“信息”在我国被频繁使用，始于20世纪80年代初。当时，西方传播学和信息理论开始传入我国，信息概念随之迅速流行开来，其重要性也越来越为人们所认识。信息与材料、能源被人们称作当今社会的“三大支柱”，人们把今天所处的时代称为“信息时代”。那些在信息资源方面具有优势的人，往往会拥有对社会资源的掌控权和传播话语的优先权。

那么，信息究竟是什么呢？

信息论的奠基者、美国著名数学家申农认为：信息是可用来通信的消息和知识，这些消息和知识通过通信传递，可以改变接受者原先的知识状态，使之原先认识上不确定的东西因此减少或消除。他与控制论学者维纳共同得出如下结论：“凡是能减少情况不确定性的东西都叫信息。”①

传播学的集大成者威尔伯·施拉姆则认为，信息是一种传播材料，而人“首先是一种信息加工的动物”，人们谋求信息，贮存与传播信息，这有助于他们作出决定，减少他们认识上的不确定性。②

据此，我们可以这样理解：**凡能消除人们认识上的不确定性的消息、指令、代码、数据、信号、符号等都是信息。**就其本质而言，**信息是事物存在方式和运动状态的一种表征与陈述。**

（二）信息的功能

1. 反映功能

信息并不是客观事物本身，但它却与生发它的事物具有同构性，能对其做出同构反映。特定信息的接受者，可以通过自己所接受的关于某一事物的信息，了解这一事物的存在方式和运动状态，进而认识和把握这一事物。

2. 报知功能

信息是一种能消除人们认识上的不确定性的事理。对于特定主体来说，接受了信息，便知晓了未知的事理，消除了认识上的不确定性。信息由此体现出了报知功能。它向人们报告未知事理，使人们对某一事物的认识由未知变为已知。在此过程中，信息的价值得以充分体现。当然，面对同样的信息，人们知晓其中事理的情况并不完全相同，因此信息的报知功能是因人而异的。

3. 预示功能

信息不但对生发它的事物具有同步纪实性，能对其存在方式和运动状态做同构反映，而且还可以显示事物运动发展的趋向，从而预示出事物未来可能发生的变化，提供即将发生的事情的征兆。这种预示功能使信息增加了使用价值，但这一功能的实现有赖于使用者一定的感知能力和解读能力。

4. 指导功能

信息的反映、报知和预示功能使它很自然地具有了指导功能。人们可以根据信息所反映、所报知的情况，以及所显示、所预告的事物运动发展的趋向，及时调整原先的决策，调节自己的言论和行动，以适应变化了的自然与社会环境，使自己达到理想目标。

二、信息与新闻的关系

信息与新闻是两种不同的现象，各自有着不同的内在特征及呈现方式，但它们之间却

① 转引自［美］威尔伯·施拉姆、威廉·波特：《传播学概论》，2版，40页，北京，中国人民大学出版社，2010。

② 参见［美］威尔伯·施拉姆、威廉·波特：《传播学概论》，2版，41～45页，北京，中国人民大学出版社，2010。

又并非互不关联或互相排斥，而是存在着紧密的联系。

(一) 信息与新闻的相同之处

1. 信息和新闻都是对客观事物的反映和表述

信息是客观事物存在方式或运动状态的一种表征与反映，新闻是对客观事物新近变动情况的报道。它们都源于物质世界，都是客观外界事物经由人的主观世界所得到的一种反映，而不是客观事物和物质本身。事物运动变化的事实生发出信息，才有了关于该事物运动变化的事实的反映和报道。从这一意义上讲，新闻对事实进行报道，也就是对这一事实的信息以特定方式进行传播。

2. 信息和新闻都有利于减少接受者对事理认知上的不确定性

信息反映的是可以帮助接受者减少对事理不确定性的事物，新闻报道的是受众欲知而未知的最新事实。信息和新闻都能向人们提供有关事物的新情况和新知识，从而消除人们认识上的不确定性，满足人们了解周围环境变动情况的需要。

3. 信息和新闻都讲求真实和准确

信息和新闻都以满足接受者的获知需要作为存在前提，都有可能影响人们的主观认知和行为决策，因此都必须讲求内容的真实和准确。不真实、不准确的信息和新闻，非但不能使接受者消除认识上的不确定性，还会导致他们原有的知识结构发生紊乱，从而增加其认识不确定性的程度，甚至会导致他们做出错误的判断和决策。

4. 信息和新闻都是可传递的

信息和新闻的存在价值就在于它们能为接受者所认知、所享用，但它们自身却不能直接到达接受者手中，而必须借助一定的传播手段进行传递。在传递过程中，它们可以运用共同的传播媒体，如报刊、广播、电视、互联网等。

(二) 信息与新闻的不同之处

1. 信息的概念外延比新闻大

新闻是信息中的一部分。虽然信息和新闻都来源于客观事物，都是对客观事物的反映和陈述，但新闻只是对新近发生的、为受众所关注的、具有新闻价值的那部分事实的反映和陈述。新闻反映的是客观事物发展变化的最新状态，而信息反映的则是客观事物存在方式或发展变化的普遍形式与一般状态。凡通过语言、文字、图像和声音等形式和手段传播的一切消息、指令、代码、数据、信号、符号等均为信息。信息不一定都具有新闻价值，也不一定都为公众所关注，只要它能够帮助接受者减少认知上的某些不确定性，均可被称为信息。由此看来，信息比新闻的涵盖范围要大得多，而新闻是包含在广义的信息之中的。

2. 信息的时效性不及新闻强

新闻报道的是最新发生的事实，常常需要争分夺秒，今天的新闻到了明天就成了旧闻，在满足受众的信息需求方面价值就会陡减。对于新闻事实，报道者总是要用最快的速度传播开去。如果某一最新事实未能被及时报道，那么有关此事的素材也就不宜于以新闻的面貌出现，而只能作为资料保存。不可否认，信息如果能够及时加以传播，其价值也会更大。就此而言，信息的传播也有时效性的要求。在某些特定情况下，信息的时效性要求并不逊于新闻。如某些涉及机密的重大事件不能公开报道，而只能作为一种内部情报信息处理，这类信息的时效性要求就不比新闻低。当然，对大多数信息来说，其时效性要求没有新闻高，有的信息甚至可以贮存起来供反复使用，如图书、资料、数据、报表等。新闻则被称为“易碎品”，忌讳拖延，而且不宜“贮存”。一旦新闻素材被“贮存”，那就只能被作为一般信息使用了。

3. 信息的传播形式多于新闻

新闻传播通常以公众为传播对象，因而属于大众传播，它的传播须借助于报刊、广播、电视、互联网等大众传播媒介。而信息传播，不但可以利用传播新闻的各种大众传播媒介，还可以运用其他一切传播形式和手段，如交谈、通信（包括电子邮件）、授课、讲演、书籍、公文等。信息传播既可以是面向公众的大众传播，也可以是组织传播或人际传播。而在所有传播手段中，新闻媒体是信息传播可以利用的最有效的手段。

4. 信息的服务效益强于新闻

新闻也为受众提供服务，其效益主要表现为为受众提供具有新闻价值的事实信息，以及隐含其中或公开表达的意见，以增加知识和启迪智慧的方式影响受众的思想及行动，间接地为受众服务。而信息往往可以直接供接受者享用，为其提供直接的服务并带来实际效益。如许多经济信息和科技信息等，就能够为接受者及时调整对策、采取相应行动提供直接服务，并相应地为其带来直接效益。

研究新闻与信息的异同，可以发现：两者虽有许多不同之处，然而也有不少共同点和相通之处。信息虽不全是新闻，但所有新闻都是信息。因此，新闻本质上是一种信息，新闻活动实质上是一种信息传播活动。从这一意义上说，新闻具有信息属性。

新闻的信息属性，从人类新闻传播的起源与发展中可以得到印证。本书第一章已经说明，新闻产生于人类的信息交流与社会交往。人类产生之初，首先是求生存，然后是求发展。而由于早期人类生存和生产能力十分有限，要想求生存、求发展，就须依靠群体力量，共同劳动；要想在共同劳动中相互配合、协调一致，就须及时传递信息、交流情况。在此过程中，产生了早期的信息与新闻传播活动。那时的新闻与信息混杂在一起，呈现为“混沌状态”。后来，随着人类传播活动的发展，新闻传播才逐渐从一般社会信息的传播中分化出来。可见，新闻与信息在人类社会早期的传播活动中原本是不分彼此的，新闻是从信息中逐渐分化出来的。

当然，如果因此而将信息与新闻相混淆，是不恰当的，会带来很多弊端。如某些媒体将广告与新闻相混杂的做法，就对新闻传播构成了负面影响。因此，应当注意将新闻信息与不具有新闻价值的其他信息（如广告信息等）区别开来，防止此类信息与新闻信息相混同，这对于提高新闻报道的质量，维护新闻报道的声誉，加强新闻队伍建设，都具有重要意义。

三、认识新闻信息属性的意义

（一）有助于充分发挥新闻的信息功能

既然信息同新闻有着密切的关系，新闻在本质上是一种信息，具有信息属性，那么，新闻媒体在新闻报道中就应该注意充分地开掘新闻事实中的各种信息潜质，有效地发挥新闻的信息功能，以便更好地为社会和公众服务。

在20世纪80年代之前，受制于种种因素，人们对新闻的基本属性的理解停留在单一的宣传属性上，对新闻的信息属性及功能缺乏认识，致使新闻报道空洞、陈旧、拖沓，信息含量匮乏。改革开放以来，随着信息概念的深入人心，人们逐渐认识到信息属性是新闻最基本的属性，传递信息是新闻最基本的功能。于是，新闻媒体开始把增加新闻的信息含量、挖掘新闻的信息潜质、发挥新闻的信息功能作为自己的努力目标，从而使新闻在信息量、服务性、可读性等方面都有了明显改观，受到受众欢迎。这一变化说明了认识新闻信息属性的重要实践意义。

信息具有多方面的功能，发挥好这些功能对于新闻媒体增强新闻的服务性、可读性和吸引力都有着重要意义。例如发挥新闻信息的反映和报知功能，有助于受众及时了解和掌握客观世界的变动情况，消除认识上的盲点和疑问，从而更好地工作、劳动、学习和生活。新闻媒体通过对客观事物的如实报道，向受众提供事物最新变动的信息，可以帮助受众消除认识上的不确定性。这既是新闻媒体不可推卸的责任，也是其永恒追求的目标。再如发挥新闻信息的预示和指导作用，有助于提高新闻的吸引力和影响力，增强新闻报道的现实针对性和服务性。新闻媒体在新闻传播中，须尽可能多地采集和提供那些对事物发展趋向具有预示作用的新闻信息，注意开掘和揭示新闻事实信息中那些能显示事物未来走向，能够给受众以提示、警示和预示的内容，以增强新闻的服务性和指导性。

总之，认识新闻的信息属性，了解信息的内在功能，有助于我们更好地挖掘新闻信息多方面的功能，发挥其多方面的作用，为社会和公众提供更好的服务。

（二）有助于大力开发信息资源

如前所述，现代社会已进入信息社会。在此背景下，强调新闻的信息属性，有助于新闻工作者加深对信息社会的认识，强化自身作为现代社会最重要的信息工作者所应具备的信息意识，从而在日常新闻工作中注意对各种信息资源的开发，为国家的经济社会发展和现代化建设服务。

信息作为当今时代最重要的资源之一，对国家的政治、经济、文化、军事等方面的发展，以及各领域的现代化建设都具有不可估量的意义。一条及时开发和传播的信息可以带来人们意想不到的巨大经济效益和社会效益。而忽视或错过某条重要信息，可能导致整个国家在国际竞争中处于不利地位，也可能导致某个领域、部门或单位发展迟滞，还可能使得某一个人或家庭与难得的发展机会失之交臂。

新闻媒体在开发信息资源方面，有着重要而特殊的作用。新闻媒体在社会资源分配和控制格局中，所拥有的最大优势就是在信息搜集、处理、制作、传播等方面的独特能力。因此，新闻工作者是否具备明确而强烈的信息意识，是否认识到自己在这方面的独特优势，是否能够积极主动地开发、利用各种信息资源，在很大程度上影响和决定着整个社会信息开发、利用的效率和水平。因此，主动增强信息意识，积极提高信息收集、处理、加工、制作、传播的能力和水平，对新闻工作者来说十分重要。

1984年邓小平为新华社创办的《经济参考报》题词："开发信息资源，服务四化建设"。这一题词，在阐明信息资源对于四化建设重要意义的基础上，指出了开发信息资源与新闻工作之间的关系，对新闻媒体明确自身在信息化时代的工作方向有着重要的指导意义。

正是出于这种自上而下对信息开发和利用的日益重视，以及新闻界对新闻信息属性认识的日益深化，我国新闻媒体从20世纪80年代中后期开始在信息资源开发中逐渐担负起了重要任务。报刊、广播、电视、通讯社以及互联网等新闻媒体，以其传播的及时、广泛、真实等优势，逐渐成为信息传播的最有效载体和最常见手段，并发挥了其他信息机构难以发挥的作用。

各类新闻媒体在开发信息资源的过程中，并不局限在非新闻类信息的收集、加工与传播方面，对新闻类信息资源的开发同样十分重视。它们通过努力增加新闻报道的信息含量，来为社会和公众提供尽可能全面的信息服务，满足他们的信息需求。

第二节　新闻的舆论属性

新闻的舆论属性是指其在反映、表达和引导公众意见的过程中所表现出来的特定属性。它所反映的是新闻与公众意见之间的相互关系。认识新闻的舆论属性，把握新闻的舆论功能，对于认识新闻的社会功能及社会价值，发挥其社会作用，具有重要意义。

一、舆论的含义及功能

（一）舆论的含义

如果采用现在东西方共同认可的语义进行诠释，那么“舆论”即公众的议论，也就是民意。这从英语中“舆论”的对应词“public opinion”就可以得到说明。

对舆论现象的关注和解释，在我国早已有之。春秋战国时期，孔子、孟子、荀子等思想家都有过对舆论现象的精辟论述。但将舆论作为一种专门的学问来研究，则是19世纪末从西方开始的。1922年出版的《舆论学》被称为舆论学的奠基之作，作者是美国著名报刊专栏作家李普曼。之后，对舆论现象的研究成为西方政治学、传播学等社会科学的重要研究领域和常见议题。

随着对舆论现象研究的不断深入，学术界对舆论的解释也多种多样，关于舆论的定义更是不计其数。综观舆论的各种定义，可以发现其中包含三个不可或缺的基本要素，即：(1) 舆论主体（参与舆论形成的人），是“人们”（用的是“人”的复数概念）；(2) 舆论客体（即被公众议论的对象），为“问题”（或“事态”等）；(3) 舆论主体对舆论客体的判断，常表述为“意见”（或“看法”、“观点”等）。在综合比较和借鉴已有研究成果的基础上，本教材对舆论作如下界定：**舆论是人们对其所关注的某一现实问题的共同意见。**

这一定义将舆论界定为“意见”，且为“共同意见”，这符合古今中外人们对舆论的普遍性认识。在该定义中，“人们”为舆论的主体，当人们在对某一问题形成共同看法和意见时，也就形成了舆论。影响人们对某一问题形成共同看法和意见的因素很多，既有阶级的、民族的、地域的，也有文化的、心理的、情感的，还有职业的、年龄的、性别的，等等。在这诸多因素中，在深层次起作用的因素是利益。人们的一切思想都受利益的制约，因为有各种不同的利益关系，才会产生各种不同的思想认识。在舆论形成过程中，影响人们对某一问题产生看法和意见的关键正是其中的利益关系。

在上述定义中，舆论的对象被确定为“问题”，尤其是人们“所关注的”问题，且多为“现实”问题。加上这一限制词，是要说明舆论一般是人们就社会生活中自己所关注的某一现实问题所发表的意见。如果人们对某个问题不关注，一般来说就不会发表意见，这样自然也就不可能形成舆论；另外，对绝大多数人来说，只有“现实问题”才更易于激发他们内在的话语冲动和意见表达诉求，从而为“共同意见”即舆论的产生提供前提和基础。

（二）舆论的功能

1. 反映功能

舆论既然是公众对社会现实问题的共同意见，那么很自然地，它就具有了反映民情、表达民意、代表民心的功能。有人把舆论比作“政治的晴雨表”，讲的就是舆论的这种反映功能。通过舆论，人们可以体察群众情绪，了解民心向背，审视政局动向，把握社会脉搏。正因为如此，执政者常常把舆论作为了解民情民意的重要依据。

2. 宣泄功能

舆论往往是人们内心情感的自然流露与抒发。人们对某件事情有想法，有意见，总会有所流露，总想设法表达。如果有话憋在心里，其结果不是导致精神封闭下的消极沉默，便是出现沉默之后的情绪爆发。因此，公众表达舆论的过程实际上也是情绪宣泄的过程。通过舆论表达，憋在心里的话说出来了，心中的委屈得以倾诉，这样就可以使人们的心理得到某种平衡。当然如果公众的这种情感宣泄得不到有效疏导，也可能会引发舆论危机，导致灾难性后果。

3. 监督功能

作为现代社会的一个成员，每个人对现实生活中发生的各种事情都会有自己的评判意见。哪件事做得对，哪件事做得不对，哪个人做得好，哪个人做得不好，大家都会评说一番。群众的这些分散的议论一旦形成多数人的共同意见，便会产生一种无形的舆论约束力，对被评判者形成一种连法律和行政力量都难以起到的监督作用。正是在这个意义上，卢梭称舆论为“国家的真正的宪法”。舆论的这种监督功能既可用于群众间的相互监督，也可用于对执政者和管理者的批评监督。利用舆论对执政者和管理者实施监督，是一种具有强大威慑力的监督方式，是防止权力走向腐败的重要手段。

4. 调节功能

舆论所具有的反映、宣泄和监督功能，使它很自然地具有了调节功能。公众通过舆论形式可以随时反映自己的疑虑和困难，表达自己的意见和要求，提出自己的批评和建议。而执政党和政府则可以通过舆论来及时了解群众的意见和要求，并采取相应措施，帮助群众排忧解难、平息怨气，同时纠正自己工作中的偏差和失误，尽可能使各种社会矛盾得到妥善解决。这个过程反映的正是舆论所具有的社会调节功能，即纠正社会运行中出现的偏差、调节社会内部出现的矛盾的功能。舆论的调节功能对促进社会良性运行、政治民主清明与社会和谐稳定具有重要意义。

舆论一旦产生，对社会和民众所形成的思想影响力，使它成为一种重要的社会控制力量。它虽然不具备法律那样的强制力量，但却能够影响人心的向背和聚散，能够借助精神信念的力量来规范人们的道德行为，调节社会的运行机制，实现对社会的“软控制”。

正因为舆论有这些社会功能和作用，所以古今中外，凡是想有所作为的政治家都十分注意掌握驾驭舆论的艺术，去实现自己的既定目标。美国前总统尼克松说过，现代总统必须学会驾驭舆论的艺术，这不仅是为了获得竞选的胜利，也是为了进一步宣传自己所信仰的计划和事业。

在我国，西周时期的召公深谙民众言论对当政者的重要性。西周末期的统治者周厉王暴虐无道，民众怨声载道。为了压制民意，他竟决定用严厉手段堵塞言路。召公对他说了一番意味深长的话："防民之口，胜于防川，乡壅而溃，伤人必多。民亦如是。是故为川者决之使导，为民者宣之使言。"① 只可惜，周厉王未听劝告，最终落得国破人亡，被民众和历史所抛弃。

历史经验说明，一切当权者和执政者都应时刻注意广开言路，保持民众意见表达渠道的畅通，真正发挥新闻舆论在反映和表达民意，以及进行社会监督和社会调节方面的积极作用。

二、舆论与新闻的关系

由以上分析可以看出，舆论和新闻是两种不同的社会现象，各有其独特的内涵及特征，但两者之间的联系和共通之处也很多。

（一）新闻是舆论传播的载体和放大器

通常新闻是舆论的重要载体，各种分散的或局限于一时一地的舆论借助于新闻媒介可以集中起来加以传播、扩散。而舆论借助新闻传播又可以扩大其社会影响，使原先分散的、局部的舆论变为集中的、在更大范围内发生影响的舆论。新闻对舆论的这种放大和扩散功能是舆论发挥其社会影响力的前提，也是舆论同新闻自愿"结盟"的基础。

（二）新闻是舆论形成的基础和依据

舆论从本质上说是一种意见，而意见往往产生于人们对某一现实问题的评价和判断。一件事，一个问题，人们只有了解了它的真实情况，弄清了它产生和形成的来龙去脉，消除或减少了自己对该事件或问题的认识上的不确定性，才能对其做出正确的评判并发表切中肯綮的意见。故而，报道和反映现实生活中各种情况和问题的新闻信息，是人们了解情况，认识问题，进而对其做出准确判断和客观评价，最终促使舆论形成和发展的基础与依据。许多舆论都是借助于新闻传播创造的意见交流环境而形成的，因而，报道新闻的媒体也有了"舆论之母"之称。

舆论的形成一般要经过意见酝酿、意见表达、形成多数、达成共识四个阶段。其中，前两个阶段属于舆论形成前的舆情阶段。新闻媒体通过及时反映舆情，充分表达公众意见，就为舆论的最终形成创造了条件。

（三）舆论是新闻报道的重要内容

舆论多是人们对社会上一些有争议的现实问题的议论，因而很容易为公众所关注，具有较高的新闻价值。正因为此，舆论常常成为新闻媒体报道的对象。有人因此将舆论称作新闻的"建筑材料"。新闻媒体通常都极为关注公众议论纷纷的各种热点问题，正是出于这样的原因。新闻媒体始终以舆论作为重要的传播内容，所以它不仅被看成是舆论的反映者和表达者，而且还被看作是舆论的体现者和代表者。人们将新闻媒体称作"舆论机关"、"舆论工具"，正是基于这一原因。

① 徐北文主编：《古文观止今译》，156页，济南，齐鲁书社，1983。

（四）新闻可以反映、表达、影响和引导舆论

新闻媒体不仅可以反映和表达舆论，而且可以通过有倾向性的、有选择的舆论传播来影响和引导舆论。任何新闻媒体都不会将自己的工作目标仅仅停留在单纯地反映和表达舆论上。这是因为，创办、管理和控制新闻媒体的阶级、政党或社会团体，通常都会要求新闻媒体用本阶级、政党或团体的思想主张与利益诉求去影响和引导公众，以使他们能按其所确定的方针和目标行动。新闻媒体自身要想扩大社会影响，进而在新闻竞争中赢得优势地位，也总要千方百计地发表自己对时局变化及社会变动情况的意见和主张。所有这一切都使新闻媒体通常要通过有意识、有计划地报道事实和发表言论，对已经形成的舆论施加直接影响，引导舆论朝着新闻传播者和新闻控制者所希望的方向发展。

研究舆论与新闻的关系可以发现，舆论与新闻之间有着密切联系。

首先，舆论是新闻报道的重要内容，舆论产生着新闻；其次，新闻是舆论的载体，新闻既可以反映和表达舆论，也可以影响和引导舆论；最后，新闻对舆论的影响和引导，又导致了新的舆论的产生。舆论和新闻就这样形成了一种共存共兴、循环往复、相互作用的关系。也正是舆论和新闻之间的这种密切关系，决定了新闻总是具有舆论属性，而舆论也总是新闻不离不弃的“伴侣”，以至于人们常常用“新闻舆论”来表达舆论与新闻之间独特的关系。

三、认识新闻舆论属性的意义

认识新闻的舆论属性，对于正确把握新闻和舆论的关系，更好地发挥新闻媒体反映舆论、表达舆论、影响舆论和引导舆论等功能具有重要意义。而新闻学把舆论现象和舆论问题作为重要研究内容，其意义也正在于此。

（一）有助于更好地发挥新闻媒体的舆论功用

如前所述，舆论具有多方面的社会功能，在国家政治、经济、文化、社会和公众日常生活中都发挥着重要影响作用。

舆论是以民众意见为基础的社会意识表达，因此往往能够代表人心向背，预示政治风云，决定事业成败，影响国家兴衰。它是规范社会道德、调节社会运行、监督权力组织的一种不容忽视的精神和道义力量。

“得民心者得天下，失民心者失天下。”这是中国人非常熟悉的一句格言。西方也有类似的说法。美国著名资产阶级政治家、曾担任过第 16 任总统并颁布过《解放黑奴宣言》的林肯就曾说过：你有舆论的支持就无往而不胜，没有的话，就无事不败。这充分说明舆论所具有的强大的社会功能和作用。

认识新闻的舆论属性，有助于新闻媒体利用自身覆盖面广、影响力大的优势更好地发挥舆论的功用。

首先，新闻媒体可以利用和发挥舆论的反映功能，加强舆情调查，及时、准确地了解和掌握群众的情绪、心态、意向和要求，通过媒体恰当地加以反映和传播，促使政府根据群众意愿调整有关政策和决策，以达到服务民众和社会的目的。

其次，新闻媒体可以利用和发挥舆论的宣泄功能，提供社会对话、协商、交流的渠道，保证公众能畅通无阻地反映要求、表达意见、宣泄心中积怨。公众的心里话说出来了，怨气发泄了，心气就顺了，社会的和谐与稳定就有了实现的基础。而在这个过程中，新闻媒体的社会价值也会相应地得到提升。

再次，新闻媒体可以利用和发挥舆论的监督功能，自觉地代表公众对权力组织和个人，以及各种社会群体和个人的行为进行监督，为消除腐败现象、维护社会正义、改善社会风气发挥应有的作用。

最后，新闻媒体可以利用和发挥舆论的调节功能，有效调节各种社会利益关系，以促进社会的良性运转。

总之，认识新闻的舆论属性以及舆论的各种功能，对新闻媒体发挥对社会的影响力，提升其社会功用具有重要意义。而新闻媒体如果能有效发挥其积极的舆论功用，对于国家、民族、社会和公众都是一种福音。

（二）有助于营造良好的社会舆论环境

认识新闻的舆论属性，不仅对提升新闻媒体的舆论功用具有重要意义，而且有助于新闻媒体更加自觉地发挥反映和表达舆论、影响和引导舆论的作用，从而营造良好的社会舆论氛围和舆论环境。

如前所述，舆论表现为社会上利益关系相近的人们对其所关注的现实问题的共同意见。既然如此，舆论就是多样化的，其中必然会含有各类舆论主体根据其利益诉求所表达的舆论。因而，舆论也就不可能总是正确的、正向的。

这就要求新闻媒体既要在深刻认识新闻舆论属性的基础上，努力发挥舆论的各种正向功能，同时又要在如实、全面反映舆论的基础上敏锐地识别舆论的性质，并通过巧妙的方式和有效的手段适时地对舆论加以正确引导，从而培育和扶持积极、健康、正向的舆论，弱化和消除对社会发展与稳定不利的消极、有害、负向的舆论，积极传递正能量，营造良好的社会舆论环境。我国新闻媒体在影响和引导舆论方面，担负着极其光荣而又崇高的使命。每个新闻工作者都须严肃认真地做好舆论传播与引导工作，在这方面发挥好积极作用。

第三节　新闻的宣传属性

新闻的宣传属性是其在传播政党、政府及各种社会团体的价值观念和意识形态，或传播其旨在影响其他人群意识和行为的事理的过程中所呈现出的一种属性。它反映的是新闻与上述宣传行为主体的宣传诉求之间的关系。

一、宣传的含义及功能

（一）宣传的含义

“宣传”，按中文词义，“宣”有宣达之意，即公开表达、散布，“传”指的是传递、传播。在英语和俄语中，“宣传”分别为 propaganda 和 πрапаганда。它们都是由拉丁语词根 propaso 演变而来的，其本意是发布、传播，或“使其延展于空间”。

在西方，首先使用“宣传”一词的是罗马天主教皇尤本八世。他在 1622 年创立了“信仰宣传委员会”，专门指导传教士的行动。在他看来，宣传就是向教徒灌输教义。后来，人们逐渐对宣传作出了多种解释，使它有了更为丰富的含义。英国人坎波尔·斯特阿特认为，所谓宣传，就是为向别人施加影响而陈述事物。美国传播学者拉斯韦尔认为，宣传是个人或集团有意识表达的意见和行动，旨在影响人们的心理以达到预期的目的。

由此可以看出，宣传是适应宣传主体的传播需要而产生的一种社会现象。

人们为了更好地劳动和生活，需要了解和认识自然与社会，而对自然与社会的认识，一方面要靠自身的感知，另一方面则需要他人的告知。基于此，便出现了以向他人告知某种事理为目的的传播活动，这种传播活动便是宣传。当然，宣传并不是一般性的传播活动，其存在的目的和意义不在于仅仅由宣传主体向宣传客体传播和告知某种事理，而在于通过传播和告知某种事理达到影响宣传客体思想及行动的目的。因此，宣传是宣传主体的一种以影响他人为目的的传播活动——这才是宣传的实质。

由此看来，当一部分人希望另一部分人接受自己的观点和主张，并因此向对方尽力陈述事实和发表意见时，宣传活动便产生了。故本教材将宣传定义为：**宣传是有目的地传播某种事理以影响他人意识和行为的一种社会活动。**

（二）宣传的功能

1. 宣达功能

宣传是一种传播活动，这使它很自然地具有宣达功能。它可以将宣传主体的思想主张和情感信念宣示和传达给宣传客体，使其首先获得认知效果，因而拉近与宣传主体之间的距离，以便于进一步沟通和交流。中国共产党的纲领路线和政策主张就是以宣传的形式传播给广大群众，从而使群众得以认知的。

2. 导向功能

宣传实际上是对舆论的一种运用。宣传主体将自己的思想主张和情感信念传播给宣传客体，目的在于影响其意识和行为。而这些思想主张和情感信念一旦为宣传客体所接受，便会在一定范围内形成舆论，发挥导向作用。宣传的导向功能是通过舆论引导体现出来的。中国共产党的纲领路线和政策主张经媒体宣传、被群众接受后，便成了他们的自觉行动，这正是宣传所发挥的导向作用。

3. 论战功能

宣传往往是党派常用的同论敌论战的有效手段。一些政党为了在政治上压倒敌对者，往往通过传播自己的政治主张和思想观念来形成一定的政治攻势，置敌对者于被动地位，这是对宣传的论战功能的运用。在我国历史上，以孙中山为代表的资产阶级革命派，借助报刊同以康有为、梁启超为代表的资产阶级改良派进行论战。双方都以宣传自己的政治主张作为主要内容和基本目的。在这种情况下，宣传的论战功能得到了充分的运用。

二、宣传与新闻的关系

新闻和宣传是两种不同的社会现象，它们之间在服务对象、传播形式和价值判断等方面都存在着区别和差异，但它们之间也存在着紧密联系。

在对宣传与新闻关系的认识上，主要有以下几种观点。

1. “同一”论

持这种观点的人认为，人们的一切行为都是有目的的，新闻传播就是通过对事实的报道和评述，有目的地去影响他人的一种社会活动。因而一切新闻报道都带有宣传目的，宣传与新闻其实是一回事，新闻等于宣传，一切新闻都是宣传。

2. “并行”论

持这种观点的人认为，新闻的主要目的是报道事实、传递信息，为公众提供新闻与信息服务。而宣传是传播思想、表达观点，旨在以一种思想影响他人的思想。因此，两者可谓两条道上跑的车，并列平行且相互分离，走不到一块儿。基于此，新闻就只应该客观地报道事实，而不应该进行宣传。

3. “交叉”论

持这种观点的人认为，宣传与新闻既不是相同无异的，也不是平行相离的，它们既有区别又有联系，好比是两个圆圈相交，既有互不交叉的独立部分，即“纯新闻”部分和“纯宣传”部分，也有相互交叉的部分，即人们常说的“新闻宣传”。一般说来，交叉结合得越紧密，社会效果越好。

上述三种观点中，前两种显得有些绝对化。因此，我们倾向于第三种观点，即“交叉”论。

“交叉”论的意义在于，它既看到了宣传与新闻之间的联系，使人们可以理直气壮地借助新闻进行宣传，同时又指出了宣传与新闻相区别的地方，提示人们不能无视新闻规律，不能在新闻报道中传播那些毫无新闻价值的纯属宣传性的内容。因而这种观点对于新闻实际工作应该更具有指导意义。

按照“交叉”论的观点，新闻报道中存在着“只有新闻价值”的新闻和“既有新闻价值又有宣传价值”的新闻之分。那些只有新闻价值的新闻，即为“纯新闻”，而那些既有新闻价值又有宣传价值的新闻，则为“蕴含宣传价值的新闻”。这说明新闻与宣传既存在相互独立、互有区别的部分，又存在相互联系、相互融合的部分。因此，新闻完全可以用于宣传，为宣传服务，宣传也可以新闻的形式出现，成为新闻的组成部分。总之，新闻是具有宣传属性的，当然，以新闻形式出现的宣传必须体现新闻的特质，必须能满足受众的新闻需求。

大量事实说明，宣传与新闻的关系十分密切。宣传的各种功能的发挥，几乎都需要借助新闻的力量。新闻自然也会自觉或不自觉地运用和体现自身的宣传属性，发挥宣传作用。因为任何新闻媒体都不会仅限于报道事实，传递信息，而不去宣传自己所代表的一定阶级、政党和社会团体的思想主张与利益要求。世界上一切阶级及其政党都把新闻媒体作为实现其政治与经济目标的舆论宣传工具，不论是资产阶级还是无产阶级，概莫能外。

新闻的宣传属性，新闻媒体的宣传功能和作用，历来是政治家和政府机构所看重的。美国前总统艾森豪威尔就说过：“在宣传上使用一个美元，等于在国防上使用五个美元。”[①] 美国政府每年拿出数亿元的资金资助美国之音等媒体。在伊拉克战争中，美国投入大量资金、人力和物力，甚至专门成立了一个“宣传委员会”，控制了许多新闻发布和传播的机构与手段，采用了各种各样的新闻宣传形式，为其战争政策服务。

无产阶级政党领袖人物也都十分重视新闻的宣传作用。他们都把报刊等新闻媒体看作是一种有效的思想宣传工具，而且公开阐明其宣传作用。列宁指出：“没有报纸就不可能

① 转引自林珊：《新闻工具与外交》，载《国际新闻界》，1983 (4)。

有系统地进行有坚定原则的和全面的宣传鼓动"。他还把报纸比作"集体的宣传员和集体的鼓动员，而且是集体的组织者"①。毛泽东认为："报纸的作用和力量，就在它能使党的纲领路线，方针政策，工作任务和工作方法，最迅速最广泛地同群众见面。"他提出："在报纸上正确地宣传党的方针政策，通过报纸加强党和群众的联系，这是党的工作中的一项不可小看的、有重大原则意义的问题。"②

无产阶级和社会主义新闻事业历来把传播新闻信息和进行政治宣传作为自己最基本的两项任务。通过传播新闻来宣传党的纲领主张，同时，在宣传的过程中也传播了关于党的路线、方针、政策等方面的重要新闻信息。在中国共产党领导人民群众推翻"三座大山"统治、夺取全国政权的过程中，党掌握的新闻媒体发挥了广泛传播马克思列宁主义真理，及时宣传党的纲领路线、方针政策和工作任务，有效动员人民群众的重要作用。新中国成立后，特别是改革开放以来，新闻媒体大力宣传党的纲领路线、政策主张和思想理念，在社会生活中继续发挥着重要作用。

三、认识新闻宣传属性的意义

（一）有助于准确把握新闻的本质特征

改革开放之前，我国一些新闻媒体由于对新闻与宣传的关系缺乏正确认识，盲目地将新闻等同于宣传，致使许多只有宣传价值而没有新闻价值的内容充斥媒体，甚至有时为了宣传的需要，不惜浮夸、造假（如1958年"大跃进"中的浮夸宣传），新闻报道失去了新闻自身的本质特征。这种情况既造成了对新闻媒体的诸多负面影响，也扭曲了宣传在人们心目中的形象。

改革开放以来，正是在吸取这方面教训的基础上，新闻界重新认识新闻与宣传之间的辩证关系，意识到宣传是新闻的属性之一，与新闻既有联系又有区别。这一认识，带来了新闻媒体在开展新闻宣传方面的巨大变化。新闻和宣传两种传播活动逐渐呈现出既相区别又视具体情况有效结合的情况，从而既满足了公众的新闻需求，又发挥了媒体的宣传作用。

（二）有助于有效发挥新闻的宣传作用

新闻与宣传既有区别又有联系，因此不能将所有新闻都用来做宣传。当然也要防止走入另一个极端，认为新闻和宣传是相互排斥的，拒绝借助新闻进行宣传。要充分认识到新闻和宣传是可以交叉重合的，新闻可以用于宣传，成为宣传的一种重要手段。也正是从这个意义上说，认识新闻的宣传属性有助于正确认识新闻的宣传功能，有效发挥新闻的宣传作用。

（三）有助于实现新闻宣传的最佳效果

在现实生活中，人们对一些新闻媒体的新闻宣传不甚满意。究其原因，很大程度上是由于这些媒体片面强调新闻的宣传作用，而不尊重新闻规律，不讲究宣传艺术，不考虑群众的实际需求。

---

① 《列宁全集》，中文2版，第5卷，8页，北京，人民出版社，1986。

② 《毛泽东新闻工作文选》，149、150页，北京，新华出版社，1983。

为此，新闻传播要实现新闻与宣传的最佳结合，就须努力兼顾新闻与宣传的双重价值，讲求宣传艺术，把对上负责与对下负责很好地结合统一起来。

1. 兼顾新闻与宣传的双重价值

新闻传播要实现新闻与宣传的最佳结合，首先要努力实现新闻与宣传的双重价值，要做到既提供能满足受众需求的新闻信息，又宣传符合传播管理者和控制者思想立场的观点主张。

为此，在选择报道题材时就应当有相应的考虑。若从新闻价值出发，一般会注重选择那些能引起群众共同关心，使群众感到有益、有用、有趣的事实；若从宣传价值出发，则会主要选择那些能证明宣传者自身观点、体现宣传者立场倾向并能对群众产生思想影响的事实。而要想使得新闻宣传获得良好效果，则要尽量选择那些既含有群众关心且对他们有益、有用和有趣的最新事实信息，又含有能证明宣传者自身观点、体现宣传者立场倾向并能对群众产生思想影响的事实材料。

当然，在很多情况下，具有新闻价值的事实并不一定具有宣传价值，而具有宣传价值的事实也不一定具有新闻价值，这就需要区别对待。

对那些既有新闻价值又有宣传价值的事实，像党和政府的重要会议、重大决策，具有全局影响的重大事件及关系国计民生的重要问题等，新闻媒体应集中力量，重点加以报道。

对那些有新闻价值，但有无宣传价值尚难断定的事实，如突发性事件，新闻价值很大，但有无宣传价值，一时尚难断定，而新闻的时效性又不允许延误报道，在这种情况下，只要不涉及国家机密，就应不失时机地及时加以报道。而关于这一事件的宣传价值，可以通过深入采访后写成的连续报道来体现。

对那些有新闻价值，但却与宣传政策和编辑方针相抵触的敏感性事件，考虑到传播效果，一般不宜作公开报道，新闻单位可以通过内参等渠道向上级及时反映情况。

对那些有新闻价值但没有宣传价值的事实，像一些奇特的自然现象、最新科技动态以及社会趣闻等，应根据其新闻价值的大小，决定是否报道。

对那些有宣传价值但没有新闻价值的事实，像一些没有多少新意的文件、例行性会议、领导人的一般活动和讲话等，从领导角度看，很重要，很有宣传价值，但从受众角度看，却没有新鲜内容，不具有新闻价值，这类信息应以不报为好。如实在要报，须尽量挖掘其中含有新意的内容，或选择新颖的角度，或采用简讯的形式。如果仅仅出于宣传目的加以报道，通常都不会收到好的传播效果。

2. 讲究宣传艺术

新闻传播要实现新闻与宣传的最佳结合，需要讲究宣传艺术，善于用事实说话。一般而言，公众难以接受传播者的硬性说教，对那些空洞、死板、生硬的宣传极为反感，而乐于接受具体、生动、有内在说服力的事实，愿意通过了解事实，自己做出判断，而不愿别人对他们发号施令。

“事实胜于雄辩。”在劝服公众方面，最有说服力的无疑是那些实实在在的事实。因此，新闻媒体在进行新闻宣传时应当坚持用事实说话，善于运用现实生活中具体、生动、形象而有说服力的事例与典型来启发和引导群众。对新闻工作者来说，需要学会客观地、真实地、朴素地叙述自己所见所闻的事实，将自己想要说明的观点寓于事实的客观叙述之中，使受众在接受报道的过程中不知不觉地接受其中蕴含的立场和观点。这是新闻工作者应当掌握的一种重要的宣传艺术和技巧。

3. 坚持对上负责与对下负责的统一

新闻传播要实现新闻与宣传的最佳结合，还要坚持对上负责与对下负责的统一。在新闻宣传中，新闻媒体应注意既热情宣传党和政府的路线方针政策、工作任务和工作要求，又充分反映群众的劳动业绩、工作经验和呼声要求。

新闻要体现宣传属性，发挥宣传功能，需要一方面替上面做好宣传，另一方面又要替下面做好宣传，要做到这两个方面的完美结合。

在替上面做好宣传方面，要通过实事求是的新闻报道，向群众讲明党和政府的路线、方针、政策的正确性，讲明执行各项工作任务的方法和途径，并如实反映工作中的成绩与经验、困难与问题、失误与教训，使群众认清形势，明确方向，坚定信心，增强责任感，共同为实现民族振兴的宏伟目标而奋斗。

在替下面做好宣传方面，要乐于和敢于为人民群众代言，善于通过大量反映群众生产、生活实际状况的报道，帮助领导机关了解民情民意，体察百姓困难，从而更加自觉、有效地为群众多办实事，多办好事。

只有将这两种宣传有机地结合起来，才会使新闻宣传得到群众诚心诚意的拥护和欢迎，才能达到预期的目的，收到理想的效果。

【思考题】

1. 为什么说新闻具有信息属性？认识新闻的信息属性具有什么意义？
2. 为什么说新闻具有舆论属性？认识新闻的舆论属性具有什么意义？
3. 新闻媒体如何在舆论传播中传递正能量？
4. 为什么说新闻具有宣传属性？认识新闻的宣传属性具有什么意义？
5. 如何实现新闻与宣传的最佳结合？

第三章

新闻的选择标准

【本章学习要点】

1. “新闻选择”，是指新闻传播者按照一定的价值观念和价值取向，对自然界及现实生活中发生的事实、现象和事件进行鉴别、衡量与取舍，从中筛选出值得自己传播的内容，并通过新闻媒介加以报道的过程。它是新闻传播的前提条件和基础环节，也是决定整个传播过程能否达到预期目标的决定性因素和关键性环节。

2. “新闻选择主体”，指的是新闻内容选择的承担者，在传播学中被称作“把关人”或“守门人”。在新闻传播过程中，新闻选择主体不但对新闻内容进行筛选和取舍，而且通过议程设置等方式控制新闻信息的流量和流向，并直接影响受众对新闻信息的理解。

3. 新闻价值是事实信息适应和满足公众兴趣与需要的各种信息素质的总和。某一新闻事实含有的信息素质的级数越高，其新闻价值就越大。新闻价值的构成要素包括不变要素和可变要素两种。不变要素包括真实性和新鲜性，它们决定事实信息新闻价值的有无；可变要素包括重要性、接近性、显著性、趣味性，它们决定事实信息新闻价值的大小。

4. 新闻价值选择作为一种业务标准，要符合媒体受众需要、符合新闻市场取向、符合记者经验积累和符合社会控制要求。

5. 新闻政策是指国家、政党或地方行政机关对新闻业所规定的活动准则，是政党或政府管理新闻业的重要手段和基本方法。它确定新闻传播的指导思想和目标任务，规定新闻选择的总体方向，集中反映国家、政党和政府对新闻机构及其从业人员的政治要求，是国家、政党和政府管理、调控新闻传播的重要手段。

6. 我国新闻政策的基本内容包括坚持以马克思列宁主义、毛泽东思想、邓小平理论、“三个代表”重要思想、科学发展观和习近平新时代中国特色社会主义思想为指导思想；坚持党性原则、坚持政治家办报；坚持用正确的舆论引导人；坚持团结、稳定、鼓劲、正面宣传为主；坚持群众性原则，坚持全党办报、群众办报；坚持真实性原则，力求新闻报道真实、客观、公正、全面、有立场；坚持民主集中制原则，严格遵守新闻宣传纪律；坚持改革，讲求艺术，不断提高新闻传播的质量和水平；等等。

7. 新闻政策选择作为一种政治标准，要符合国家和人民利益，符合社会公共利益，符合新闻控制者利益和符合新闻传播规律。

案例

2003年“非典”期间媒体对新闻价值与新闻政策的把握

2002年，广东顺德首先发现非典型肺炎（SARS）疫情，当时出于担心信息披露会引起民众恐慌等各种考虑，当地政府一直没有发布相关信息，亦没有向香港方面通报情况，同时也不允许媒体报道有关疫情，致使社会上关于“非典”疫情的传闻和谣言四下扩散，迅速蔓延，在群众中造成了严重的精神恐慌和思想混乱。

2003年2月上旬，广州市“非典”发病情况开始进入高峰，却仍未见任何来自政府有关部门的信息。在此情况下，广州的媒体出于满足受众信息与新闻需求的职业责任，对“非典”事件予以披露。随后，广州市政府和广东省卫生厅配合媒体，召开新闻发布会，公布疫情，组织抗击“非典”，改变了原先的被动局面。

后来，“非典”疫情蔓延至北京及全国许多地方。一开始，北京等地对“非典”疫情信息的发布也是躲躲闪闪，瞒报、谎报、缓报的情况严重。在中央的干预下，从4月初起，媒体开始对“非典”进行密集报道。在政府有关部门和新闻媒体的共同努力下，“非典”信息得以公开传播，“非典”最终被战胜。

“非典”出现之初信息披露和新闻报道中所存在的问题，暴露出当时一些有关部门对信息公开认识上的不足和政策指导上的滞后，也使社会与公众对政务信息公开的重要性有了更加深刻的认识。从那以后，信息公开的政策制定和立法工作速度加快，2004年2月，国务院办公厅发布了《关于改进和加强国内突发事件新闻发布工作的实施意见》。2007年4月5日，国务院颁布《中华人民共和国政府信息公开条例》，此条例自2008年5月1日开始正式实施，为信息公开提供了政策与法规保障。

新闻工作者每天面对着五彩缤纷的大千世界、纷纭变化的万事万物和四处涌流的海量信息。到底哪些事实信息值得报道，哪些事实信息不值得报道，哪些事实信息应该重点报道，哪些事实信息只需做一般报道，这里面都有一个价值判断和新闻选择的问题。因此，认识和把握新闻选择的标准对于做好新闻工作具有重要意义。

第一节 新闻选择的主体及过程

“新闻选择”，是指新闻传播者按照一定的价值观念和价值取向，对自然界及现实生活中发生的事实、现象和事件进行鉴别、衡量与取舍，从中筛选出值得自己传播的内容，并通过新闻媒介加以报道的过程。简言之，新闻选择就是新闻内容的确定，即判定哪些事实信息能够构成新闻内容，并且能够传播给受众。它是新闻传播的前提条件和基础环节，也是决定整个传播过程能否达到预期目标的决定性因素和关键性环节。

新闻选择是通过选择主体来实现的，新闻选择的标准也是由选择主体来把握的。因此，研究新闻选择的标准，需要首先对新闻选择主体作一些了解。

一、新闻选择的主体

“新闻选择主体”，指的是新闻内容选择的承担者，在传播学中被称作“把关人”或“守门人”。

“把关人”（gatekeeper）是美国传播学者库尔特·卢因于1947年提出的一个概念。它是指那些在新闻传播活动中担负采集、制作、加工和传播新闻信息任务的记者、编辑，以及那些担负广播、电视节目制作和播出任务的人员。广义的“把关人”则包括一切对新闻信息发布和传播拥有决定权的人。

作为新闻传播者的新闻选择主体，通常都会按照一定的立场和倾向，对新闻信息进行筛选和过滤。这种对新闻信息进行筛选和过滤的行为就叫做“把关”，而从事这种工作的人就被称为“把关人”。

在新闻传播过程中，新闻选择主体不但对新闻内容进行筛选和取舍，而且通过议程设置等方式控制新闻信息的流量和流向，并直接影响受众对新闻信息的理解。因此可以说，它是新闻信息得以传播并实现其价值的决定性因素。

新闻选择主体对新闻内容的选择是一个十分复杂和微妙的过程。一条新闻信息从发生到被发现、被报道，再到同受众见面，要经过许多“把关人”之手，要经历非常复杂的过程。在整个过程中，任何一个“把关人”都对新闻信息握有生杀大权，在任何一个环节上都可能造成这条新闻事实信息的被删改，被淘汰，被扼杀。

在新闻选择的过程中，影响新闻选择主体做出选择的因素有很多。各种各样来自传播者自身及其周围环境的影响因素都在发挥着作用，时时都在制约着新闻选择主体对新闻内容的筛选和取舍。

美国传播学者布里德在对美国几十家媒体的一百多位记者进行调查后发现，在报社内部始终存在一张十分微妙而又非常强劲的控制网络。它一方面要确保媒介组织的传播意向能够顺利贯彻下去，另一方面又要防止不懂规矩的新来者对媒介组织的既定行规造成侵扰。这张控制网络是一个看不见的“潜网”。其实并没有谁对此做出过明确的解释，更没有什么明文的规定，但是这张“潜网”却暗中存在着，无时无刻不在发挥着作用。

布里德认为，任何社会的主要问题都在于维持秩序和加强凝聚力，尤其重要的是保持其价值体系的一致性和完整性，因为意识形态一旦出现混乱，就会导致社会的土崩瓦解。可见，所谓媒介组织内的“潜网”，实际上是更大范围的社会控制体系的一种折射，是媒介组织接受社会控制的一种必然结果。

总之，新闻选择主体是由多种新闻“把关人”构成的传播主体，他们由于其自身的因素及各种社会因素的制约，会对新闻选择造成影响，从而出现不同的选择结果，使得新闻传播呈现出复杂多变的特点。

二、新闻选择的过程

新闻选择的过程与新闻传播的过程是相联系的。通常新闻传播包括三个阶段：新闻采访收集阶段、新闻加工制作阶段、新闻发布传播阶段。在这三个阶段都存在着新闻选择，只是在各个不同的阶段，“把关人”所承担的角色及所采取的标准都会有所不同。

（一）新闻采访收集阶段的新闻选择

在新闻采访收集阶段，新闻选择主体的新闻选择主要体现在对新近发生的事实信息的价值判断上。即要判断哪些新近发生的事实信息具有新闻传播价值，哪些没有新闻传播价值；哪些事实信息新闻传播价值大，哪些事实信息新闻传播价值小；哪些事实信息有助于反映事物的真相和全貌，哪些事实信息无助于反映事物的真相和全貌。有了这些基本判断，才能决定去采访和收集哪些事实信息进行报道。

现实生活中每天发生那么多事情，能够作为新闻进行报道的通常只是少数，新闻工作者的首要责任，就是在浩瀚的信息海洋中采集那些受众感兴趣的、具有新闻价值的事实信息来进行报道。所以，在新闻采访收集阶段，新闻选择主体的新闻选择任务十分艰巨。他们需要充分挖掘相关的事实信息材料，并要迅速做出价值判断，以确保新闻报道能够满足受众的新闻与信息需要。

（二）新闻加工制作阶段的新闻选择

在新闻加工制作阶段，新闻选择主体的新闻选择主要体现在记者写作新闻报道和编辑编排新闻稿件过程中的价值判断上。记者在写作新闻报道和编辑在编排新闻稿件的过程中，要判断哪些新闻事实信息和新闻稿件价值大，哪些价值小；哪些新闻事实信息和新闻稿件适合自己的媒体传播，应当快写、快编，哪些不适合自己的媒体传播，应当舍弃。有了这些基本判断，才能决定选择哪些新闻事实信息和新闻稿件进行加工制作，以及运用什么形式和方式来进行新闻报道。

（三）新闻发布传播阶段的新闻选择

在新闻发布传播阶段，新闻选择主体对新闻的选择主要体现在对新闻出口的最后“把关”上，即判断哪些新闻与信息可以及时发布和传播，哪些需要择时发布和传播，哪些不能发布和传播。有了这些基本判断，才能保证自己的传播能够达到预期的目的，取得好的传播效果。

在新闻选择的过程中，影响新闻选择主体选择新闻的因素来自多方面，既有来自政治的、经济的因素，也有来自文化的、社会的因素，还有来自传播者个人偏好和情趣的因素。这就导致新闻选择的过程常常显得十分复杂和微妙。这从前面所述的新闻传播流程中即可看出。因此，要做好新闻选择，需要研究新闻选择的特点和规律，掌握新闻选择的标准和要求。

三、新闻选择标准的构成

一般说来，新闻选择的标准主要有两个：新闻价值标准和新闻政策标准。前者决定新闻事实信息值不值得报道，属于新闻选择的业务标准；后者决定新闻事实信息能不能够报道，属于新闻选择的政治标准。

通常情况下，新闻传播者都要依据这两个标准来选择和报道新闻。只是属于不同社会制度、不同利益集团和不同意识形态下的新闻事业，对新闻价值和新闻政策的具体内容有着不同的理解和做法。但不管存在何种差别，任何一家新闻媒体及其新闻传播者都要以其所依附的那个阶级、政党和社会集团的政治经济利益及文化价值取向来选择和报道新闻。

新闻选择的“业务标准”，是指根据新闻报道的业务要求规范所确定的选择标准，它主要是由新闻价值标准构成的。它所代表和反映的是新闻事实信息内在的客观传播价值。

“政治标准”，是指根据政治因素的制约和政治环境的需要所确定的选择标准，它主要是由新闻政策标准构成的。它所代表和反映的是新闻事实信息附带的主观宣传价值。

另外，法律法规、道德观念、文化传统，以及媒体自身的编辑方针等也会影响新闻的取舍，成为新闻选择的标准。

这些标准都是新闻选择主体在新闻传播过程中进行新闻选择时所应遵循的原则和依据。

新闻价值标准是贯穿于新闻传播始终的最核心的标准。特别是在新闻选择的第一阶段即采集阶段，它是一个主导性标准，是一个“入口”标准。通常情况下，凡是不符合新闻价值的内容和事实，都会被限制进入新闻采编和制作的过程之中。作为入口标准，新闻价值标准的主要任务是在传播内容上把关，即选择那些符合新闻价值要素的事实信息，让其进入新闻采编和制作的程序之中，而将那些不符合新闻价值要素的事实信息，排斥在新闻采编和制作的程序之外。

而新闻政策标准在新闻选择的第二、三个阶段是主导性标准。它决定什么样的内容与事实信息可以进行发布和传播，也就是说，它是一个“出口”标准。凡是不符合新闻政策的内容和事实信息，都不允许流入媒体，进入新闻发布传播过程之中。作为出口标准，新闻政策标准的主要任务是在报道政策上把关，即堵住那些违反新闻政策的事实信息进入新闻发布传播过程。

新闻选择的政治标准有时会与业务标准发生冲突，过于严厉的政治标准可能会导致业务标准的扭曲，而片面理解和执行业务标准也可能会导致对政治标准的忽视和背离，这些都会影响新闻传播的效果。因此，需要正确理解和妥善处理政治标准与业务标准的关系，在坚持新闻价值标准的时候要考虑新闻政策的要求，而在坚持新闻政策标准的时候要考虑新闻价值的要求，要做到两个标准的统一，以争取新闻传播的最佳效果。

第二节　新闻价值选择标准

新闻价值标准是新闻选择的业务标准，也是基础性的、具有决定意义的标准。掌握这一标准可以确保新闻媒介能够按照新闻传播规律选择出符合业务规范的报道内容。

一、新闻价值选择的依据

（一）新闻价值理论的产生

新闻价值理论出现于 19 世纪 30 年代西方报业开始由政党报刊向大众化报刊过渡的时期。

大众化报刊完全改变了政党报刊为了政治宣传的需要，只顾党派争斗、互相攻讦，而不讲经营，不计成本，经费完全靠政党津贴的状况。它以市场为导向，以盈利为目的，办报成为赚钱营利的一种途径和手段。报纸经营者为了追逐利润，千方百计地争取读者，扩大发行。他们大幅降低报纸售价，并且全面改进报道内容和报道方式，尽可能地从满足读者的兴趣和需要出发来选择新闻，组织报道，向读者提供新闻、广告、娱乐等多种多样的服务。

正是在这样的背景下，新闻价值理论应运而生，从而为新闻从业者提供了判断和选择新闻的一个价值标准。

新闻价值理论强调的从读者兴趣与需要出发来判断和选择新闻，以及它对新闻价值构成要素的分析，都是对新闻传播本质特征的一种科学认识。

在对新闻价值理论的认识上，学术界存在一些不同的理解，主要分歧在于：是把新闻价值看作对事实信息的一种主观判断标准，还是将它看作事实信息本身客观存在的一种内在素质。严格说，从唯物主义观点出发，新闻价值是一种客观存在的东西。一条新闻的价值的大小是客观存在于构成这条新闻的事实信息之中的，不受人们主观因素的影响。再高明的编辑、记者也不可能将一件本无新闻价值的事实信息编写制作成一条具有“很高”新闻价值的新闻。根据这一认识，我们应当把客观存在的构成新闻的客观事实信息本身作为考察新闻价值的基础。

（二）新闻价值的定义

根据上面我们对新闻价值客观性的理解，同时充分考虑受众对新闻事实信息的需要程度这一基本条件，我们给新闻价值作出如下定义：

新闻价值是事实信息适应和满足公众兴趣与需要的各种信息素质的总和。某一新闻事实含有的信息素质的级数越高，其新闻价值就越大。

这个定义的核心在于，它强调要从公众的兴趣与需要出发来把握新闻价值。通常某一事实信息适应和满足公众兴趣与需要的程度越高，新闻价值就越大。而某一事实信息适应和满足公众兴趣与需要的程度，是由这一事实信息中所包含的能够适应和满足公众兴趣与需要的那些信息素质构成的，信息素质的级数越高，新闻价值就越大。

如前所述，新闻价值是一种客观存在，其大小只受构成新闻的事实信息本身所包含的适应和满足公众兴趣与需要的各种素质的影响，而不受外界主观因素的影响。这样来认识新闻价值，可以防止新闻传播者出于各种动机人为地任意拔高、夸大或降低、缩小某一事实信息的新闻价值。

人们的主观因素只能在尊重客观事实信息的基础上，充分挖掘事实信息中所包含的各种新闻价值要素，尽力提高新闻价值的实现程度，而不能抛开客观事实，无中生有地任意确定某种新闻价值的“标准”。

（三）新闻价值的构成要素

根据新闻价值的定义可以知道，一条新闻的价值大小，是由构成这条新闻的客观事实信息中那些能够适应和满足公众某种兴趣与需要的素质所决定的。

新闻价值的构成要素通常分为不变要素和可变要素两种。

1. 不变要素

“不变要素”，是指任何事实信息要成为新闻都必须具备的那些能够适应和满足公众某种兴趣与需要的规定性素质。它们决定着事实信息新闻价值的有无。

不变要素包括真实性和新鲜性两种。它们是新闻事实信息是否具有新闻价值的基本要素，也是新闻能否产生和存在的决定性条件。

真实性。它是指新闻的客观实在性，是新闻存在的一个基本条件。新闻如果失真、失实，就不成其为新闻了，那么也就谈不上有什么新闻价值了。在新闻价值诸要素中，真实性是一个最重要的不变要素。一切新闻要想产生和存在，首先要确认构成这一新闻的内容是不是客观存在的确确实实的事实。

新鲜性。它是指新闻的新鲜程度，也是新闻存在的一个基本条件。新闻如果不新鲜，同样也不可能成其为新闻，当然也就谈不上有什么新闻价值了。在新闻价值诸要素中，新鲜性也是一个重要的不变要素。一切新闻都必须新鲜，这是受众需要新闻的根本原因所在。一般说来，内容越新鲜，新闻价值就越大。

2. 可变要素

“可变要素”，是指事实信息要成为新闻所必须具备的那些能够适应和满足公众某种兴趣与需要的非规定性素质。它们决定着事实信息新闻价值的大小。

可变要素包括重要性、接近性、显著性、趣味性。它们决定着事实信息新闻价值要素含量的大小，是体现新闻价值大小的重要条件。

重要性。它是指事实信息内容的重要程度。通常某一事实信息内容越是重要，新闻价值就越大。判定某一事实信息内容重要与否的标准，主要看其政治或社会意义的大小，及其对社会与公众产生影响的程度。政治或社会意义越大，对越多的人产生越大的影响，新闻价值也就越大。

一般来说，凡与公众利益关系越大，对公众的思想、工作和生活越具有指导性的事实信息，政治意义越大，新闻价值也越大。新闻媒介应当抓住公众普遍关心的热点、疑点和难点问题，给予及时、恰当的报道。

接近性。它是指事实信息内容与受众的接近程度。通常，某一事实信息与受众在心理、利益和地理上越是接近、相关，新闻价值就越大。受众一般对与自己的心理、利益及所处地理环境相接近的事实信息更感兴趣。

显著性。它是指事实信息中的人物、地点和事件的知名程度。通常，越是著名、显要、突出的人物、地点和事件，越能吸引受众，新闻价值也越大。

一个普通人很难成为新闻人物，而国家元首、政府要人、社会名流的言行举止则往往会成为新闻；一国之都、历史名城、古迹胜地也往往是出新闻的地方。新闻媒介应关注具有显著性的人物和事件，抓住其具有新意的内容及时予以报道。当然，新闻媒介也要避免成为显著人物行踪的机械报告员，对显著人物缺乏新意的、不重要的一般性言论及行踪的报道须严格控制。

趣味性。它是指事实信息引起受众产生兴趣的程度。通常，越是受众感兴趣的事实信息，新闻价值就越大。

一般来说，大多数受众对新奇、反常、变态、带人情味的东西比较感兴趣。虽然说一些人把新闻起源归于人类的好奇心和新闻欲本能是不科学的，但我们并不否认人们的确存在好奇心和新闻欲。有些奇闻轶事，诸如奇特变异的自然现象、生理现象和社会现象，不管是生活在何种社会制度下的人们，也不管是男人、女人、大人、小孩，可能都会感兴趣。同样，对涉及人世间悲欢离合、生老病死、儿女情长的带有人情味的事情，人们也会从心底发出共鸣，产生兴趣。这些年来，社会新闻在我国媒体报道中占有越来越重要的位置，受到群众的欢迎，这是新闻传播适应群众情趣需要的一种验证。

上述六个要素是新闻价值的主要构成要素。当然，一条事实信息并非六要素齐备才具有新闻价值。一般情况下，一条事实信息，只要两个不变要素具备，便具有了新闻价值，而如果同时具备的可变要素越多，新闻价值自然就越大。当某一事实信息同时具有上述六个要素时，肯定会有很大的新闻价值，这应是新闻媒介努力捕捉的目标。

在新闻价值的判断和选择中，我们格外注重重要性，即注重事实信息所具有的政治或社会意义。那些与党和国家及公众利益关系重大的，对社会主义事业具有重大影响作用的事实信息，都是新闻媒介努力捕捉和报道的内容。

一些媒体热衷于追求趣味性，致使许多离奇、荒诞、带有刺激性的新闻充斥新闻版面，有的甚至任意编造离奇故事来吸引受众。新闻选择当然要考虑新闻事实信息的趣味性，但不顾社会效果，盲目追求趣味性，有意编造趣味性“新闻”的做法是我们坚决反对的。这些年来媒体报道中出现的娱乐化倾向就同盲目追求趣味性有关，值得新闻界警惕。

必须指出，某一事实信息作为新闻，其价值的最终实现及其实现的程度，取决于许多主观的因素。如新闻采编者的政治理论水平、新闻敏感性、采写能力、编辑技巧和知识修养，以及新闻传播者制作和传输新闻的技术水平及工作质量，等等，这些因素都会影响到新闻价值实现的程度。

因此，一切新闻采编人员只有具备高度的新闻敏感性、熟练的采写能力、高超的编辑水平和广博的知识面，才能最大限度地使那些潜在于事实信息中的新闻价值得以充分实现。而一切新闻机构也须积极改善新闻传播的技术条件，同时努力提高传播人员的业务水平和服务质量，尽可能减少新闻价值实现过程中的损耗，使事实信息充分实现其价值。

二、新闻价值选择的要求

（一）符合媒体受众需要

新闻价值选择的基本出发点是考虑受众的兴趣与需要，因为只有能够适应和满足受众兴趣与需要的事实信息才具有新闻价值。因此，新闻传播者在新闻价值选择的过程中要善于掌握受众的心理，了解受众的兴趣与需要。

心理学家把人类的基本需要概括为六方面：

一是生理的需要，即包括吃、喝、睡眠、性、避寒暑等；

二是安全的需要，即生活有保障，居住能安全，免于恐惧和伤害等；

三是相属和相爱的需要，即拥有亲情、恋情、友情等感情和归宿等；

四是受人尊重的需要，即名誉、地位、成就、功业得到认可等；

五是自我实现的需要，即个人理想、价值观念及所追求目标的实现等；

六是爱美的需要，即对美好事物的欣赏和追求等。

这六种基本需要直接制约和影响着受众对新闻的需求与选择。

如果对这六种基本需要作些归纳和分析，可以发现，其中有些共同的东西，即它们都是对受众“有益”、“有用”或使他们感到“有趣”的东西。

人们需要新闻传播的最基本的出发点，就在于希望所获得的新闻信息对自己的生存与发展有某些利益和好处。可以说，在受众所接受的新闻信息中，能够满足其生存与发展的各种利益需要的内容占有重要位置。换言之，那些与受众生存和发展的利益需要紧密相关的新闻信息往往是最受受众欢迎的。

2011年春天，与中国“一衣带水”的日本发生地震、海啸和核泄露事件，许多中国老百姓由于对核泄露的扩散、污染和危害情况不知情，听到各种谣传后心里很不踏实，一度陷入恐慌之中，有的地方还因此发生了“抢盐风波”。这时他们迫切希望新闻媒体能够及时提供相关信息，以利于自己迅速做出判断，采取必要的防范措施。在这种情况下，我国一些媒体根据公众需要，就核泄露的传播途径、扩散情况、危害程度等人们所关心的问题作了及时、充分的报道，满足了广大群众的信息需求和利益需要，为他们提供了有效的服务，同时也起到了稳定群众情绪和社会秩序的作用。

上述事例说明，新闻信息对受众的“有益性”，对于新闻价值选择的重要性。因此，新闻媒介应当充分考虑受众的这种得益心理，满足他们从新闻信息中得到某种利益与好处的愿望和要求，尽可能地选择那些对受众具有“有益性”的，即与受众的各种利益关系相关联的事实信息组织报道和传播。

除了“有益性”之外，新闻信息的“有用性”也是影响及决定受众选择和取舍新闻信息的重要因素。人们都希望媒体提供的新闻信息对自己的劳动、学习和生活能够产生直接的效用，简言之，就是希望新闻信息能够对自己“有用处”。新闻媒介在选择和判断新闻价值时应当充分考虑受众的这种心理需要，注意选择那些能够对受众的实际生活及劳动、学习等“有用处”的事实信息组织报道和传播。

此外，受众还希望从新闻信息中得到乐趣，得到身心愉悦与消遣。因此“有趣性”也是受众选择和取舍新闻信息的因素之一。所以，新闻媒介在选择和判断新闻价值时也应当充分考虑受众的这种心理需要，注意选择一些能够使受众感兴趣的新闻信息进行报道。

（二）符合新闻市场取向

一条新闻能否实现其价值，最终取决于它适应新闻市场需要的程度和结果，因此，新闻价值选择需要考虑一定时期新闻市场的需求和取向。

“新闻市场取向”，从宏观上说，指的是一定时期内新闻传播适应社会与公众需要的一种方向和趋势，它与这一时期社会的政治、经济、文化和群众社会生活的总体趋势及特征相联系，同时也同这一时期人们的主流思想观念、价值观念和文化观念相联系。

例如，2009年爆发了全球性金融危机，当时，包括西方主要发达国家在内的许多国家同时受到了冲击，各国民众对金融危机的产生、发展和影响都表现出特殊的关注，这时，有关这方面的事实信息就代表了这一时期新闻市场的一种需求方向和趋势。新闻媒介在新闻价值选择时就应当充分考虑这一因素，组织好有关金融危机的报道，特别要联系全球性金融危机对中国经济与社会发展的影响进行有针对性的报道，这样才能满足新闻市场的需求。

从微观上说，“新闻市场取向”也可以理解为一定时期社会与公众对新闻传播具体内容的实际需求，这就同前面所说的受众需要相联系了。

强调新闻价值选择要符合新闻市场取向，是指新闻媒介要注意研究和跟进新闻市场的需求，尽可能从新闻市场需求出发组织报道和传播，不要无视和背离新闻市场的需求，仅从自身的主观愿望出发去选择新闻和组织报道。当然，新闻媒介也要防止在新闻传播中出现“只顾市场，不讲立场”的情况，一味地去迎合新闻市场需求，不考虑实际社会效果，导致新闻传播发生方向性的错误。

（三）符合记者经验积累

新闻传播的主体是新闻传播者，新闻价值的选择也主要是通过新闻传播者来进行的。虽然新闻价值具有客观性，一条新闻的价值大小是客观存在于构成这条新闻的事实信息之中的，但掌握了新闻价值理论、具有新闻价值选择和判断实践经验的新闻传播者在新闻价值的选择与判断过程中具有重要的作用。

新闻传播者在新闻价值选择与判断实践中所积累的经验，可以使他们能够迅速、有效地对事实信息中所含有的新闻价值做出准确的衡量和判断。大量事实说明，那些有经验的记者和编辑，面对纷繁复杂、千变万化的现实生活，面对时出时新、不断涌现的大量事实信息，能够根据自己的经验积累，迅速而又准确地判断出哪些是具有新闻价值的，哪些是没有新闻价值的，哪些新闻价值大，哪些新闻价值小；而且能够迅速判断和决定采用何种方式与形式能使自己所采编制作的新闻的价值最大限度地得以实现。

1978年11月，中共北京市委举行常委扩大会议，会上做出了为1976年4月5日“天安门事件”[①] 平反的决定。当时，北京市一家报纸将这一消息湮没在长篇的会议报道中。而新华社记者却独具慧眼，敏锐地认识到这件事情的重大意义，因而将这件事从市委常委扩大会议的庞杂内容中提炼出来，单发了一条200多字的消息。《人民日报》在头版配以醒目标题发表，更增强了这条新闻的感染力，使之成为在全国和全世界都引起强烈震动、产生巨大影响的重要新闻。

记者和编辑在新闻价值选择与判断方面的经验积累，既需要有一定数量的实践做基础，又需要经过深刻的理性思考，要善于从理论上总结经验，并在实践中不断地加以检验和验证，只有这样积累的经验才能在选择和判断新闻价值时发挥应有的作用。

（四）符合社会控制要求

所谓“社会控制”，顾名思义，是指社会对某一事物所形成的制约和限制。这种控制通常是由一定社会通过其政治制度、法律制度、文化传统、社会理念、道德及价值观念等，来制约和规范某一事物，从而实现对这一事物的制约和限制。

在新闻传播过程中，社会控制体现为一定的社会组织和社会机构对于传播内容与传播形式的制约和限制。这种制约和限制会直接影响新闻价值的选择与判断。任何新闻媒介要想使其传播内容及传播行为得以顺利实现和完成，都须以不违反社会控制者的制约和限制为条件。

因此，新闻传播者在进行新闻价值选择和判断的时候，要充分考虑自己的传播内容和传播行为是否符合自身所处社会的政治制度、法律制度、文化传统、社会理念、道德及价值观念等。

2001年美国遭受恐怖袭击的“9·11”事件发生之后，在美国全国上下一致的“反对恐怖主义”的强大舆论声势之下，美国媒体在新闻价值的选择和判断上都严格遵循了这一标准，凡是与此相悖的报道和言论都受到限制。当时，作为官方媒体的美国之音就因为播发了4分钟的采访塔利班和基地组织头目的新闻，其台长被撤职，并被削减了几百万美元的活动经费。这是新闻价值的选择和判断必须符合社会控制的一个典型事例。

---

① 指1976年4月5日发生在首都天安门广场的百万群众为悼念周恩来总理、反对“四人帮”而自发组织的大规模游行集会活动，当时被定性为“反革命事件”。

第三节 新闻政策选择标准

一、新闻政策选择的依据

（一）新闻政策的内涵及作用

新闻传播者在选择和判断新闻的过程中，除了坚持新闻价值这一业务标准外，还要根据其所代表的某一阶级、政党或社会团体的利益与要求来对新闻进行取舍，这属于新闻选择的政治标准。一般情况下，新闻选择的政治标准主要是通过新闻政策和新闻法规来体现的。

新闻政策是指国家、政党或地方行政机关对新闻业所规定的活动准则。它是政党或政府管理新闻业的重要手段和基本方法。从广义上讲，它包括新闻业的管理政策、新闻报道政策、新闻队伍建设方针等。狭义的新闻政策主要是指新闻报道政策，包括新闻采写原则、编辑方针和宣传纪律等。

新闻政策确定新闻传播的指导思想和目标任务，规定新闻选择的总体方向，集中反映国家、政党和政府对新闻机构及其从业人员的政治要求，是国家、政党和政府管理、调控新闻传播的重要手段。

新闻法规则是国家颁布的有关新闻传播活动的法律规定。它包括新闻法及其他相关法律法规。

新闻法规标准要求新闻选择要合乎法理精神及相关法律规范，即要求新闻事实的选择和报道内容的确定必须是法律法规所允许的。新闻法规不但影响新闻选择的内容，而且也影响新闻选择的方式。它明确规定哪些内容不得报道，如涉及国家机密、个人隐私、色情暴力、妇女和未成年人保护等相关信息，以及有关民族、宗教矛盾等信息；同时也规范新闻信息获取的手段，如规定不得使用贿赂、恐吓、骚扰、偷窥、欺骗等手段获取新闻信息，等等。

新闻法规与新闻政策既有区别又有联系。在没有专门新闻法的情况下，执政党和政府制定的新闻政策，在相当程度上起着新闻法的作用；在新闻法已经制定，但尚不完备的情况下，根据形势需要制定的新闻政策，对新闻法起到补充作用。我国目前尚无专门的新闻法，因此，国家对新闻事业的管理除了借助于一些相关法律外，主要通过新闻政策及一些相关的行政法规来实现。各种新闻媒介的宣传方针、报道内容、活动范围和传播方式等，一般都通过新闻政策加以规范。

国家、政党或地方行政机关制定的新闻政策和相关新闻法规，主要是从政治需要出发，注重新闻的宣传效果，即新闻为阶级、政党和国家的政治利益服务的效果。

新闻政策和新闻法规对新闻工作的行政约束与法律制约在新闻选择中具有重要作用，对新闻价值的实现会产生直接的影响。一件事从新闻角度考虑很有新闻价值，很值得报道，但从政治和法律的角度考虑却可能产生不良传播效果，于是，政党和政府便会通过新闻政策、新闻法规或其他行政手段，限制或改变报道的内容、时间或方式，有时甚至可能禁止发表。

在社会主义国家，党和国家从人民群众的根本利益出发制定的新闻政策和新闻法规与新闻价值的要求从总体上应当是一致的。它们应有利于新闻工作者积极主动地按新闻价值规律要求去采写和编发新闻价值大的新闻，使新闻报道的新闻价值能够最大限度地得以实现。当某一新闻事实具有新闻价值（指能够满足受众的某种兴趣与需要），但却与新闻政策和新闻法规相抵触时，社会主义新闻工作者应当坚持新闻政策和新闻法规的严肃性，对一些不宜公开报道的新闻事实可采用编写内参或口头反映等形式，向有关领导机关报告情况。那些严重损害国家和人民利益的新闻是不应该通过新闻媒介公开传播的。当然，党和政府也应注意防止对新闻媒介施加不必要的行政干预，要保证那些群众希望知晓，又不违反新闻政策和新闻法规的新闻报道能够顺利得到传播，并充分实现其价值。

（二）我国新闻政策的基本内容

我国新闻业是共产党领导的社会主义事业的重要组成部分，是党、政府和人民的耳目喉舌。这一性质决定了新闻工作必须坚定不移地为人民服务、为社会主义服务，这是我国制定新闻政策的基本指导思想和根本依据。

我国党和政府在领导新闻事业、指导新闻工作的过程中正是依据这一方针，制定了一系列行之有效的新闻政策。经过新中国成立60多年来的实践和探索，这些政策中的一些基本内容已相对稳定，并不断发挥着作用。

我国新闻政策的基本内容可以概括为以下几个方面。

1. 坚持以马克思列宁主义、毛泽东思想、邓小平理论、“三个代表”重要思想、科学发展观和习近平新时代中国特色社会主义思想为指导思想

马克思列宁主义、毛泽东思想、邓小平理论、“三个代表”重要思想、科学发展观和习近平新时代中国特色社会主义思想是我国各项事业及一切工作的指导思想。新闻媒介及新闻工作者应当自觉坚持用马克思列宁主义、毛泽东思想、邓小平理论、“三个代表”重要思想、科学发展观和习近平新时代中国特色社会主义思想统率全部工作；用马克思主义的新闻观指导新闻工作；用辩证唯物主义和历史唯物主义的方法去认识社会问题，分析新闻现象；要自觉抵制各种错误思想和理论的侵蚀与影响。

2. 坚持党性原则、坚持政治家办报

我国新闻业作为共产党领导下的社会主义事业的重要组成部分，必须坚定不移地宣传党的纲领路线和政策主张，要同党中央保持政治上的高度一致，不允许在新闻媒介的公开报道中发表同中央的决定相悖的言论，不允许利用新闻舆论手段任意表达个人或小团体与主流和核心价值观相背离的主张及观点。社会主义新闻工作要讲政治、讲党性，新闻工作者要有很高的政治素养，很强的政治鉴别力、政治敏感性和政治责任感，要具备政治家的胸襟和品质。

3. 坚持用正确的舆论引导人

我国新闻业作为党和政府的舆论机关，必须坚持用党的纲领主张，用符合党和人民利益的正确思想引导舆论；同时要注意将那些只反映少数人特殊要求的局部舆论，和虽然有一定数量群众认同但却不代表社会发展方向、不符合人民群众根本利益的错误舆论引导到正确的方向上来；对那些背离甚至对抗人民群众根本利益的各种消极和错误的舆论，要坚决抵制并予以有力批驳，防止它们演化发展成左右人民群众的舆论。在新媒体出现后所呈现的新的舆论环境下，主流新闻媒体尤其要注意区分与判定频频出现的各种网络舆论的性质和作用，善于将那些有害的、负向的舆论清除出舆论场，以纯洁舆论环境，正确引导舆论。

4. 坚持团结、稳定、鼓劲、正面宣传为主

我国新闻业要明确自己的社会责任，努力维护民族团结和社会稳定，在促进国家改革开放和现代化建设的伟大事业中发挥好宣传、鼓动和激励作用；要坚持团结、稳定、鼓劲和以正面宣传为主的方针，大力弘扬主旋律，为促进经济的发展、社会的进步、国家的富强、人民的幸福和世界的和平与发展事业创造良好的舆论环境。

5. 坚持群众性原则，坚持全党办报、群众办报

我国新闻业是党和国家的事业，也是人民的事业，它的一切工作都必须以人民群众的利益为皈依，以全心全意为人民服务为宗旨；新闻工作要坚持走群众路线，要实行全党办报、群众办报，真正使人民群众成为新闻业的主人，成为新闻报道的主角。

6. 坚持真实性原则，力求新闻报道真实、客观、公正、全面、有立场

我国新闻业应当把真实视为自己的生命，一切宣传报道都必须坚持真实性原则，要坚决杜绝弄虚作假、生编硬造的行为，也要防止有意夸大或掩盖事实的现象发生，要力求从新闻宣传的整体把握上做到真实、客观、公正、全面，同时又体现出自己的立场和倾向。

7. 坚持民主集中制原则，严格遵守新闻宣传纪律

我国新闻业要把民主集中制作为自己的组织原则，要自觉接受和服从党的领导与监督，严格遵守新闻宣传纪律，在工作中要以大局和全局为重，决不能把个人的利益与意见置于国家和集体之上，置于人民群众的利益之上，决不能将社会与公众赋予的新闻传播和话语表达的公权力变成表达个人意见的私权力。

8. 坚持改革，讲求艺术，不断提高新闻传播的质量和水平

我国新闻业须适应社会主义现代化建设和改革开放新形势的需要，坚持改革，使宣传报道及整个工作更加符合党和人民的需要，更好地遵循新闻传播规律，发挥其作为现代舆论工具的功能，以及作为党、政府和人民耳目喉舌的作用。

我国新闻工作要讲究宣传艺术，不断提高新闻传播的质量和水平，努力实现传播内容和形式的完美统一，增强新闻报道的可读性，以实现新闻传播的最佳效果。

上述新闻政策，从形式上看是对新闻传播活动的一些约束和限定，但它们是在对我国新闻宣传工作长期实践经验进行科学总结的基础上制定的，是对我国新闻宣传活动规律的正确反映。因此，认真贯彻执行这些新闻政策，将其作为新闻选择的一种标准，用以规范新闻传播，会有助于新闻宣传工作的顺利进行，使宣传报道生动活泼、丰富多彩、富有特色。

当然，国家和政府机关领导部门也要注意根据国内外形势的发展变化与新闻改革的实际需要，对一些实践证明已经不适应当前新闻工作实际情况的新闻政策和新闻法规作适时调整，以使新闻宣传工作能够更加顺应时代潮流，更加适合群众需要，更加符合新闻规律，更加有利于自身事业的健康发展。

上述新闻政策涉及的主要内容，有些也是我国新闻工作的基本方针和原则，我们将在下面的章节中作详细论述。

二、新闻政策选择的要求

（一）符合国家和人民利益

社会主义国家的一切事业都要坚持为人民服务、为社会主义服务，这是国家制定新闻

政策的基本依据，也是对新闻传播的基本要求。因此，新闻媒介在选择和报道新闻的时候，要严格从国家和人民的利益出发，一切新闻传播都要考虑是否有利于维护国家和人民的根本利益，是否有利于促进国家和人民各项事业的发展。对那些有损于国家和人民的利益，有害于国家和人民各项事业的发展的信息与言论应当坚决抵制，决不允许其在社会上流传和蔓延，更不允许其通过新闻媒体进行传播和扩散。

我国实行改革开放以来，在改革巨轮前行的轰鸣声中，总会夹杂着一些不和谐的噪声，里面既有对党和国家一定时期改革开放政策的质疑，也有对改革开放整体形势和具体做法的责难。面对如此复杂的舆论环境，新闻媒介应当坚持从国家和人民的根本利益出发，积极组织有利于推动和促进改革开放的舆论，对那些不利于改革开放的思潮与言论应当给予坚决的批驳和回击。

例如，1991 年 2 月 15 日，也就是农历辛未羊年的正月初一，上海《解放日报》根据邓小平同志当时在上海视察的讲话精神，以“皇甫平”的笔名连续发表了一系列评论，围绕解放思想以深化改革和扩大开放这一主题，阐述了邓小平同志有关深化改革的思想，对推动我国的改革开放事业，起到了舆论先导作用，从根本上捍卫了改革开放的成果，维护了国家和人民的根本利益。

（二）符合社会公共利益

新闻媒介作为一种社会舆论机构，维护公共利益应是其当然使命和义不容辞的责任。

所谓“公共利益”，是指那些涉及公共领域的，能够给社会与公众带来共同好处的东西。它是维护社会正常秩序和群众基本生存及生活权益的前提条件。

社会主义国家的新闻政策应当确保新闻传播符合社会的公共利益。从新闻传播的角度看，要符合社会的公共利益，关键要尊重公众的“知政权”（了解政府工作信息的权利）和“知情权”（了解社会公共信息的权利），让群众通过媒体传播，能够及时获知他们需要知道的，对维护其基本生存及生活权益有好处的各种政府工作信息和社会公共信息。

在现代社会，有关社会公共利益的政府工作信息与社会公共信息是维护社会正常劳动和生活秩序所必不可少的东西。只有让老百姓及时、准确地获知这些信息，大家才能采取与政府协调配合的态度，去应对正在发生或可能发生的各种事态。相反，如果群众对许多涉及其切身利益的政府工作信息和社会公共信息不了解，不知情，那么，一方面，出于对事态的担心，各种民间自发的猜测和议论便会纷纷而起，不胫而走，另一方面，一些别有用心者则会乘机制造谣言，蛊惑群众，而现代化的传播手段更会使谣言如虎添翼，迅速传播，贻害无穷。

因此，要从维护群众知情权利和保护信息与传播自由的高度来看待信息公开问题，要认识到，在一个民主、开放的现代社会中，向民众及时、准确、充分地公开政府工作信息和社会公共信息是一种义务与责任，是维护社会和谐稳定的重要手段和有效方式。信息公开，百姓才能知情；百姓知情，才能与政府同心；百姓与政府同心，天下才能太平。否则，如果有意掩盖事实，封锁消息，堵塞政府工作信息和社会公共信息的传播渠道，那么不但会导致谣言流传，致使群众为谣言所困，引发社会不稳定，而且还会引起群众对政府和有关公共机构的不满，从而有损政府和公共机构的形象，影响人民群众与政府的关系，损害国家和人民的利益。

在信息传播方面往往有这样的情况：大道不传，小道传；正道不传，歪道传。先传者往往先声夺人，占据主动。如今，高科技手段造成的信息传播速度之快和辐射程度之广，产生的冲击力之强和影响力之大，常常会出乎人们意料之外。当群众急需获取有关政府工作信息和社会公共信息时，新闻媒介却按兵不动，无所作为，这就等于把传播和导向的主动权拱手让给别人！

近些年来，我国一些地方政府和有关部门在处理突发群体性事件上，对有关信息采取隐瞒做法，瞒报、缓报或不报，导致了群众不满，激化了矛盾，同时也为谣言传播与扩散提供了机会。这些做法既损害了社会公共利益，也影响了群众的情绪和社会的稳定，教训十分深刻。

（三）符合新闻控制者利益

任何新闻政策的制定者都要使其制定的新闻政策符合自身的利益，防止出现由于政策原因导致发生损害新闻控制者利益的新闻传播行为的情况。因此，新闻媒介在进行新闻传播的时候，应当考虑自己的传播内容和传播过程是否符合新闻政策的要求，是否符合新闻控制者的利益。

西方学者提出的“社会责任论”里，就有新闻传播要“为社会的政治制度和经济制度服务”的要求，而且提出当新闻传播背离这一要求的时候，政府有权进行“帮助”。在这一原则规范下，新闻媒介自然要维护作为一定社会政治制度和经济制度的代表者与体现者的政府的利益。近些年来，从“9·11”后的“反恐”（反对恐怖主义），到伊拉克战争中的“倒萨”（推翻萨达姆政权），再到在中东和北非搞“阿拉伯之春”，美国一些媒体在新闻传播中高度的“舆论一律”，说明其政府的政策规范对新闻传播具有有效的制约作用。

在社会主义国家，作为新闻政策制定者的党和政府，在根本利益上同人民群众是一致的，因此，党和政府所制定的新闻政策自然应当是既符合党和国家的利益，也符合人民的利益的。这就决定了我国的新闻传播只要按照新闻政策办事，就可以在总体上和宏观上保证实现党和人民的利益的一致性。

当然，新闻政策的制定，通常总是适应一定时期的政治、经济和社会的需要，为一定时期党和政府的工作任务与工作目标服务。随着形势的变化和发展，党和政府的工作任务与工作目标会发生一定的变化，因此，党和政府要根据形势的发展变化，随时调整相关政策，这样才能符合人民群众的现实需要。

在新闻传播中存在的另外一种情况是，一些媒体无视新闻政策的明确规定，不顾党和人民的利益要求，传播一些不符合新闻政策、损害党和人民利益的东西。例如，有的公开散布违反四项基本原则的言论，在政治上偏离方向；有的大搞“有偿新闻”，在经济上谋求私利；有的热衷于搞“星、腥、性”，在文化上宣传庸俗、低劣、腐朽的东西。这些东西既不符合人民的利益，也不符合党和政府的要求。作为新闻控制者的党和政府及其主管部门，就应通过新闻政策和宣传纪律来规范新闻媒介及新闻工作者的行为，以维护国家和人民的利益。

（四）符合新闻传播规律

新闻政策的制定主要从维护新闻控制者自身的政治、经济利益出发，因此，新闻政策对新闻传播内容与方式的限定往往是出于政治宣传和舆论导向的考虑。凡是符合新闻控制者政治、经济利益，有利于政治宣传和舆论导向的东西，新闻政策就予以保护，尽可能地促使其得以顺利传播，并实现其传播效果；反之，不符合新闻控制者的政治、经济利益，不利于政治宣传和舆论导向的东西，新闻政策就要尽力加以限制，防止其任意传播和扩散。

通常情况下，社会主义国家新闻政策中所规定的内容与新闻传播的一般规律应当是一致的。这样可以保证新闻政策能够顺利得以执行。但在我国新闻传播的实际工作中，由于一些具体利益关系的影响，或由于对一些新闻政策理解上的偏差，有时会出现一些违反新闻传播规律的情况。

例如，有些地区和单位出于地方保护主义或本单位利益的需要，会制定一些不符合新闻传播规律的政策、规定，干预新闻媒体的正常工作。

在新闻传播中，导致新闻政策与新闻规律相矛盾、相脱节的最明显的例子是关于会议和领导同志活动的报道。从政治宣传的角度看，一些会议和党政机关领导同志的活动似乎很有宣传价值，一些单位甚至对这方面内容的报道有着明确的业务规定和工作要求，例如，登在哪个版面，用什么标题，用多大字号，等等。但从新闻传播的角度看，这些内容却往往不大受群众欢迎，如果硬是报道，那么其结果可想而知。

按照新闻传播规律，一件事能否作为新闻来报道，关键要看其是否具有新闻价值。而要判定一件事是否具有新闻价值，首先要看其是否具备新闻价值要素中的不变要素之一——“新鲜性”，这是决定事实信息能否成为新闻的先决条件。会议和领导同志活动，虽然具备新闻价值要素中的“显著性”这一要素，但按照新闻价值理论的要求，具有了新闻价值可变要素（包括重要性、接近性、显著性、趣味性等）的某一事实信息必须同时具备新鲜性，才有新闻价值，才能成为新闻。因此，若要将某一会议和领导同志的活动作为“新闻”来报道，就要看这次会议和领导同志的活动是否具有新鲜性。有些会议和领导同志的活动，从领导机关和领导同志自身角度看，具有宣传价值，很值得宣传，但从读者角度看却没有什么新鲜性，不具有新闻价值，不值得报道，按照新闻传播规律就不应该作为新闻来报道了。

从维护群众利益、满足群众需求和争取有效传播效果的角度看，新闻政策的制定一定要符合新闻传播规律，而新闻媒介在进行新闻选择的时候也一定要注意将执行新闻政策和遵循新闻传播规律结合统一起来，这样才能收到预期的传播效果。2003年3月的中共中央政治局会议提出，要“多报道对工作有指导意义、群众关心的内容”，要“使新闻报道贴近实际、贴近群众、贴近生活”，要“遵循新闻规律做好新闻工作”，等等，这是中央为我国媒体新闻报道确定的正确的原则和方向。这些原则完全符合新闻传播规律，有利于新闻媒介在新闻政策指导下，按照新闻传播规律搞好新闻报道，更好地为国家、为人民服务。

国家、政党和政府在制定新闻政策的同时，还会制定相应的宣传纪律，作为确保新闻政策得以贯彻执行的辅助性手段。

宣传纪律，是政党或政府为了确保新闻传播能够实现其所确定的目标或任务而出台的约束性规范。它为传播主体提出明确的报道界限，通常以禁止性条文出现。有的则直接用行政法规的形式颁布执行。

宣传纪律通常会明确规定禁载的内容和新闻报道的程序。它也是影响新闻选择的重要因素。

我国在宣传纪律方面有许多规定和要求。如涉及政治、经济、军事、外交等领域的重大事件报道须事先请示；涉及灾难性事件、群体性事件、公共安全事件、公共卫生事件，以及涉及民族、宗教等领域的敏感事件的重要稿件须送审；等等。

新闻选择是个十分复杂的过程，除了前面重点论述的内容外，它还要受新闻媒介及新闻传播者所处各种内外环境，及诸多主客观因素的制约和影响，如国内外的政治、经济和文化环境，社会的文化及道德水准，民众的心理、心态及承受能力，新闻行业的从业规范、传播惯例和传播者自身的道德、涵养、能力，等等。因此，新闻选择作为一种意识活动，需要新闻传播者靠自己长期的经验积累，靠自己的新闻敏感和悟性，靠自己对新闻政策与新闻价值理论的正确理解以及对社会需要与受众需求的准确把握，在最短的时间内对自己捕捉到的新闻事实信息迅速做出鉴别、衡量和取舍，将那些最能体现新闻政策、最具新闻价值、最能满足社会与公众需要的新闻奉献给广大读者、听众和观众。

【思考题】

1. 怎样认识新闻选择主体在新闻选择中的作用？
2. 如何理解新闻价值的不变要素和可变要素？
3. 新闻价值选择标准要遵循哪些要求？
4. 我国的新闻政策主要包括哪些内容？
5. 新闻政策选择标准要遵循哪些要求？

第二编

新闻业

第四章

新闻业的产生与发展

【本章学习要点】

1. 新闻业作为一项社会性事业，是社会生产力高度发展、生产的社会化程度大大提高、民众的生活日趋社会化之后的产物。从印刷报纸独步传媒之林，到广播电视后来居上形成三足鼎立之势，再到互联网出现后与传统媒体四分天下的局面，如今各种新的传播形态及手段不断以崭新的姿态跨入新闻传媒行列，导致出现了多媒体融合并存的格局。

2. 大众化报纸以平民大众为主体读者，其传播内容以趣味性、娱乐性、消闲性的社会新闻和地方新闻为主，传播形式注重版面活泼，语言生动、文字通俗，另外其售价低廉，因此受到普通民众的欢迎。大众化报纸的出现开启了报业的大众化时代，在世界报业发展史上占有重要地位。

3. 社会主义制度的建立为新中国新闻业的发展开辟了广阔的道路。人民新闻事业逐步发展起来。进入改革开放新时期后，随着经济的发展、国家的安定和文化事业的进步，中国新闻业跨入了蓬勃发展的“黄金时期”。如今，一个种类齐全、结构合理、运作有序、管理科学的现代新闻传播体系已经初步形成。

4. 改革开放新时期中国新闻业的飞跃发展得益于改革开放为其注入了发展动力，市场经济为其营造了发展环境，政治民主为其提供了发展保障。面对激烈的全球化新闻竞争，中国新闻业今后须进一步认清竞争形势，明确发展方向；深化新闻改革，用创新促进发展；打造核心竞争力，增强自身竞争优势；加快集团化建设，把传媒产业做强做大。

5. 中国新闻业的集团化建设今后须注意科学规划，有序推进，尽可能地求稳求实，以实现科学发展。此外，还须不断完善宏观管理体制和微观运行机制的创新，以及相关政策、法规和人力资源管理，积极拓展安全有效的融资渠道，围绕主业开发和培育媒介企业的核心竞争力，开掘和培育新的经济增长点，等等，以促进和推动传媒集团化的进一步发展。同时，要尽力提高整体实力，不断增强传播力和影响力，以便在同国际传媒集团的竞争中占据有利位置。

6. 世界新闻业自产生以来，随着社会生产力的发展，不断完善自己的技术条件和传播水平，同时适应着社会与公众的需要，不断扩大自己的产业规模和社会影响，逐渐发展为现代化的社会事业。

7. 人类的信息交流与传播活动是新闻业产生的渊源，资本主义商品经济的发展导致了近代新闻业的产生，物质生产、科学技术和文化教育的进步决定着新闻业的发展水平，社会和阶级的需要推动着新闻事业的发展。

案例

广州日报改革发展和集团化建设的成功经验

1996年1月15日，国家新闻出版署正式批准《广州日报》组建了中国第一家报业集团。从1996年到1998年，《广州日报》广告收入从5.1亿元增长至7亿元，实现利润增长65.2%。广州日报报业集团坚持以报为本，集中精力办好主报《广州日报》，同时整体协作、资源共享，创办了一大批系列报刊。到2006年，集团成立10周年时，广州日报报业集团旗下已拥有1张主报、15家系列报、5家杂志社、1家出版社和2个网站，另有广州日报印务中心、广州市报刊发行公司等一系列子公司。2007年11月，由集团控股的广东九州阳光传媒股份有限公司在深圳证券交易所正式挂牌上市。

《广州日报》每日日均60大版，在国内率先推出多叠报纸，多次推出200版、100版特刊，日均发行量达到185万份，是华南地区发行量、零售量、订阅量和传阅率均居第一的报纸。2013年，《广州日报》的读者规模和广告收入再次居全国报纸第一，同时也是《广州日报》自1994年以来连续第20年广告收入稳居中国平面媒体前列。

作为一张党报，《广州日报》找到了一条将新闻规律、宣传规律和市场规律有机统一的改革路径，其发展经验及所取得的成就，让人们对我国新闻业的改革发展，特别是对党委机关报的改革发展充满期待和信心。

人类的信息与新闻传播活动虽古已有之，但新闻业作为一项社会性事业，作为一种有组织的，并具有一定规模和系统的、目标明确的社会报道活动，却是社会生产力高度发展、生产的社会化程度大大提高、民众的生活日趋社会化之后的产物。

新闻业在数百年的发展过程中历经曲折，但总的发展趋势始终是，不断依靠生产力的发展，借助新的传播科技，在努力适应社会及公众信息与新闻需要的过程中冲破阻力，创新发展。

第一节　世界新闻业的发展历程及现状

世界新闻业自产生以来，已经走过了400年的发展道路。从开始时印刷报纸独步传媒之林，到广播电视后来居上形成三足鼎立之势，再到互联网出现后与传统媒体四分天下的局面，如今手机、播客、微博等新的传播手段又以崭新的姿态跨入新闻传媒行列，导致出现了多媒体融合并存的格局，媒介的种类与规模在不断增加和扩大，传播的手段与方式在不断改革和创新，世界新闻业经历了由小到大，由弱到强，不断发展，迅速壮大的过程，成为一种能够服务和影响社会与人类发展的重要信息媒介和强大舆论力量。

一、大众化报刊的兴起

16—17世纪资本主义商品经济的发展促成了近代报纸的出现，世界新闻业从此开始了长期的发展历程。

在17—18世纪的资产阶级革命时期，资产阶级政党报刊成为资产阶级革命目标的鼓吹者，在长达百余年的斗争中，为资产阶级民主革命的胜利立下了汗马功劳。

这两个时期的新闻业，一个是作为早期的商业报刊，一个是作为资产阶级革命时期的政党报刊，它们的读者对象和传播范围都十分有限，因此还称不上是真正社会性的新闻业。

世界新闻业真正作为一种大众传播形态的社会性事业出现，应从19世纪30年代大众化报刊的产生算起。

通常情况下，新闻传播要想发展为一种大众传播形态的社会性事业，必须具备以下基本条件：要以平民大众为主体读者；要以新闻为主要传播内容和基本传播形式；要有广泛的社会影响力；要有独立的经济基础，并实行商业化经营；要有相对自由的传播环境和出版条件。

从19世纪30年代开始，经历了工业革命，在经济、科技和社会发展等方面取得重大进展的美国和欧洲一些国家，先后出现了一批以平民大众为主体读者的报纸。这种报纸为吸引平民读者，采取了许多措施：传播内容以趣味性、娱乐性、消闲性的社会新闻和地方新闻为主；传播形式注重版面活泼，语言生动、文字通俗；报纸售价低廉，通常每份报纸为一便士或一美分，故也被称为“便士报”。

世界上第一份大众化报纸，是1833年9月由本杰明·戴在纽约创办的《纽约太阳报》。其内容主要是当地发生的最新事件及暴力新闻，取材大多是无足轻重的琐事，但读来饶有趣味。最重要的是该报售价低廉。在短短6个月里，《纽约太阳报》的发行量便达到8 000份，几乎是与之最接近的报纸发行量的两倍。

《纽约太阳报》一炮打响，吸引了一批仿效者。一年多后，1835年5月由詹姆斯·戈登·贝内特主编的《纽约先驱报》，很快便成为纽约报业市场上又一份有影响的大众化报纸。

大众化报纸走向成熟的标志是1841年4月由霍勒斯·格里利创办的《纽约论坛报》。与前两份报纸有所区别的是，该报从其他大众化报纸热衷煽情主义的低俗水平，提升到注重促进文化和启迪思想的质量追求，同时还能赢利。该报的周报版，发行量曾达20万份，在中西部获得了仅次于《圣经》的地位。从发行和社会影响面上看，它成了一份真正的大众化报纸。

大众化报纸的兴起，一改初期近代商业报纸及后来的政党报刊在报道内容和读者对象上的局限性，成为面向社会大众的平民报纸。尽管它还存在许多问题——如其创办者多以赢利为办报目的；出于吸引读者和扩大发行的需要，其传播内容注重趣味性而多显低俗；报道方式在一开始时常采用煽情方法，有的甚至靠黄色新闻招徕读者；同行间的竞争时常会不择手段，有时甚至不惜造假新闻；等等——但它毕竟开启了报刊走向民间、走向社会与公众的大门，使世界新闻业跨入了一个新的时期。因此，其出现是世界新闻业发展历史上的一个重要事件。

大众化报纸一经出现便延续不衰。到1883年，当约瑟夫·普利策依靠《纽约世界报》闯入纽约报纸市场时，他已在办报和经营理念上为大众化报纸确立了新的思路。他承认“人情味报道和煽情故事是争得高发行量所必需的”，但他认为，“在发行量扩大之后，可以通过吸引读者关注社论栏和公共事务的新闻报道，来营造健康的公众舆论”①。普利策“双管齐下”，在大量刊登社会新闻的同时，还在《纽约世界报》上大力鼓吹社会改革，为报纸，也为他本人赢得了荣誉。

1851年9月创办的《纽约时报》，在1896年由奥克斯接手之后获得巨大成功。他以办一份“拥有可靠的新闻报道和社论观点、供不喜欢过分强调娱乐性和特稿的读者阅读的报纸”② 为宗旨，使报纸在尽可能快速提供新闻的同时，注意关注和讨论与公众有关的重大问题，使其形成了一种不同于一般大众化报纸的特点和风格，为美国报刊，也为世界报刊确立了一种新的办报范式和风格。

美国大众化报纸的勃勃生机为世界报业发展注入了活力，很快在欧美其他一些国家也相继出现了此类大众化报纸，并逐渐显现出其竞争力和影响力。

二、无产阶级报刊的产生

无产阶级报刊的产生是世界新闻业发展史上的又一重大事件。它从一开始就是以一种与资产阶级报刊完全不同的面貌出现的。

首先，它的创办不是出于赢利的目的，而是出于维护工人阶级利益，同资产阶级斗争的需要；其次，它的报道内容既不像初期资产阶级商业报刊那样以经济信息为主，也不同于后来一些大众化报纸以社会新闻为主，而是以反映工人阶级的经济生活和政治斗争为主；再次，它的存在和发展始终受到资产阶级的政治压制，因此有些工人报刊不得不秘密出版、发行，有的则被查封或被迫停刊。

最早的一批工人报刊出现于19世纪二三十年代。当时，无产阶级作为一个独立的阶级开始形成，工人运动逐步展开，欧美一些国家的工人互助团体陆续办起了自己的报刊。这些早期工人报刊站在工人利益的立场，揭露资产阶级的剥削，要求改善工人的劳动条件和工资待遇，维护工人的民主权利，号召工人组织起来同资产阶级展开经济斗争。

19世纪三四十年代，是欧洲民主运动和社会主义运动的第一个高潮期。当时，欧洲各国无产阶级开始作为独立的政治力量走上政治舞台。在欧洲，一些国家先后发生了工人阶级反对资产阶级的群众斗争，如法国的里昂工人起义、德国的西里西亚纺织工人起义和英国的人民宪章运动。正是在这些斗争中，诞生了一批工人报刊。其中，影响最大的是英国宪章派工人的左翼机关报《北极星报》。该报高举“人民宪章”旗帜，宣传左翼组织通过政治斗争实现宪章目标的主张，有效地指导了工人斗争。

在1848—1849年的欧洲资产阶级革命中，一批工人报刊又成为运动中的坚强喉舌。其中最著名的是由马克思和恩格斯共同创办的《新莱茵报》。该报从1948年6月1日创刊，至1849年5月19日被迫停刊，前后存在不到一年时间。但它作为共产主义者同盟中央机关报在斗争中所发挥的作用和所产生的影响却是巨大的，列宁称赞它是“革命无产阶级最好最卓越的机关报”③。

---

① 转引自［美］迈克尔·埃默里、埃德温·埃默里、南希·L·罗伯茨：《美国新闻史：大众传播媒介解释史（第九版）》，183页，北京，中国人民大学出版社，2009。

② ［美］迈克尔·埃默里、埃德温·埃默里、南希·L·罗伯茨：《美国新闻史：大众传播媒介解释史（第九版）》，243页，北京，中国人民大学出版社，2009。

③《列宁全集》，中文2版，第26卷，84页，北京，人民出版社，1988。

随着工人运动和共产主义运动的起伏与不断高涨，无产阶级政党的报刊在斗争中艰难发展。在从 19 世纪中叶至 20 世纪初的半个多世纪中，欧美国家的无产阶级政党报刊在宣传共产主义及无产阶级政党的纲领路线、思想主张，揭露资产阶级、抨击封建势力、批评机会主义思潮，团结教育群众、指导群众斗争等方面起到了“喉舌”和“旗帜”的作用。马克思、恩格斯晚年指导创办的德国社会民主党中央机关报《社会民主党人报》，和列宁 1900 年创办的俄国社会民主工党的《火星报》，以及 1912 年指导创办的俄国布尔什维克党中央机关报《真理报》等报刊在无产阶级报刊史上都占有重要位置。这些报刊的办报经验和传统，为后来世界各国无产阶级及其政党报刊提供了学习的榜样。

进入 20 世纪后，世界无产阶级及其政党报刊有的在其所属政党推翻资产阶级取得政权后，发展为社会主义国家执政党的机关报刊，像俄国、中国、东欧等一些国家的报刊；有的经过长期斗争，发展为资本主义国家中具有一定影响力的政党报刊，像法国、意大利等一些西欧国家的报刊；也有的演变为由改良主义者控制的报刊。

三、资本主义报业垄断化的出现

“报业垄断”，是指报业通过兼并、联合、重组，形成集团化经营实体的现象。报业出现垄断化，是西方报业自由竞争进一步发展的必然过程，也是西方国家资本主义经济由自由竞争走向垄断的必然结果。

19 世纪末，资本主义经济开始由自由竞争走向垄断，资产阶级报刊也在激烈的行业内外的竞争中发生调整和变化，逐步进入垄断化时期。

最早的垄断报业出现在美国。1890 年，拥有多家报纸的爱德华·怀利斯·斯克里普斯与麦克雷共同组建了美国第一个，也是世界上第一个报业集团——斯克里普斯—麦克雷报团。到 1911 年，该报团已拥有了遍及俄亥俄、印第安纳、田纳西、得克萨斯等 7 个州的 18 家报纸，以及合众社和 3 个特稿辛迪加。鼎盛时期，该报团曾拥有美国 15 个州的 34 家报纸。

第二家有影响的大报团是赫斯特报团。其老板赫斯特因在同普利策的竞争中靠黄色新闻起家而名噪一时，并由此积累了一些资金，拥有了一定的实力。从 19 世纪 90 年代起，他就凭借其实力开始进行报业兼并。1923 年，他的报团在美国的 13 个大城市中拥有 20 家日报、15 家星期日报、7 种杂志，总日销量达到 1 000 万份。此外，他还拥有自己的通讯社、电影公司和特稿辛迪加，形成了一个经营范围广泛的实业集团。

在英国，拥有《每日邮报》、《每日镜报》等报刊的诺思克利夫勋爵（又称“北岩爵士”），1903 年收购了《观察家报》，1908 年又获得了对《泰晤士报》的控制权，成为英国最大的报业集团的老板。

报业的集团化，一开始是通过报业内部的竞争实现的，一些较有实力的报纸通过兼并和联合的方式，将其他实力不足、发展困难的报纸及相关媒体收于自己麾下，然后重组为大型集团化报纸企业。

后来，随着西方国家整个资本主义经济的高度垄断化，一些实力雄厚的大型工商企业集团，特别是金融业集团，一方面发现了报业的发展前景，另一方面也认识到控制舆论的重要性，因此开始涉足报业，参与报业兼并。从 20 世纪二三十年代开始，美国摩根、洛克菲勒等大型金融资本财团便逐步插足报业，将包括赫斯特报团的一些报纸在内的报纸企业纳入自己的财团中，成为集金融、工业、报业及其他文化企业在内的超大型的垄断财团。而正是通过对报业的垄断，它们实现了对舆论和政府的控制。

另外，随着世界经济领域大跨国公司的发展，开始出现了一些跨国传媒集团。像默多克的新闻集团就控制了美洲、欧洲、亚洲、大洋洲等几十个国家和地区的各种媒体，其经营范围包括报纸、杂志、图书出版、电影电视制作及卫星有线电视广播等。而排在美国报业集团第一位的汤姆森报业集团，在世界上 8 个国家共拥有 160 家日报、70 家周报，还有许多杂志、电台和出版公司。

报业垄断的结果，导致了报业的高度集中。美国有 130 家报业集团，控制着全国 1 500多家日报中的 75％，800 多家周报中的 80％。其中，最大的 25 家报业集团控制着全国 43％的日报，其发行量占全国日报总发行量的 54％。[①]而在英国，几乎所有的报纸都为报业集团所控制。

报业垄断的另一个结果是，在美国等一些国家出现了“一城一报”的现象，即在一个城市中，真正有影响的综合性日报只有一家，因为那些不具备竞争实力的报纸根本无法生存和发展。这样，无形中形成了报道内容趋同的现象，造成了舆论的单一性。因此，有人认为，报业垄断化，从某种意义上说是对新闻自由的一种侵害。

四、多媒体融合并存传播局面的形成

在 20 世纪 20 年代广播出现之前，在新闻传播领域，只有报刊在唱独角戏。报刊传播的局限性，使人们在新闻信息的接收和利用上受到一定限制。

广播的出现，延伸了人们的听觉，打破了时空限制新闻传播的第一道屏障，使人们可以通过收音机收听到千里之外发生的新闻事件现场的声音。

20 世纪 50 年代，电视的出现又延伸了人们的视觉，打破了时空限制新闻传播的第二道屏障，使人们通过电视机不但能收听到千里之外发生的新闻事件现场的声音，而且能目睹正在发生的新闻事件的真实画面。

彩色电视的出现，则把五彩斑斓的现实世界的图景逼真地呈现在人们面前，使得接收传播成了更惬意的事情。

到了 20 世纪八九十年代，互联网把人们引入了更加广阔、自如的传播天地中。一个小小的鼠标，便可以引领着你在信息的海洋中漫游，找到你所需要的信息目标。

如今，通信卫星、数字电视、多媒体技术的运用，使得包括报刊、广播、电视等传统媒体，和互联网、手机、博客、微博等新兴媒体在内的新闻传播形式变得更加多样化，新闻传播手段也变得更加快捷、便利和有效。这种“多媒体融合并存”的传播局面的形成，为新闻传播提供了更加广阔的发展空间。

多媒体融合并存的传播，提供的是一种全方位、立体式、多样化的传播。纸质的、电子的，平面的、立体的，各种媒体可以根据受众的不同需要，扬长避短，尽可能地为受众提供更加周到、完备的新闻信息及其他相关服务。

① 参见孙燕君：《报业中国》，297 页，北京，中国三峡出版社，2002。

多媒体融合并存传播局面的形成，是世界新闻业顺应社会的发展和人类日益增长的新闻信息需要，不断与时俱进、创新发展的必然趋势和理想结果。今后，随着科技的发展和人们的需要与选择，各种媒体应相互补充，相互促进，相互融通，努力去实现更加理想，更加符合社会与公众需要的传播效果。

五、世界新闻业未来竞争的态势及特点

进入21世纪后，世界新闻业面临的是全球化竞争的全新局面。为求得生存和发展，各种媒体处在激烈的内外竞争之中。这种竞争，一方面表现为本国内部的行业竞争，另一方面则表现为国际间的全球化竞争。前者的竞争主要是靠媒体自身的条件和基础，而后者的竞争除了媒体自身的条件外，还要靠国家的整体经济实力以及本国媒体的综合实力与水平。从这一意义上说，西方一些发达国家靠其雄厚的经济实力及先进的传播科技处于优势地位。

随着经济全球化趋势的日益发展，世界各国间经济、政治、文化上的相互依赖性会越来越强，相互间的信息流动和沟通也会越来越多，信息传播的全球化趋势日益明显。在这种情况下，出于各种利益的需要，世界范围内传媒间的竞争越来越激烈。近些年来，许多西方发达国家都在不惜一切代价地抢先建设信息高速公路，千方百计地抢占信息传播的制高点。

在这一形势面前，各国传媒，特别是发展中国家的传媒应当审时度势，根据自己的实际情况采取适合自身实际的发展战略，以应对已临于国门之下的世界传媒竞争。

世界各国新闻业在传播力量上发展的不平衡和新闻信息流向上的不合理状况，使得世界范围内的传媒竞争始终处于一种不平等的状况。大多数发展中国家的新闻业很不发达，它们所拥有的媒体数量，所具有的传播能力和水平都远远落后于发达国家。据统计，占全世界人口70%以上的广大发展中国家报纸的发行量，仅占全世界报纸总发行量的25%；广播、电视发射台仅占全世界广播、电视发射台总数的13%和26%；有40个发展中国家直到20世纪80年代还没有自己的通讯社。在网络传播方面，西方发达国家的优势更加明显。

更为严重的是，西方少数发达国家在国际新闻传播上占据着绝对的优势。它们几乎完全控制了对发展中国家的新闻传播。有关统计数字说明，全世界每天传播的国际新闻，80%以上都发自西方几大通讯社。而全世界90%以上电视节目的流通量也被西方发达国家控制。

作为超级传媒大国的美国始终主导着全球信息与舆论传播的方向。《纽约时报》、《华盛顿邮报》、《洛杉矶时报》、CNN以及三大电视新闻网等美国媒体凭借其实力，长期主导国际话语权，控制着全球新闻传播的议题设置。

英、法、德等西方发达国家的传播实力也保持着传统优势。如英国的路透社、BBC和《卫报》，法国的法新社和全球频道，德国的《明镜》周刊等，在报道质量和影响力上都具有与美国主流媒体相抗衡的实力。另外，近年来，俄罗斯、日本等国也开始充分利用各自的文化、历史传统及硬实力优势，加强跨地域传播，扩大了自身国际舆论的影响力，与西欧国家一同进入“多强”传播国家行列。

广大发展中国家对西方少数发达国家控制和垄断世界新闻传播的状况日益不满，对这些国家的媒体通过新闻传播极力渲染发展中国家的饥荒、灾害、危机、罢工、凶杀、战争等贫穷、落后现象的做法尤其感到愤慨。从 20 世纪 70 年代开始，不少发展中国家就在联合国和一些区域性组织的会议上提出要打破这种控制和垄断，建立世界新闻传播的新秩序。亚洲、非洲、拉丁美洲的一些国家还通过建立区域性的合作组织来加强联合，壮大整体实力。“不结盟国家通讯社联盟”、“加勒比通讯社”、“拉丁美洲特种新闻社”等组织相继建立，在区域性的新闻传播合作中发挥了积极的作用。

近些年来，一些新兴国家传播力量骤然兴起并得到迅速发展。拉美、非洲、中东等一些经济上相对落后的地区和国家，这几年随着国家意识的增强和政治经济力量的成长，开始重视信息资源的开发和利用，在一些重大国际事件中，它们依靠地域、语言优势获得第一手新闻线索，从而先于美英等国家发出新闻消息，在特定领域的舆论引导上体现出鲜明的特色。

这其中最典型的例子是卡塔尔。“9 ·11”事件之后，其半岛电视台凭借其阿拉伯和伊斯兰电视台的独特优势，以积极发出阿拉伯世界的声音并改善其国际形象为目标，与西方国家大牌媒体 CNN、BBC 展开直接较量，逐步形成了自己的传播力和影响力。

而中国作为新兴传播国家的一员，其传播力和影响力也在逐步提升，特别是在国际金融危机之后，国际传播的力度在不断加强，影响力在不断扩大。

这种传播格局与过去少数国家处于核心位置，而绝大多数国家处于边缘或半边缘位置的状况相比，发生了显著变化。这就为广大发展中国家的新闻业改变以往落后状况，实现跨越式发展提供了机遇。但是，由于在世界新闻传播领域依然存在着发展不平衡和“数字鸿沟”等情况，因此发展中国家的信息与文化安全依然面临巨大的挑战。

在经济全球化的形势下，今后世界新闻传播领域的竞争会更加激烈。发展中国家自身在资金、技术、人才和其他资源上的困难与劣势，使得原本就不平等的竞争更增添了难度。要想求得生存和发展，广大发展中国家应当尽可能利用现有的条件，抓住机遇，寻求发展，通过合作与斗争去争取新闻传播业的新发展。只有这样，在全球化的传播竞争中才能立住脚跟，争得一席生存之地。

第二节　中国新闻业的发展历程及现状

作为世界上最早的报纸——邸报的故乡，中国新闻业本该走在世界的前头。可是，由于封建制度的严重窒息，自近代以来中国新闻业始终未能获得长足发展的机会。中国最早的一批近代报刊的出现比西方国家整整晚了两个世纪，而且最先是由外国人办起来的。

社会主义制度的建立为新中国新闻业的发展开辟了广阔的道路。人民的报刊、广播、电视、通讯社事业逐步发展起来。进入改革开放新时期后，随着经济的发展、国家的安定和文化事业的进步，中国新闻业跨入了蓬勃发展的“黄金时期”。如今，一个种类齐全、结构合理、运作有序、管理科学的现代新闻传播体系已经初步形成。面对全球化形势下世界传媒业的激烈竞争，中国新闻业正努力深化改革，不断完善自己，增强整体实力，争取新的发展，以更好地适应国家、社会和民众的需要。

一、新中国新闻业的起步与发展

(一) 新中国成立前新闻业发展概述

中国近代新闻业是从19世纪初起步的。历史上第一份中文报刊——《察世俗每月统记传》，创刊于1815年，其创办人为美国传教士马礼逊，地点在马六甲。

1840年鸦片战争前后，一些外国人（以传教士为主）开始了他们向中国的文化扩张，出版中文报刊是其采用的重要手段。当时，从沿海城市到内地的通商口岸，陆续有一批中文和外文报刊出版。

外国人在中国办报，或出于传教目的，或出于经商考虑，或出于宣传西学的需要，总之，根本上还是为了谋求其自身的利益，但客观上也促进了中西文化的交流，同时也刺激和带动了中国人自身的办报活动。

1873年，艾小梅在汉口创办《昭文新报》，这标志着国人办报历史的开始。此后，随着变法维新运动的兴起，出现了一批维新改良派的报刊，并由此形成了我国历史上第一次国人办报的高潮。在当时近百种的改良派报刊中，较为著名的有王韬主编的《循环日报》、梁启超主编的《时务报》、康广仁等人主编的《知新报》（澳门）、唐才常主编的《湘学报》和《湘报》、严复等人主编的《国闻报》等。这些报刊在宣传变法维新方面发挥了积极的舆论作用。

辛亥革命前，以孙中山先生为代表的资产阶级革命派，为宣传其革命纲领和主张，在海内外创办了两百多种报刊，把中国的民族报刊发展推入了第二个高潮期。其中影响较大的有孙中山亲自领导创办的兴中会机关报《中国日报》和同盟会机关报《民报》，章士钊等人主编的《苏报》，于佑任等人主编的《民呼日报》、《民吁日报》、《民立报》，以及詹大悲等人主编的《大江报》等。这些报刊不但旗帜鲜明地宣传了革命派的主张，而且同改良派展开了激烈的政治论争。其中，孙中山领导的《民报》与梁启超主编的《新民丛报》的大论战，是中国近代新闻史上的一个重要事件。

辛亥革命后，由于袁世凯窃取革命果实，搞独裁专权，后来又是北洋军阀统治，中国新闻业的发展受到一定限制和影响。直到新文化运动兴起，五四运动爆发，中国新闻业才又进入了一个新的发展时期。

五四时期，中国新闻业发展的一个重要特征，是一批民主主义报刊的兴起。陈独秀和李大钊等人主编的《新青年》、《每周评论》，以及毛泽东创办的《湘江评论》等，是这一时期我国民主主义报刊中的杰出代表。这一时期，上海、北京、广东的共产主义小组还分别出版了《劳动界》、《劳动音》和《劳动者》。这些报刊为宣传新文化、鼓吹新思潮、推介马克思主义做了大量思想发动工作，为中国共产党的诞生进行了必要的舆论准备。

中国共产党的成立，开创了中国革命的新局面。特别是中国共产党在江西瑞金建立了苏维埃政权以后，共产党的事业同亿万人民的翻身解放事业紧紧连在了一起。从此，中国大地上两股政治势力和两个政权共存，中国的新闻业也分成两条发展线路：一条是中国国民党执掌政权的政府及民间的新闻活动，一条是中国共产党及其领导的革命根据地党政军民的新闻活动。

中国共产党成立初期，孙中山领导的国民党曾有过一段同共产党合作的时期。这一时期，在共产党的帮助下，国民党先后创办了《国民新报》、《民国日报》、《中央日报》等报刊。毛泽东还作为国民党中央的代理宣传部长，直接领导创办了国民党中央宣传部的机关报《政治周报》。

1927 年蒋介石政变掌权后，在国民党控制下的区域，国民党政权建立起了包括报刊（《中央日报》）、广播（中央广播电台）、通讯社（中央通讯社）在内的完整的新闻宣传体系，成为其有力的宣传机器。其军队和一些地方政权机构也都有自己的宣传媒体。

国民党控制区域内的民营报刊则一直在政府的管控下艰难地生存。它们或是不惧权势和压力，站在人民的立场同当权者斗争；或是屈从政府压力，为国民党政权张目；或是小心翼翼地在中间派的立场上寻找平衡和出路。

当时，在国民党控制区域内出版的民间报刊中，较著名的有《申报》、《新闻报》、《大公报》、《文汇报》、《新民报》等。这些报纸在抗日战争期间，宣传民主和抗日，在社会上有一定的影响。在解放战争时期，有的坚决站在人民的立场，结果遭到国民党政府的迫害，像《文汇报》就在 1947 年 5 月被国民党政府查封，报社人员秘密转赴香港，又出版了香港《文汇报》；有的则偏离了人民的立场。

在国民党掌权时期，我国新闻业达到了一定的规模。据统计，1934 年国民党统辖区有报纸 1 186 种，到 1947 年，达到 1 781 种，其中民营报纸占到三分之一左右。一些民营报纸由于坚持不断进行业务改革，加强经营管理，发行量曾达到 10 万份以上，具备了一定的竞争力和影响力。

中国共产党成立后，于 1922 年 9 月出版了自己的第一个机关刊物——《向导》（由蔡和森主编）。1925 年 6 月，中共的第一份机关报《热血日报》（由瞿秋白主编）在上海创刊。这两份报刊在建党初期，特别是在五卅运动的宣传中成为重要的舆论阵地。与此同时，党的各地方组织也陆续创办了自己的机关报。

1927 年蒋介石政变掌权后，中国共产党在国民党统辖区域内被迫转入地下斗争，出版报刊受到严格限制。而此时，在井冈山建立了农村革命根据地，继而又开辟了赣南闽西苏区的毛泽东等人却赢得了在相对自由的环境中创办自己的新闻宣传机构的机会。

1931 年 11 月 7 日，在中华苏维埃共和国中央临时政府宣布成立的当天，中央苏区的通讯机构——红色中华通讯社在瑞金叶坪的一间土屋里发出了第一条电讯。一个月后，苏区政府的机关报《红色中华》也开始出版。这两个机构后来在延安发展为新华通讯社（1937 年更名）和《新中华报》（1939 年更名），成为中国共产党重要的宣传机构。同期创办的红军报纸《红星报》则是中国人民军队中最早的报纸，后来它成为长征途中中国共产党和红军唯一继续出版的报纸。

在抗日战争中，中国共产党分别在延安和重庆出版了机关报《解放日报》（1941 年创刊）和《新华日报》（1938 年创刊）。这两份机关报，加上新华社和新华广播电台（1940 年建立），以及 1939 年出版的党的理论刊物《共产党人》和八路军政治部主办的《八路军军政杂志》等，成为党领导抗战，揭露日本帝国主义和国内投降派的坚强阵地与锐利武器。

在解放战争初期，由于撤离延安后《解放日报》被迫停刊，在一段时间里，中国共产党主要靠集通讯社、报纸和广播电台的功能与任务于一身的新华社（新华广播电台归新华社领导）来指挥斗争。当时，毛泽东等党的领导人经常亲自为新华社撰写消息和社论文章，指导新闻宣传工作和进行对敌斗争。后来随着解放区地域的扩大和力量的增强，各解放区、各野战军都先后建立了新华社分社和地方党组织的报纸，共同承担战争宣传的任务。这些报纸和通讯社分社的机构与人员，为新中国成立后社会主义新闻事业的建立和发展奠定了组织基础，提供了干部保障。

纵观新中国成立前我国的新闻业，在百多年的发展过程中，呈现出以下一些特点：

一是长期受到封建制度的压制，发展缓慢。

二是从戊戌变法、辛亥革命到五四运动，都有一批报人利用报纸抨击旧势力，宣传新思想，鼓吹社会变革，启迪和教育群众，开社会风气之先，成为中国革命之先声。

三是中国共产党成立后，两股政治势力和两个政权共存的局面，导致中国新闻业分成两条发展线路。中国共产党及其领导的革命根据地党政军民的新闻活动成为人民新闻事业的重要组成部分。

四是20世纪30至40年代，国民党统辖区域内的新闻业曾经达到过一定规模（报纸超过千家），但由于战争的影响和国民党政府的专权统治，而未能发展成真正意义上人民的新闻事业。

五是中国共产党领导的新闻业在同反动势力的斗争中艰难成长，逐步壮大，最终发展为社会主义的、人民的新闻事业。

（二）社会主义新闻事业的初步形成及发展

新中国的诞生，社会主义制度的建立，为社会主义新闻事业的形成及发展提供了良好的政治氛围与社会环境。

新政权成立之初，国家百废待兴，党和政府在物质条件极为困难的情况下，积极筹划社会主义新闻事业的建设，并为此采取了一系列措施。

一是将一批解放区的新闻机构直接转为党和政府的新闻机构。如将新华社确定为国家通讯社；将原中共华北局机关报《人民日报》改为中共中央机关报；将原新华广播电台独立出来，改为中央直接领导的宣传机构，1949年12月正式定名为中央人民广播电台。另外，将原先出版的《新华日报》、《大众日报》等分别划归江苏省和山东省，变为其省委的机关报。

二是新出版一批报刊。其中有一些是在新中国成立前夕创刊的，如1949年5月创办中共中央中南局机关报《长江日报》和中共中央华东局兼上海市委机关报《解放日报》，6月创办《光明日报》（初为中国民主同盟机关报，1953年改为各民主党派联合机关报），7月创办中华全国总工会的机关报《工人日报》，等等。

有一些是在新中国成立后创办的，如各省市委都先后创办自己的机关报。一些群众性社团组织也陆续出版自己的报刊。

三是接收和利用一批原国民党政权的媒体。政府派人接收原先国民党地方政权的一些报社和电台，利用其设备和人员组建成人民政权的地方媒体。1949年，由政府接管的原国民党政权各地的电台共有35座。

四是改造一批国民党统治区域内的民营报刊。政府对一些愿意接受新政权的民营报刊，像《大公报》、《文汇报》、《新民报》等，均允许其继续出版。后来，在1956年实行社会主义改造时，民营报刊均实现国有化，这些报纸也都完成了“改造”过程，变成了公有报纸。

经过上述过程，新中国很快便建立起了包括报刊（含机关报刊、群团报刊、民营报刊）、通讯社及广播电台在内的党和人民新闻事业初步的结构体系，为社会主义新闻事业的进一步发展奠定了基础。

据1950年年初的统计，当时全国共有报纸253种，每期发行总数为250万份。广播电台则有40多座。经过十几年的建设，到1965年，全国报纸已增加到413家，每期发行总数为2 785万份。

这些新闻媒体在新中国成立初期的社会主义革命和建设事业的宣传报道方面发挥了积极作用。它们热情宣传党在社会主义建设时期的各项路线、方针、政策，宣传新中国社会主义建设各方面的成就，宣传全国各条战线涌现出来的先进人物与先进事迹，发挥了重要的舆论宣传作用。

1956年，《人民日报》进行改版，新闻界以此为契机实行业务改革，总结社会主义条件下新闻工作的经验和规律，希望借以进一步推动新闻业的深入发展。

然而，由于“左”的路线的影响，我国新闻业从1957年开始，逐步偏离了正确的发展道路。在一些时期里，如1958年“大跃进”时期，媒体上宣传了许多错误的东西，误导了舆论，损害了国家和人民的利益，留下了沉痛的教训。特别是“文化大革命”中，许多新闻媒体成为宣传极左路线的舆论工具。这期间，新闻业自身的发展也受到严重影响。当时很多新闻机构受到冲击，不少报刊被迫停刊，到1976年“文化大革命”结束时，全国仅剩下42家报纸。

从新中国成立到“文化大革命”结束的20多年时间里，社会主义新闻事业既有在新政权成立后的前期获得快速发展的成就和经验，也有后来在“左”的路线影响下遭受困难挫折的失误和教训。这说明，新闻业的发展总是同国家政治经济与社会的宏观环境相联系的。国家政治经济与社会的宏观环境好，新闻业就能获得发展，反之，新闻业的发展就会受到制约和影响，有时甚至会发生严重的历史倒退。

二、改革开放新时期中国新闻业的飞跃发展

（一）改革开放为中国新闻业注入了发展动力

十年“文化大革命”，中国新闻业机构锐减，人员分散，采编队伍受到冲击，正常的业务程序和工作秩序被打乱。1978年中共十一届三中全会后，党和国家拨乱反正，实行改革开放政策，为各项事业的发展注入了强大的动力。新闻业也乘着改革开放的春风，展开了腾飞的翅膀。一些在“文化大革命”中被停刊的报纸陆续复刊，当年年底报纸总数恢复到186家。

改革开放政策带来了经济的繁荣发展和国家的对外开放，也刺激和加大了人们对各种经济、政治、文化与科技信息的需求。于是，适应人们各种不同信息需求的媒体纷纷亮相登台。经济、科技、法制和社会生活类的报刊迅速发展起来。到1985年3月1日有关部门进行第一次全国报刊普查时，我国已有报纸2 100多家，其中正式登记的为1 776家，

期发行量高达2.02亿份。报纸的类别比例也发生很大变化。各级党的机关报为367家，占全国报纸总数的22.7%，而各类企业报、经济报、行业报、科技报达到717家，占全国报纸总数的40.3%。这说明，一个布局和结构较为合理、种类和功能较为齐全的报业系统已经初步形成。

广播、电视也以惊人的速度发展。到1987年年底，广播电台已增至278座，收音机达到2.4亿台，人口覆盖率达到70%以上。全国广播电台对内的广播节目已增至180多套，平均每日累积播音时间达到2 100小时。

电视台也由原先的省市级向地市级发展。至80年代末，全国电视台总数已达到290座，电视机超过1亿台。全国城乡建有15 000多座电视发射台、转播台和1 600座卫星地面站，人口覆盖率达到50%以上。

广播电视系统通过推广"珠江经济台"的经验，加大了改革的力度。一批经济和社会生活类的电台，以及电视台的经济、娱乐和社会生活类的频道陆续建立起来，形成了直接为经济建设和群众社会生活服务的传播格局。

从上面的一些数字可以看出改革开放头十年我国新闻业的发展规模和速度。这种规模和速度在中国历史上是从未有过的，这完全是改革开放的结果。

这一时期，我国新闻业不但在规模和数量上有了突飞猛进的发展，而且在宣传思想、新闻理念、报道业务和经营管理方式上也都有很大的调整和变化，从而使得新闻传播能够建立在更加科学、更加规范、更加讲究效益和效果的基础上。各级各类新闻媒体在政策宣传、信息传播、舆论导向、社会服务等方面的出色工作，有力地促进了国家的改革开放和社会主义建设事业。

（二）社会主义市场经济为中国新闻业营造了发展环境

1992年召开的中共第十四次全国代表大会通过了关于建立社会主义市场经济体制的决定。由此，全国拉开了建立社会主义市场经济体制，借助市场因素和市场机制来规范与调节经济活动和企业运作的序幕。正是在市场经济条件下急剧增长的社会信息需求，带动和促进了新闻业的新一轮发展。

从1992年开始，中国新闻业开始进入一次更大的飞跃发展期。报纸的数量急剧增长，最多时达到2 400多家，杂志则超过了8 000种。广播电视系统实行四级办台，到1998年底，我国有电台1 500多座，电视台（含无线台和有线台）也超过了1 000座。

为适应市场经济发展新形势的需要，媒体在新闻业务和经营管理上也有许多新的改革举措。

在报纸方面，最重要的变化之一就是都市报的创办。都市报本身就是市场经济的产物。它不靠财政拨款，不靠行政命令，而是完全顺应新闻市场的需要，以读者需求为其市场定位的依据，在报道内容与报道方式的选择和运用上都尽可能地遵照市场的需求。1995年元旦创刊的全国第一家都市报《华西都市报》一鸣惊人，创办3年，发行量超过50万份，广告收入跨过亿元大关。该报领导层精于策划，善于创新，他们创造的"敲门发行学"成为全国同类报纸争相仿效的打开发行市场的"绝招"。

悄然兴起的都市报不但自己从市场运作中尝到了甜头，而且促进了整个报业的改革。它们在"面向市民，面向社会；关注市场，关注读者；精心策划，精心办报；注重效果，注重效益，在坚持正确舆论导向的前提下，善于运用市场经济机制来发展报业"的成功做法，成为包括机关报在内的整个报界的共识。

在广播电视方面，适应市场需要的一个重要举措，就是根据不同听众、观众的需要，细分市场，设置不同的节目、栏目和频道，实现受众的“分众化”，同时注意打造“精品栏目”和“精品节目”，用以吸引受众。中央电视台的《焦点访谈》等节目为干部和群众所称道，不但节目吸引了观众，而且由此带动了广告收入，为电视台赢得了全国媒体中最大的广告市场。

中国新闻业在市场经济的大潮中，抓住机遇，借助市场因素，运用市场机制，在更广大的范围内改革创新，赢得了历史上又一个大的发展期。

经过多年的改革与发展，至2012年年底，中国共有报纸1 918家；期刊9 849种；广播电视机构2 579个，其中广播电台169座，电视台183座，教育电视台42座，广播电视台2 185座（含县级广播电视台1 992座）。截至2013年1月21日，全国共办有广播电视节目4 165套，其中广播节目2 831套（不包括中国国际广播电台61种语言对外广播）、电视节目1 334套，综合人口覆盖率分别达到97.51%和98.20%。一个多媒体、多种类、多层次、多功能、多样化的新闻传播体系形成了，成为社会主义事业中功能齐全、影响广泛的庞大事业。

（三）政治民主为中国新闻业提供了发展保障

中国的改革开放是全方位的，既包括经济体制改革，也包括政治体制改革。

政治体制改革的关键是要建立和完善社会主义的民主制度与法制体系，实现社会主义的政治文明。新闻业既可以在建设社会主义政治文明的过程中发挥有效的新闻宣传和舆论引导作用，又可以借助政治文明建设的积极成果来发展自己。

从一定意义上说，新闻传播本身就是民主的产物。新闻传播与民主政治是一种相辅相成的关系。没有新闻传播，民主便失去了它的一项重要内容——体现民主精神的新闻自由，同时也失去了自己得以存在的一种保护手段和实现形式——为民主自由勇敢呼号的新闻媒体。而若没有民主，新闻传播便会失去自己应有的品质，失去体现新闻传播本质与内涵的真正的价值和意义。

中国共产党近些年来积极推进政治民主建设，促进党内民主，创造良好的民主政治氛围，营造全社会生动活泼的政治局面。在指导新闻工作方面，党和政府逐步放宽政策，减少不必要的行政干预，给媒体以更多的自主空间，为它们更充分地发挥信息传播和舆论监督的功能提供了可靠的政治保障。

新闻媒体也适时地依靠党和政府近年来所采取的一些宽松政策，在实行信息公开、尊重和维护群众的知情权，加强舆论监督、为群众监督党和政府的工作提供条件，发扬社会民主、营造良好的社会舆论氛围等方面，做了许多积极的尝试和有益的工作，受到了群众的欢迎，也促进了自身的改革和发展。

2002年年底中共十六大召开后，党中央在指导新闻工作方面采取了许多鼓励媒体改革创新的政策措施，如《关于进一步改进会议和领导同志活动新闻报道的意见》、《关于进一步改进和加强国内突发事件新闻报道的意见》、《关于进一步加强和改进舆论监督工作的意见》等。这些文件为新闻媒体解决长期以来致力于解决，但却难以从根本上解决的这些方面的问题提供了条件。

三、全球化竞争中中国新闻业的创新与发展

（一）认清竞争形势，明确发展方向

跨入21世纪后，全球化的经济大潮在冲击着世界各国，多极化的政治格局在影响着全球形势。对中国媒体来说，面对全球化浪潮和海外传媒集团的冲击，今后将如何提升核心竞争力，增强国际话语权和舆论影响力，实现跨国传播与全球竞争，是需要认真考虑的问题。

经过改革开放30多年的发展，中国新闻业已从根本上发生了重大变化，其市场日趋成熟，改革不断深入，特别是以互联网为代表的新媒体的出现，使得传统的媒体格局被打破，一个报纸、广播、电视、互联网、手机等“多媒体融合并存”的媒体格局已经形成，媒体的经济实力在不断提升。但无论是从硬件还是软件，特别是从整体实力上看，中国新闻业与世界传媒强国间的差距仍然很大，其信息传播力和辐射力依然不强，话语控制力和影响力还很微弱，在国际舞台上的声音仍很弱小。因此，要想在国际传播领域赢得话语权和扩大影响力，还有很长的路要走。

面对这种情况，中国新闻业需要保持清醒的头脑，要注意研究应对挑战的策略和方法，特别要在科学发展上加大力度，加快速度，提升自己的竞争力和影响力，去实现新的飞跃和发展。

（二）深化新闻改革，用创新促进发展

从30多年的经验来看，新闻业的发展离不开改革创新。面对新的形势，欲求新的发展，中国新闻业依然需要通过深化改革，用创新去促进发展。

近年来，机关报的改革问题成为新闻改革的关键和焦点。作为中国报业的龙头和主体，作为中国新闻舆论导向的排头兵，作为中国报业集团的核心力量，各级机关报改革与发展的广度、力度和深度，对于全国报业，乃至整个新闻界都具有重要影响作用。

中国机关报的改革首先是从全国改革开放的前沿广东开始的。《广州日报》则是率先突破机关报的传统模式，引入市场因素和市场机制，把市场化经营同坚持正确舆论导向结合起来，获得突破性进展的市委机关报。该报通过扩版增容、强化新闻版面、狠抓重大报道等业务改革，以及组织自办发行、激励内部竞争等经营管理改革，赢得了快速发展。1996年，该报获准组建了中国第一个报业集团，成为集团化建设中的探索者，为全国报业的集团化建设提供了经验。至2000年，该报的年经营收入突破20亿元，发行量超过100万份，成为全国收入最高、实力最强的机关报。至2010年，其经营收入已超过35亿元。

改革难度相对较大的机关报的改革取得的突破和进展，对全国新闻界产生了积极影响。各类媒体从新闻观念、经营理念、管理体制、运行机制、人才培养，到报道体裁、报道内容、报道形式、传播手段、传播方式等方面都进行了大胆探索和创新，取得了有效经验，为新形势下中国新闻业进一步改革与发展打下了一定基础。

新形势下的新闻改革，需要考虑全球化竞争的形势，要通过以机关报为龙头的媒介集团形成具有一定竞争力的传媒集群，靠整体的力量加大我国新闻媒体参与国际竞争的力度，扩大我国新闻传播在世界上的影响力。

（三）打造核心竞争力，增强自身竞争优势

新闻业在改革与发展的过程中，要想取得竞争优势，关键是要具有自己的核心竞争力。

一家媒体的“核心竞争力”，是指该媒体在经营与发展中胜过竞争对手的核心的资源和能力的总称。具体地说，它是该媒体以其主体业务为核心形成的能够赢得受众，占领市场，获得最佳经济和社会效益，并在众多媒体中保持独特竞争优势的那些资源和能力。相对于竞争对手而言，这些资源和能力应具有明显的独特的优势，而且是竞争对手难以企及和模仿的。

近年来，在激烈的新闻竞争中，一些媒体能够胜过对手，脱颖而出，赢得竞争主动，重要的原因就在于它形成了自己的核心竞争力。

媒体要打造自己的核心竞争力，必须以其主体业务为核心。媒体的主体业务，指的是新闻媒体的采、写、编、评和节目制作等业务，只有搞好这些主体业务，才谈得上媒体的发展。

在参与全球传播竞争中，对中国媒体来说，更要善于找准并发挥好自己的核心竞争力，选择最能够发挥自己优势的领域、地区和方式去开辟国际传播市场。

（四）加快集团化建设，把传媒产业做强做大

建立传媒集团，利用集团化的资源和优势，把媒介产业做大做强做优，是今后中国新闻业发展的一条必由之路。

中国自1996年建立第一个报业集团——广州日报报业集团以来，到2010年，全国已有报业集团49家，出版发行期刊集团28家。这些集团大都是目前中国最有实力和影响力的媒体。

从总体看，中国的传媒集团已经具备了一定的规模和实力，拥有了一定的发展基础，其整体实力与原先相比有了很大的提升。不少传媒集团拥有几个亿、十几个亿的广告收入，几十个亿、上百个亿的资产，其经营实绩使人们看到，传媒产业在今天仍属于市场前景看好的一种朝阳产业和主导产业。

但我国传媒集团化建设也还存在一些制约其进一步发展的困难和问题，其中既有体制、机制、政策上的问题，也有资金、设备、技术上的问题，还有人才培养和使用上的问题，等等。有些问题甚至形成了“瓶颈”，严重制约着集团化进程的深入发展。

另外，我国传媒集团的规模和实力虽然纵向同过去比、同国内同行比还不错，但横向同国外的传媒集团相比还有很大差距。仅从收入看，世界超大型传媒集团的年经营收入有些已达到数百亿美元，而中国最好的才几百亿元人民币。

从自身看，一些媒体一味地追求规模扩张，集团化组建过于看重数量与形式，而不大注意质量与效果，有的传媒集团“有名无实”，也是集团化建设过程中的一些突出问题。

鉴于上述问题，今后的我国传媒集团化建设，需要注意借助国家大力发展文化产业的大环境，做到科学规划，有序推进，尽可能地求稳求实，以实现科学发展。此外，应当不断完善宏观管理体制和微观运行机制的创新，完善相关政策、法规，完善人力资源管理；应当积极拓展安全有效的融资渠道；应当围绕主业开发和培育媒介企业的核心竞争力，开掘和培育新的经济增长点；等等。通过这些方法来促进和推动传媒集团化的进一步发展。

同时，要尽力提高中国传媒集团的整体实力，不断增强传播力和影响力，以便在同国际传媒集团的竞争中占据有利的位置。

第三节　新闻业产生与发展的基本规律

世界新闻业自产生以来，随着社会生产力的发展，不断完善自己的技术条件和传播水平，同时适应着社会与公众的需要，不断扩大自己的产业规模和社会影响，逐渐发展为现代化的社会事业，呈现出基本的发展规律。

一、人类的信息交流与传播活动是新闻业产生的渊源

人类的生存及文明发展始终有信息与新闻传播活动相伴随。尽管近代报刊是在 17 世纪前后才出现的。但人们之间的信息交流与传递在远古时代就已经产生了。本书在关于“新闻的起源”部分谈到，早期的人类在共同劳动和生活的过程中，为了适应随时变化着的自然环境和社会环境，更好地生存和生活，开始了最初的信息交流与传播活动。

这种信息交流与传播活动不仅为人类的生存和生活提供了必要的信息，同时也为社会的文明与发展创造了必要的条件。人类学家摩尔根在其《古代社会》一书中指出：“只要是大陆相连的地方，所有的部落都必将多多少少共享彼此的进步成果，所有的重大发明都会自行向四方传播。”① 显然，人类劳动的文明成果正是通过信息传播的方式为人类所共享的。

人类最早的信息传播是通过人体器官——嘴来进行的。因为原始社会生产力水平低下，人们的活动范围狭小，口头传播即可满足人们获取信息的需要。

在语言产生之前，原始人的口头传播主要借助声音，如呼喊、嗷叫、咕哝、细语等等。在此同时，他们还利用一些人体语言如手势、面部表情、身体动作、身体姿态等，以及简单的符号、信号、标记、声光，如刻图、绘画、结绳、击鼓和举烽燃燧等，作为传播信息的手段。

在作为文明时代标志之一的文字产生之后，纸、笔等书写工具相继出现，人类的信息传播迈入了一个新的阶段——手抄媒介阶段，也称文字传播阶段。

在欧洲，恺撒大帝执政的古罗马时期（约公元前 100 年）就出现了这种手抄媒介，我国汉唐时期开始出现的邸报也属于这种手抄媒介。此类手抄媒介在印刷媒介出现之前，是人类进行信息交流和传播的重要形式。

二、资本主义商品经济的发展导致了近代新闻业的产生

14 世纪末，地中海沿岸的一些城市由于其优越的地理位置，棉织、丝织、造纸、印刷、冶炼、造船等行业迅速发展，商业、金融业、旅游业也初显规模，出现了资本主义生产的萌芽。

15 世纪初，在意大利的威尼斯出现了近代报纸的雏形——手抄小报。一个多世纪之

① 转引自甘惜分：《新闻理论基础》，30 页，北京，中国人民大学出版社，1982。

后，1566年在这里又诞生了世界上最早的印刷报纸——《威尼斯新闻》，这份单面印刷的报纸被认为是近代报纸的滥觞。

威尼斯之所以会成为近代报纸的故乡，有其社会的和经济的原因。它地处意大利的东北部，濒临亚得里亚海，通过奥特朗托海峡与地中海相连，成为欧洲与东方交往的重要枢纽，是当时西欧最大的商业贸易中心。同时，它又有发达的航海、造船、丝织业，是当时各国商人、金融家和达官显贵云集的地方。

为了满足这些人对船舶交通、道路安全及商贸金融等经济和社会信息的需要，在威尼斯城首先出现了专门以收集和传播这方面信息为职业的人。他们把收集到的信息用手工抄写，或张贴在公共场所的墙上，或悬挂在专门的房间里，或抄写多份沿街叫卖，或定期寄送固定订户。

这种手抄小报大多不定期出版，时效性较差，而且无报名，无标题，因此还算不上是真正意义上的报纸。但它却是新闻业产生初级阶段的代表形式，其标志是在社会分工中开始出现了专职的新闻采集、写作和传播者。这种社会分工，以及专职新闻从业人员的出现，宣告了新闻业的诞生。

后来，随着资本主义商品经济的发展，欧洲的贸易中心逐渐向大西洋沿岸国家扩散转移，德国、英国、法国等国家也相继出现了手抄报纸。到了16世纪末17世纪初，手抄报纸已成为当时欧洲许多国家普遍采用的信息与新闻传播形式。

进入17世纪后，商品经济在欧洲国家进一步发展，社会对信息与新闻的需求也随之增长，在此背景下，定期出版的印刷报纸在欧洲一些资本主义发展较早的国家应运而生，这是近代新闻业的主要传播形式——报纸走向成熟的标志。

欧洲进入资本主义时代后，在一些国家里，城市的纷纷出现，邮政制度的建立，交通、运输业的发展为新闻的采集、传递和报刊的运输、发行提供了便利条件。文化和教育事业的推广与发展，则为报刊形成了具有阅读能力的读者群。而印刷机和电报的使用是报纸定期快速出版的重要物质技术保证。

三、物质生产、科学技术和文化教育的进步决定着新闻业的发展水平

一定的物质基础是新闻业产生和发展的必要条件。而社会生产力和科学文化技术的进步则决定着新闻业的具体形式及传播手段的发展水平。

在人类信息传播的历史演进过程中，造纸术和印刷术的发明是两个重大事件，它们对手抄媒介和印刷媒介的产生与发展都起到了至关重要的作用。

造纸术的发明，使语言文字的物质载体有了极大的改进，为新闻传播的手抄媒介和印刷媒介的产生与发展奠定了物质基础。

印刷术的发明，使印刷媒介中的主要品种——报纸具备了产生的条件。从此，人类拥有了一种延续使用数百年的新的媒介形态——印刷媒介。同时，它也使近代新闻业由此走上了自己的发展道路。

17世纪初，西方国家凭借德国人古腾堡发明的金属活字印刷术，出版了世界上最早的一批印刷报纸。1609年德国出版了《报道或新闻报》。随后，英国（1622年）、法国（1631年）、美国（1690年）、俄国（1702年）等国家也相继出现了近代印刷报纸。

作为近代文明标志之一的印刷报纸在生产力发展水平较高、科学文化技术相对较发达的欧美国家的相继出现，标志着以报纸为主要传播方式的新闻业已经开始走向成熟。

科学技术的进步为新闻业提供了越来越先进的传播手段，展现了越来越光明的前景。从1832年世界上第一台电报机的诞生，到1839年世界上第一条商用电报线路的开通，使信息传播一改过去传统的以人和物为载体的实体传播，变为以电波信号为载体的电子传播，大大简化了传播程序，提高了传播效率。

电报技术的出现还给通讯社的建立和发展带来了福音，成为一批现代通讯社发展的助推器。从19世纪30年代中期开始，法国哈瓦斯通讯社、美国港口新闻联合通讯社、德国沃尔夫通讯社、英国路透通讯社等相继成立。

无线电技术的发明为以广播为先导的电子媒介的出现提供了物质和技术条件。1920年11月，美国匹兹堡DKA成为世界上第一座新闻广播电台。无线电广播的出现是新闻传播的一场革命。它打破了传播的时空界限，大大加快了新闻传播的速度，而且还通过声音传递增强了新闻传播的效果。

在新闻传播媒介演进的历史过程中，20世纪是个关键性的时代，新闻传播媒介四大形态——报纸、广播、电视、互联网中的后三种，都产生于这百年之中。而这三种电子传播形态媒介的出现都得益于相关的电子科技发明。

电视作为20世纪人类最伟大的发明之一，将图像、声音、文字等形式齐集荧屏，让人们同时可以接收声、像和文字传播。它的出现使新闻传播进入了一个全新的时代。1936年，英国建立了世界上第一家公共电视台。中国的第一家电视台——北京电视台（中央电视台的前身）于1958年建立。

20世纪末闪亮登场的传播媒介是被称作“第四媒体”的互联网。它出现得最晚，但其发展速度却最快、最惊人。它的出现引发了传播领域的一场深刻的革命，其大容量、高速度、超文本、交互性、多媒体形态的特点，使新闻传播朝着更加快捷、更加便利、更加多样化和个性化的方向发展。

互联网从20世纪90年代开始走向民间。它一旦与民众的需求相结合，便产生了惊人的发展速度。从1993年到1997年，仅仅4年时间，它的用户已经达到5 000万。其他媒体要使其受众达到5 000万，广播用了38年，电视用了13年，有线电视用了10年。互联网的发展速度由此可见一斑。

从1998年开始，互联网进入中国公众传播领域，到2002年年底，用户达到5 910万，仅仅用了4年时间。又过了4年，2006年年底我国互联网用户已经突破1.3亿。2010年年底，在发展到第3个4年时，我国互联网用户已达4.57亿，成为世界上互联网用户最多的国家。截至2013年年底的最新数字，我国互联网用户已突破6亿，手机网民达到5亿。

互联网的爆发性发展，同计算机和多媒体技术的发展，以及信息高速公路的建设紧密相连。正是这些高新技术的运用，使互联网在同传统媒体的竞争中表现出自己的独特优势，获得了前所未有的发展空间。

如今手机作为一种新的传播手段开始在人们的信息传播过程中显现出其独特的魅力。短短几年时间，中国的手机用户已逾10亿，成为世界上拥有手机最多的国家。

随着传播技术的不断更新和媒介融合趋势的增强，新的媒体形态纷纷应运而生，构成了全新的媒介发展态势，并且呈现出“媒介融合”的趋势。

所谓“媒介融合”，指的是不同介质和形态的媒体在一定条件下相互渗透、相互交融，从而形成复合交叉的新的媒介形态的现象。它是一种在数字化进程中产生的媒介形态演变与整合的过程。

媒介融合得益于传播技术的不断更新，正是不断出现的新技术促成了媒介形态的演变与整合，由此导致了新媒体的出现，而新媒体出现后对传统媒体的冲击，致使传统媒体不断进行调整、变革，并最终形成了由印刷、音频、视频、互动媒体等各种媒介形态和媒介组织组成的传播共同体，多媒体融合并存的全新传播形态得以产生。

可以说，新技术→新媒体→媒介融合，是信息化时代媒体变化与发展的必经道路，也是其变化与发展的必然趋势。当 Web2.0、P2P、宽带、流媒体、无线通信等一系列新技术日趋成熟并相互融合之时，博客、微博、RSS、即时通讯、手机电视、移动电视、楼宇电视、列车电视等一系列新的媒体形态也纷纷出现，呈现出全新的媒介融合的态势。

科技的发展与进步是人类发展与进步的永恒主题之一。可以说正是靠着传播科技的不断发展与进步，人类的信息传播方式和生活方式千百年来才发生了根本性的变化。尤其是20世纪以来，传播科技突飞猛进，快速发展，传播领域发生了翻天覆地的变化。以数字技术为代表的现代化传播技术促成了世界媒体格局的变化，也促进了世界新闻业的大发展。

综上所述，不仅新闻业的具体形式及其传播手段的发展依靠了社会生产力和科学文化技术的进步，而且整个新闻业，从拥有的规模、影响的范围，到产生的作用也都依赖于社会生产力和科学技术的进步。例如，蒸汽机的发明、轮船的行驶、铁路的运行、海底电缆的铺设、电子技术的更新、通信卫星的使用等，使新闻传播的网络迅速地扩展和延长，新闻传播的技术手段不断地改进和更新。因此在一定意义上可以说，科学技术成了新闻业发展中的一个重要的，有时甚至是决定性的因素。

四、社会和阶级的需要推动着新闻业的发展

推动新闻业发展的另一个重要因素是普遍的社会需要，尤其是一定阶级的需要。历史与实践都说明，人类的社会交流、精神交往和人类社会的阶级斗争始终在规定和制约着新闻业的发展。

中国是造纸术、印刷术和活字版技术的故乡，可是近代印刷报纸却没有首先在中国出现，而是出现在资本主义最早萌芽的中世纪的欧洲。

古腾堡发明金属活字印刷术后，欧洲许多国家都先后建立了印刷所，但这一科学技术成果却首先被用来印刷《圣经》，直到一个半世纪后，人们才用它来印刷报纸。

这说明，具备了一定的科学技术条件，并不一定就会产生相应的媒介形态，和以这一媒介形态为标志的新闻业。

新闻业是人类社会发展到一定历史阶段的产物，是适应这一历史阶段的社会需要，尤其是适应这一历史阶段一定阶级的需要而产生和发展的。因为，当社会的物质生产和科学技术发展到可以产生新闻业的时候，人类社会已进入阶级社会。

而在阶级社会中，所谓“社会需要”往往会表现为一定阶级的需要，表现为一定阶级维护自身经济利益和政治利益的需要。通常，只有具备了一定的物质和技术条件，同时又

是人们所需要（这种需要必须为当时阶级和社会的政治、经济条件制约下所允许）的，且仅仅是在这种情况下，新闻业的某一具体形式和传播手段的出现才是现实的，可以实现的。

在封建社会，报刊的存在与发展同封建统治者的需要，及其对信息与新闻传播开放和限禁的程度有着直接的关系。

中国早期的邸报是适应封建统治者的需要产生的，其主要用于中央政府同各地官吏内部之间的信息交流，以便于加强其封建集权统治。对民间报纸，封建统治者则往往采取限制政策。宋朝出现的非官方小报，虽然在民间受欢迎，但由于其传播内容常有违禁情况，不合统治者意愿，因而经常受到处罚，生存环境十分困难。此类民间报刊，直至清朝仍始终受到政府的严厉查禁，难以得到自由发展。

中国古代尽管科技和文化较为发达，印刷技术出现较早，但由于长期的封建中央集权统治、商品经济的不发达等，报刊的发展屡屡受挫，并呈畸形生长状态。朝代更替的战乱和文化专制的文字狱，更是严重影响了报刊的发展。

在西方，虽然 15 世纪时就开始有一些国家采用了印刷术，建起了印刷所，但封建统治者却只允许其印制宗教及其他宣传品。等到印刷报纸出现时，时间已经过去了一个多世纪。

欧洲封建王朝对印刷出版物往往采取严厉的限禁和封杀政策，使得报刊的产生和发展一直困难重重。英国都铎王朝于 1586 年颁布的《星法院法令》中，就有许多对印刷品具体的限制规定。这一时期，欧洲许多国家的王朝政府都有类似的对印刷品的限制法令，使得处在萌芽时期的近代报刊，其发展之路充满了坎坷和荆棘。

在资本主义社会，新闻业的存在与发展，是同资产阶级发展商品经济和进行政治斗争的需要紧密相连的。可以说，是资本主义商品经济的发展导致了近代资产阶级新闻业的产生，而弥漫欧洲的资产阶级革命则推动了资产阶级政党新闻业的发展。

资本主义的商品生产打破了封建社会自给自足的自然经济，商品的四处流通带来了信息的广泛交流。人们对经济和社会变动信息的需求量急剧增加，这使得作为信息传播主要形式的报刊应运而生。

从 17 世纪中叶到 19 世纪中叶的 200 多年，是欧美资产阶级革命的重要时期。英国、法国、意大利、美国等国家的资产阶级新闻业在这场剧烈的政治变革中发挥了重要的作用。这时的新闻业从刚形成时的主要是为发展商品经济服务，变成了资产阶级进行政治斗争的工具。

从 19 世纪 30 年代起，欧美一些资本主义国家的报业适应自由经济发展的需要，进入大众化自由报刊发展阶段。报业为扩大发行、吸引广告以获取办报的高额利润，着力把目光瞄准城市普通市民读者。它们大幅度降低报纸售价，变革报道内容和报道形式，以适应读者需要。资产阶级新闻业的这些发展变化，完全是为了适应资产阶级在不同历史阶段的需要。

无产阶级新闻事业的产生和发展，也同无产阶级及其政党在一定时期的斗争需要紧密联系。正是无产阶级反对资产阶级、实现无产阶级解放事业的需要催生了无产阶级及其政党的新闻业，并促进了它的不断发展。

无产阶级从一登上历史舞台便开始冲破资产阶级的重重封锁，创办自己的报刊。19

世纪二三十年代，欧美的一些主要资本主义国家开始出现了最早的一批工人报刊。如果说资产阶级报刊一开始还是以盈利为主要目的的商业报刊的话，那么无产阶级报刊从一握在工人手中，便成了他们同资产阶级斗争的武器，成了他们维护自身经济权益和政治权利的不可缺少的物质手段。

从过去在资产阶级政权下艰难出版的秘密报纸，到现在规模宏大的社会主义新闻事业，都是为适应无产阶级及其政党在特定时期的需要创办的。它们成为无产阶级及其政党传播革命真理、宣传和动员群众、组织对敌斗争、指导实际工作、推动革命和建设事业的有力的思想武器。

探究新闻业产生和发展的原因，我们可以发现这样一个问题：在社会和国家中居于主导地位的统治阶级总是根据其政治与经济利益的需要，通过自己所制定的新闻政策和新闻法规来控制新闻业的发展方向及水平。为了自己政治与经济利益的需要，他们可以大力创办一些新闻媒体，也可以极力限制一些新闻媒体的传播。因此，在阶级社会中，只有统治阶级的新闻业才有可能真正得到自由发展。

综上所述可以发现，决定新闻业产生和发展的条件是多方面的，既有经济的、科学技术的，也有政治的、文化教育的。但归纳起来最基本的是两条：

一是社会生产力和科学技术的发展水平，即经济和科技的物质条件，决定着新闻业的存在形式及其所能提供的传播手段。

二是社会交往和阶级斗争的现实需要，即社会（包括公众）和阶级的精神需求，决定着新闻业的根本性质及新闻传播的基本内容。

这些因素和条件是一种相互依存、相互作用的关系，是一种综合作用的结果。有时候可能是某一方面的因素和条件居于主导地位，有时候可能又是另一方面的因素和条件在起主导作用。但不管哪种因素和条件居于主导地位，另一方面的因素和条件的作用都是不容忽视的。

从整个历史发展的趋势看，负有促进和推动历史前进社会责任的新闻业，本身也总是要依据时代与社会的需要，随着历史前进的步伐不断向前发展，任何企图阻挠其发展的做法终究都要受到历史的惩罚！

【思考题】

1. 如何看待大众化报纸在世界新闻业发展中的地位和作用？
2. 怎样认识改革开放新时期中国新闻业的快速发展？
3. 中国新闻业如何应对信息传播全球化的挑战？
4. 怎样认识传播技术在新闻业发展过程中的作用？
5. 如何理解新闻业产生和发展的基本条件？

第五章 新闻业的性质与功能

【本章学习要点】

1. 新闻业是指人类运用已经形成一定规模和系统的新闻媒介，有组织地传播信息、报道新闻、引导舆论、服务社会的经常性的社会活动。同时它也是一切新闻机构及其全部活动的总称。

2. 新闻业作为上层建筑的一部分，是一定社会的经济基础通过新闻手段的反映。通常情况下，新闻业的发展总是同一定社会生产力的发展水平相适应，是一定社会的经济基础通过新闻手段的反映。换言之，有什么样的经济基础，就会产生与之相适应的新闻业。

3. 新闻业作为一种信息传媒，其服务对象、报道内容、传播范围以及活动目的都有着广泛的社会性。它总是力图向社会上尽可能多的人提供尽可能多的社会服务，并且总是以传播信息和报道新闻作为其主要活动内容，以满足人们获取信息与新闻的社会需要作为其主要活动形式。从这一意义上说，新闻业是一种公开面向社会、服务社会的公共文化事业和社会舆论机构。

4. 新闻业作为一种信息传播机构，要进行信息产品的生产和经营，从这一角度看，它是一种具有各种生产要素的经营实体，属于信息和文化产业的一部分，具有明显的产业特征和经济属性，可以实行企业化管理和市场化运作。

5. 新闻业具有传播信息、报道新闻，反映舆论、引导舆论，服务受众、服务社会的功能，这体现出了它作为信息媒介、舆论工具和公共传媒的特质。新闻业的这些功能既可服务于经济建设，也可服务于政治斗争，还可以为群众的生活提供方便。

6. 在社会主义国家，新闻业既是党和政府的耳目喉舌，也是人民的耳目喉舌。这既说明了它的性质，又说明了它在党和国家工作中的极其重要的地位和作用。按照这一定位，我国新闻业都须接受党的领导，按照党所确定的路线、方针、政策工作，传播党和政府的声音，宣传党和政府的决策主张，并为实现党和政府的决策主张努力工作；同时须自觉充当人民群众的耳目喉舌，维护人民群众的利益，永远同人民群众站在一起。总之，要把对党负责与对人民负责统一起来。

7. 社会主义新闻业是社会主义经济、政治、文化、社会和生态文明建设的有力工具，在促进国家经济发展、政治进步、文化繁荣、社会和谐和生态文明方面肩负着新闻宣传、舆论引导和社会服务的重要作用。

案例

《人民日报》1978 年提出并实行“事业单位，企业化管理”

在我国，新闻业长期以来被视为党的喉舌和舆论工具，其社会属性和产业属性被忽视。1978 年中共十一届三中全会后，随着改革开放在社会各个领域，包括新闻领域的逐步展开，新闻事业的社会属性和产业属性也逐渐被认识。

1978 年，《人民日报》等多家首都新闻单位向财政部提出报告，要求政府允许新闻单位试行“事业单位，企业化管理”，希望通过适度自主经营而获得一些经济收入，改变报社经费长期以来靠政府财政拨款的状况，财政部批准了这一报告。根据当时的政策，报社属于事业单位的性质不变，但可以从事一定的经营活动，经营所得一部分可以用于增加职工收入和提高职工的福利待遇，也可以用于改善报社的办公条件和技术装备，这成为我国对新闻业产业属性认识的一个重要的里程碑。此后，随着政府对文化产业政策的明确化，我国新闻业的产业属性得以确立。

新闻业是指人类运用已经形成一定规模和系统的新闻媒介，有组织地传播信息、报道新闻、引导舆论、服务社会的经常性的社会活动。同时它也是一切新闻机构及其全部活动的总称。

面对日益发展、影响巨大的新闻业，认识它的性质和功能，特别是弄清社会主义新闻业的性质和任务，对于我们做好当前新闻工作具有重要意义。

第一节 新闻业的性质

一、新闻业是一定社会的经济基础通过新闻手段的反映

报纸是一定社会的经济基础通过新闻手段的反映，这是毛泽东在 20 世纪 50 年代提出的一个新闻观点。他当时认为，社会主义国家的报纸是社会主义经济即在公有制基础上的计划经济通过新闻手段的反映，而资本主义国家的报纸是无政府状态和集团竞争的经济通过新闻手段的反映。

如今国内外形势已发生巨大变化，这一论述中的有些内容已经与实际情况不相符合了。例如中国也有了市场经济，有了市场化的媒体，有了传媒集团的竞争，而不再仅仅是计划经济下的一种媒介形态和运作方式了。但是，应当说这一论述的实质内容依然是正确的。因为它深刻揭示了新闻业的存在形态及传播方式同社会经济基础的关系，是我们认识新闻业性质的一个重要依据。

从前面所述新闻业产生与发展的过程可以看到，新闻业是借助一定的物质技术条件，适应社会与阶级的需要不断发展起来的。同时还可以看到，新闻业的发展总是同一定社会生产力的发展水平相适应，是一定社会的经济基础通过新闻手段的反映。换言之，有什么

样的经济基础，就会产生与之相适应的新闻业。

在封建社会中，自耕自种、自给自足的小农经济决定了人们的生产、生活及交往的方式较为简单，对外部信息的需求不大，也不迫切，一些日常生产、生活方面的信息借助简单的交往与传播方式即可获得。这种生产方式和经济形态下的信息传播是以口头、符号、信号以及书信等传播方式为主的。而封建统治者为了其统治需要所采用的信息传播手段与方式，也同当时的生产方式和经济形态相适应。

随着封建社会经济与社会的发展，人们对信息的需求程度有所提升，而这时的生产力也有了提高，在这种经济形态下，开始出现了一些具有某些近代传媒特征的传播方式，如手抄报纸等。但由于当时封建社会经济基础的限制，那时还不可能出现现代意义的社会性的新闻业。

在资本主义社会中，发达的生产力和先进的科学技术为新闻业的发展提供了良好的物质技术条件，这使得近现代传媒得以产生并不断发展，先后出现了报刊、广播、电视，以及后来的互联网等传播手段和传播方式。然而资本主义社会私有制的所有制形式和集团竞争的经济形态，决定了其新闻业整体上呈现出自由竞争的状态和集团垄断的状况。西方一些国家新闻业的私有化、垄断化就是这种经济形态的反映。而资本主义自由竞争的经济所带来的新闻传播的恶性竞争和无序状况也是其新闻业的一种特征。

在社会主义社会中，社会主义公有制的经济基础，决定了其新闻业在所有制关系上是归国家和集体所有，在管理体制和运作形式上采取的是国家统一的管理与运作模式。特别是在计划经济条件下，新闻业主要是按照党和政府的统一规划，根据其政治宣传的需要开展工作的。

进入改革开放新时期，特别是实行市场经济体制之后，由于所有制关系和经济形态的调整与变化，新闻业在坚持党的领导，确保社会效益的前提下，开始根据市场需要，运用市场手段进行运作。一批市场化媒体开始成为传媒领域的弄潮儿，并逐渐形成影响力，成为新闻传播中的一股重要力量。一些原先的传统主流媒体也开始改革原有的传播内容及方式，拓展发展空间，提升传播水平，力求更好地适应和满足社会与市场的需要。

这说明，一定社会的经济基础对于这一社会经济形态下的新闻业的形成与发展产生重要作用。当然，新闻传播作为一种意识形态，对于一定社会的经济基础也会起到反作用。它会借助信息与新闻传播对社会的经济基础产生影响，促使其进行调整与变革，以适应社会发展的需要。

二、新闻业是适应和满足人们信息与新闻需要的社会文化事业

世界上有成千上万的新闻机构，它们每天都会忙着一项共同的工作——传播信息和报道新闻。作为新闻业产生标志的近代报刊，最初就是以信息媒介的形态出现的。它的主要职能就是传播信息和报道新闻，以此满足人们的信息与新闻需要。

从新闻业的发展历史和现状看，任何一家新闻媒介，不管其拥有者和控制者有着什么样的政治目标与宣传意图，它总是要以传播信息和报道新闻为主要活动内容，以满足人们获取信息与新闻的社会需要为主要活动形式。它总是要将自己的政治目标和宣传意图，寓于新闻报道和信息传播之中，通过新闻报道和信息传播，形成社会舆论，影响社会舆论，

并最终将社会舆论引向自己既定的政治目标。如果不是这样，那么，即使它的政治目标再宏伟，宣传意图再明确，也不可能达到预期的目的。因为人们之所以需要新闻业，正在于它能给人们提供各种他们劳动、学习和生活所需要的新鲜信息与新闻报道。

如果新闻业舍弃了这一主要活动内容，不向人们提供这些新鲜信息和新闻报道，人们自然就不会需要它，接受它。一家不为读者所需要的报纸，一家不为听众和观众所需要与接受的电台、电视台，又如何实现它的政治目标和宣传意图呢?

一般说来，新闻业的服务对象、报道内容、传播范围以及活动目的都有着广泛的社会性。它总是力图向社会上尽可能多的人——包括自己固定受众群以外的人——传播涉及社会生活方方面面的新闻信息，并希望自己所传播的新闻与信息能被尽可能多的人所接受，能产生尽可能大的社会影响，能提供尽可能多的社会服务。从这个意义上说，新闻业是一种公开面向社会、服务社会的公共文化事业和社会舆论机构。

新闻业的这种社会文化属性，使它成为人们进行新闻与信息传播和思想与文化交流的一种不可缺少的物质手段。通过新闻与信息传播和思想与文化交流，沟通上下、内外、左右的关系，做到上情下达，下情上达，促进内外相通，左右相连，把受众个人同国家，乃至整个世界联系起来。

可以说为社会与公众提供新闻信息及其他各种相关社会服务，是新闻业作为一种社会文化事业的显著特征。

在现代社会中，新闻与信息传播渗入社会生活的各个领域，成为人们日常生活重要的组成部分。人们一刻也离不开新闻与信息传播，不管你属于什么阶级、党派，也不管你是从事什么工作、处在什么岗位，许多新闻与信息，包括经济的、政治的、文化的、教育的、科技的、体育卫生的等，都是大家共同需要的，也是可以供人们共享的。至于一些娱乐和广告信息更是人们所共同需要的。

新闻业的这种社会文化属性，不但体现在它在社会中所具有的信息交流与沟通作用上，还体现在它通过这种信息的交流与沟通，对社会文化和群众生活所产生的思想渗透力及舆论影响力上。

法国学者贝尔纳·瓦耶纳在其所著《当代新闻学》中，就论述了新闻业在社会中所承担的重要角色和所具有的重要作用。他指出，是“新闻形成社会，因为它给社会以形式。是新闻，实际也只有新闻，能使全社会的单子聚结起来，能使潜在的现象明朗化，能够左右潮流，能够引起千百万条件相似的、渴望寻觅知音的人们的共同感应。除新闻以外，没有别的东西能把人们连通起来”①。

按他的观点，新闻业能促进社会的形成，能给社会以生存和发展的形式，能在社会中起到一种沟通与粘合的作用，能揭示事情的真相，能影响社会的思潮，能促使人们产生思想的共鸣和行动的一致，等等。新闻业的这些社会公共文化属性，使它显示出了自己特殊的功能和作用。

从以上论述中可以看出，新闻业是以传播信息和报道新闻为主要手段，满足人们信息与新闻需要的社会文化事业。它面向社会与公众，反映社会生活，影响公众认识，具有信息服务、文化传播和舆论影响作用。

---

① ［法］贝尔纳·瓦耶纳：《当代新闻学》，17页，北京，新华出版社，1986。

三、新闻业是一定阶级传播新闻、引导舆论、服务社会的舆论工具

我们说，新闻业是以传播信息和报道新闻为主要手段，满足人们信息与新闻需要的社会公共文化事业。但是，任何新闻事业都不会仅仅以向社会与公众传播信息和报道新闻，满足人们的信息与新闻需要为最终目的。

中外新闻业发展的历史告诉我们，新闻业作为一种社会性事业产生以后，很快便成为一定阶级、政党及社会集团发展经济生产和从事政治斗争的舆论工具，成为为一定社会的经济和政治制度服务的舆论工具。服务于政治，服务于一定的阶级、政党和社会集团，这是现代社会中新闻业政治属性的集中体现。

新闻业所具有的传播信息和报道新闻、反映舆论和引导舆论的功能，使得各种不同的阶级、政党和社会集团都会很自然地把它作为实现自己经济、政治利益的物质手段。

资产阶级在取得政权之前，利用新闻业作为向封建统治阶级争取经济发展自由和政治民主权利的手段。在取得政权之后，他们一方面把新闻业作为获取经济利益和提供娱乐消遣的手段，另一方面则把新闻业作为控制舆论、影响民众、维护其经济制度和巩固其政治统治的工具。

无产阶级新闻业原本就是适应同资产阶级斗争的需要而产生的。它一出现就成了无产阶级同资产阶级进行经济斗争和政治斗争的工具。在夺取政权，建立起社会主义的国家制度之后，无产阶级及其政党又利用新闻事业，为团结全体人民群众进行社会主义经济建设、巩固人民政权和社会主义制度服务。

马克思和恩格斯一百多年前在他们合著的《德意志意识形态》一书中就指出："统治阶级的思想在每一时代都是占统治地位的思想。这就是说，一个阶级是社会上占统治地位的**物质**力量，同时也是社会上占统治地位的**精神**力量。支配着物质生产资料的阶级，同时也支配着精神生产资料，因此，那些没有精神生产资料的人的思想，一般地是隶属于这个阶级的。"①

显然，新闻业作为一种精神生产资料，是由占有物质生产资料的统治阶级控制和掌握的。统治阶级通过一定的政治制度和自己所拥有的政治、经济权力，决定着新闻事业的所有权性质，制约着它的发展，并要求它遵循自己的主张，按照自己的意志行事，而不允许它脱离自己思想和利益的轨道。

因此，在一定社会中，那些在经济上占有统治地位的阶级，总是拥有对新闻业的控制权，掌握着充足的新闻传播的物质手段，并且能够获得充分的新闻自由。相反，那些在经济上处于无权地位的阶级，也不可能拥有对新闻业的控制权，不可能掌握充足的新闻传播的物质手段，其新闻自由往往也会受到各种限制。

在封建社会中，资产阶级的新闻业就受到封建统治者的压制和摧残，资产阶级为争取新闻出版自由进行了长期的斗争。在资本主义社会中，无产阶级的新闻业也受到资产阶级的压制和摧残，无产阶级为争取新闻出版自由同样进行了长期艰苦的斗争。这充分说明，新闻业的政治属性是一种不以人们的主观意志为转移的客观存在。

---

① 《马克思恩格斯文集》，第1卷，550页，北京，人民出版社，2009。

总之，在阶级社会中，新闻业总是要从属于某一特定的阶级，成为一定阶级的舆论工具。新闻业的这种政治属性，是同其作为社会的上层建筑和意识形态的属性相联系的。

马克思指出："物质生活的生产方式制约着整个社会生活、政治生活和精神生活的过程。不是人们的意识决定人们的存在，相反，是人们的社会存在决定人们的意识。"① 马克思的观点为我们认识和理解经济基础与上层建筑的关系提供了依据。

新闻业作为一种社会文化事业，属于上层建筑的范畴。它产生于一定社会的经济基础，是一定社会的经济基础通过新闻手段的反映。同时，它又积极地反作用于这一经济基础，为这一经济基础服务，成为其不可或缺的信息媒介和舆论手段。因此，在阶级依然存在的社会中，新闻业同其他上层建筑一样仍然是从属于一定阶级的，所谓"超阶级"的新闻业，在现实社会中是难以存在的。

四、新闻业是信息与文化产业的重要组成部分

除了上面所说的一些社会属性和政治属性外，从新闻业作为一种信息传播机构，要进行信息产品的生产和经营的角度看，它又是一种具有各种生产要素的经营实体，属于信息和文化产业的一部分，因而还具有一定的经济属性。

历史上最早的资本主义商业报纸，一开始就带有商品特征，它是被作为一种信息商品向其消费者——读者提供的。后来面向社会与公众出版的大众化报纸出现，其商品属性更为明显。报纸的经营者把扩大发行、吸引广告、增加利润作为主要追求目标，把新闻传媒作为一种大量生产供社会公众消费的文化产品的企业，办报成为一种商业行为，报纸完全成了商品。

随着西方国家新闻传媒逐步走向垄断化，新闻事业作为一种信息产业的特征，及其表现出的经济属性也更为明显。

而在社会主义国家，在实行市场经济体制的条件下，其新闻业同样也具有经济属性，也是社会主义国家中信息和文化产业的一部分。

因此，可以说新闻业属于信息和文化产业的一部分，具有明显的产业特征和经济属性，可以实行企业化管理和市场化运作。

五、新闻业性质的完整表述与全面理解

根据以上对新闻业基本属性的全面分析，我们可以这样来概括新闻业的性质：

新闻业是以传播信息和报道新闻为主要手段，满足人们信息与新闻需要的社会文化事业。在阶级社会中，它是一定阶级传播信息、报道新闻、引导舆论、服务社会的舆论工具。同时，它也作为信息与文化产业的一部分，按照现代文化产业的生产要求实行企业化经营，遵循经济与市场规律。

按此概括来认识新闻业的性质，需要深刻理解其内涵，注意处理好其社会属性、政治属性和经济属性之间的关系，并全面、正确地体现这三个基本属性内在的积极功能，尽可能发挥其有效作用，使新闻业能够健康、全面地发展。

---

① 《马克思恩格斯选集》，2版，第2卷，32页，北京，人民出版社，1995。

在新闻业具有的社会、政治和经济三个基本属性中，社会属性体现的是其作为信息媒介和文化事业的特征，政治属性体现的是其作为阶级舆论工具的特征，经济属性体现的是其作为信息与文化产业经济实体的特征。

三个属性之间是一种互为补充、相互制约的关系。社会属性决定着新闻业基本的存在形式和行为方式，政治属性决定着新闻业根本的利益方向和工作原则，经济属性决定着新闻业长远的生存基础和发展潜力。它们形成了一个复杂的综合体系，各自发挥着自己的作用，同时又制约着其他属性的存在方式和发展状况。

通常情况下，政治属性要借助社会属性来体现价值，发挥作用；社会属性要靠政治属性来引导方向，规范行为；经济属性既为社会属性和政治属性提供存在及发挥作用的经济基础与物质条件，同时又受到它们的制约——政治属性为其把握政治方向，防止其偏离正确的行为轨道，社会属性为其确定运作范围及方式，规范其按照新闻业的客观规律与要求来组织经营和管理。

全面认识和理解新闻业的这三个基本属性，对于准确把握新闻业的性质及特征，发挥新闻业的积极作用，做好新闻工作有着重要意义。

认识新闻业的社会属性，有助于我们更好地把握新闻业作为一种社会文化事业，作为一种社会公共信息传媒及社会舆论机构的特征。

认识和指出新闻业的这种社会属性，并不是要抹杀新闻业的政治属性，而是想说明，新闻业作为公共信息传媒和社会舆论机构，在坚持政治立场的同时，应当更好地发挥面向社会、服务社会的作用，要自觉地为作为社会主体的广大人民群众提供各种有效服务。

认识新闻业的政治属性，有助于我们更好地把握新闻业作为一种阶级舆论工具的特征。

从实践看，在过去的新闻工作中的确存在无限上纲、夸大宣传“阶级斗争”、搞“阶级斗争扩大化”等严重问题。但我们不能因此而否定新闻业的政治属性及其阶级性质。因为在世界上，一切阶级和政党都会把新闻业作为其实现政治与经济利益的舆论工具。而新闻业也总是会自觉或不自觉地成为一定阶级、政党或社会集团实现其政治和经济利益的舆论工具。在现实社会中，不为任何阶级、党派和社会集团所利用，完全与政治绝缘的新闻业是不存在的。

当年恩格斯在批判无政府主义者主张“报纸要放弃政治”的观点时，就曾明确指出：“绝对放弃政治是不可能的；因为主张放弃政治的一切报纸都在从事政治。问题只在于怎样从事政治和从事什么样的政治。”①

认识新闻业的经济属性，有助于我们更好地把握新闻业作为一种信息和文化产业经营实体的特征，从而更好地挖掘新闻传媒的产业潜质，提高新闻业产业经营的经济效益。这对于新闻业增强经济实力，扩大产业规模，争取更大发展，从而更好地发挥自己的社会功能和作用具有重要意义。

因此，在市场经济条件下，新闻业应当改变原先计划经济条件下不搞经营、不计成本、不讲效益，只算政治账，不算经济账的情况。要树立经营意识，强化管理观念，在产业经营和事业发展中，注意把遵循新闻规律和宣传规律，同遵循经济规律和市场规律有机

① 《马克思恩格斯选集》，2版，第3卷，123页，北京，人民出版社，1995。

地结合起来，在保证社会效益的前提下，努力实现社会效益与经济效益的统一，争取把我国的传媒产业做强做大做好。

当然，如果只是把新闻业作为一般的产业和企业来经营，也容易带来一些弊端。过分强调它作为产业与企业的特征和属性，一味地追求经济效益，会损害它作为社会文化事业的特征和属性，使它不顾公众利益和社会效果，背弃它应当承担的社会责任和历史使命，导致新闻传播产生负面效应。

因此，在认识新闻业的产业属性的时候，一定要认清它不同于一般的企业单位，不是一般的经济实体，它是生产意识形态性很强的精神产品的带有公益性的文化产业，它的生产和经营要坚持把社会效益放在首位，在保证社会效益的前提下去争取经济效益，去实现经济效益与社会效益的统一。

总之，新闻业在自己的发展过程中，应注意三个属性的结合，充分体现这三个属性的内涵及特征，更好地发挥自己的社会功能和作用，为国家，为人民，为社会做出更大的贡献，同时也使自身能够得到健康、全面的发展。

第二节　新闻业的功能

新闻业的功能，是指新闻业所具有的有效作用，即新闻业满足社会与公众需要的有利作用和效能。

下面将结合对新闻业性质的分析来阐释其基本功能。

一、传播信息，报道新闻

人们之所以需要新闻业，最主要的目的是为了从中获取各种与自己利益相关的信息和新闻。而新闻业之所以能够存在和发展，能够为社会与公众所接受和喜欢，就在于它具有作为“信息媒介”所具有的那种特质——传播信息和报道新闻。

徐宝璜把“供给新闻”作为报纸的最重要、最基础的职责和作用。联合国国际交流问题研究委员会发布的研究报告《多种声音，一个世界》中，也将“传播必要的新闻”[①] 放在第一位。国内外在对新闻业基本功能及作用问题的认识上显示出高度的一致，这说明人们对新闻业的本质特征有着共同的理解。

人们为了更好地劳动、工作、学习和生活，需要随时了解周围世界的变动情况。他们需要知道国内环境是否安定，国际环境是否安全；需要知道党和政府的方针、政策有何新的变动，兄弟地区和单位有哪些新的成就和经验；需要知道生产、流通、消费领域和分配方面的变动信息；也需要知道衣食住行和娱乐方面的新近变化情况……总之，周围世界发生的与其利益相关的一切变动信息，都是他们所关心，所急于知道的。

特别是在现今的信息化社会中，生产技术的发展，科学知识的更新，社会生活的变动，都在以前所未有的速度进行。人们之间的社会交往越来越频繁，联系越来越密切，这就需要掌握各方面的信息，以便随时调节自己的言论和行动，适应情况变动的需要，更好

① 国际交流问题研究委员会编：《多种声音，一个世界》，19～20 页，北京，中国对外翻译出版有限公司，1981。

地安排自己的劳动、工作、学习和生活。新闻业正是通过有组织的、不间断的信息传播和新闻报道活动，每日每时地向人们提供客观世界变动的各种新情况，满足人们获取信息、了解情况的需要，帮助人们提高认识世界和改造世界的能力。

在传播学中，新闻媒介被称为“社会守望者”、“社会雷达”和“社会监视器”，指的就是其传播信息和报道新闻的功能所产生的社会作用。

正因为新闻媒介具有传播信息和报道新闻的功能，而其所传播和报道的信息与新闻，可以帮助人们获知周围世界各种事物的变动信息，消除对其认识上的不确定性，从而提高人们适应环境的能力，提高人们应对各种突然事变的能力，使得人们能够更加有效地生活，使得社会能够更加有效地运转和有序地运行。从这一意义上说，新闻媒介就像是专门用来监测社会、监测环境的“雷达”、“监视器”，就像是专门为人类看守社会门户的“守望者”。

在探讨新闻业产生的条件时，我们曾谈到人类的社会交往对新闻传播活动产生的作用，说明正是人们社会交往的需要，促成了新闻传播活动的产生。

在现实社会里，人们处在一定的社会关系中，为了更好地生存和发展，相互之间需要交换知识和意见，需要沟通思想和情感，这种“精神交往”所能借助的最好的手段就是新闻媒介，而新闻媒介所能提供人们用于“精神交往”的最好的形式就是传播信息和报道新闻。

我们从多方面阐释新闻业“传播信息和报道新闻”的功能，而且强调这是新闻业最基本、最主要、最重要的功能，是新闻业发挥其他功能和作用的基础条件，意在确立起一个牢牢的观念——新闻媒介一定要以“传播信息和报道新闻”为第一功能，一切工作都应该围绕着“传播信息和报道新闻”这一基本任务也是主要任务展开。因此，一切新闻媒介都应把及时传播和报道群众普遍关心的各种信息与新闻，正确回答群众普遍感兴趣的各种问题，作为自己工作的中心和报道的重点。

二、反映舆论，引导舆论

新闻业生来就是以传播信息和报道新闻为己任的。但是，任何新闻业又都不会仅仅以传播信息和报道新闻作为唯一的职责与使命。无论是出于何种目的——经济的、政治的、文化的、社会的——创办的新闻业，其拥有者、管理者和控制者都要在传播信息和报道新闻的同时，尽可能地发表自己对于新闻事实信息的评述意见，表达有利于自身利益的倾向和观点，并千方百计地要用这些意见和观点影响社会与公众，借以维护自己的利益，达到自己的目标和要求。为此，新闻业很自然地就具有了体现其作为“舆论工具”特质的第二项功能——反映舆论和引导舆论。

梁启超就曾把“向导国民，监督政府”作为报纸的两大社会功能。他强调报纸要“向导国民”和“监督政府”，所借助的手段就是新闻舆论。另外，他还提出报纸具有“能纳一切（容纳各种思想），能吐一切（报道各方动态），能生一切（创造有利环境），能灭一切（摧毁作恶之徒）”[①]的功能，其中也涉及报纸的舆论功能。

马克思把报纸比作“社会舆论的纸币”。他认为报纸既可以反映舆论，表达舆论，也可以制造舆论。他还提出报纸要“干预运动”，要成为“运动的喉舌”，发挥好舆论引导

① 转引自关绍箕：《中国传播理论》，346页，台北，台湾正中书局，1994。

作用。

列宁著名的“集体的宣传员、鼓动员和组织者”的论断，也主要是从报纸舆论功能的角度提出来的。

而毛泽东关于报纸“五大作用”——“组织、鼓舞、激励、批判、推动”的概括，显然也是把报纸视为舆论工具，强调通过其舆论功能来实现“五大作用”。

在现代传播学理论中，对媒体的舆论功能也多有涉及。尤其是“议程设置”理论，主要讲的就是媒体的舆论导向功能及方法问题。美国传播学者麦库姆斯和肖在阐释这一理论时认为：“大众传播具有一种为公众设置‘议事日程’的功能，传媒的新闻报道和信息传达活动赋予各种‘议题’不同程度的显著性（Salience）的方式，影响着人们对周围世界的‘大事’及其重要性的判断。”①

按照这一理论的解释，新闻媒介正是通过设置能够体现传播者思想和利益的某一议程（话题），并将其突出到显著性位置，用以吸引受众关注，借此来影响受众对这一议程的重视和认可。

通过以上论述可以看出，从其意识形态属性来看，新闻业是一种舆论工具，具有反映舆论、表达舆论、影响舆论和引导舆论的功能。反映和表达舆论可以使下情得以及时上达，从而使新闻传播成为社会调节的一种形式和手段，而影响和引导舆论则体现了新闻控制者、管理者和传播者的意图，将社会舆论引向有利于自己（阶级、政党或社会团体）利益的方向，这是一个相互联系的过程。

实践说明，新闻业的威力和影响，主要是通过它的这种舆论功能体现出来的。因为作为一种传播媒介和舆论工具，它可以及时将公众对其关心的某一现实问题的情绪和意见反映出来，并且努力把它引向符合传播者利益的轨道。

三、服务受众，服务社会

关于新闻业的功能，人们从直观和直觉上自然会想到它的各种社会服务功能，如传播知识、提倡道德、刊登广告和提供娱乐等等，这些功能都体现了新闻业作为一种社会公共传媒的特质。

所谓“公共传媒”，一方面是说在现代社会中，新闻媒介作为一种信息传媒的“公有性”。它面向社会，属于社会所共有，可以被社会与公众共同使用。另一方面是说新闻媒介作为一种物质手段的“共享性”。它可以普惠于社会与公众，给大家都带来信息传播的实惠和好处。

在现代社会中，新闻业的这种社会服务功能表现得越来越充分，发挥的作用也越来越大。

新闻业的社会服务功能主要体现在以下方面。

（一）传播知识，普及教育

传播文化知识，普及社会教育是新闻业最基本的社会服务功能之一。

现代社会，科学技术的发展给人类开拓了通向现代文明的道路。人们的文明生产和生

---

① 转引自郭庆光：《传播学教程》，2版，194页，北京，中国人民大学出版社，2011。

活丝毫离不开科学文化知识。现代化社会对人们的知识水准有很高的要求，一个现代文明人，应当是一个有着良好知识涵养的人。

新闻业传播手段的迅速性和广泛性，决定了它可以成为传播科学文化知识的最有效的工具。它每天不间断地同群众见面，可以用最快的速度把最新的科学文化知识传播给广大群众。人们可以从报刊、广播、电视、互联网等各种媒体中，汲取各种知识营养。特别是对那些已经离开学校的人来说，媒体传播更会成为他们中许多人接受知识和教育的最主要的渠道与手段。人们足不出户便可以知晓天下事，学习到方方面面的知识，不断丰富自己，提高对客观世界的认识和把握能力。

（二）倡导文明，教化道德

倡导文明，教化道德也是新闻业基本的社会服务功能。

新闻业作为国家和社会上层建筑的一部分，担负着倡导文明、教化道德的神圣职责。一个文明的社会，其成员应当有着良好的道德修养，应当做到在社会上有着良好的社会公德，在单位里有着良好的职业道德，在家庭里有着良好的家庭美德。而这些良好道德的养成，需要提倡，需要教化，需要社会的监督和促进。新闻媒介可以通过扬善惩恶，向人们宣扬和提倡德行善举，褒奖和宣传好人好事，帮助人们认清何为真善美，何为假恶丑，促成高尚的社会道德和良好的社会风气。

（三）刊登广告，服务生活

广告是现代社会中人们日常生活不可缺少的东西。它既是一种信息传播的手段，也是一种社会宣传的方式，同时还是一种文化传承的形式。一条流行的广告语可能会导致一种社会文化现象的产生。

广告信息作为一种重要的资源，对于促进经济发展、方便群众生活具有不可忽视的作用。企业的产、供、销都需广告传播相关的信息，以保证各个环节的畅通。人们的衣食住行也需要从广告中获取所需的信息，以利于做出正确的选择。从早晨出门前的天气预报，到下班后的影视节目报告，一个现代社会中的人恐怕每天都离不开广告。

广告传播需要借助一定的媒介，而新闻媒介是其最理想的传播手段。新闻媒介凭借自己在传播手段上的优势，可以将各类广告在最短的时间内，用最丰富的表现形式传递给最广泛的群众。

同时广告对于新闻业的赢利作用也是不可轻视的。在现代传媒业中，多数媒体主要是依靠广告赢利的，有的媒体的广告收入甚至占到整个收入的90%以上。可以说，新闻业要发展，离不开广告提供的经济支持。新闻媒介应当在可能的条件下，想方设法，广开门路，尽量为广告传播提供方便条件，更好地为社会生产和群众生活服务。但是要注意摆正关系，切忌让广告冲淡和挤占新闻传播。

（四）提供娱乐，丰富生活

随着经济发展带来的人民群众生活水平的提高和科技进步对劳动力的解放，人们有了更多的经济条件和闲暇时间来享受精神文化生活。娱乐消闲成了现代人社会生活中不可缺少的内容。

在各种各样的娱乐消闲形式中，媒体所提供的娱乐内容和娱乐方式越来越为人们所喜欢，所依恋。特别是那些受到群众认可的影视剧，更是让人牵肠挂肚，每到播出时间，总有那么多热心的观众把整块整块的时间付给了媒体。如今传媒已经成了人们娱乐消闲、丰富生活的最常用的手段。

在提供娱乐方面，新闻媒体担负着重大责任。一切富有责任感的媒体都要注意尽可能地满足群众的需要，把那些内容健康、情趣高尚、生动有趣，有助于陶冶人们情操，提高人们审美能力的娱乐节目奉献给受众，在质和量的统一上下工夫。要防止一味迎合受众的情趣，传播一些低俗、粗陋和不健康的东西。特别要注意扶持和弘扬民族文化，让尽可能多的闪烁着民族文化光彩的东西主导媒介娱乐文化阵地。

上面我们分析了新闻业的三大功能——传播信息，报道新闻；反映舆论，引导舆论；服务受众，服务社会。这三大功能体现出了新闻业作为信息媒介、舆论工具和公共传媒的特质。

新闻业的这些功能既可服务于经济建设，也可服务于政治斗争，还可以为群众的生活提供方便。总之，新闻业终归到底是一种传播媒介，是一种舆论工具，是一种服务手段。在现实社会中，它总是要为一定的阶级、政党或各种社会集团所掌握和利用，为它们提供力所能及的服务，发挥自己应有的社会功能，起到自己应有的社会作用。

当然，新闻业的功能和作用可以是积极的、正向的、起建设作用的，也可能是消极的、负向的、起破坏作用的。有人就把新闻媒体比作一把“双刃剑”，它可以用来杀死魔鬼，也可能会伤害好人。

江泽民则用“祸福论”来比喻新闻媒体的作用，他指出：“舆论导向正确，是党和人民之福；舆论导向错误，是党和人民之祸。”① 在他看来，新闻媒体的作用是“福祸相依”。作用发挥得好，即为福，作用发挥得不好，则为祸。

90 多年前，作为学者的徐宝璜是这样评说报纸的功能和力量的。他认为：“至此力之为祸为福，则全视人之运用如何，如能善用之，则新闻纸者，诚‘社会之耳目也，国民之喉舌也，人群之镜也，文坛之王也，将来之灯也，现在之粮也’（引用梁启超的话——引者注）。如滥用之以颠倒是非，捏造黑白，无中生有，小事化大，则小之足以败坏个人名誉，使其见弃于家庭，见疏于朋辈，失其地位，身负恶名；大之足以使银行破产，公司倒闭，国会失其尊严，政府因而改组，甚至引起国内之政事，扰乱国际之和平。由上观之，新闻纸之势力愈大，则新闻记者之责任愈重，至为显然。”②

先哲之言发人深省！我们当深思如何使新闻媒介能够多传递正能量，多发挥正向作用，多给国家和人民带来福音；如何使新闻媒介尽可能减少失误，以免给国家和人民造成祸害。作为一个新闻工作者，担子不轻，责任重大。

第三节　社会主义新闻业的性质和任务

社会主义新闻业是社会主义国家新闻机构及其全部活动的总称。在社会主义国家中，一切依法出版的报刊，创办的电台、电视台、通讯社、新闻网站等新闻机构都属于社会主义新闻业的组成部分。

---

① 《江泽民总书记视察人民日报社》，载《人民日报》，1996-09-27。

② 徐宝璜：《新闻学》，132 页，北京，中国人民大学出版社，1994。

社会主义新闻业是党领导的社会主义事业的一部分，是党和人民的耳目喉舌，担负着建设社会主义物质文明、精神文明、政治文明、社会文明和生态文明的重要任务。

一、社会主义新闻业是党领导的社会主义事业的一部分

在社会主义国家，新闻业一向被看作是党领导的社会主义事业的一部分。当年列宁在其《党的组织和党的出版物》一文中就提到："写作事业应当成为整个无产阶级事业的**一部分**，成为由整个工人阶级的整个觉悟的先锋队所开动的一部巨大的社会民主主义机器的'齿轮和螺丝钉'。写作事业应当成为社会民主党有组织的、有计划的、统一的党的工作的一个组成部分。"①

按列宁的思想，新闻业应当成为社会主义总的事业的一部分，新闻工作应当成为有组织的、有计划的、统一的党的工作的一部分。也正是基于这一认识，列宁把创办党的机关报看作是党的工作中最为重要的工作之一，而且明确把党报列为党的一个工作机构，强调党报工作必须接受和服从党的领导与监督，坚持党性原则。

社会主义国家这个庞大的社会机器是由许许多多的齿轮、螺丝钉及零部件组成的。经济、政治、文化，各个领域、各个行业、各个部门，只要是承担为社会主义事业服务的任务的单位、部门、行业和工作，都是其组成部分，都会发挥适合自己承担的那部分功能，完成自己应当担负的那部分任务。

新闻业以其作为一种信息媒介和舆论工具的特殊性质，担负着传播信息、报道新闻，反映舆论、引导舆论，服务受众、服务社会的功能，承担着为一定的阶级、政党或各种社会集团服务的任务。

在中国，新闻业是中国共产党领导下的社会主义事业的一部分，与其他社会文化事业一样，担负着为人民服务、为社会主义服务、为党和国家工作大局服务的重要任务。只不过，作为一种信息媒介和舆论工具，它所运用的手段及采取的方式是通过采集和传播信息、报道和评述新闻、反映和引导舆论等来实现的。

二、社会主义新闻业是党、政府和人民的耳目喉舌

江泽民在1989年11月新闻工作研讨班上的讲话中，对社会主义新闻业的性质、地位和作用作过明确的表述："我们党历来非常重视新闻工作，始终认为，我们国家的报纸、广播、电视等是党、政府和人民的喉舌。"② 这一表述后来成为对社会主义新闻业性质的一种约定俗成的提法。

这一表述的核心内容是强调新闻业是党、政府和人民的喉舌。新闻业的这一性质是由社会主义国家的性质决定的。

社会主义国家是共产党领导下的以工农联盟为基础的人民民主专政的国家。在社会主义国家，国家的一切事业都是共产党领导下的为人民服务、为社会主义服务的事业。新闻业作为党和政府的舆论机构，是党和政府进行思想引导、经济宣传和社会服务的重要手

① 《列宁选集》，3版，第1卷，663页，北京，人民出版社，1995。

② 《报纸、广播、电视是党、政府和人民的喉舌》，载《人民日报》，1989－11－30。

段。它通过传播信息、报道新闻、引导舆论和提供多方面的社会服务等形式，为实现党的纲领路线和方针政策，为最终实现共产主义的宏伟目标发挥新闻传播和舆论宣传作用。

在社会主义国家，人民是国家的主人，国家的一切事业都是人民自己的事业，是为人民服务的工具。新闻业作为党和政府的舆论机构，同时也是人民群众的舆论阵地。它是人民群众表达自己的思想和利益、情绪和意见、愿望和要求的信息平台，是人民群众行使自己管理国家事务和其他社会事务的权利，行使自己对党政机关工作人员的监督权利的舆论工具。

强调社会主义新闻业是党和政府的舆论工具，这并不是说一切新闻媒介都要像党和政府的机关报刊（台）那样，作为党和政府的言论机关发言，而是说任何新闻媒介（即使是一些社会化媒体），不管它隶属于什么社会团体和社会组织，也不管它为自己确定了什么样的业务宗旨，都必须接受共产党的领导，都应当按照党所确定的路线、方针、政策工作，都要传播党和政府的声音，宣传党和政府的决策主张，并为实现党和政府的决策主张努力工作。否则，它就会偏离社会主义方向。

当然，各种不同的新闻媒介在接受党的领导、坚持四项基本原则、遵守社会主义法律的前提下，可以有不同的报道内容，可以采取不同的报道方式，可以根据自己不同的读者（听众或观众）及新闻产品市场的定位，办出自己的特色，形成自己独特的风格。

强调社会主义新闻业是人民群众的舆论工具，就是说任何新闻媒介都应当自觉充当人民群众的耳目喉舌，替人民群众说话，为人民群众服务，维护人民群众的利益，永远同人民群众站在一起。否则便会被人民群众抛弃。

概而言之，在社会主义国家，新闻业既是党和政府的耳目喉舌，也是人民的耳目喉舌。这既说明了新闻业的性质，又说明了新闻业在党和国家工作中的极其重要的地位和作用。

社会主义新闻业的这一性质，决定了它必须担负特定的使命和任务。而其使命和任务的顺利实现与完成，又确保了它在体现根本性质上的稳定性。

作为党和政府的耳目喉舌，社会主义新闻业担负着宣传党的纲领路线、方针政策，宣传马列主义、毛泽东思想、邓小平理论、“三个代表”重要思想、科学发展观和习近平新时代中国特色社会主义思想，宣传社会主义建设的新成就、新经验和宣传社会主义核心价值观的任务。它应该成为党和政府宣传思想主张、教育引导群众、指导实际工作和了解民情民意的最有效的舆论工具。

作为人民群众的耳目喉舌，社会主义新闻业担负着反映人民群众的利益和要求，报道人民群众的劳动和生活，提供人民群众所需要的各种信息服务，帮助人民群众行使各种民主权利的任务。它应该成为人民群众获取信息、表达舆论、交流思想、掌握知识、得到娱乐和行使民主权利的可靠的舆论工具与信息传媒。

三、社会主义新闻业是社会主义经济、政治、文化、社会和生态文明建设的有力工具

社会主义新闻业的性质、功能和地位决定了它应当成为社会主义经济、政治、文化、社会和生态文明建设的有力工具，在促进国家经济发展、政治进步、文化繁荣、社会和谐和生态文明方面发挥好新闻宣传与舆论引导作用。

（一）宣传改革开放，报道经济发展，促进社会主义物质文明建设

社会主义新闻业要积极宣传和报道我国深化改革，扩大开放的成果，宣传和推广各条战线在改革开放过程中创造的经验，总结存在的问题和教训。要集中优势力量加强经济宣传，搞好经济报道。各种媒体要广开信息传播渠道，努力扩大经济报道的数量，提升经济报道的质量，尽可能为生产、流通、分配、消费领域的各项经济活动提供周到的信息服务，积极推动社会主义经济全面、协调和可持续发展，促进社会主义物质文明建设。

（二）宣传民主法治，报道反腐倡廉，促进社会主义政治文明建设

社会主义新闻业要积极宣传和报道社会主义民主与法治建设的成就和经验，宣传和报道中国在政治体制改革与政治文明建设方面的进展和做法，宣传和报道中国共产党及其领导下的人民政府在立党为公、执政为民，以及反腐倡廉、廉洁从政方面的成绩和效果。同时，要通过宣传报道，培养与增强人民群众的民主意识和法治观念，提高他们参政议政和进行舆论监督的能力，引导他们自觉遵纪守法，努力营造民主团结、生动活泼的政治局面，促进社会主义政治文明建设。

（三）传承民族文化，弘扬民族精神，宣传社会主义核心价值观，促进社会主义精神文明建设

社会主义新闻业要积极传播和展示我国优秀的民族文化，弘扬和培育中华民族伟大的民族精神，宣传和阐释社会主义核心价值观，要用能够代表中国先进文化前进方向的优秀民族文化、高尚民族精神和核心价值观念，去激励和鼓舞全国各族人民，努力提高全民族的文化素质、道德素养和精神境界，增强其文化自觉与文化自信，在社会主义精神文明建设中发挥积极作用。在传承民族文化，弘扬民族精神的时候，新闻媒介还要积极推介国外的优秀文化，要用全人类一切优秀文明成果来发展和推进我国的民族文化。

（四）宣传社会和谐，维护社会稳定，促进社会主义社会文明建设

社会主义新闻业要积极宣传与报道党和政府关于构建社会主义和谐社会的目标及理念，宣传与报道中国在促进社会和谐、伸张社会正义、维护社会稳定、推进社会文明方面的成绩和经验，尤其要注意维护社会弱势群体和弱势人群的权利与利益，发挥新闻舆论监督的力量，从而为促进社会主义社会文明建设，为实现全面建成小康社会和构建社会主义和谐社会的目标，创造良好的舆论环境和社会环境。

（五）宣传环境保护，倡导绿色发展，促进社会主义生态文明建设

社会主义新闻业要积极宣传节能减排、环境保护、绿色发展和生态文明，让全社会和广大公众认识气候变化给人类发展带来的危害，从而能够把环境、生态和气候变化问题放到国家、民族乃至人类发展的战略高度，进而自觉地投入到节能减排、环境保护、绿色发展和应对气候变化的行动中去，为促进社会主义生态文明建设，建设美丽中国发挥好信息传播、舆论引导和宣传推动的作用。

社会主义新闻业在努力完成党和人民赋予的社会主义经济、政治、文化、社会和生态文明建设任务的同时，还要积极谋求自身的发展，要在事业管理和企业经营方面不断改革创新，要善于有效地运用市场机制来配置资源、组织生产和调节新闻传播中的供求关系，努力增强自身实力，壮大社会主义的传媒产业，使之既能作为国家“软实力”的组成部分，为提升国家的文化竞争力和舆论影响力发挥重要作用，同时又能作为国家“硬实力”

的组成部分，为增强国家的经济发展力和宏观竞争力发挥自己的作用。

总之，社会主义新闻业作为党和政府在思想文化战线上的一支重要力量，是中国共产党及其领导下的人民政府进行思想政治工作和舆论宣传的有效工具，是党和政府保持同人民群众密切联系的精神导线。它在政治鼓动，思想引导，经济宣传和社会主义物质文明、精神文明、政治文明、社会文明和生态文明建设方面，在联系群众，为群众提供信息服务方面，在反映人民群众的利益要求，为群众提供参政、议政的舆论阵地方面，都担负着光荣而又艰巨的任务。

这些任务完成得好与不好，将直接影响着党和国家社会主义时期总任务的实现，直接影响着党和政府同人民群众的联系。因此，一切社会主义新闻业都应当为实现上述任务进行卓有成效的、创造性的工作，为全面建成小康社会和构建社会主义和谐社会，为实现社会主义现代化的宏伟目标做出积极贡献。

【思考题】

1. 为什么说新闻业是一定社会的经济基础通过新闻手段的反映？

2. 怎样理解新闻业是以传播信息和报道新闻为主要手段，满足人们信息与新闻需要的社会文化事业？

3. 怎样认识新闻业作为一种信息与文化产业的属性？

4. 为什么说社会主义新闻业既是党和政府的耳目喉舌，又是人民的耳目喉舌？

5. 如何认识中国新闻业在推进社会主义经济、政治、文化、社会和生态文明建设中的作用？

第三编

新闻工作

第六章

新闻工作的真实性原则

【本章学习要点】

1. 一切新闻都必须真实，这是新闻存在的基本条件，也是人们对新闻传播最基本的要求。正因为此，新闻界始终把真实作为新闻的生命，把新闻真实作为一项最基本的业务规范和最重要的工作原则。

2. 新闻真实性原则的内涵与本质在于以事实为基础、为依据来报道新闻。任何抛开和背离事实报道新闻的做法都有违新闻真实的本质。因此，坚持真实性原则，就是要求新闻传播者在报道新闻时，要与客观存在的事实相符合，要从客观实际入手，把现实生活中新近发生的具有新闻价值的事实信息如实地报道给受众。

3. 新闻真实性作为新闻工作的一项普遍性原则，要求一切新闻报道都必须完全按照客观事物的本来面貌反映和报道事物。事实怎样，新闻就怎样；事实是多少，新闻就反映多少，既不夸大，也不缩小；事实没有的，就不应该弄虚作假，搞“合理想象”，更不能无中生有，凭空捏造。其具体要求包括基本要素准确无误，引用材料准确可靠，背景材料全面真实，综合概括符合实际，解释评述实事求是。

4. 虚假报道通常有以下表现形式：政治需要，公开造假；于己不利，隐匿真情；宣传典型，任意拔高；屈从压力，写昧心稿；唯利是图，编造新闻；粗枝大叶，调查不实；道听途说，捕风捉影；知识贫乏，不懂装懂；“合理想象”，添枝加叶；偷梁换柱，移花接木；等等。其共同特征是背离客观事实，仅凭主观愿望去反映和报道新闻。

5. 虚假报道产生的原因从政治方面看，主要表现在“左”的思想倾向的流毒和影响依然存在；从社会方面看，主要表现在党风和社会风气不正；从新闻工作者自身思想和工作作风方面看，主要表现在新闻工作者自身政治责任心不强、思想修养差、作风不踏实等。虚假报道产生的原因多种多样，情况复杂，这使得防治虚假报道，维护新闻真实性难度很大。

6. 防治虚假报道是一项系统工程，需要多管齐下、标本兼治、狠抓严管，而且要持之以恒，要从根本上铲除产生虚假报道的政治土壤和社会土壤，切断虚假报道之源。对新闻工作者来说，需要通过坚持深入调查研究、努力掌握辩证方法、坚决恪守法律规范、严格遵守规章制度、全面提高自身素养和自觉接受群众监督等办法来规范和制约自己的传播行为，防治虚假报道。

7. 马克思提出“只要报刊有机地运动着，全部事实就会完整地被揭示出来”，其意在于报纸是靠着处在各个不同环节上的全体工作人员的分工合作，通过不间断的连续报道来不断揭示事物的真相，逐步接近事物的全貌和本质的。在这个过程中，如果报道未能全面反映事实或出现某些偏差、失误，报纸应随时用自己所获得的最新的、更确切的事实去补充和更正原先的报道，这样才能保证新闻“真实和纯洁的本质”。

案例

“纸馅包子”虚假报道事件

2007年7月8日晚7时，北京电视台生活频道（BTV-7）《透明度》播出“纸做的包子”节目，以记者暗访的形式，偷拍了纸箱与肉馅“结合”在一起，用“火碱浸泡”方法制作包子的过程，节目最后通过海淀区卫生执法人员之口，教给观众识别纸箱馅包子的方法。

2007年7月10日，北京卫视（BTV-1）《北京新闻》以《“纸箱馅”包子流入早点摊》为题报道了此事。随后，多家中央和地方电视台、报纸转载此报道，并结合猪肉涨价的背景加以解读，随后海外媒体也开始关注这一耸人听闻的事件。

2007年7月16日有报道称，“纸馅包子”摊主仍然在逃。而北京市食品安全办公室抽检全市23家早点摊的包子后，未发现“纸馅包子”。监管部门表示会继续扩大监督检查范围，开展全市范围的专项治理行动，并希望市民积极举报。随着对事件的进一步调查，公安机关证实“纸馅包子”事件为虚假报道。2007年7月18日晚间，北京电视台在《北京新闻》中称，“纸馅包子”被认定为虚假报道，摄制者訾北佳已被刑事拘留，北京电视台向社会公开道歉。

2007年8月12日，北京市第二中级人民法院依法公开开庭审理了“纸馅包子”案，訾北佳因犯损害商品声誉罪，被一审判处有期徒刑1年，并处罚金1 000元。

这一事件成为新中国历史上因虚假报道导致损害商品声誉而使媒体从业人员被判刑的典型案例。

一切新闻都必须真实，这是新闻存在的基本条件，也是人们对新闻传播最基本的要求。正因为此，新闻界始终把真实作为新闻的生命，把新闻真实作为一项最基本的业务规范和最重要的工作原则。

然而，在国内外的新闻实践中，虚假报道却始终屡禁不止，时有发生。这就需要我们从理论上弄清新闻真实的意义，掌握新闻真实性的内涵及要求，从而自觉地防治虚假报道，维护新闻的真实性原则。

第一节　新闻真实的意义

一、真实是新闻存在的基本条件和特有优势

新闻是公众关心的最新事实信息的报道。在事实和新闻之间，先有事实，而后才有新

闻；事实是第一性的，新闻是第二性的；事实是新闻的本源，是决定新闻存在的基础，新闻只是事实的报道，是对客观事物的描述和写真。

按照这一基本认识，一切新闻报道都必须如实地报道事实的真相，客观地反映事物的本来面目。如果新闻报道的不是客观存在于物质世界中的事实，而是报道者的主观想象和臆造，那么，新闻也就不成其为新闻，而只能是文学或是别的什么东西了。

因此，内容真实是新闻存在的基本条件，也是对新闻报道的基本要求。新闻一旦失实，便失去了存在的价值和基本条件，也违反了新闻报道的基本要求。

真实不但是新闻存在的基本条件，还是新闻特有的优势所在。新闻之所以能赢得广大受众的青睐，能为他们所欢迎、所接受，并成为他们认识世界和改造世界的精神向导与鼓舞力量，关键在于它是真实的，在于它在人们心目中是可信的。

新闻媒体通过自己精心采集和制作的新闻报道，每日每时不间断地向受众提供和展现客观世界万事万物变动发展情况的真实图景，来帮助受众更好地了解新情况、新问题、新经验，掌握新政策、新思想、新知识，以便随时调节自己的言论和行动，更自觉、更有效地执行政策，开展工作，安排劳动和生活。真实的新闻成了人们须臾不可缺少的精神向导、政策指南、生活助手和知识百科全书。因此说，真实是新闻的一种特有的优势。

正是靠着这种优势，新闻媒体才能起到说服群众、引导舆论、指导工作、服务各项社会事业和人民生活的重要作用，产生巨大的社会影响力。新闻如果失去了真实性，便失去了人民的信任，失去了发挥其功能和作用的条件，失去了产生社会影响力的内在因素，也就失去了自己特有的优势。

也正因为真实对于新闻存在的这种特定内涵和特有优势，人们对于新闻真实性的意义有着特别的认识，将真实视为新闻的生命，把真实性问题作为新闻工作的首要问题。

曾经长期担任过我国新闻宣传工作主要领导职务的陆定一同志曾意味深长地说："新闻工作搞来搞去还是个真实问题。新闻学千头万绪，根本性的还是这个问题。有了这一条，就有信用了。有信用，报纸就有人看了。"①

从这一意义上说，真实不但是新闻的生命，也是新闻事业的生命，是新闻工作者的生命。

二、真实性是新闻传媒普遍提倡和遵循的原则

真实对于新闻存在和发挥影响力的决定性作用，使得它成为新闻报道所追求的目标，真实性自然也就成为一切新闻媒介普遍提倡和遵循的一项基本原则。世界上，大凡新闻机构在此问题上均有共识。它们几乎都把真实性作为新闻报道追求的首要目标和所遵循的首要原则。

《美国职业新闻工作者协会章程》第一条就规定："真实是我们的最终目标。"

1948 年通过的《联合国国际新闻道德规约》第一条也有类似的规定："报业及所有其他新闻媒介的工作人员，应尽一切努力，确保公众所接受的消息绝对准确。他们应当尽可能查证所有的消息内容，不任意歪曲事实，也不故意删除任何重要的事实。"

---

① 《新闻必须完全真实　陆定一同志对本刊记者的谈话》，载《新闻战线》，1982（12）。

美国著名报人普利策当年曾提出“准确、准确、再准确”的警句。他把新闻的真实和准确看得无比重要！

西方国家的新闻媒体不但在理论上重视和强调新闻的真实性，而且在实践中对新闻报道的真实性也有许多具体操作要求，制定了一些规定作为行为规范。

例如，路透社制定的《采编人员手册》中，第一条就明确规定了关于新闻报道“准确性”的一些基本要求：

> 在我们的报道中，准确性高于一切。
>
> 切勿歪曲事实，切勿加入不公正的感情色彩，切勿为了一个引人注目的导语或生动的短语而失去平衡。
>
> 记者在搜集材料时必须核对每项事实。编辑必须对报道前后不一或未注明出处的有争议的说法提出质疑。记者和编辑必须确保报道的意思及平衡不因使用不精确的语言而受到损害。
>
> 如果你对报道中的某个事实有疑问，在未弄清其准确性之前不要发稿。如果你对某个次要细节没有把握，而稿子的时效性不很强，那就先省略掉这个细节，发完稿后再去核查，然后予以补充。

各国新闻媒体之所以这么重视新闻的真实性，是因为它们知道，新闻不真实会损害新闻媒体的声誉，并会最终导致受众的唾弃、广告商的背离，这样一来，媒体的生路也就要终止了。

不过由于资本主义私有制经济制度的制约，媒体间的尔虞我诈、自由竞争、商业化运作以及从业者的价值观念、道德传统等因素的影响，西方国家的一些新闻媒体及其从业者在各种利益、观念与思维方式的支配和影响下，也常常会在报道中出现失实现象，有时甚至会有意造假，或是出现报道片面，不能从总体上全面反映事实真相、揭示客观事物本来面貌的情况。而新闻媒体一旦被某些资产阶级政治寡头控制，还会成为他们实行独裁专制的法西斯工具。在这种情况下，媒体常常会信口雌黄，公然造假行骗，堕落为“造谣机器”，真实性原则荡然无存。

三、坚持新闻的真实性是无产阶级新闻事业的优良传统

无产阶级的阶级本质及其彻底唯物主义的精神实质决定了它始终将实事求是、坚持真理作为自己的行动准则。求实、求真自然也就成为无产阶级新闻事业必然的理性追求和工作原则。自无产阶级新闻事业诞生以来，坚持真实性原则始终是其一以贯之的光荣传统，是其奉行不渝的根本原则和时刻遵守的铁的纪律。

马克思在主编《莱茵报》时期就提出，“报刊的本质总是真实的和纯洁的”。他认为，看一家报纸是不是好报纸就看它“说的是事实”，还是“说的是希望出现的事实”①。

马克思和恩格斯在办报实践中十分注意坚持真实性原则。他们在创办《新莱茵报》期间，严格坚持报纸要用事实说话，对任何不真实的报道都毫不留情。一旦发现失实报道，他们立即让有关记者、编辑和通讯员作出检查、更正，严重的，还要中止其继续为报纸撰

① 《马克思恩格斯全集》，中文2版，第1卷，353、398页，北京，人民出版社，1995。

稿。正因为《新莱茵报》始终坚持说真话，它得到了人民群众的信任，销量不断增加，影响越来越大，甚至连普鲁士反动政府的官员也认为《新莱茵报》提供的事实可信，当他们要证实某一情况时，总要去翻阅《新莱茵报》。

列宁关于新闻真实性问题有句名言："决不要撒谎，我们的力量在于说真话"。他认为，无产阶级应当相信真理、坚持真理而不应当害怕真理。

列宁在自己的报刊活动中，始终坚持用真理的声音去唤醒民众，用事实的力量去打动读者。当西方记者提出，俄罗斯"人民跟着布尔什维克走是因为布尔什维克的鼓动较为巧妙"时，列宁认为这种看法是可笑的。他明确指出："不是的，那是因为布尔什维克的鼓动说实话。"①

毛泽东历来强调共产党人要讲真话，报纸要报实情。他在1925年12月为《政治周报》写的发刊词中就提出，报刊要"忠实地报告我们革命工作的事实"②。面对反对派对广州革命政府的种种诬蔑和诽谤，他主张无须用辩论进行反攻，只需用事实就行了。他提出，《政治周报》十分之九应是实际事实之叙述，只有十分之一是对反革命派宣传的辩论。

1945年4月，在党的第七次全国代表大会的报告中，毛泽东告诫全党同志，"要讲真话，不偷、不装、不吹"。他提倡要向孔子的学生子路学习，"知之为知之，不知为不知"，"懂得就是懂得，不懂得就是不懂得，懂得一寸，就讲懂得一寸，不讲多了"③。

刘少奇在1948年10月对华北记者团的讲话中指出，新闻工作"第一要真实"。他对记者们说："你们的工作第一要真实，不要故意加油加醋，不要戴有色眼镜。群众是反对我们就是反对我们，是欢迎就是欢迎，是误解就是误解，你们不要害怕真实地反映这些问题。"他还要求新闻工作者不但要宣传党的政策，还要去考察党的政策到底对不对，"如果你们发现党的政策错了，允许你们提出这个问题，你们有这个权利"④。

中国共产党历来重视新闻宣传工作应当联系实际，坚持讲真话。在战争年代，党的新闻事业形成了坚持新闻真实性原则的好传统。那时候，不但解放区的群众相信中国共产党的新闻报道，连国统区的群众也相信。他们不看国民党的报纸，却千方百计收听延安的广播，传看来自解放区的报纸。

新中国成立后，广大新闻工作者认识到，在社会主义条件下，必须继续保持和发扬真实报道的好传统，实事求是地报道和反映现实生活。在工作中，要始终坚持真实、全面、客观地报道新闻，不掺假，不浮夸，不避讳存在的困难和问题。因为我们相信自己所从事的事业是正义和进步的事业，而正义和进步的事业是无须借助造假与欺骗来粉饰自己的问题、缺点和失误的。

应当说，新中国成立六十多年来，我国新闻报道始终在努力坚持实事求是的思想路线，力求真实、全面、客观地反映社会现实生活。但是，这方面的失误和教训也不少。

由于"左"的路线的影响和接连不断的政治运动，从1957年反右斗争以后，阶级斗争的弦越绷越紧，社会政治气氛越来越紧张，敢讲真话的人越来越少，而说假话在一段时间里不但不受惩罚，还会成为一种时髦，成为一时的社会风尚。

---

① 《列宁全集》，中文2版，第38卷，77页，北京，人民出版社，1986。
② 《毛泽东新闻工作文选》，5页，北京，新华出版社，1983。
③ 《毛泽东新闻工作文选》，125、126页，北京，新华出版社，1983。
④ 《中国共产党新闻工作文件汇编》，下卷，256～257页，北京，新华出版社，1980。

在1958年的那股浮夸风中，“人有多大胆，地有多大产”、“不怕做不到，就怕想不到”这些根本违背唯物辩证法的语言竟成为媒体上公开宣传的口号。一时间，到处放高产“卫星”，到处插跃进“红旗”，全国几乎都沉入一片“乌托邦”的梦幻之中。

到了“文化大革命”时期，在极左路线控制和影响下，一些新闻媒体明目张胆地信口雌黄，假话、大话、空话、套话充斥了报纸版面。新闻报道黑白颠倒，是非混淆，新闻真实性原则遭受严重践踏，新闻事业的威信降到了最低点。

粉碎“四人帮”后，经过拨乱反正，实事求是的思想作风重新被确立起来，新闻真实性原则重新得到重视和加强。新闻媒体真话多了，实情多了，可信度提高了，声誉也越来越好了。然而，不无遗憾的是，在新闻报道中，失实、造假现象仍时有发生，人民群众对新闻报道的信任程度还不尽如人意。当前，坚持真实性原则仍然是全体新闻工作者的一项重要任务。

第二节　新闻真实性原则的内涵及要求

一、新闻真实性原则的内涵与本质

新闻真实性原则的内涵与本质在于以事实为基础、为依据来报道新闻，任何抛开和背离事实报道新闻的做法都有违新闻真实的本质。因此，坚持真实性原则，就是要求新闻传播者在报道新闻时，要与客观存在的事实相符合，要从客观实际入手，从现实生活出发去采集新闻，报道新闻，把现实生活中新近发生和正在发生的具有新闻价值的实实在在的人与事如实地报道给受众。

现实生活是丰富多彩的，里面蕴藏着丰厚的新闻宝藏，新闻工作者只有深入生活，深入实际，深入群众，才能够发现和采集到取之不尽、用之不竭的可供报道的新闻事实，也才能够写出真正反映生活实际和群众需求实际的真实报道来。

新闻工作者要想使自己的新闻作品与客观实际相符合，除了要有积极的态度，深入采访、深入调研外，还要掌握科学的方法，要在新闻报道中坚持唯物论的反映论。

唯物论的实质在于承认世界是物质的，人们的一切意识和精神都是物质世界在人的头脑中的反映。坚持唯物论的反映论，就是要坚持用辩证唯物主义和历史唯物主义的方法去观察、分析、反映与报道事物，要从物质世界中客观存在的事实出发，辩证地、历史地描述事实，如实地反映客观事物的本来面貌。

辩证地描述事实，就是要用一分为二的方法，既要看到事物的这一面，又要看到事物的那一面，既要看到事物的正面，又要看到事物的反面，要防止用绝对化的方法看待事物，描述事实，防止出现非正即反、非白即黑、非对即错的有害倾向。

历史地描述事实，就是要用发展的眼光看待新近发生的事物，即要把现实中的新事物放在一定的历史条件下，放在发展的过程中，考察其演变过程，分析其变化原因，确定其准确的现实定位，如实地将事物的真貌、真相、真情及其发展演变的真实过程原原本本地报道给受众。要防止用孤立的、静止的方法看待事物，描述事实；要防止按照既定的观念和目标去观察、诠释、反映和报道事物的做法。一些人从自己的主观愿望出发，不顾实际，违背常理，任意曲解事实，有时甚至有意隐瞒或编造某些事实，以维护其既定的观念，实现其既定的目标。在这种情况下，新闻的真实性原则自然也就无法保证了。

总之，新闻真实性原则的内涵及本质就是一切从实际出发，坚持唯物论的反映论，用辩证唯物主义和历史唯物主义的方法如实地反映客观事物的本来面貌。

二、新闻真实性原则的要求

新闻真实性作为新闻工作的一项普遍性原则，要求一切新闻报道都必须完全按照客观事物的本来面貌反映和报道事物。事实怎样，新闻就怎样；事实是多少，新闻就反映多少，既不夸大，也不缩小；事实没有的，就不应该弄虚作假，搞“合理想象”，更不能无中生有，凭空捏造。

在具体运用和操作中，新闻真实性原则有一些需要共同遵循的具体要求。

（一）基本要素准确无误

这是对新闻报道最基本的要求。新闻报道一定要保证构成新闻的基本要素，包括时间、地点、人物、事件等必须准确无误。即新闻报道中的人要确有其人，事要确有其事，时间和地点也须毫无差错。这是新闻形成的前提和构成的元件，也是新闻存在的最基本条件。

（二）引用材料准确可靠

新闻报道中所引用的材料，包括引语、数据、事例等必须准确可靠，每一个细节都须完全与客观实际相符，不能凭主观想象任意夸大或缩小，更不能随心所欲，生编硬造。

（三）背景材料全面真实

新闻报道中所使用的背景材料必须完全真实，而且要做到全面、客观、实事求是。不能用实用主义的态度选取背景材料，任意取其所需，弃其不欲，更不能有意掩盖真相，不讲实情。

（四）综合概括符合实际

新闻除了报道某一具体事件外，有时还要对涉及这一事件的大量相关事实进行综合和概括。对这些概括性事实，同样要做到真实、准确、全面、客观、符合实际，不能以点代面，以偏概全。这就要求在综合和概括新闻事实材料的过程中，要注意选择那些能够代表与反映事物的基本特征和整体面貌的东西，选择那些能够体现与揭示事物内在规律和本质特征的东西。如果不加分析和思考，任意从杂乱无章、互不相干的事实材料中选取某个（些）材料加以报道，那么虽然这个（些）材料本身是真实的，但它（们）未必能够代表和反映事物的整体与全貌，体现和揭示事物的本质与内涵。

（五）解释评述实事求是

新闻报道在对新闻事实进行解释和评述时要做到实事求是，要合乎客观事实自身的逻辑，要力求从事物的整体和联系上深刻反映事物的内在品质及规律，要防止简单、片面的认识事物的方法。

综上所述，新闻要达到完全真实，仅仅做到某一具体事实的真实准确是不够的，还要做到概括性事实的真实客观。要力求把局部的、现象的真实和整体的、本质的真实结合起来，要善于挖掘事物内在的、深层次的东西，要注意从事物之间的相互联系中把握事物，要能够找出单个事物在整体中的位置和作用，要学会在事物的运动和发展过程中确定事物的现时状态与未来趋势。

总之，要全面地、深刻地认识、把握和反映事物；要从事物运动及发展的过程中认识、把握和反映事物；要从事物的整体与联系上认识、把握和反映事物；要努力反映事物的内在品质及规律，努力把局部的、现象的、微观的真实与整体的、本质的、宏观的真实完美地结合起来。只有这样，才能保证新闻报道的真实、可信。

当然，并非所有的新闻报道都要做到局部的、现象的、微观的真实与整体的、本质的、宏观的真实的结合。有些关于自然和社会状况的动态新闻，如天体现象、自然变化、科技发明、经贸活动等，只需提供某种信息，告诉读者发生了什么事情就行了。而一些突发性事件，时间性要求很强，也不必非要等到了解到了事实的整体情况和深层原因后再作报道，可以通过连续报道来逐步揭示其内在的东西。

但是，对一些带有全局性、倾向性问题的报道，对一些重大事件、敏感问题的报道，就不能停留在局部、现象、微观和浅层的水平上了，而应当努力揭示事物的内在规律，全面、深刻地反映事物的内在联系和整体面貌，做到局部的、现象的、微观的真实与整体的、本质的、宏观的真实的结合。这是对新闻报道的更高层次的要求。

其实，大量的深度报道，包括一些解释性报道、评述性报道、调查性报道以及工作通讯、事件通讯、新闻述评等，都属于将局部的、现象的、微观的真实与整体的、本质的、宏观的真实相结合的报道。这类报道不但报告了事实，而且反映和揭示了事物的内在品质及规律，给群众以启发、教育和积极引导。事实证明，对这样一些有事实、有分析、有材料、有观点，揭示了事物本质的深度报道，群众还是非常欢迎的。

第三节　防治虚假报道，维护新闻真实

大家都承认新闻真实的重要，也都鄙弃一切新闻失实和造假行为，然而，在新闻实践中，虚假报道却屡禁不止，失实现象时有发生。

其原因到底在哪里？新闻能否做到完全真实？怎样才能防治新闻失实和虚假报道？为了弄清这些问题，有必要首先了解虚假报道的表现形式。

一、虚假报道的表现形式

从实践中看，虚假报道表现的形式通常有以下几种。

（一）政治需要，公开造假

有的人为了达到某种政治目的，或实现某种政治需要而不顾客观事实，不计社会效果，公开作虚假报道。在他们眼中，新闻是可以任意打扮的小姑娘，事实是可以随便捏做的泥团，只要是政治需要，就可以随心所欲地捏造事实，制造假象，编造假新闻。这种人往往动机不纯，善于趋炎附势，喜欢赶浪头，跟潮流，随风转，搞政治投机，为追逐个人的名誉地位搞虚假报道。

也有的并非出于政治投机，而是为着政治宣传的目的，为了追求宣传效果刻意地去制造典型，编造故事。这种人中，有的是屈从于上面的压力；有的是习惯于传统的做法；有的是弄不清新闻与宣传的界限，没掌握新闻真实性的具体要求。但无论何种情况，离开客

观事实，任意编造新闻都是绝对不允许的。

（二）于己不利，隐匿真情

有的人不是从客观存在的实际情况出发，而是完全从是否对自己有利出发来选择“事实”，报道“新闻”。凡是对自己有利的，便不厌其烦，不惜笔墨，大加报道，有时甚至夸大其词，百般粉饰；而凡是对自己不利的，便千方百计掩盖事实，隐匿真情，不作报道，有时甚至编造谎言，欺骗群众。

例如，一些媒体存在的对灾情和灾难性事故的报道含混其词、遮遮盖盖，对工作中的困难和问题的报道吞吞吐吐、藏藏掩掩，对官员中腐败现象的报道躲躲闪闪、避重就轻等情况，说到底就在于缺乏面对事实的勇气，生怕如实报道这些问题会造成不利影响。就媒体本身来说，大都还是希望如实报道的，但却因为权力组织和权力者个人的干预而无法实现。而权力组织和权力者个人的干预，其理由往往是担心如实报道会“抹杀成绩”，“损害形象”，“不利团结”，“影响稳定”；有的则是因为自己身上不干净，担心会引火烧身，于己不利。

如果新闻媒体不能及时、准确地把真实的情况报道给群众，而是向群众隐瞒实情，或干脆知情不报，或只报喜不报忧，久而久之，群众就会对媒体的新闻报道产生不信任感，认为它不真实，不可信。

（三）宣传典型，任意拔高

典型宣传是我国社会主义新闻事业的优良传统，在几十年的实践中，我国新闻媒介宣传报道了一大批模范典型，产生了积极的社会影响，也积累了许多很好的典型宣传经验。但要看到，这方面也存在一些问题。其中，对典型人物任意拔高就是其主要表现。有时，为了更好地突出典型人物，增强其说服力、感染力和影响力，一些媒体常常不顾客观事实而有意拔高典型。例如，一些典型报道常常将典型人物描写为不近人情，不谙事理，不食人间烟火的“神仙”和“圣人”。这样报道的典型人物，虽不乏豪言壮语、感人事迹和崇高精神，但却缺乏说服人的力量，使得群众觉得他们可敬而不可亲，可看而不可学，可读而不可信，从而不但使典型失去应有的作用，也损害了新闻媒体的声誉。

（四）屈从压力，写昧心稿

有些虚假报道，写作者事先也知道与事实不符，自己从心底也不愿写，但却顶不住来自外界的压力，特别是来自上级领导机关和领导者的压力，不得不写昧心稿。许多工作在基层的宣传干部和业余通讯报道员在这方面有很多苦衷。一些单位和部门的负责人为了宣传自己的成绩，不惜用“高指标、高奖励、高待遇”等办法来刺激宣传干部和通讯报道员写稿。见报定额指标层层加码，物质和金钱奖励越提越高，入党、提干、晋级等待遇越来越好，而一旦完不成任务则要被批评、指责、“穿小鞋”。在上有高压和诱惑，下无新闻可写的情况下，一些宣传干部和通讯报道员便昧着良心弄虚作假，拔高浮夸，无中生有，乱写一通。一些失实报道便这样产生了。

（五）唯利是图，编造新闻

有的人是财迷心窍，唯利是图，拜倒在赵公元帅脚下，为得到某些物质好处去写假报道。近些年来，社会上的不正之风对新闻宣传队伍影响很大。一些新闻工作者嘴变馋了，手变长了，心变贪了，他们违反新闻职业道德，把新闻工作变成了牟取私利的一种手段，只要有利可图，有钱可赚，便不惜编造假新闻。一些人甚至因此而触犯了刑律，受到了法律的制裁。

（六）粗枝大叶，调查不实

在虚假报道中，有许多是因为写作者粗枝大叶、调查不实造成的。一些人采访不深入，调查不细致，情况还没弄清楚就急于发稿，结果出现差错，造成失实。有的报道甚至连最基本的新闻要素——人物、事件、地点、时间等都搞错了。有些只需跑几步路，或者打个电话就可以弄清楚的事，一些人也懒得去做。如此粗心，如此不负责任，怎么能保证新闻不出差错！还有一些人完全借助网络来搜寻信息，编造新闻，而根本不去核实相关事实，有的明知一些信息缺乏事实依据，却不分青红皂白地任意炒作，以讹传讹，这就不是简单的粗枝大叶、调查不实的问题了。

（七）道听途说，捕风捉影

有的人既不愿做耐心细致的调查采访，也不愿做认真深入的分析思考，而是满足于道听途说，习惯于捕风捉影。他们总爱靠着打探小道消息编写新闻，而且往往听风便是雨，喜欢小题大做，常常凭借一些枝枝叶叶的零碎信息大肆炒作。如此编写、炒作的“新闻”，虽然故事新鲜，情节引人，颇有可读性，但却经不起推敲、核实，难免常常出现失实的情况。还有一些属于搜奇猎异、连编带造，或者空穴来风、无中生有的报道，则更是同真实性原则大相径庭、背道而驰了。在这方面，网络媒体上的问题尤其多，娱乐和体育方面的报道问题也很突出，需要引起警惕。

（八）知识贫乏，不懂装懂

有些虚假报道是由于报道者缺乏对于所报道事物的准确的认识和把握造成的。一些人对所报道事物的有关知识不掌握，或是掌握得很有限，仅仅是一知半解，又不肯去学习、讨教，没有“打破沙锅问到底”和“不耻下问”的精神，而是不懂装懂，敷衍凑合，轻率成文，因而无法准确、恰当地表述事物的基本特征，更无法全面、深刻地揭示事物的内在品质，以致造成失实。

（九）“合理想象”，添枝加叶

新闻是事实的报道，是对事物的客观反映和表述。它只能依据客观事实作朴素的叙述和描写，而不应该离开客观事实，作任意的想象，更不允许虚构、夸张，无中生有。一些人分不清新闻报道与文学写作的界限，把文学写作中的“合理想象”、“情节构造”等方法运用到新闻报道中来。他们不顾客观事实，完全按照自己的主观意愿去构造情节，搞“合理想象”，对事物着意粉饰，任意地添枝加叶，这样写出来的“新闻”已背弃了新闻的基本品质，只能归到文学中去了。

（十）偷梁换柱，移花接木

有些新闻报道所涉及的人和事，由于出现“移位”和“异主”的情况而导致失实，出现虚假情况。其中，有的属于张冠李戴，赵行王事，有的则是偷梁换柱，移花接木。之所以出现这类情况，有的是为了突出“主要英雄人物”，而把别人做的事统统加到某一个人身上。有的是为了达到某种宣传报道目的，有意将相关或不相关的事实移位、拼接；或是随意歪曲因果关系，将某一事实的结果随便归于某个自己认定的原因，或者用某个自己认定的原因对某一事实作牵强附会的解释。

通过上述分析可以看出，虚假报道表现的形式多种多样，但不管以怎样的形式出现，归根到底都是背离客观事实，仅凭主观愿望去反映和报道新闻。

二、虚假报道产生的原因

通过总结和分析虚假报道的表现形式可以看出，其产生的原因多种多样，十分复杂。归纳起来，主要有以下几种。

(一) 政治的原因

从政治方面看，虚假报道产生的原因主要表现在“左”的思想倾向的流毒和影响依然存在。

纵观历史，我国媒体上出现的一些重大虚假报道大都有其政治背景和政治原因。而“左”的思想倾向往往是产生虚假报道的重要原因。

“文化大革命”中，在“左”的路线和思潮影响下，一些新闻媒体就以政治需要为借口，大肆编造虚假新闻。于是，在当时的报刊上、广播里，一些假典型居然粉墨登场，一些离奇事竟然广为传播，一些奇谈怪论竟能风行全国！

现在，“左”的政治路线早已受到批判，并遭到人们的唾弃，但是其思想倾向的流毒和影响还远未消失。在新闻队伍中，仍有一些人依然习惯于过去的思维方式和报道方式，以“政治需要”为借口，无视客观事实，不计社会效果，任意地制造典型，编造新闻，搞虚假报道。这种情况虽不多见，但在群众中却产生了十分恶劣的影响，要从根本上清除“左”的思想倾向的流毒和影响还须下很大气力！

(二) 社会的原因

从社会方面看，虚假报道产生的原因主要表现在党风和社会风气不正。

党风不正造成虚假报道的一个重要表现是，一些领导干部爱听恭维话，好大喜功。他们只希望报道自己的成绩、功劳和经验，而对问题、错误和教训却千方百计加以掩饰，容不得批评意见。个别领导干部为了显示自己的政绩，或是为了在政治上捞资本，甚至有意造假、欺骗，导致一些虚假报道得以见诸报端。

党风不正造成虚假报道的另一个重要表现是一些领导干部抵制和压制批评。人家讲成绩他满脸堆笑，一听批评便暴跳如雷，对提批评意见的群众和写批评报道的通讯员、记者百般刁难，甚至施以打击和报复。结果，造成群众不敢说真话，记者难以写真话，媒体无法登真话的不正常情况。

社会上存在的拉关系、走后门等不正之风，也是造成虚假报道的一个重要原因。社会上一些单位和个人为了达到自我宣传的目的，往往借助金钱和财物来诱使个别道德意识薄弱的记者、通讯员为其撰写宣传稿。于是，一些内容不实、广告味十足的稿子得以堂而皇之登上报纸新闻版面，挤进电台、电视台新闻节目，严重败坏了新闻媒体的声誉。

此外，商品因素的影响，也是造成虚假报道的一个重要原因。社会上一些单位和个人，特别是一些企业为了自身利益的需要，不惜用金钱和物质诱惑来买通媒体或记者，让其为之搞“有偿新闻”或“有偿不闻”，这方面造成的虚假报道尤其恶劣。

(三) 思想和工作作风的原因

造成新闻媒体出现虚假报道，除了上述两个主要由外部条件决定的客观原因外，还有新闻工作者自身内在的主观原因。应当说，多数虚假报道是由于新闻工作者自身政治责任心不强、思想修养差、作风不踏实造成的。

例如，有些人往往满足于道听途说，偏信于被访者的空谈，习惯于捕风捉影，或者干脆闭门造车，不作深入的调查核实，如此信手拈来的新闻稿很难保证不失实。这些都与新闻工作者的思想道德修养有着直接联系。

如果新闻工作者没有坚定的政治信念、良好的道德修养、踏实的工作作风和娴熟的业务能力，都可能导致新闻报道失实。

也有一些虚假报道是写作者经验不足、知识贫乏以及新闻编写和制作技术环节上的原因造成的。例如，用语含混，编辑不慎，校对不细，审核不严，等等。

从上面对虚假报道产生原因的分析中可以看出，造成虚假报道的原因多种多样。但归结起来，主要表现为两方面，一方面是来自外部的客观原因，另一方面是来自媒体和新闻工作者自身的主观原因。两方面的原因又常常交叉作用，相互影响，呈现出非常复杂的情况。

三、防治虚假报道的办法

虚假报道的表现形式五花八门，产生的原因多种多样，情况十分复杂，因而为防治虚假报道、维护新闻真实性原则增添了难度。但也要看到，虚假报道并非绝症，只要态度坚决，方法得当，措施有力，还是可以得到有效防治的。

在虚假报道产生的原因中，从现象上看，虽然大量表现为新闻工作者思想和工作作风上的主观方面的原因，但从根本上说却在于政治上和社会上的原因。因此，防治虚假报道是一项系统工程，关键取决于党风和社会风气的根本好转，取决于国家民主政治和法律制度的健全与发展。只有这样，才能形成一个大家都说老实话，办老实事，做维护真理、坚持原则的老实人的社会环境，才能从根本上铲除产生虚假报道的政治土壤和社会土壤，切断虚假报道之源。总之，只有真正做到杜假于源，才是防治虚假报道的治本之道。

虚假报道问题的严重性和复杂性，决定了防治虚假报道需要多管齐下，标本兼治，要制定相应的措施，而且要狠抓严管，常抓不懈，持之以恒。

就新闻界自身来说，要防治虚假报道须从以下几方面努力。

（一）坚持深入调查研究

要防治虚假报道，首要的一点是必须始终坚持“三贴近”原则，发扬深入实际调查研究的工作作风，要把全部新闻工作建立在调查研究的基础之上。

调查研究对于新闻工作有着特殊的重要意义。因为只有通过深入细致的调查研究，才能了解和掌握来自现实生活、来自群众实际、来自事件发生现场的第一手资料，而这些都是新闻报道不可缺少的原材料。同时，调查研究的过程还是新闻工作者向群众学习、讨教，同群众保持密切联系的过程。因此说，新闻工作者一刻也离不开调查研究。也正因为这样，刘少奇称新闻工作者是专门的调查研究人员。

我国广大新闻工作者长期以来自觉地把深入实际调查研究作为自己的基础性工作和经常性任务，主动地到社区、企业、农村、部队、学校去进行调查研究，从中寻找线索，发现问题，搜集资料，组织报道。许多有影响的报道都是记者在深入调研的基础上写出来的。而平时的一些报道，包括一些突发性事件的报道，要想做到真实、准确，同样也离不开调查研究，需要新闻工作者及时深入到事发现场作必要的调查采访。

有人说，现在通信技术手段越来越先进，一个电话、一个传真、一个 E-mail，什么材料都可以迅速得到，用不着再像过去那样深入搞调研了。

要看到，现代化的通信技术手段的确为新闻工作提供了许多方便条件，在一些情况下，也确实用不着再像过去那样劳累奔波，费时费力地去采访调研了。但是，这些现代化的通信技术手段毕竟不可能完全替代深入实际调查研究的特有功能和作用。而且，随着我国改革开放的不断深入、市场经济体制的不断推进，人民群众的利益和需求日趋多元化，社会政治、经济、文化和群众生活的情况越来越复杂，变化也越来越快。面对着瞬息万变的国内外形势，要及时、准确、全面地做出报道，可以说，调查研究的任务不是减轻了，而是加重了。因此，我们丝毫也不能动摇坚持深入实际调查研究的信念和放松调查研究工作。

另外，近年来，一些新闻工作者由于过于依赖互联网等现代通信传播手段，忽视了调查研究而导致新闻失实、报道虚假的大量实例也从反面告诫我们，在新时期仍然要继续坚持实事求是、调查研究的好传统、好作风。

（二）努力掌握辩证方法

要防治虚假新闻，必须掌握科学的唯物辩证法。唯物辩证法的要义包括一切从实际出发，凡事用事实说话，看问题要一分为二，等等。新闻工作者要学会并熟练地掌握这些基本方法。

坚持唯物辩证法，就要抛开唯心主义和形而上学，防止简单、片面、绝对化地认识事物的方法。新闻报道要立足于客观实际，要把事实作为新闻的本源和依据，要辩证地、全面地反映和报道事物，要防止新闻工作中的片面性现象。

从以往的实践看，新闻工作中的片面性现象十分严重，而且由此造成的新闻失实危害也很大，必须引起高度重视。早在 1957 年 3 月，毛泽东在全国宣传工作会议上的讲话对此就作了深刻的阐述。他指出：

> 片面性就是思想上的绝对化，就是形而上学地看问题。对于我们的工作的看法，肯定一切或者否定一切，都是片面性的。这样看问题的人，现在在共产党里面还是不少，党外也有很多。肯定一切，就是只看到好的，看不到坏的，只能赞扬，不能批评。说我们的工作似乎一切都好，这不合乎事实。不是一切都好，还有缺点和错误。但是也不是一切都坏，这也不合乎事实。要加以分析。否定一切，就是不加分析地认为事情都做得不好，社会主义建设这样一个伟大事业，几亿人口所进行的这个伟大斗争，似乎没有什么好处可说，一团糟。许多具有这种看法的人，虽然和那些对社会主义制度心怀敌意的人还不相同，但是这种看法是很错误的，是有害的，它只会使人丧失信心。不论是用肯定一切的观点或者否定一切的观点来看我们的工作，都是错误的。①

一旦有了片面性，就会绝对化地看问题，或者肯定一切，或者否定一切，这对于正确认识事物都是十分有害的。

新闻工作中的片面性表现形式多种多样。例如：以偏概全，以点代面；夸大一点，不及其余；感情用事，偏袒一方；跟风赶潮，一哄而上；盲目报喜，不愿报忧；眼睛向上，

---

① 《毛泽东文集》，第 7 卷，276 页，北京，人民出版社，1999。

不顾下情；一厢情愿，单向灌输；固定模式，生搬硬套；预设方案，牵强附会；言辞激烈，用语绝对；等等。

新闻工作中的片面性表现形式虽然多种多样，但在对事物的认识和判断上却有着共同点，即都不够客观，不够全面，不够辩证，不够冷静。用这些方法来反映和报道事物，其结果必然是出现失实、失真、失度的情况。因此，虽然片面性的报道并不是在直接造假，但同样会给受众以虚假的印象，造成新闻报道整体上的不真实。事实证明，片面性是新闻工作的大敌，必须坚决防止和克服。

要防止和克服新闻报道中的片面性现象，一是要头脑冷静，二是要掌握辩证法。

新闻工作者任何时候都要保持冷静的头脑，要冷静观察，冷静思考，冷静处理每一篇报道。要有宏观意识和大局观念，对整个报道要作统筹考虑和整体安排。特别是在形势急剧变化、发生意外情况，或是社会上形成某种敏感思潮、群众中产生某种异常冲动的时候，尤其要注意沉着冷静，从容应对。凡事要多问几个为什么，要想想它是否符合实际，是否真有道理，不要人云亦云，轻易盲从，更不要大脑膨胀，推波助澜，人家热你也热，一哄而上，争相炒作，忘记了自己的身份和职责。近些年来，新闻媒体上刮起的一股股“风”，掀起的一股股“热”，大都是在新闻工作者头脑发热、缺乏冷静思考的情况下出现的。这些“风”和“热”所提供的虚假情况，不但给群众思想造成了混乱，也对经济和社会生活形成了冲击与影响。这方面的教训，需要好好记取！

有了冷静的头脑，还要善于对事物作具体的、一分为二的分析，注意从不同的侧面、不同的角度、不同的方位，多侧面、多角度、全方位、立体式地去反映和报道事物。这就需要随时根据不同的情况适时地调整和变换思维方式，顺向思维不行可以换逆向思维，单向思维不行可以换双向思维，正面思维不行可以换迂回思维。总之，不要一根弦拨到头，一条道走到底。这样，就可以防止和避免片面性，给受众提供一个社会现实生活和周围客观世界的真实、客观、全面、立体的活的景象。

（三）坚决恪守法律规范

虚假报道弊端很多，危害很大。有些虚假报道由于歪曲事实，提供虚假信息，不能准确地反映现实情况，不但会导致领导机关决策失误，从而给国家和人民的事业造成损失，而且会损害新闻媒体的声誉，严重的，还会影响党和政府同人民群众的关系。有些失实报道还常常伴随着诽谤、诬陷等侵权和毁誉的情况，造成某一社会团体或公民个人的名誉损失。有些失实报道则可能制造和扩散谣言，从而造成扰乱民心、影响社会安定的不良后果。这些情况有的已经触犯了有关法律，一些新闻单位和记者个人因此而被卷入了新闻官司之中。这些新闻单位的领导和有关人员为了应付官司，不但花费了许多时间和钱财，还耗去了不少精力，媒体的声誉也因此受到损害。

虽然形成新闻官司的背景十分复杂，新闻官司的责任也并非都在新闻单位一方，但是，那些确实由于新闻报道失实造成侵权和毁誉而引发的新闻官司，新闻单位和有关人员应当坚决恪守法律规范，承担相应的法律责任。只有这样，才能更好地借助法律规范防治虚假报道。

（四）严格遵守规章制度

一条新闻，导致虚假的原因往往是多方面的。在新闻采写和制作的各个环节上，都可能由于一时疏忽而造成报道虚假的情况。因此，应当严格规章制度，堵塞造成虚假报道的各种漏洞。从采写、编辑、审发到排版、印刷、传输，各个环节都应当建立严格的责任制。记者要保证新闻事实准确可靠；编辑和各级审（发）稿人要从报道思想、新闻政策和文字用语上严格把关；制版、印刷、传输等一系列生产技术过程要一丝不苟，严肃认真。这样就可能把差错和失误减少到最低限度。同时，还要建立必要的检查制度，为实现新闻真实提供制度上的保障。

新闻单位对报道中的差错和失误应持严肃、认真、负责的态度。一旦出现虚假报道，应及时作出更正，避免其继续扩散，以讹传讹，造成更不好的影响。造成虚假报道的有关责任人应立即做出检查，并认真总结经验教训，防止再出现类似的情况。

（五）全面提高自身素养

从产生的情况看，虚假报道大多与新闻工作者的素质和修养有关。一些新闻工作者由于自身政治、业务和道德修养差，或缺乏政治素养，或缺乏理论涵养，或缺乏道德修养，等等。总之，各方面存在的不足和缺欠，导致一些新闻工作者在新闻报道中无法真实、准确、全面、客观地反映和报道事物，因而造成虚假报道。因此，新闻工作者必须全面提高自身的素养，努力弘扬职业道德，在整个新闻从业者队伍中，形成一种人人维护新闻真实、个个鄙弃虚假报道的风气。

提高自身素养，弘扬职业道德，首先需要新闻工作者自身提高认识，增强自觉性，把坚持真实性原则、反对和防治虚假报道作为自己的自觉行动。只要每一个新闻工作者都严格自律，在新闻报道中自觉地按新闻真实性原则的要求去做，杜绝一切可能造成虚假报道的做法，努力做到在自己经手的工作环节上不出差错，就可以有效地防治虚假报道。

除此外，还可以通过相关的行业组织，如新闻工作者协会等来加强对新闻队伍的行业规范、行业纪律和职业道德的教育与监督，以形成一种良好的职业氛围和环境，促进新闻队伍的健康成长。

（六）自觉接受群众监督

新闻业要维护新闻真实性原则，防治虚假报道，需要自觉接受社会和人民群众的监督。

新闻单位接受群众监督，首先要有诚意。凡新闻报道确实发生差错，出现失误，就要诚心诚意接受群众的批评，及时作出答复和检查，并立即更正差错，纠正失误，以弥补损失，不应以任何理由和借口，拒绝批评，坚持错误。

其次，要采取必要的措施，以保证群众监督能得到落实。许多新闻单位在这方面创造了很好的经验。比如，举行读者（听众、观众）座谈会，直接听取群众意见；开设群众举报电话，随时接受群众批评；建立报道差错和失误反馈系统，及时搜集群众意见信息；重奖指出报道差错和失误的群众，真诚鼓励群众为新闻报道找错；等等。这些措施有效地调动了群众的积极性，很好地发挥了群众对媒体的监督作用，对于防治虚假报道产生了明显的效果。

防治虚假报道是一项长期的任务，需要全体新闻工作者的共同努力，更需要全党及全社会的大力支持和配合。

在探讨如何防治虚假报道问题时，有人提出，失实现象情况复杂，防不胜防，很难完全禁绝。应当说，要完全禁绝新闻报道中的失实现象的确是件难事。除了由于实现新闻真实要受制于诸多政治和社会因素之外，还由于新闻传播本身的一些因素的限制。

比如，因为事物本身处在不断的发展变化之中，人们对事物的认识往往有一个过程，而新闻的时效性又要求新闻工作者抓住时机迅速报道新近发生的具有新闻价值的各种事实。因此，有时新闻工作者对某一事物的认识跟不上这一事物本身的变化，由此导致报道出现偏差和失误，这种情况在新闻实践中往往就很难避免。

如何认识这一问题呢？马克思下面的话对我们会有所启发。

马克思指出："只要报刊生气勃勃地采取行动，**全部事实**就会被揭示出来。这是因为，虽然事情的整体最初只是以有时有意、有时无意地同时分别强调各种单个观点的形式显现出来的，但是归根到底，报刊的这种工作本身还是为它的工作人员准备了材料，让他把材料组成一个整体。这样，报刊就通过分工一步一步地掌握全部的事实，这里所采用的方式不是让某一个人去做全部的工作，而是由许多人分头去做一小部分工作。"①

按照马克思的想法，报纸是在"有机地运动"过程中，靠着处在各个不同环节上的全体工作人员的分工合作，通过不间断的连续报道来不断揭示事物的真相，逐步接近事物的全貌和本质的。在这个过程中，如果报道未能全面反映事实或出现某些偏差、失误，报纸可以随时用自己所获得的最新的、更确切的事实去补充和更正原先的报道。

马克思还认为，报纸应当成为自己的"医生"，"今天它所报道的事实或所发表的见解中的错误之处，明天它自己就会推翻"②。这就是说，新闻工作一定要知错就改，而且改正得越及时、越彻底越好。正是这种忠于事实的严肃精神，才使新闻媒介保持着"真实和纯洁的本质"，不断纠正报道中的失误，时时注意防治虚假报道，真正成为现实生活的忠实反映者、当今历史的真实记录者。

这样来认识这一现象，绝不是为了说明新闻工作中出现虚假报道的合理性，而是想强调新闻工作者应当充分认识防治虚假报道的重要性和艰巨性，努力提高自己的政治思想水平和新闻业务能力，严肃对待新闻采写和制作过程中的每一个工作环节，从而将新闻报道中的差错和失误减少到最低限度，坚决维护新闻的真实性原则，维护新闻事业在人民群众中的信誉。

【思考题】

1. 为什么说真实是新闻的生命？
2. 新闻真实有哪些基本要求？
3. 虚假报道有哪些表现形式？
4. 怎样防治虚假报道？
5. 如何理解马克思所说的"只要报刊有机地运动着，全部事实就会完整地被揭示出来"？

---

① 《马克思恩格斯全集》，中文2版，第1卷，358页，北京，人民出版社，1995。
② 《马克思恩格斯全集》，中文2版，第1卷，352页，北京，人民出版社，1995。

第七章

新闻工作的客观与公正报道原则

【本章学习要点】

1. 客观报道，是指新闻报道要忠实于客观事实，要按照客观事物的本来面貌实事求是地反映和报道它，而不能将对客观事物的描述与对事物所表达的观点和意见相混同。

2. 客观报道原则的具体要求是如实叙述事实、使用直接引语、交代消息来源、提供充足根据、不掺个人意见、言论消息分开等。

3. 公正报道，是指新闻报道要体现公平与平等，它要求传播者在新闻报道中坚持无私与正直。具体是指新闻传播要体现报道参与权利上的“平等”、报道表现手法上的“平衡”和报道所持立场上的“中立”。

4. 公正报道原则的具体要求是全面反映事物、充分表达民意、提供平等机会、引用反向材料、进行平衡报道、不以权势压人。

5. 新闻传播既要坚持客观公正的报道原则，善于客观地用事实说话和公正地进行报道，又要坚持一定的思想原则和政治立场，善于通过客观公正的报道恰当地表达自己对于新闻事实的观点和意见，体现报道者应有的立场和态度。总之，要把客观公正和立场倾向巧妙地结合起来。

6. 所谓“用事实说话”，就是将自己的观点意见和立场倾向寓于所报道的事实之中，通过事实的叙述将观点意见和立场倾向表现出来。它是一种新闻报道艺术，是实现新闻报道的客观公正与立场倾向有机统一的一种传播方式和有效手段。

案例

1949年美联社关于解放军进入北平的两篇报道

1949年2月，中国人民解放军解放北平后举行入城式，北平市民和学生兴高采烈，夹道欢迎解放军。一向自诩以客观报道原则作为办社宗旨的美联社在报道这一重大历史性事件时却发了下面两篇极具倾向性的报道，表明了其虚伪的“客观”性。

其一：（美联社1949年2月3日电）今日北平给它的共产党征服者一个热闹的欢迎，

这只有这个经常被征服的城市才能做到。共产党向拥挤着的成千成万的人展示出一些东西——长达数里的缴获来的美国造的各种车辆。长列的市民在这个热闹的欢迎游行中把嗓子都喊哑了——正如当日本人占领北平他们欢迎日本人，当美国人回来他们欢迎美国人，当中国国民党人回来他们欢迎国民党，以及数百年前欢迎鞑靼人一样，北平在欢迎它的征服者上是素享盛名的。

其二：（美联社 1949 年 2 月 7 日电）正在尽一切努力力图赢得新政权欢心的北平学生们，对共产主义有自己的观点。今天，一群学生在一条大街上拦住了一位穿皮大衣的中国女郎，一位中国学生指着她的大衣问道："这是什么皮子？"她说："狐皮。"另一学生问："狐狸有几条腿？"她说："四条。"她的一位讯问者下令道："那么，和狐狸一样爬。"女郎开始哭了。人群中若干年长的人代这位女郎从中调停。他们乞求学生不要损害她的人格。学生们同意了，但在走开以前，一位学生说了最后一句话。他警告说："现在我们有新中国，不准任何人穿狐皮。"

"客观"与"公正"，是新闻界公认的报道原则，同时也是使新闻传播更具可信性的有效报道方式。新闻报道做到客观、公正，是新闻传播者的不懈追求，也是广大受众的强烈愿望。探讨客观与公正原则的内涵及要求，力求使新闻报道实现客观与公正，并能坚持客观公正与立场倾向的统一是对新闻工作者的基本业务规范与要求。

第一节　客观报道原则的内涵及要求

一、客观报道原则提出的背景

新闻工作的客观报道原则（亦即新闻报道的客观性）最早是由西方新闻界在 19 世纪中叶提出来的。在美国新闻史上，最早明确提出客观报道原则的是《斯普林菲尔德共和党人报》的主编塞缪尔·鲍尔斯第三。他在 1855 年的一篇社论中提出，要在事实与意见之间划清界限。他认为，新闻只应当告诉读者最原始的资料，然后让读者自己做出比较与衡量。与此同时，《纽约时报》也有人提出，我们不相信社会上每件事物若不是绝对的好，就是绝对的坏。好的方面我们就珍惜它，促进它，坏的方面我们就消除它，改造它。时任《纽约时报》主编的亨利·J·雷蒙德主张，报纸应当消除党派偏见，采取客观立场。

客观报道原则的提出有着一定的时代背景。当时西方报业为适应从政党报刊到大众化报刊的转变，要求改变过去政论宣传中常用的事实叙述与意见表达混杂在一起的报道方式，提出将事实和意见区别开来，用客观的事实报道，有利于吸引更广泛的读者，防止报刊沦为某一党派手中的工具。于是，一些新闻媒体及新闻工作者开始了客观报道的实践，并试图从理论上加以阐释。

另外，这一时期出现的通讯社，出于希望能够吸引更多持有不同立场、不同办报方针的媒体用户的目的，也尝试采用客观叙述事实、只提供新闻信息、不表达观点意见的方式报道新闻，以防止由于新闻报道显露出某种倾向性意见而影响某些用户对新闻的选择和接收。

1900年，美联社在改组时提出了“报道事实，而不报道意见”的办社宗旨，从而成为世界上第一个正式明确将客观报道作为工作宗旨和报道原则的媒体。

1923年美国制定的《新闻规约》也将客观报道作为媒体的行为规约之一，其第5条是这样表述的：“不偏——健全的工作可以使新闻报道和意见表达清楚地区别开来。新闻报道不应该掺加意见或任何偏见。”①

客观报道原则所包含的传播理念及采用的报道方式，相对来说，在提供事实信息、发挥媒体的信息传播功能、克服政党报刊以政论为主的报道方式的局限方面，具有明显的特点和优势。这使得它一经提出便得到了新闻界的认同和青睐。一百多年来，这一原则始终被西方新闻界尊奉为新闻工作的首要原则，几乎所有新闻机构都以它为标榜。美国最有影响的报纸《纽约时报》的前总编辑爱德温·詹姆斯就说，该报唯一的办报方针就是客观性。这家报纸在它的报头下面写着：“本报刊登一切值得刊登的消息”。

客观报道原则的出现，为西方新闻传播提供了理论基石。施拉姆在《传媒的四种理论》一书中称其是“20世纪头25年中最独特的新闻学贡献”②。

我国新闻界对客观报道原则也早有认识。1914年梁启超在他主编的《庸言》报的特别启事中就提出：“本报极力保持言论独立精神，与一切个人关系及党派无涉。”而该报编辑部主任黄远生也强调说，报纸今后“将力变其主观的态度为客观”，“吾人造言纪事，决不偏于政治一方”③。

徐宝璜在1919年出版的《新闻学》一书中，对客观报道原则也有明确论述。他强调，新闻报道“切不可将意见夹杂于新闻中，迷惑读者”。他认为，新闻须为事实，“因只有事实，可成新闻。事实登载后，阅者自然自有主张。今将记者之意见夹杂在内，脑筋简单不能识别者，无不被其迷惑，以意见为事实而失其主张之自由矣”④。

按徐宝璜的观点，客观报道是保证新闻传播尊重读者的选择权利，对读者负责，并易于为读者所接受，取得良好传播效果的重要条件和有效形式。

从客观报道原则提出的背景及其实践看，它是适应新闻报道的实际需要而产生的，反映了新闻报道的一般规律，因而能被新闻界普遍接受，得到广泛的应用。

从根本上看，客观报道原则反映的是新闻的客观性，而这种客观性既可以作为一种专业理念，也可以作为一种行为规范，还可以作为一种报道方式。

作为一种专业理念的客观性，是把客观性视为一种理想与追求，作为一种新闻传播信念、一种新闻传播标准和一种新闻传播价值观，强调新闻工作的“超然性”和“独立性”。虽然这种理念在现实中其实是难以存在的，但是作为一种理想追求，客观性原则还是具有一定理论价值和实践意义的。

作为一种行为规范的客观性，是把客观性视为一种新闻工作的行为原则和道德规范，作为一种行业信条，用来规范媒体和新闻工作者保持客观中立的立场，注意将事实和意见分开，避免在新闻报道中表达个人的主观和偏见。

---

① 转引自童兵主编：《中西新闻比较论纲》，323页，北京，新华出版社，1999。

② ［美］费雷德里克·S·西伯特、西奥多·彼得森、威尔伯·施拉姆等：《传媒的四种理论》，51页，北京，中国人民大学出版社，2008。

③ 转引自童兵主编：《中西新闻比较论纲》，325页，北京，新华出版社，1999。

④ 徐宝璜：《新闻学》，10～11页，北京，中国人民大学出版社，1994。

作为一种报道方式的客观性，是把客观性视为一种新闻报道的表述方式，强调新闻报道在内容和形式上都应当坚持客观记录和叙述事实，准确传递信息，要防止新闻报道中的主观性。

本章主要将客观性作为一种报道方式和报道原则来探讨其内涵及要求。

二、客观报道原则的内涵及优势

（一）客观报道原则的内涵

所谓“客观报道”，是指新闻报道要忠实于客观事实，要按照客观事物的本来面貌实事求是地反映和报道它，切忌将对客观事物的描述与对事物所表达的观点和意见相混同。

客观报道原则，其内涵包括两方面：

一是报道内容的客观。它是指新闻传播者所报道的事实必须是客观存在的事物、人物、事件和现象，必须是现实生活中确确实实发生的事情，新闻传播者不能虚构、夸张，更不能无中生有、任意编造。客观报道原则对报道内容的客观要求是由新闻事实本身的客观性所决定的。因为凡是新闻事实都应当是客观实在的、可以感知和认识的东西，舍此，新闻将无法存在。

二是报道形式的客观。它是指新闻传播者在报道新闻时不宜直接在新闻中表达自己的观点和倾向性意见，而应采用客观叙述的方式，将自己对新闻事实的立场观点和倾向性意见寓于所报道的事实之中，通过所报道事实的内在逻辑力量来对读者产生潜移默化的影响作用。客观报道原则对报道形式的客观要求是这一原则能够发挥作用、取得效果的前提和条件。

消息报道和评论意见分离是客观报道原则在形式上的重要规则和基本要求。在西方国家的一些主流媒体，新闻部门与评论部门通常是分别设立的。西方新闻界的一个重要观点是，新闻是属于公众的公共财富，新闻栏只提供事实，不掺杂媒体的私家观点；报社和公众的意见则可通过社论版和社论版对页加以表达。

（二）客观报道原则的优势

从实践看，客观报道原则之所以被新闻界广泛认同和普遍应用，是由于它有许多独特的优势。

首先，采用客观报道方式传播的新闻，强调以客观叙述事实的形式报道新闻，新闻提供的都是客观实在的事实本身，因而更加真实可信，具有说服力。

其次，采用客观报道方式传播的新闻，传播者对所报道的新闻事实不随意作主观上的解释，而是将自己的观点和意见寓于对新闻事实的客观报道之中，靠客观叙述的新闻事实的逻辑力量说话，因而更易于为受众所接受。

另外，客观报道方式是一种报道艺术，是新闻传播者熟练驾驭新闻体裁、巧妙表达立场倾向的智慧和能力的体现。一个成熟的、有经验的新闻传播者往往善于运用这种报道方式报道新闻，善于通过客观的报道形式去追求主观的传播效果。

客观报道原则的这些特点使它具有了其他报道方式所不具备的优势，因而，这一报道原则和报道方式一直为西方新闻界所推崇，也为世界新闻界所接受。

三、客观报道原则的要求

客观报道这种报道原则和报道方式自出现以来，经过新闻界的长期实践，形成了一些基本的报道要求和操作规范。

有学者将美国新闻界关于客观报道原则的操作规范概括为以下几个方面：

以倒金字塔方式，在第一段简述基本事实；以五个 W 报道；以第三人称语气报道；引述当事人的话；强调可以证实的事实；不采取立场；至少表达新闻事实的两面。①

上述内容大体概括了客观报道原则的基本要求，涉及了在报道内容和报道形式上对客观报道的一些主要操作规范。根据国内外的新闻实践，我们对客观报道原则的具体要求做以下概括。

（一）如实叙述事实

客观报道原则最基本的要求是，新闻传播者在报道新闻时必须严格按照“客观叙述事实”的报道规范，向读者原原本本地提供最原始的事实材料，把已经发生和正在发生的事实忠实地记录下来，告诉人们什么时间、在什么地方、发生了什么事情、这件事情是谁干的，然后由读者自己去做出比较和判断。在报道过程中，报道者不应夹带个人的感情和偏见，只需客观地叙述事实，以免由于新闻传播者所显露的个人的感情和倾向性意见，影响读者对新闻的选择和判断。为此，新闻传播者通常以第三人称的形式报道新闻。

（二）使用直接引语

新闻报道要尽量使用直接引语，要尽可能引述新闻事件当事人和知情者的原话，将其原原本本地提供给读者。所谓“直接引语”，就是直接引用别人的原文原话。在形式上，就是将新闻事件当事人和知情者的原话用“引号”引起来，要尽量少用模糊的、难以辨别和确定说话人身份的表达方式去表述别人的原话。

（三）交代消息来源

新闻报道要交代清楚所报道的新闻事实出自何处，消息来源是由谁提供的，要防止出现新闻报道中所提供的事实出处和消息来源含混不清、无法查证的情况。

（四）提供充足根据

新闻报道要尽可能全面地报道事实，如实反映各方面的情况，同时要注意提供能够说明新闻事实的充足的证据材料，特别要注意强调可以证实的事实，坚决舍弃那些无法提供证据、难以证实的材料。通常每条消息至少须有两个独立的消息来源，对于有争议和纠纷的事件，要提供能够说明事实真相和纠纷的真实性质的事实。

（五）不掺个人意见

新闻传播者在报道新闻的过程中一般不随意对所报道的新闻事实作主观的解释和议论，在叙述别人对新闻事实的观点和意见时，也要防止有意或无意地掺加进个人的看法和意见。如个人要表达对所报道事实的看法和意见，可以另写评论文章，单独刊发。

（六）言论消息分开

新闻报道要将言论与消息区分开来。通常消息放在“新闻版”上，而评论则放在“社

---

① 参见陈安石：《新闻编辑学》，48 页，台北，三民书局，1981。

论版”上，不要相互混淆。国外一些报纸新闻版和社论版泾渭分明，区分得很清楚，而且还通行“社论版对页”（Op-Ed）的做法，即在社论版对面一页刊登读者意见和评论文章，以示报道客观，言论平等。另外，评论文章通常都署有作者个人姓名，以体现“文责自负”，不代表编辑部意见。

四、正确认识客观报道原则

实践证明，客观报道以新闻事实的客观实在性为依据，强调新闻报道要客观地叙述事实，如实地反映客观事物的本来面貌，体现了新闻报道的一般规律，是保证新闻报道真实可信的前提条件，因此它可以作为新闻报道的一项基本原则。同时，客观报道通过客观叙述事实的方式，借助事实内在的逻辑力量来对受众施加影响，使新闻报道更易于为受众所接受，从而收到更好的传播效果，因此它又是一种有效的报道方式。

客观报道原则之所以能够历经百余年，至今依然为世界新闻界所认同和尊奉，除了它作为一种报道原则和报道形式的独特优势外，更重要的是它所体现的那种新闻理念和职业精神。坚持客观报道原则就意味着，新闻媒介及新闻工作者要坚守新闻传媒作为社会公共文化事业的责任，尊重公众的知情权，尽可能客观地向他们提供能够反映现实生活真实情况的事实信息。它要求，新闻媒介及新闻工作者不能抛开社会公共利益，仅凭自家或个人的兴趣与好恶，去摒弃那些不符合其利益要求的新闻事实，任意掩盖事实真相，或是仅仅去搜罗那些有利于自身利益、能够证实自家观点的事实材料。

因此，对客观报道原则，应当给予客观的、实事求是的评价，从报道内容、报道方式和新闻理念、职业精神上全面认识并理解它的理论价值与实践意义。

1946 年，胡乔木在《人人要学会写新闻》中就提出，记者要学会“用叙述事实来发表意见”，要“客观地、忠实地、朴素地叙述他所见所闻的事实”①。1956 年，刘少奇在对新华社的工作指示中提出：“要学习西方资产阶级通讯社记者的报道技巧。他们善于运用客观的手法、巧妙的笔调，既报道了事实，又挖苦了我们，他们的立场站得很稳。人们从他们的新闻报道中能够看到一些真实的情况。”② 这说明，中国共产党人对客观报道原则是认可和肯定的。

我们强调客观报道原则的重要性，一方面是希望通过客观报道的形式提高新闻报道的可信性，增强新闻传播的效果，同时也是为了更好地满足群众的知情需要，向他们提供更加客观、真实的报道，以履行作为信息传媒和舆论机关的职业责任与道德义务。

第二节　公正报道原则的内涵及要求

一、公正报道原则提出的依据

公正报道原则与客观报道原则一样，是新闻界在实践中不断总结经验和教训的基础上提出来的。它是新闻报道规范发展的必然结果，也是新闻传播的必然要求。

---

① 《中国共产党新闻工作文件汇编》，下卷，226 页，北京，新华出版社，1980。

② 《中国共产党新闻工作文件汇编》，下卷，360 页，北京，新华出版社，1980。

1923年美国制定的《新闻规约》，在第5条规定了“不偏”原则之后，第6条就规定了“公平”原则。其内容为：

> 公平——报纸不应当发表那些影响名誉或道德品质的非官方的控告，而又不给被控告者以知道的机会。在司法程序以外的一切严重控告事件中，正确的做法是把这种机会给予被控告者。
>
> 1. 报纸在确实地证明它所发表的东西是社会权利而不是出于社会好奇心之前，不应侵害私人权利或感情。
>
> 2. 报纸对自己的严重的事实错误或意见错误，不管来源如何，应作迅速而完全的改正。这是它的特权，也是它的责任。①

公正报道原则的提出有其一定的依据。

（一）新闻传媒的社会性质决定了新闻报道必须坚持公正原则

新闻传媒作为一种大众信息媒介和社会舆论机关，决定了它必须向公众提供平等利用媒介的机会。要让公众能在平等条件下公平地选择和使用媒介，借以获取信息、表达思想、陈述意见和阐明观点。在任何情况下，传播者都不能以媒介机构自家利益或传播者个人的好恶去左右公众对媒介的选择和使用权，去干预公众通过媒介获取信息、表达思想、陈述意见和阐明观点的权利。

在西方国家，虽然许多媒体由私人经营，属私人所有，但是它要获得社会承认，要被公众认可，要实现其传播目标，要达到其经营目的，就须采取公正原则，尽可能为社会与公众提供平等利用媒介的机会。如果它采取不公正的做法，在媒介选择和使用权的分配上有意偏袒一方，歧视另一方，使得一方能够不受任何限制地选择和使用媒介，而另一方在选择和使用媒介时则受到不应有的限制，它就会失去一部分公众的信任和支持，同时也丧失了新闻传媒作为大众信息媒介和社会舆论机关所应承担的社会责任。

在社会主义国家，新闻传媒是党、政府和人民群众的耳目喉舌，担负着为人民服务、为社会主义服务、为党和国家工作大局服务的使命。向广大人民群众提供有效的信息服务和充分的舆论阵地，让他们能够通过各种新闻媒体及时、充分地获取信息，自由、平等地表达舆论，是每一家媒体都应当承担的义务和责任。在媒介的选择和使用上，每一个团体和个人都应当拥有同等的权利。任何媒介机构都不能任意地剥夺某个团体或某一个人选择和使用媒介的权利与机会。即使是对那些处在劣势，甚至已被证明有错误和问题的一方，媒体也应当给予他们平等地利用媒介发表意见和进行申辩的机会。

（二）新闻传播者的职业责任和职业精神决定了新闻报道必须坚持公正原则

按照新闻工作的职业要求，新闻传播者应当对社会与公众承担相应的道德责任，即要把公众作为自己服务的对象，把为公众提供公平的信息服务和同等的舆论手段，提供平等选择和使用媒介的机会作为自己的工作职责。这种服务应当是不附带个人条件和不带有人为差别的。如果某一媒体或某一传播者由于自家或个人的一己利益而采取不平等的做法对待一部分公众，剥夺他们选择和使用新闻媒介的机会，那么这种行为应当被视为缺乏职业责任，违背职业道德。

---

① 转引自童兵主编：《中西新闻比较论纲》，328页，北京，新华出版社，1999。

新闻工作的职业责任还要求新闻传播者要具有社会意识和公众观念，对事实的报道和评述，要站在公众的立场，要维护民意的尊严，要公正无私、不带偏见地去报道和评述新闻事实，发表符合民意的意见，防止用个人的观点去代表公众的意见，更不应当为达到某种私利去用某些与民意相悖的观点和意见左右舆论。

实践说明，凡是历史上声誉好、影响大的媒体和记者，在坚持公正报道原则方面都是做得好的。正因为它（他）报道公正无私，人们才会认可它（他），接受它（他），它（他）也才可能有所作为，顺利实现自己的报道意图和传播目标。

二、公正报道原则的内涵

新闻工作中的公正报道原则（亦即新闻报道的公正性），其实质就在于体现新闻报道的公平与平等，体现传播者在新闻报道中的无私与正直。具体来说，它讲的是报道参与权利上的“平等”、报道表现手法上的“平衡”和报道所持立场上的“中立”。

实现公正报道原则的关键在于，新闻媒介及新闻工作者要站在社会与公众的立场，公平地对待新闻报道所涉及的人和事，真正严格地以事实为依据，以公理和民意为标准，来决定对报道内容与报道方式的选择和取舍。特别是对那些有争议的矛盾双方或多方，更应该采用客观中立的立场，公平地报道他们之间的争议和矛盾，平等地给予他们利用媒介陈述自己观点和为自己进行辩护的机会。

公正报道原则强调新闻媒介和新闻工作者不得站在私家和个人一己的立场，根据自身的兴趣与好恶，按照个人的立场与观点去选择、报道、评价和解释新闻事实，并通过这种选择和解释去误导群众与社会舆论，从而造成对那些持不同意见者的压力和伤害。

公正报道原则不允许新闻媒介和新闻工作者在处理涉及争议双方（或多方）事件的稿件时，以媒介或记者一己之私利，有意识地去偏袒一方，或者有意识地去压制另一方；也不允许新闻媒介和新闻工作者以媒介或记者一己之私利，有意识地去为一方提供优先和特殊利用媒介的机会，而剥夺另一方平等地利用媒介的机会。

公正报道原则也不允许新闻媒介和新闻工作者利用自己所控制的媒介权利进行会对某个人或某个机构造成名誉和道德品质损害的报道，而不承担相应的责任。

三、公正报道原则的要求

按照上面对公正报道原则内涵的理解，总结国内外新闻媒体在实行这一原则中所积累的经验，公正报道原则的要求可以概括为以下几方面。

（一）全面反映事物

受众对媒体的基本要求是希望媒体能够及时、准确地向他们提供全面、充分的新闻信息，以利于他们把握事物的全貌，认识事情的真相。因此，媒体应当尽可能全面地反映和报道事物，而不能只是根据一己之兴趣和好恶去选择事实、报道新闻。

（二）充分表达民意

媒体的社会责任之一就是要站在公众的立场，充分地反映和表达民情民意，为公众代言，并为他们提供能够有效表达自己思想观点的手段和阵地。因此，媒体应当注意充分表达民意，而不能由于私人动机无视民情民意，拒绝为受众提供表达其思想观点的手段和阵地。

（三）提供平等机会

从媒体的社会性质看，它是面向社会和公众的，自然应当向社会的每个成员提供平等地选择和使用媒介的机会。特别是对涉及争议双方的报道，媒体尤其要注意为各方都提供同等的机会，让他们能够公平地利用媒体表达自己的意见，对对方的批评进行申辩，对媒体的报道发表看法。媒体和新闻传播者不能出于一己之私利有意地偏袒和照顾一方，歧视和非难另一方。

（四）引用反向材料

对一些是非分明的事情，有理的一方由于在理，自然会理直气壮，媒体据实对其作肯定报道自然也无可厚非。但在这种情况下，对“无理”或无力申辩的一方，媒体也要注意考虑他们的意见，反映他们的声音，引用他们提供的相关材料，使他们有申诉的机会。相反消息来源提供的材料往往有利于媒体全面把握情况，深入了解事情的原委，以便做出准确的判断，防止报道出现偏差和失误。

（五）进行平衡报道

在现实生活中，很多涉及矛盾与冲突双方的情况往往十分复杂，有时一时难以分清是非，有时是是非非又处在不断变化的过程之中。在这种情况下，媒体组织报道最好的办法就是进行平衡报道，在版面、文字和用语上都尽可能地采取中立做法，完全靠事实说话，让读者根据双方提供的实际情况自己去作思考和判断。

（六）不以权势压人

从理论上说，受众是新闻业的主人，但实际上在媒介话语权方面，媒体明显占据主动地位，处于优势，而受众则相对居于被动地位，处在劣势。在这种情况下，媒体应当注意处理好同受众的关系，要充分尊重受众的情理感受和实际需要，平等、友好地对待受众的新闻需求。而不能靠自己所拥有的媒介话语权，或者仅凭个人的意愿任意选择和报道新闻；或者主观武断，做强加于人的报道和评论；或者从个人或小团体的利益出发发泄私愤；或者明明报道有误，出现差错，却知错不改，强词夺理，以自身所拥有的话语权势压人。

第三节　坚持新闻报道客观公正与立场倾向的统一

一、正确认识新闻报道客观公正与立场倾向的关系

（一）新闻报道总会体现出报道者的立场和倾向

客观和公正都是新闻报道必须遵循的重要原则，是新闻传播取得良好效果的有效方式，也是新闻工作者所追求的一种职业境界。任何媒体都要以客观、公正作为自己的报道原则和理想追求。在采写和发表新闻时，不应从个人或小团体的利益出发，利用自己掌握的舆论手段发泄私愤，或作不公正的报道。

客观与公正作为一种新闻理念和报道原则，有其科学性和实践性，新闻工作应努力实践和贯彻这一原则，以维护新闻传播的纯洁性和可信性。但我们也不赞成不顾实际地将客观与公正原则强调到不恰当的地步。

西方新闻界有些人过于夸大客观和公正原则的作用，企图以其代替所有办报方针和办报理念，并借此把自己的媒体和报道说成是"超阶级"、"超党派"、"不偏不倚"、"纯客观"的。有人甚至主张新闻报道要搞"有闻必录"，强调只陈述事实，不表达意见。

其实，任何一家新闻机构、任何一个新闻工作者在报道新闻时，都会自觉或不自觉地站在一定的立场上，通过精心选择新闻事实、报道角度和确定报道形式（标题、字号、版面安排等）、传播时机，来表达自己的主观倾向和立场观点。无数事实说明，一切新闻机构，一切新闻工作者，报道什么，选用什么事实，怎样进行报道，什么时候报道，都是经过主观思考的，都带有明显的倾向性。这种倾向性，有时是新闻报道者作为某一阶级、政党和社会团体的代言人自觉体现出来的，有时是新闻报道者个人因自身已形成的政治倾向、伦理规范、文化传统和价值取向所产生的思维定势的自然流露，有时则是新闻报道者由于受各种利益关系的制约和影响而不得不表现出来的。

总之，在新闻报道过程中，报道者总是会或直接、或间接地体现出自己的立场和倾向，尽管他是采用客观报道的形式，其倾向性也会有所显露。

（二）"有闻必录"既不现实，也无必要

"有闻必录"是一些人在强调新闻报道的客观性时提出的观点，他们主张媒体可以用"有什么就报什么，见什么就说什么"的方法来体现新闻报道的客观性。

其实，世间万事万物每时每刻都在发生变动，具有新闻价值的客观事实千千万万，新闻媒介由于自身主客观条件的限制，不可能"有闻必录"，事事都报，而只能有所选择地进行报道。那么如何选择就要由人的主观判断来决定了。一件事情，只要有人参与，或由人的行为所构成，这件事情本身就被赋予了价值判断。所以，对事实的陈述及报道，即使再客观也必然带有报道者的价值取向，这便使得新闻报道产生了倾向性。《纽约时报》声称"刊登一切值得刊登的消息"，这"值得"不正包含着主观判断吗？哪些"值得"，哪些"不值得"，只能由报道者来决定，而读者往往只能消极地接受那些被精心选择过的事实。"9·11"事件后，美、英等国的一些媒体自觉地站在政府立场，反对恐怖主义，限制不同声音的传播就是一个很好的例证。

一些人所说的"有闻必录"，从实际操作上看，一是不可能，因为现实生活中每天发生的事情那么多，任何一家媒体要想做到"有闻必录"都是办不到的。二是没必要，因为现实生活中所发生的各种事实并非都有新闻价值，都值得媒体刊载。三是强调"有闻必录"，也是一种不负责任的表现。因为如果媒体对所报道的事实不去作认真的调查和核实，任意地"有闻必录"，就很可能会造成报道失实，甚至会导致以讹传讹，贻害社会，这是一种不负责任的做法。

当年，徐宝璜对"有闻必录"的实质和危害就作了深刻的剖析。他指出："'报纸有闻必录'，此吾国报纸之一极普通之口头禅，且常引为护身符者也，其实绝无意义。因若信一二人之传说，而不详加调查，证其确否，径视为事实而登载之，将致常登以讹传讹之消息，且有时于不知不觉成为他人播谣之机械，此亦为以伪乱真，又乌乎可？"①

如果把客观报道绝对化，过于夸大其作用，并且用"有闻必录"来曲解客观报道原则的科学内涵，特别是将客观报道新闻同反映立场倾向对立起来，则既不符合新闻工作实

① 徐宝璜：《新闻学》，10页，北京，中国人民大学出版社，1994。

际，也不利于正确地认识和把握客观报道原则的科学内涵，更好地发挥其积极、有效的作用。

二、实现新闻报道客观公正与立场倾向的统一

（一）要善于“用事实说话”

在认识新闻报道的客观公正和立场倾向的问题上，我们主张，既要坚持客观公正的报道原则，善于客观地用事实说话和公正地进行报道，又要坚持一定的思想原则和政治立场，善于通过客观公正的报道恰当地表达自己对于新闻事实的观点和意见，体现报道者应有的立场和态度。总之，要把客观公正和立场倾向巧妙地结合起来，坚持新闻报道客观公正与立场倾向的统一。

新闻界常说的“用事实说话”，就是对新闻报道的客观公正与立场倾向关系的一种通俗、简练而又准确的概括。“说话”，就是发表看法，表明观点，“用事实说话”，就是将自己的观点意见和立场倾向寓于所报道的事实之中，通过事实的叙述将观点意见和立场倾向表现出来。

一些高明的记者往往善于运用精心选择的事实和巧妙的描写方法以及一些特殊的章法、句法和字法来表达自己的立场倾向，用潜移默化的方式影响受众。有时，他们明明要偏袒一方，攻击另一方，但是却会表现出非常“公正”和“冷静”的样子进行“客观报道”。

因此，“用事实说话”，其实是一种新闻报道艺术，是实现新闻报道的客观公正与立场倾向有机统一的一种传播方式和有效手段。

（二）要防止“客观主义”和“主观主义”两种倾向

总结以往的新闻报道实践，在运用客观公正原则报道新闻方面通常存在两种倾向。一种是只强调“客观公正”地报道事实、传播新闻，不考虑立场观点，不顾及传播效果，因而出现“客观主义”的倾向。另一种是只强调反映观点、表达立场，不善于用事实说话，不顾及传播效果，因而出现“主观主义”的倾向。

持客观主义倾向的人忘却了新闻工作者的政治责任和社会责任，他们崇尚“自发论”，盲目地追求“纯客观”的报道，不负责任地从现实生活中任意撷取一些事实材料，作“纯客观”记录或作机械摹写，而不去触及事物的内在本质，把握事物的整体和相互间的联系，结果往往造成不良社会后果，给人民的事业带来损失。

列宁在《统计学和社会学》一文中对这种不负责任地任意选择实例、罗列社会现象的做法提出了严肃批评。

> 在社会现象领域，没有哪种方法比胡乱抽出**一些个别**事实和玩弄实例更普遍、更站不住脚的了。挑选任何例子是毫不费劲的，但这没有任何意义，或者有纯粹消极的意义，因为问题完全在于，每一个别情况都有其具体的历史环境。如果从事实的**整体**上、从它们的**联系**中去掌握事实，那么，事实不仅是“顽强的东西”，而且是绝对确凿的证据。如果不是从整体上、不是从联系中去掌握事实，如果事实是零碎的和随意挑出来的，那么它们就只能是一种儿戏，或者连儿戏也不如。①

---

① 《列宁全集》，中文 2 版，第 28 卷，364 页，北京，人民出版社，1990。

列宁明确反对这种罗列现象、玩弄实例的自然主义的做法，而主张从事实的全部总和和相互联系中去掌握事实。因为只有这样的事实才是真正反映事物本质的证据确凿的东西。列宁的这段论述虽然是针对如何把握事物本质问题的，但对我们认识新闻报道中的“客观主义”和所谓“纯客观”报道的实质也颇有启发。

“纯客观”的报道，对于一则新闻来说，不能说绝对没有。比如，报告某一自然界的珍闻，公布某一科技成果，发布某一市场信息等，作者只是传播一条信息，报告一个情况，或许并不存在什么倾向问题。但此类报道毕竟只是新闻报道中的一部分。况且，即使是这种报道，有时也能体现出报道者的某种思想倾向，表明他欣赏什么，提倡什么，或是肯定什么，支持什么。

“纯客观”的报道，对于一家新闻单位的整个报道来说，则是完全不可能的了。任何一家新闻单位恐怕都无法说自己的报道全是“纯客观”的。因为它不可能在任何情况下都做到完全的“客观公正”，“不偏不倚”，从不表达任何政治倾向和立场观点。

有时一些媒体对某一事件中相互对立的双方采取平衡报道方式，既不袒护这一方，也不偏向那一方，表面看来客观公正，不偏不倚，似乎没有什么倾向性，但其实这种报道本身往往就是一种倾向和立场。比如关于伊拉克战争的报道，我们采取了平衡报道的方式，看起来似乎不存在偏袒和支持哪一方的问题。但采用这种平衡报道本身正说明了我们的一种立场：我们既不赞成萨达姆领导下的伊拉克政府不认真履行联合国决议的做法，也反对美国和英国未经联合国授权，用武力攻打作为主权国家的伊拉克的做法。

有时一些媒体抓住一些表面现象和片言只语大做文章，从局部看，从表面看，从单方面看，所报道的内容都存在，也都是“事实”，但从整体看，从深层看，从全方位看，却并不符合事情的真实情况，这样的“客观报道”就很难说是真正客观的了。

美国《底特律新闻》专栏作者杰克·海敦认为：“报纸每天都表现出它们的主观性。编辑们既可以拔高也可以压低一条新闻。这是一个判断问题。你可以把一条消息登在头版，也可以登在第八十八版，把它同推销女人腰带的广告放在一起——这就是主观性。”[①]这是对新闻报道客观性与主观性关系的一种深刻见解。

美国《芝加哥论坛报》社长兼总编杰克·富勒则干脆认为，客观性不宜作为新闻报道的一项准则，而只能看作是一种技法。他指出：“客观性作为一条准则不能成立，但是作为一种表达技法，客观性以不露生色地陈述事实见长，能够产生强大的力量。”[②]

由此看来，现实中是不存在绝对的“纯客观”的报道的。通常情况下，“客观”和“公正”只是相对来说的。一般说来，新闻报道的主观色彩和个人因素的东西少了，相对就显得客观和公正些。如果一家媒体的新闻报道能够坚持从实际出发，能够尊重事实，善于用事实说话，能够如实地反映现实生活，报道事件真相，不虚报，不造假，不回避和掩盖事实的真相，同时又能够不以个人的兴趣与好恶去选择、报道、解释和评价新闻事实，公平地对待每一个社会成员，给他们提供平等的利用媒介的机会，那么我们就可以说这家媒体的报道相对来说是客观和公正的。

持主观主义倾向的人往往不是从客观实际出发，而是从主观愿望和臆想出发来对待新

---

① ［美］杰克·海敦：《怎样当好新闻记者》，133页，北京，新华出版社，1999。

② ［美］杰克·富勒：《信息时代的新闻价值观》，18页，北京，新华出版社，1990。

闻报道。他们习惯于用实用主义的态度选择和拼凑材料，来说明自己先验的观点。这种报道往往容易给人一种强加于人的感觉，非但得不到预期的传播效果，有时甚至还会造成群众的反感情绪和逆反心理。显然这种主观主义的倾向与客观主义的倾向一样，也是一种十分有害的倾向。

其实，客观主义也是主观主义的一种表现形式。它们共同的特征都是脱离实际，过于相信主观的作用。因此，要防止这两种倾向，就须确立辩证唯物主义和历史唯物主义的世界观，掌握认识和分析事物的科学方法，坚持一切报道从实际出发，如实地反映和公正地评价客观事实，同时又坚持一定的立场倾向，从国家和人民的利益出发，努力使新闻报道获得理想的传播效果。

（三）要做到新闻报道客观、真实、公正、全面、有立场

1956年5月，刘少奇在同新华社负责人的讲话中曾指出，新闻报道必须是“客观的、真实的、公正的、全面的，同时必须是有立场的”。这是他对如何把握新闻报道客观公正与立场倾向关系的高度概括。他在谈话中分析说：“外国记者强调他们的新闻报道是客观的、真实的、公正的报道；客观的、真实的、公正的报道，是他们的口号。我们如果不敢强调客观的、真实的报道，只强调立场，那末，我们的报道就有主观主义，有片面性。如果这样做，就是下决心要片面性。新华社的报道，如果有了片面性，就会丧失一切，对自己不利，对人民不利，就不能成为世界性通讯社。”

显然，刘少奇这是在强调新闻报道必须客观、真实、公正。但是，“只是客观地公正地作报道是否好?”刘少奇在提出这一问题后明确回答说：“我们的新闻报道不能超阶级，不能有客观主义；要有坚定的人民立场、阶级立场，要有马克思列宁主义观点和方法。新闻报道要客观、真实、公正，同时要考虑利害关系，看看对人民和无产阶级事业是否有利。”①

正是在作了上述辩证、透彻的分析之后，刘少奇提出了新闻报道要“客观、真实、公正、全面、有立场”的鲜明观点。这是对新闻报道提出的最基本的要求。每一个新闻工作者都应当站在国家和人民的立场，力求把新闻报道写得更客观些，更真实些，更公正些，更全面些。

在探讨客观报道原则时，还有一个需要说明的问题是，虽然客观报道作为一种报道方式是十分有效的，但它毕竟不是唯一的报道方式，不能过于夸大它的作用。在新闻报道中，媒体完全可以根据新闻报道的实际需要，来决定采取何种报道方式。

自20世纪中叶以来，西方国家相继出现了诸如“解释性报道”、“评述性报道”、“调查性报道”、“精确性报道”等一些新的报道方式，它们大都是通过提供对某一新闻事实和事件具有一定深度的调查、分析、解释与评述，或是通过对与某一新闻事实和事件相关的数据的科学统计与分析来阐明对这一新闻事实和事件的看法，达到为受众释疑解惑的目的。这类报道受到了受众的认可与欢迎。

特别是在当下新媒体技术出现后，信息充分涌流，生活节奏加快，人们靠自身有限的精力和时间对信息进行迅速、有效的选择与判断愈发困难，这类能够帮助人们及时、全面地了解事物、现象和事件的来龙去脉及真实情况，从而有助于人们更好地对事物、现象和

---

① 《中国共产党新闻工作文件汇编》，下卷，359～361页，北京，新华出版社，1980。

事件做出迅速判断的新的报道方式更是受到受众的青睐。近年来，在国内外一些有影响的新闻报道中，此类报道占有很大的比重。这些报道方式的成功，说明了报道方式毕竟是为报道内容和报道目的服务的，在什么情况下用什么报道方式好，应当视具体情况而定。

另外，从媒体的社会功能来看，如果一家媒体仅仅停留在对事实的客观叙述上，也难以很好地体现其干预生活、引导舆论的功能和作用。因此，如今许多媒体都认识到可以通过类似解释性报道、评述性报道、调查性报道、精确性报道这样一些深度报道来加大干预生活的力度，以便更好地引导舆论，发挥自身作为社会舆论机关的功能和作用。

当然，即使采用这些新的报道方式，客观叙述事实依然是不可缺少的方法。像中央电视台的《焦点访谈》、《新闻调查》等节目，它们都属于一种评论式的深度报道节目，但在整个报道过程中，却都始终坚持“用事实说话”。

【思考题】

1. 如何理解客观报道原则？
2. 如何理解公正报道原则？
3. 怎样坚持新闻报道客观公正与立场倾向的统一？
4. 怎样认识“用事实说话”？

第八章

新闻工作的新闻自由与社会责任原则

【本章学习要点】

1. 新闻自由，指的是媒体和公民在新闻传播活动领域所享有的自由权利。它属于一种民主权利，是新闻传播活动得以实现的必要保证。新闻自由涉及公民在新闻传播领域所应享有的各种自由权利，包括报刊出版、意见表达和新闻传播与收受等多方面的权利。

2. 新闻自由，亦即出版自由，最早是由西方资产阶级提出来的。它适应了当时正处在进步发展中的新兴资产阶级的斗争需要。它的提出，冲破了中世纪封建专制政权强加在民众头上的思想枷锁，实现了资产阶级的思想解放，推动了世界历史的前进。列宁曾高度评价其积极意义，指出这个口号从中世纪末到 19 世纪成了一个“伟大的口号”。

3. 新闻自由作为一个政治和历史范畴内的概念，有着鲜明的阶级性质。它从来就是具体的、相对的、有条件的，而不可能是抽象的、绝对的、无条件的。只有那些在经济和政治上握有控制权力的人才有可能真正享有充分的新闻自由权利。

4. 社会责任理论强调传媒要履行社会责任，要对社会与公众负责，而当其不能履行这一责任的时候，其他社会机构可以加以干预，必要时，政府也可以借助法律法规等手段对其进行干预。

5. 社会责任原则要求新闻机构及其从业者做到：真实而公正地报道和评述新闻，满足公众的知闻需要；维护社会公共利益，做社会与公众的耳目喉舌；维护国家安全，促进社会稳定；尊重公民人格尊严，维护公民合法权益；发挥社会监督作用，做社会的捍卫者；履行传播社会公共文化的使命，不传播低俗不雅的东西。

6. 新闻自由和社会责任都是新闻工作的重要原则，一切新闻机构及其从业者都须自觉地把要求新闻自由权利同履行相应的社会责任结合起来，坚持行使新闻自由权利与承担社会责任的统一，真正做到既讲自由权利，又讲责任意识，合理、合法地行使社会赋予自己的新闻自由权利，认真履行自己应当承担的各种社会责任，以圆满实现自己的社会功能，有效发挥自己作为社会与公众耳目喉舌的作用。

案例

社会责任理论的提出

1942 年，时代出版公司创办人鲁斯提出对报刊自由的现状和前景进行一项调查分析的建议。一年后，由芝加哥大学校长哈钦斯出面，成立了一个由他亲任主席的报刊自由委员会。该委员会经过三年多时间的调查，在 1947 年发布了一个详细的研究报告，系统地提出并阐述了报刊"社会责任理论"。

报告认为，美国的新闻自由正面临着危机，大众传媒已不能满足社会与公众的需要，正在变为少数人手中的传播工具，而使新闻自由陷入危机的主要原因就是新闻业不能"判断责任"和不能承担自己"肩负的责任"，其结果损害了确保信息和思想在社会内部最大限度地自由流通的目标的实现，这不仅影响到社会利益和公众利益，也影响到现代美国社会的生存与发展。

社会责任理论强调新闻自由权利与媒体责任、义务的统一，其主要内容包括：报刊须对每天发生的新闻事件做快速、准确而完整的报道，并要对事件的发生做出解释及赋予其意义；报刊要成为一个公正、公开的讨论场所；报刊须阐明社会目标及价值标准，引导社会形成良好、高尚的价值观念等。社会责任理论是对自由主义理论的一种反思和修正。

新闻自由，指的是媒体和公民在新闻传播活动领域所享有的自由权利。新闻自由属于一种民主权利，是新闻传播活动得以实现的必要保证。但是伴随着这种权利，新闻传播者也须承担相应的责任。因此，新闻自由原则与社会责任原则成为新闻工作中相依相成的两项重要原则。

第一节　新闻自由原则的内涵及要求

一、新闻自由原则的产生

（一）新闻自由是资产阶级在同封建统治者斗争中提出来的战斗口号

新闻自由，亦即出版自由，最早是由西方资产阶级提出来的。英国资产阶级政论家和诗人约翰·弥尔顿在其 1644 年发表的《论出版自由》中提出："让我有自由来认识、抒发己见，并根据良心作自由的讨论，这才是一切自由中最重要的自由。"①

弥尔顿认为，人是有理性的动物，故而不能压制，应当允许他们自由发表自己的意见，了解别人的观点，并依靠自己的理性去辨别真伪和正误，识别善恶和好坏，这是上帝赋予每个人的权利。他主张开放"观点的公开市场"，允许各种各样的学说在大地上流行，

① ［美］约翰·弥尔顿：《论出版自由》，45 页，北京，商务印书馆，1958。

让真理在这个市场上参加“自由而公开的斗争”，人们可以通过公开辩论自由地接受正确的思想，抛弃错误的思想，以实现“自我修正过程”。

弥尔顿关于出版自由的思想奠定了西方自由主义新闻理论的基础。后来经过洛克、孟德斯鸠、卢梭、托克威尔、密尔等人的逐步充实，“新闻自由”成为西方新闻界的一种基本新闻理念与行为原则。

在我国，王韬、郑观应、洪仁玕、梁启超、严复等人也对出版自由进行过阐释和宣传，使这一理念得以在中国传播和践行。

“出版自由”思想，适应了当时正处在进步发展中的新兴资产阶级的斗争需要。长期的封建统治，禁锢了人们的理性要求，资产阶级为了满足发展经济利益并进而与封建统治阶级分享政治权力的需要，迫切希望冲破这种禁锢，自由表达自己的思想，宣扬自己的主张，并使这些思想和主张能够为民众所接受，因而他们把出版自由作为自己奋力争取的重大目标。

“出版自由”口号的提出，冲破了中世纪封建专制政权强加在民众头上的思想枷锁，实现了资产阶级的思想解放，推动了世界历史的前进。列宁曾高度评价其积极意义。他指出，出版自由从中世纪末到19世纪在全世界成了“伟大的口号”。因为当时这个口号“反映了资产阶级的进步性，即反映了资产阶级反对僧侣、国王、封建主和地主的斗争”[①]。

“出版自由”为资产阶级战胜封建统治者提供了思想武器。资产阶级凭借从封建统治者那里争得的有限的自由权利，出版报刊、书籍，用以宣传其民主革命的思想主张，争取工农群众的支持，并最终赢得了政权，建立了自己的阶级统治。

18世纪末，出版自由作为资产阶级革命的一项直接成果被正式确定下来。1789年，在法国大革命中诞生的资产阶级议会通过的《人权宣言》，第一次明确将出版自由作为公民的一项基本民主权利固定下来。该宣言第11条中规定：“自由表达思想，是人的最宝贵的权利。所以，凡是国民都可以自由地发言、写作和印刷刊物。”1791年，该宣言被列入了法国宪法序言中，出版自由权利得到了法律确认。

1791年，美国国会通过的联邦宪法第一修正案也对言论和出版自由做出了相关规定，要求国会不得制定剥夺公民言论和出版自由的法律。

1948年，联合国大会通过的《世界人权宣言》也将出版自由作为人的基本权利明文确定下来。该宣言第十九条规定：人人有权享有主张和发表意见的自由；此项权利包括持有主张而不受干涉的自由，以及通过任何媒介且不论国界寻求、接受和传递消息与思想的自由。

1966年联合国大会通过，并于1976年开始生效的《公民权利和政治权利国际公约》第19条再次重申了新闻自由的原则。

资产阶级提出了出版自由的口号，并利用出版自由的成果，建立起了自己的阶级统治。在取得政权后，它们将新闻自由作为公民的一项基本权利载入法律，使其被置于法律的保护之下。但私有制的所有制形式和资本主义的国家制度却将这一公民基本权利变成了一种资产者独享的特权。在政治上和经济上处于弱势地位的普通公众的言论与出版自由权利往往会受到种种制约和限制，难以真正得到有效的实现。

---

① 《列宁选集》，3版，第4卷，546页，北京，人民出版社，1995。

（二）无产阶级为争取新闻自由进行了长期艰苦的斗争

无产阶级在同资产阶级斗争的过程中逐渐认识到，要想获得政治解放，建立自己的阶级政权，首先必须争得自由表达思想的权利，争得自由出版作为同资产阶级斗争的“平等的武器”的报刊的权利。

为此，无产阶级冲破资产阶级的重重封锁，艰难地创办报刊，用以作为宣传自己的思想主张、揭露和抨击资产阶级的舆论阵地。无产阶级政党更是自觉地把出版自由作为吸引人民群众投入反对资产阶级统治的斗争的锐利武器。他们通过创办报刊来宣传和捍卫党的纲领主张，组织和动员工农群众，指导和推动革命运动，为取得无产阶级政权进行舆论斗争。

无产阶级在争取出版自由的斗争中采取了多种形式。一是利用资产阶级法律所提供的出版自由环境创办公开报刊进行公开的宣传鼓动。这种根据资产阶级的有关法律或经政府当局允准出版的无产阶级公开报纸，其活动自由是十分有限的。资产阶级政府可以随时运用其他有关法律或寻找种种借口限制其出版和发行。马克思和恩格斯于1848年德国革命期间创办的《新莱茵报》，在存在不到一年的时间里，普鲁士当局以“诽谤宪兵”、“污辱官员”、“煽动暴力”、“反对政府”等罪名，对该报编辑人员制造的诉讼案竟达23起之多。马克思就先后7次受到传讯和庭审，恩格斯则两次被通缉和搜捕。最后，由于马克思和恩格斯等编辑部成员或因被通缉和搜捕，或因被驱逐出境而无法再维持出版，报纸被迫停刊。

二是依靠群众支持创办秘密报刊。在封建统治和资产阶级政权下，许多无产阶级报刊都是在极端困难的条件下秘密出版的。这些报刊在政治上处于非法地位，一旦被当局发现，即难免没收和查封的命运。而在经济上，这些报刊往往都非常拮据。它们大都是靠群众捐款及党和工人团体的活动经费维持出版的。办报人常常要冒着生命危险编辑和发行报纸。列宁创办的《火星报》，就因国内沙皇政府的专制统治而不得不在国外出版。这份报纸先后在德国慕尼黑、英国伦敦和瑞士日内瓦等地出版，然后通过专门的渠道秘密运回国内发行。一张报纸要历经千难万险才能到达读者手中。

三是利用资产阶级报刊进行革命宣传。在自己缺少公开宣传阵地的情况下，尽可能利用资产阶级报刊作为向劳动群众说话的一个窗口，这也是无产阶级宣传真理、争取群众的一种手段。马克思和恩格斯就曾长期为美国资产阶级进步报纸《纽约每日论坛报》撰稿，时间持续达十年之久，发稿数量超过500篇。他们曾在数十种资产阶级报刊上发表过文章，这说明他们对利用资产阶级报刊宣传自己的思想观点，教育和争取群众是持积极态度的。当然，利用资产阶级报刊要以不丧失原则立场为前提。1861年，美国国内战争开始，《纽约每日论坛报》站在南方奴隶主一边，反对废除奴隶制，在该报脱离进步立场的情况下，马克思和恩格斯断然中止了已延续了十年的稿约。

无产阶级把争取新闻自由的斗争看作是争取政治自由、争取阶级解放事业的一部分，把出版报刊看作是采取其他重大政治行动之前的一个首要步骤，因而始终不惧艰险，千方百计地争取和维护新闻自由权利。正是通过长期不懈的努力，无产阶级才借助从资产阶级那里争得的新闻宣传武器传播真理，唤起民众，依靠阶级团结的战斗力量，最终赢得了人民革命的胜利。

无产阶级取得革命胜利，建立了自己的阶级政权之后，把新闻自由作为无产阶级和广大劳动人民群众共同享有的权利，而对那些敌视和破坏无产阶级政权的敌对分子，则剥夺他们的新闻自由权利。

（三）新闻自由既是一项民主权利，也是一项新闻工作原则

综上所述可以看出，新闻自由是在资产阶级同封建统治者的斗争中产生的。作为一种公民基本的民主权利，它是实现其他民主权利的基础和保证。美国政治家杰弗逊就曾说过："民意是我国政府赖以存在的基础，所以我们首要的目标就是要保持这种权利；若由我来决定，我们是要一个没有报纸的政府，还是没有政府的报纸，我会毫不犹豫地选择后者。"他还把新闻自由看作是通往真理道路上的"迄今为止所发现的最有效的道路"①。

在新闻实践中，新闻自由则是新闻传播活动得以顺利进行的基本条件。因此，它不但作为一种新闻理念为新闻界所认识和接受，而且作为一项工作原则为新闻界所遵循和依据。西方国家许多新闻职业团体及媒介机构都将"新闻自由"列入有关的行业规范之中，使之成为新闻工作中的一项重要原则。

如 1923 年美国编辑人协会制定的《报业信条》中的第二项就是"新闻自由"，其中强调"新闻自由，人类基本的权利，应受保障"。1957 年意大利全国报业新闻评议会制定的《报业道德信条》则把"新闻自由"放在了第一条，明确指出："新闻自由是一项不可让与的权利，每一个新闻从业人员均有依照真实事实采访、评论和刊出新闻的自由。"②

将新闻自由作为一项工作原则，其意义在于既可以为新闻工作确定一种行为规范，使新闻传播活动能够有一个宽松的工作环境，使媒体及新闻从业者能够获得必要的和规范的自由条件；同时也可以为权力机关确定一种行为规范，即维护新闻媒体和新闻从业者及广大民众的新闻自由权利，以保证新闻传播活动的顺利进行。

新闻自由作为一项新闻工作原则，为新闻传播活动中媒体及新闻从业者的活动自由和广大民众行使其新闻自由权利提供了必要的依据与保障，因此，这一原则的确立具有重要意义。

二、新闻自由原则的内涵

新闻自由涉及公民在新闻传播领域所应享有的各种自由权利，包括报刊出版、意见表达和新闻传播与收受等多方面的权利。

（一）争取报刊出版自由

"报刊出版自由"，是指社会团体和公民个人依法创办与经营报刊的自由权利。

在封建社会中，封建统治者采取种种手段限制办报自由。为此，争取出版自由的首要任务就是要冲破各种限制，获得自由创办报刊的权利。在弥尔顿的故乡英国，国王亨利八世于 1538 年建立了限制报刊出版的特许制度。后来的继任者又先后成立了皇家特许出版公司和皇家出版法院——星法院，用以垄断书刊出版，同时负责出版登记、出版物审查和对"违规"私自出版印刷品案件的审理等。所以早期出版自由的主要含义是争取免除出版特许限制，免缴出版保证金和免于出版前的检查，等等。

① 转引自［美］迈克尔·埃默里、埃德温·埃默里、南希·L·罗伯茨：《美国新闻史：大众传播媒介解释史（第九版）》，83 页，北京，中国人民大学出版社，2009。

② 转引自蓝鸿文等：《新闻伦理学简明教程》，251、257 页，北京，中国人民大学出版社，2001。

同这种封建专制统治者压制报刊出版自由的斗争，成为早期资产阶级争取出版自由的主要内容。青年马克思大学毕业后写的第一篇政论文章就是抨击普鲁士书报检查制度的。他认为，书报检查制度的实质在于扼杀人的精神，阻止人们对真理的自由探讨。他在文章中怒斥统治者说："你们赞美大自然令人赏心悦目的千姿百态和无穷无尽的丰富宝藏，你们并不要求玫瑰花散发出和紫罗兰一样的芳香，但你们为什么却要求世界上最丰富的东西——精神只能有一种存在形式呢?"①

为争取出版自由，资产阶级付出了巨大代价。1579 年，英国人约翰斯塔布斯因为出版小册子议论王室婚嫁而被捕入狱，并被砍去右手，成为世界新闻史上第一个因为出版书刊评说君王而受处罚的案例。而也正是这种追求出版自由的斗争精神推动了自由出版物的发展。

在资产阶级的斗争下，封建统治者步步退让，特许制度逐步取消，但资产阶级真正争得充分的报刊出版自由还是在自己取得政权以后。然而，取得了政权的资产阶级对无产阶级同样采取了限制报刊出版的做法，因此，无产阶级同样需要通过艰苦的斗争，从资产阶级手中去争取这种自由权利。

在建立了社会主义制度的国家，新闻媒体通常都属国家和集体所有，报刊出版和各种其他媒体的创办都是在国家政策与法律、法规允许的范围内由相关的社会团体及组织机构承担，国家实行扶持政策，支持媒体的创办和经营，并通过一定的形式和手段确保媒体的公有性质。这种报刊出版自由是一种人民群众共有、共享的自由。

综上所述，报刊出版自由的关键在于要保证公民创办和拥有媒体的自由，要防止媒体的垄断现象，使媒体真正掌握在民众手中。

（二）实现意见表达自由

"意见表达自由"，是指社会团体及公民个人运用新闻媒体发表意见、表达观点的自由权利，其中最主要的是运用媒体对权力组织和权力者发表批评性意见的权利。因此可以说，意见表达自由涵括了新闻批评和舆论监督自由。

最初围绕争取意见表达自由的斗争主要是针对统治者的。以英国为例，在 18 世纪时，当时的统治者通过追究"煽动诽谤罪"等手段来限制媒体对当权者的批评，而且拒绝记者采访议会，剥夺了媒体对议会的报道权。

当时议会和政府及官员拥有许多特权，他们动辄可以用"煽动诽谤罪"来对他们所认定的诽谤议员、批评政府和对议会有不敬言论者追究责任，加以罪名。对那些严重"触规"者，则可以经国王授权，由国务大臣签发总逮捕状，进行逮捕、搜查、扣押和审讯等。那位后来提出记者是"第四阶级"的威尔克斯，就因为在《北不列颠人》报上刊登文章抨击国王乔治三世而遭到逮捕和监禁。

在这种情况下，争取意见表达自由的核心就是要赢得对国王、议会、政府及其官员的批评权利，赢得对议会的采访报道权利。这是资产阶级在争取新闻自由斗争中的一个重要阶段。

同一时期发生在美国的"曾格案件"，也是西方国家争取意见表达自由的一个典型案例。1735 年，以"诽谤纽约总督"为罪名被捕的《纽约周报》发行人约翰·彼得·曾格，

① 《马克思恩格斯全集》，中文 2 版，第 1 卷，111 页，北京，人民出版社，1995。

在著名律师安德鲁·汉密尔顿的出色辩护下，最后被判无罪，法庭接受了“只有谎言方构成诽谤”的观点，认为如果报纸能够证明自己提供的是事实，就可以免于承担法律责任。

围绕争取意见表达自由的斗争，反映了资产阶级及新闻媒体为自由表达意见、观点和开展新闻批评，同封建统治者之间的殊死较量。

对社会主义国家来说，意见表达自由的实质和意义在于，强调并保证人民群众拥有批评和监督政府及公务人员的自由权利。

（三）维护新闻传播自由

“新闻传播自由”，包括双重含义，一是指媒体及记者采访、写作和报道新闻的自由，二是指公民的获知、选择和表达自由。

西方国家争取新闻传播自由的斗争是以20世纪发生的两次世界大战期间，媒体和民众争取知晓权的斗争为主要内容展开的。战争期间，一些国家的政府为了战争的需要，以国家安全为由，任意扩大保密范围，向媒体和民众封锁消息，剥夺民众的知情权利和媒体的新闻采访、报道权利，侵害新闻自由。针对这种情况，特别是反思二战期间法西斯主义靠隐瞒和欺骗发动战争、为所欲为的深刻教训，许多媒体和民众要求政府实行信息公开，保证自己的知晓权和采访报道权。

“知晓权”概念就此提出，并成为新闻自由思想中的一个重要内容。第一个提出“知晓权”概念的是美国记者肯特·库珀。他在1945前后提出的这一概念，引发了人们对民众了解政府工作信息和社会公共信息的权利的关注。

“知晓权”，指的是民众获取政府工作信息和社会公共信息的权利，主要是针对民众的获知需要提出来的。而民众知晓权的实现需要借助媒体，需要靠媒体对民众所欲知、应知而未知的各种新闻信息的及时、准确和充分的传播。从这一意义上说，媒体是在代民众行使知晓权。对媒体来说，要维护和保证民众的知晓权，就需要有报道和传播新闻的自由权利，因此“传播权”概念也相应出现。

所谓“传播权”，包括“采访权”、“写作权”和“报道权”，它们指的是媒体和记者在采访、写作和报道新闻方面所拥有的自由权利。

1. 采访自由

采访是一切新闻传播活动的基础，采访自由是实现新闻传播自由的基本条件。它包括媒体和记者自由接近新闻源，向新闻事件当事人和知情者访问、调查及收集有关材料的权利。任何单位和个人不能任意妨碍、限制与干涉媒体和记者的采访活动，或以不正当的理由拒绝向媒体和记者提供有关新闻事件的真实材料。

2. 写作自由

写作自由是记者报道和评述新闻事件，进行新闻写作的自由。它包括记者有权对所采集到的新闻事实材料，按照新闻写作的规范和程序实事求是地进行加工、写作；有权按照新闻传播规律，从满足受众兴趣与需要出发来选择写作内容和报道形式。

3. 报道自由

报道自由是指媒体发布和传播新闻的自由。它包括媒体有权在法律允许的范围内，按照一定的程序和要求自由地发布与传播新闻，不受来自非法律权力以及经法律授权以外的权力的制约。

西方国家民众和媒体争取知晓权的斗争结果，引发了一些国家对信息公开问题的关注，促进了相关立法工作的开展。

1951 年，芬兰颁布《政府文件公开法》，第一个将“知晓权”作为公民的基本权利通过法律形式确定下来。该法规定，公民有权取得任何公开的正式文件；在知晓权得不到保证时，当事人可向法院或其他有关机构申请得到有关文件。对于保密文件，则规定了 50 年的期限，期满即可公开。

1966 年美国国会通过了《信息自由法》（1974 年和 1986 年两次修订），10 年后又通过了被称为“阳光法律”的《公开会议法》，对政府文件及会议信息公开作出了明确规定，为保证民众知晓权提供了法律依据，同时也为媒体扩大采访和报道范围，更好地满足民众的知情需要创造了有利条件。媒体作为民众知晓权的代行者，其地位和责任更加明确。

围绕知晓权问题而引发的对媒体新闻传播自由权利的探讨，深化了人们对新闻自由内涵的认识，同时也扩大了新闻自由的范围。而这期间，西方国家的司法实践也为人们提高对知晓权的认识提供了实例。如 1971 年《纽约时报》披露关于越南战争的“五角大楼秘密文件”的事件所引发的新闻诉讼，最后，最高法院作出了有利于媒体的判决，这对于认识西方的知晓权和新闻自由问题具有一定参考价值。

对于知晓权和信息公开问题，中国共产党一直在积极推进这方面的工作。1987 年，中共十三大的政治报告就提出，要“提高领导机关的开放程度，重大情况要让人民知道，重大问题要经人民讨论”。同时还强调要“通过各种现代化的新闻和宣传工具，增强对政务和党务活动的透明度，发挥舆论监督的作用，支持群众批评工作中的缺点错误，反对官僚主义，同各种不正之风作斗争”。

2003 年抗击“非典”期间，中央及时总结前期在疫情通报和信息公开方面的经验与教训，加强了对重大突发事件下政府工作信息和社会公共信息的发布工作，及时作出了严厉禁止瞒报、缓报和漏报“非典”疫情信息行为的相关规定，为最终实现信息公开的立法工作积累了经验。这期间，媒体在信息公开方面所发挥的无以替代的巨大作用，也为我们理解现代信息社会中及时、公开地传播新闻信息，满足群众知情需要的重要意义提供了生动的范例。而当年政府颁布的《关于进一步改进和加强国内突发事件新闻报道的意见》，更是为实现信息公开提供了依据。

2007 年 4 月颁布的《中华人民共和国政府信息公开条例》，为我国政府实行政务信息公开作出了法律规定，这对维护民众的知情权、保护媒体的传播权都具有重要意义。

从上述内容看，新闻自由按其产生的背景和过程来看，应当是一种新闻理念和职业理想。它是包括资产阶级与无产阶级在内的一切阶级和政党都曾不懈追求过的一种理想目标，因为它是争取其他自由的基础和前提条件。

而如果从新闻传播实践和新闻工作要求看，它又是一种业务规范和工作原则，因为它是新闻传播活动得以顺利进行的保证和必要条件。

三、两种不同的新闻自由观

（一）新闻自由的阶级分析

新闻自由作为一种人类文明的成果，有其科学内涵及一般规律。它既可以为资产阶级所利用，也可以为无产阶级所利用。这里的关键是要看是谁，是在什么情况下提出和使用这一口号，而且要弄清楚是什么样的出版自由，为了什么和为了谁争取出版自由。列宁曾明确指出，不要把出版自由看作是一种“绝对的东西”，而应采用“一般阶级分析和评价”的方法，深刻认识出版自由的阶级实质。

新闻自由的阶级性质是由一定阶级在社会中所处的经济和政治地位所决定的。只有那些掌握着物质资料、享有政治特权的阶级才有可能成为新闻自由的真正拥有者。所以，在资本主义社会，新闻自由实际上是一种资本的自由。

新闻自由的阶级性质还在于，在阶级社会中，一个阶级的自由往往是以另一个阶级的不自由为条件的。封建统治者运用专权下的特许制度长期限禁了资产阶级的言论出版自由；资产阶级在掌权后，虽然在法律上承认了公民的言论出版自由，但为维护其阶级利益，却依靠自己拥有的经济和政治权力千方百计地限制工人阶级与广大民众的言论出版自由；无产阶级深知言论出版自由来之不易，在赢得政权后，为了广大人民群众的利益，在保障人民群众新闻自由的基础上，同样要限制一切敌视人民政权者的言论出版自由。

这说明，任何阶级不管是争取还是限制言论出版自由，都是出于维护自身阶级利益的需要。也正因为此，新闻自由有时作为一种目的，有时又作为一种手段。当要从敌对者手中争取新闻自由的时候，它是一种目的，人们会把它写在自己的斗争旗帜上；而当自己争得了新闻自由的时候，它便成了维护自身利益，实现更高远的政治和经济目标，服务其政治和经济制度的手段。

总而言之，新闻自由是一个政治和历史范畴内的概念，有着鲜明的阶级性质。它从来就是具体的、相对的、有条件的，而不可能是抽象的、绝对的、无条件的。往往是有统治阶级的新闻自由，就没有被统治阶级的新闻自由；在这一历史阶段主宰新闻自由的人，在下一历史阶段可能就会失去新闻自由。另外，不同的人对自由也有着截然不同的认识和理解。当年林肯在一次著名的讲演中就做过一个形象的比喻：牧羊人把狼赶走，从狼的爪子下救出了羊，羊为此感谢牧羊人，称他为“解放者”；而狼则因此谴责牧羊人，说他是“自由的扼杀者”。

历史和实践都说明，新闻自由是一定历史条件下和一定社会范畴内的产物，而不是永恒不变的东西。

下面通过对资本主义和社会主义两种新闻自由的分析来认识新闻自由的阶级性质。

（二）资本主义条件下的新闻自由

在资本主义国家，作为资本主义上层建筑重要组成部分的新闻媒体，总是要维护资产阶级的根本利益和资本主义的根本制度，要为资本主义的经济制度和政治制度服务。而资本主义的国家机器、法律制度和经济形态也总是要对新闻传播行为进行各种它们认为所必需的限制，从而使得资本主义的新闻自由不可避免地被打上深深的阶级印迹。

通常，资本主义国家对新闻自由的限制主要采取以下形式。

1. 通过各种法律限制新闻自由

在资本主义国家，一方面宪法和相关法律明文规定了公民的新闻自由权利，另一方面又通过另一些法律对新闻自由作出限制。诸如，规定“不得煽动暴力”、“不得蔑视法庭”、“不得扰乱治安”，等等。许多资本主义国家的法律都有这样的条文：政府可以“依据法律规定”，禁止任何它所不喜欢的活动。

作为统治阶级意志体现的法律向来是维护统治阶级利益的。资本主义国家的许多法律规定，实际上是对新闻自由的一种剥夺和限制。许多正直、进步的媒体及新闻工作者成为这些法律的受害者和牺牲品。对资本主义法律的这种两面性，马克思曾做过深刻的揭露。他说："宪法的每一条本身都包含有自己的对立面，包含有自己的上院和下院：在一般词句中标榜自由，在附带条件中废除自由。"①

2. 通过政府的行政手段限制新闻自由

资本主义国家的政府常常会运用行政手段来限制新闻自由。它们可以通过颁布各种管理条例和行政法规、控制新闻发布权和新闻信息源、笼络媒体及新闻界头面人物等手段，来对新闻传播活动进行管理和约束。有些国家的政府还直接出面创办新闻机构，实行对新闻传播的直接控制。如《美国之音》就是由美国政府主办的一家广播电台，它始终以阐明美国政府立场、为美国政府的内外政策服务作为自己的工作目标及准则，对它来说，享有新闻自由的程度要由美国政府来决定。2001 年"9·11"恐怖袭击事件后，该台因为违规播放了采访本·拉登的录像，而受到了台长被撤职、经费被削减的惩处。

至于新闻发布会更成了一些国家的政府新闻发布机构玩弄媒体和记者的常用手段。发布什么消息，提供哪些内容，如何进行发布，在什么范围内发布，向哪些人发布，通过什么渠道发布，等等，都由政府发言人说了算。在这种情况下，新闻自由常常会变成信息控制者对需求者的一种恩赐性的"施舍"。

3. 通过财团资本控制新闻自由

在资本主义国家，创办新闻媒体所需的巨额费用已使出版自由完全成了大垄断财团独享的特权。以美国为例，全国 1 700 余家报纸中，有 61%为 155 家大报团所控制，而在这些大报团背后则是拥有更大经济实力的大财团。美国金融巨头之一摩根财团就控制了全国 13 家特大报团中的甘乃特、纽豪斯、赫斯特、斯克里普斯、《纽约时报》和《论坛报》等 6 家。美国的广播电视则几乎完全控制在美国广播公司（ABC）、全国广播公司（NBC）、哥伦比亚广播公司（CBS）等广播大户手中。而这些广播电视大户近年来又被纳入巨型跨国集团之下——美国广播公司成为娱乐巨子迪斯尼集团的一个子公司，全国广播公司从属于通用电气公司，哥伦比亚广播公司被西屋电气公司买下，美国 FOX 电视网则由世界传媒业巨擘默多克所控制。

近些年来西方国家媒体垄断化进一步发展，传媒企业间的兼并、联合和重组加剧，出现了一些超大型的媒体"巨无霸"，使得新闻传播的所有权和话语权更加集中于少数特大垄断财团手中，新闻自由受到的制约和限制越来越多。人们对这种媒体高度垄断现象所造成的对新闻自由的侵害日益担心和不满。

4. 通过企业主和广告户控制新闻自由

在一些资本主义国家，广告是传媒业收入的主要来源。换言之，大多数媒体都是靠广告收入来维持生存的。通常，广告收入会占到报刊经营收入的 50%左右，而广播电视的广告收入占其经营收入的比重则更大，有的媒体的收入几乎全部都来自广告收入。这样，企业主、广告户就通过广告扼住了媒体的咽喉。报纸和广播电视业的老板们往往不得不看企业主和广告户的脸色，投其所好，根据他们的好恶来决定传播政策。美国大报业主亨利·鲁斯称美国广告协会是美国报刊的"拨款委员会"。他坦言，美国广告协会是地球上他唯

① 《马克思恩格斯选集》，2 版，第 1 卷，598 页，北京，人民出版社，1995。

一要对其负责的“法庭”。

一些购有报业和广播电视业股份的大企业主、大银行家还常常通过派人参加报业、广播电视业董事会、股东年会及其日常工作机构等办法来直接或间接地控制媒体及其传播活动。虽然西方国家的许多媒体，其编辑业务具有相对的独立性，但是这种被企业主和广告户扼住咽喉的新闻传播已很难说是一种完全自由的传播活动了。

5. 通过雇佣关系控制新闻从业者的活动自由

在资本主义国家，新闻从业人员处于雇佣劳动者的地位。这种雇佣关系使他们只能遵照媒体老板及其后台大财主、大股东们的旨意，在其所划定的“圈子”内行动，稍有“越轨”行为，触犯了报业主，面临的便是被解雇、丢饭碗的命运。美国著名记者阿内特就因为批评了美国政府在伊拉克战争中的失误而遭到了解职。通常，记者工作的权利控制在老板手中，其享有新闻自由的程度自然也由老板所控制。美国《纽约时报》的一位前任编辑曾十分感慨地说：我们是幕后活动着的财主们的工具和附庸。我们是傀儡，财主们拉线，我们跳舞。我们的才能、本能和生命，都是他们的财产。我们是智力的妓女。

6. 通过行业自律约束新闻工作者的活动自由

为了规范新闻工作者的职业行为，防止由于滥用新闻自由而导致对新闻传媒声誉和形象的损害，许多资本主义国家的新闻行业组织都制定有本行业的职业道德规范和行为准则，作为新闻自律的一种手段。这些行业性规范文件，完全属于自律性质，虽然它们不具有强制性，而是运用道德和舆论的力量来对新闻从业人员进行行为约束，但应当说这也是对新闻自由的一种限制手段。

资本主义国家通过上述种种手段对新闻自由进行规范和限制，这样，公众、媒体及新闻工作者能够真正享有的新闻自由权利就被打了折扣了。

资本主义国家新闻自由所存在的局限与弊端，导致了西方自由主义理论所宣扬的那种不受党派、政府等权力机构和利益团体限制的“新闻自由”，在现实生活和新闻实践中很难得到真正落实与实现。从根本上说，这是由资本主义国家的所有制性质所决定的。因为以私有制为其政治制度和社会制度基础的资本主义国家，是将新闻自由限定在不侵害资产者的私人利益和资本主义的根本制度的前提下的。

（三）社会主义条件下的新闻自由

社会主义的新闻自由是一种与资本主义的新闻自由本质不同的新闻自由，它具有以下一些特征。

1. 人民群众共享的自由

在社会主义国家，国家把新闻事业的创办权和经营权赋予人民所有，并为其创造必要的生存与发展条件。报刊、广播、电视等新闻传媒掌握在以人民利益为依归，以为人民服务为宗旨的国家机关和社会群团组织及文化机构手中，它们以满足人民群众的新闻信息需求为工作目标，并提供必要的条件让人民群众能够运用新闻媒介表达意见，陈述观点，成为人民群众的耳目喉舌，这就从根本上保证了广大群众享有新闻自由的一些基本权利。

除了对那些对社会主义国家的根本制度和人民政权持敌对立场，并给人民的事业与利益带来严重损害的个别媒体和少数人的传播活动采取限制手段外，国家通过各种措施和手段来确保绝大多数人能够享有新闻自由。如不允许私人控制媒体，实行全党办报、群众办报，要求媒体接受群众监督，等等。

2. 摆脱资本奴役的自由

在社会主义国家，新闻业都属于国家和集体所有，在生产资料的占有上实行的是公有制。通常情况下，个人不允许创办和经营媒体，业外和境外资金进入新闻媒体有严格的限制，以不介入和干涉传播业务活动、不谋求对媒体新闻传播权和编辑权的控制为先决条件。新闻业的经营和管理由人民所委托的代表及机构来实行。媒体的经营活动强调把社会效益放在第一位，经济效益要服从社会效益，不允许搞新闻商品化，不允许把新闻业变成谋求个人和小团体私利的工具。这就使得新闻传播能够从根本上摆脱资本的奴役，不致成为少数人依靠自己的个人财力便能占有和独享的特权，而真正成为人民群众共同享有的一种民主权利。

3. 共产党领导下的既坚持发扬民主又强调集中统一的自由

在社会主义国家，新闻业同其他各种社会文化事业一样，也是共产党和人民政权统一领导下的社会主义事业的一部分。它自觉接受党和政府的领导与监督，按照党和国家的路线方针政策及国家的法律法规开展新闻业务与产业经营活动。

社会主义的新闻自由是一种既坚持发扬民主又强调集中统一的自由，即在民主的基础上实行集中，在集中的指导下发扬民主。国家尽力创造一个宽松、和谐的社会政治和舆论环境，鼓励媒体及广大新闻工作者充分发挥积极性、主动性和创造性，在国家的路线方针政策和国家的法律法规的范围内，按照新闻传播规律做好新闻工作；同时强调媒体及新闻工作者要从国家和人民的根本利益出发，自觉接受党的领导，模范遵守各种法律法规和宣传纪律，保证新闻传播能够始终坚持正确的政治方向，防止出现滥用新闻传播自由权利，偏离社会主义的政治方向的情况。

4. 逐步完善和发展中的自由

自社会主义制度诞生以来，我国社会主义新闻自由经历了一个不断充实、完善和发展的长期过程。从一开始社会主义的新政权创办人民报刊，为获得翻身解放的广大人民群众创造拥有新闻传播自由的基本条件，到实现新闻自由从形式到内容逐步深化的实质性转变，党和政府做了大量工作，也取得了显著的成效。

应当说，今天我国的新闻自由环境已经有了很大的改善，特别是互联网、手机、微博等新媒体的出现，更是为普通民众掌握和运用媒体实现自己的新闻自由权利开辟了广阔空间，提供了有效的条件。人民群众不但拥有了运用新闻媒体获知各种新闻信息的自由，而且还可以借助新闻媒体提出建议，发表意见，阐述观点，对党和政府机关及其工作人员的工作开展批评与实行监督，行使自己参政、议政的民主权利，从而获得了真正意义上的新闻自由。

当然，应当承认，我国社会主义新闻自由的实现过程也经历了一些曲折。由于一些时期“左”的路线的影响，和国家所面临的内外形势与环境的不断变化，我国新闻传播自由的开放与实现程度时有变化。当政治形势和社会环境宽松时，开放和实现的程度就好一些；当政治形势和社会环境复杂时，开放和实现的程度就差一些。例如“反右”时期，当时政策上的偏差和失误，导致一些群众的新闻自由权利被限制，甚至被剥夺。而像“文化大革命”这样的特殊时期，新闻媒介和舆论大权被一些政治上的阴谋家、野心家所掌控，广大干部、群众的新闻自由权利受到严重侵害，社会主义的新闻自由完全改变了性质。

自进入改革开放新时期以来，随着国家经济形势的逐步好转和社会的日趋稳定，我国的政治民主进程不断推进，社会舆论氛围越来越宽松和开放，广大群众的包括新闻自由在内的各种民主自由权利越来越受到尊重和保护，过去人们所期待的那种生动活泼的政治局面正在逐步形成，社会主义新闻自由呈现出独特的优越性。

实事求是地看，我国当前的新闻自由状况依然存在一些不尽如人意的地方。在一些地方、单位和部门，还时不时地会出现侵害和破坏新闻自由的情况。例如有的地方、单位和部门及其负责人不是依据相关法律法规，以及党和政府一贯倡导和坚持的新闻工作方针、原则、纪律来指导与管理新闻工作，而是习惯于靠简单的行政手段，凭借自己手中握有的权力任意干涉新闻单位的工作，有的甚至将自己所管辖的新闻媒体变成其实现个人宣传目的和进行舆论控制的一种手段。他们往往不是按照新闻传播规律，而是根据自己的需要和意愿来规制新闻传播活动，导致新闻媒体的一些基本的新闻传播自由权利，特别是舆论监督权受到限制和侵犯。这是对社会主义新闻自由的一种亵渎和侵害。

近些年来，我国政治民主的进程在不断推进，社会舆论环境也在逐步改善，我们相信，社会主义新闻自由也将会在不断充实和完善的过程中得到更大的发展。

第二节　社会责任原则的内涵及要求

一、社会责任原则的产生

（一）西方国家社会责任理论的提出

“自由”与“责任”是一种对立统一的关系，它们相互制约又相互联系。可以说，在西方国家，正是自由主义新闻理论与原则孕育并最终导致了社会责任理论与原则的产生。

1788 年，被誉为“自由开创之父”的托马斯·杰弗逊，在支持制定旨在保护新闻自由的联邦宪法修正案时，就表明了传播者要承担相应的责任的观点。他在给托马斯·麦迪逊的信中谈到：“联邦政府将永远不限制新闻业乐于出版的一切东西，但是这个宣言并不放弃追究印刷虚假事实者的责任。”他认为：“自由不是为所欲为，想做什么就做什么，而是‘应该做……’。新闻业有义务向公众提供可信的、准确的和重要的消息与意见。‘如果新闻业不能履行它的职责，那么，人民将迫使新闻业变得负责’。”

作为美国宪法和人权法案主要起草者的托马斯·麦迪逊也是“责任论”的积极倡导者。他认为，“自由不是终极的责任”，新闻业的主要责任应当是维护新闻业的独立性。传播者拥有自由出版的权利，但是要为出版“虚假的事实”承担责任，你选择了自由，就须承担相应的责任，自由本身就体现着责任。①

西方新闻界“责任”意识的真正觉醒，是从 20 世纪初以普利策为代表的一些报人强化新闻的专业化为标志开始的。年轻时期曾经同赫斯特以黄色新闻展开激烈竞争的普利策，在晚年开始把新闻的专业化作为自己的理想。他批评报纸的商业化倾向，提出报业应当把公众利益放在首位，并在自己主办的《世界报》上积极开展鼓吹社会改革的实践。

但是“社会责任”作为一种完整的新闻理论被提出，则是 20 世纪中叶的事了。1947

---

①　参见徐耀魁主编：《西方新闻理论评析》，235～236 页，北京，新华出版社，1998。

年，美国芝加哥大学校长罗伯特·哈钦斯领导的“报刊自由委员会”，经过对全国新闻自由状况的历时三年多调查，提交了一份名为《自由而负责的新闻业》的研究报告。这份报告系统阐述了新闻自由是负有义务的道德权利的思想，阐释了自由与责任的关系，从根本方向上奠定了大众媒介社会责任学说的理论基础，标志着社会责任理论的诞生。

1956 年，西奥多·彼得森在《传媒的四种理论》中，根据这个研究报告的基本内容对传媒的“社会责任”作了较为全面的理论阐释，并正式提出了“社会责任论”的概念和命题。

社会责任理论强调传媒要履行社会责任，要对社会与公众负责，而当其不能履行这一责任的时候，其他社会机构可以加以干预，必要时，政府也可以借助法律法规等手段对其进行干预。

社会责任理论是对自由主义新闻理论的修正。它不再把新闻自由看作是一种与生俱来的、人人都可享有的，并且不受剥夺的、绝对的“自然权利”，而是强调新闻自由是一种以承担相应义务为基础的“道德权利”，要求媒介要在对社会负责的前提下开展活动。

社会责任理论的产生为确立新闻工作的社会责任原则提供了理论依据，成为西方国家乃至世界新闻界的一项行为规范，许多国际组织及各国新闻行业组织都将其列入职业道德行为规范之中。

《联合国国际新闻道德规约》在其序言中就提出，报业及其从业人员须“经常自动努力保持最高度的责任感，切实履行道德义务”。

国际新闻记者联合会于 1954 年通过的《记者行为原则宣言》的第一条规定：“尊重真理及尊重公众获得真实的权利，是新闻记者首要责任。”

美国编辑人协会于 1923 年制定的《报业信条》则将“责任”列为该信条的第一条，指出：“报纸有争取读者、吸引读者的权利，然而这种权利，必以为公众利益考虑为范围。报纸吸引的读者越多，其对读者的责任越大。报社工作的每一同仁，均分担严肃的责任。既然读者信赖报纸，若报纸利用读者的爱戴，实施自私自利的企图，谋求不正当的目的，实在有负于这种崇高的信任。”

日本新闻协会在 2000 年 10 月重新制定的《新闻伦理纲领》中，把“自由”与“责任”合在一起作为纲领的第一条，规定：“表现自由是人类的基本权利，报纸拥有报道、评论的完全自由。在行使这种权利之时，必须充分考虑到肩负的重要责任，不得有害于公共利益。”①

（二）我国新闻界对媒介社会责任的认识

我国新闻界一向推崇新闻媒介的社会责任，早期的一些报人和学者在论及媒介的社会功能时对此都有明确的阐释。无论是梁启超提出的“监督政府、向导国民”，还是徐宝璜提出的“供给新闻、代表舆论、创造舆论、灌输知识、提倡道德”，无疑都讲到了新闻媒介要在社会沟通、社会教育、社会监督和社会导向等方面担负一定的责任。

中国共产党在强调新闻事业作为党和政府的言论机关所应担负的政治责任的同时，也十分重视其作为社会与民众的舆论手段所应承担的社会责任，提出要把坚持对党和国家负

---

① 上述引文均转引自蓝鸿文主编：《新闻伦理学简明教程》，248、250、255 页，北京，中国人民大学出版社，2001。

责同对社会、对人民负责紧密联系起来，而且努力寻求它们之间的和谐统一，即把承担对党和国家负责的政治责任同承担对社会和人民负责的社会责任统一起来。

《中国新闻工作者职业道德准则》（2009 年 11 月修订本）第一条就提出，要把体现党的主张与反映人民心声统一起来，把坚持正确导向与通达社情民意统一起来，把坚持正面宣传为主与加强和改进舆论监督统一起来，发挥党和政府联系人民群众的桥梁纽带作用。

中国报业协会制定的《中国报业自律公约》第一条中也规定："严格遵守国家的各项新闻活动管理法规，忠实履行报纸的社会责任，不以任何有损于社会和国家利益的、格调低下的或未经核实的报道内容作为报纸参与市场竞争的手段。"①

二、社会责任原则的内涵及要求

自社会责任理论产生之后，国际新闻界对传媒的社会责任问题有了越来越深刻的认识，以这一理论为基础形成的社会责任原则也成为各国新闻界都认可的一项基本行为规范。虽然各国在对社会责任原则的理解与认识上还存在着一些区别和差异，但有些内容及实施要求是带有共性的。

（一）真实而公正地报道和评述新闻，满足公众的知闻需要

新闻媒介的一个重要职责就是向社会与公众提供新闻信息，满足公众的知闻需要，而保证新闻信息的真实、准确是社会与公众对媒体传播最基本的要求。由此，世界上大多数国家都把真实而公正地报道和评述新闻作为新闻传媒应当向社会与公众承担的首要的职业责任。

《联合国国际新闻道德规约》第一条就规定："报业及所有其他新闻媒介的工作人员，应尽一切努力，确保公众所接受的消息绝对准确。他们应当尽可能查证所有的消息内容，不任意歪曲事实，也不故意删除任何重要的事实。"

美国记者公会于 1934 年制定的《记者道德律》第一决议的第一条规定："新闻记者的第一责任，是报道正确的无偏见的事实。"

日本新闻协会制定的《新闻伦理纲领》指出："在信息爆炸的社会，强烈要求准确地、迅速地判断什么是真实的，应该选择什么，新闻的责任就是通过正确而公正的报道、负责任的评论来回答社会的这种要求，履行公共的、文化的使命。"该纲领把正确而公正地报道和评述新闻作为新闻媒介的一项重要社会责任，其第二条的题目即为"正确与公正"，其中规定："报道必须正确公正，不应受记者个人的立场、信仰的左右。评论不能谀世，而应该贯彻信念。"

《中国新闻工作者职业道德准则》（2009 年 11 月修订本）把"坚持新闻真实性原则"列在第三条，强调"要把真实作为新闻的生命，坚持深入调查研究，报道做到真实、准确、全面、客观"。

（二）维护社会公共利益，做社会与公众的耳目喉舌

在现代社会，新闻媒介作为一种社会舆论机关和公众舆论手段，理应成为社会与公众的耳目喉舌，自觉维护社会公共利益，这是其不容忽视和不可推卸的社会责任。

① 转引自蓝鸿文主编：《新闻伦理学简明教程》，225、228 页，北京，中国人民大学出版社，2001。

《联合国国际新闻道德规约》第二条规定："职业行为的崇高标准，是要求献身于公共利益。谋求个人便利及争取任何有违大众福利的私利，不论所持理由为何，均与这种职业行为不相符合。"

《美国新闻道德准则》在其第一项"报人守则"的第一条中就指出："我们相信，新闻事业为神圣的职业。"而在后面的内容中许多都强调了新闻事业要为社会公共利益服务的要求。如第二条中说："我们相信，公众信赖报纸上所刊载的文章，凡与报纸所刊载文章有关的人，就其全部职责而言，均为公众所信赖的人。因此，不为公众服务而仅为私利驱使者，均为背信弃义之徒。"第七条中说："我们相信，广告、新闻与评论，均应为读者的最高利益服务。因此，一切有益的求真求实的观念高于一切，是唯一的标准。新闻事业的良莠，视其对社会服务的多寡而定。"

《中国新闻工作者职业道德准则》（2009 年 11 月修订本）在第一条中，就规定了新闻媒介应当"全心全意为人民服务"，并强调，要"牢固树立群众观点，把人民群众作为报道主体和服务对象，多宣传基层群众的先进典型，多挖掘群众身边的具体事例，多反映平凡人物的工作生活，多运用群众的生动语言"，等等。

这说明，作为社会舆论机构的新闻媒介，决不能将新闻传播的公共权力变成一种媒介私权，去"谋求个人便利及争取任何有违大众福利的私利"，这是媒体必须承担的最基本的社会责任。

（三）维护国家安全，促进社会稳定

一些国家将维护国家安全和促进社会稳定的内容也列入对新闻媒介社会责任的规范要求中。例如《瑞典舆论家联谊会出版规范》（1923 年制定，1953 年修订）的第一条就是"国家安全"。其中规定：

> 谨慎报道间谍与犯罪新闻，以免危害国家安全。
>
> 对于国防、经济及内政等措施，在发表新闻和图片时，要常常想到国家安全，不可因大意报道，而影响到国家经济、国防和内政的安全。

《中国新闻工作者职业道德准则》（2009 年 11 月修订本）第二条提出要"服从服务于改革发展稳定大局"，特别强调"采访报道突发事件要坚持导向正确、及时准确、公开透明，全面客观报道事件动态及处置进程，推动事件的妥善处理，维护社会稳定和人心安定"。

一些国家虽然在相关行为规范中没有明确列入此类内容，但也会通过其他形式对媒体提出类似要求，以保证其在这方面承担起责任。特别是在遇有战争或紧急状态的情况下，更会作出一些强制性的规定和要求，用以确保媒体在关键时期履行维护国家安全及社会秩序的责任。

（四）尊重公民人格尊严，维护公民合法权益

每个公民都有自己的人格尊严，国家法律保护公民基本的人格权利及其他各种合法权益，新闻媒介应当把尊重公民的人格尊严和维护公民的各种合法权益作为自己应当严格履行的社会责任。

《联合国国际新闻道德规约》第二条，对一些侵害公民人格权利及其他合法权益的行为提出警示，并指出："任意中伤、污蔑、诽谤和缺乏根据的指控，都是严重的职业罪

恶。”第三条则规定：“对个人的名誉应予以尊重，有关个人私生活的消息与评论，可能损及个人名誉时，若并非有助于公共利益，而仅仅是迎合公众好奇心理者，则不应该发表。”

许多国家有关职业规范，在维护公民的合法权益方面也都有一些明确规定。

例如日本新闻协会制定的《新闻伦理纲领》就列有“尊重人权”的专条，其中规定：“报纸应对人类的尊严给予最高的敬意，尊重个人的名誉，保护个人隐私。误报时迅速更正，判断出无正当理由伤害对方名誉时，应采取提供申辩机会等适当措施。”

韩国报业伦理委员会于1957年通过的《报人行为准则》中，第三条为“尊重他人名誉及自由”，对如何保护公民的名誉权、肖像权等都作了具体规定。

《中国新闻工作者职业道德准则》（2009年11月修订本）第六条对维护公民合法权益也作了许多规定。如维护被采访对象的合法权益，不揭个人隐私，不诽谤他人；维护未成年人、妇女、老年人和残疾人等特殊人群的合法权益，注意保护其身心健康；等等。

滥用新闻传播权利侵犯公民的合法权益，导致公民的人格尊严及其他各种正当权利受到侵害，是社会与公众对新闻媒介产生反感，并且导致新闻诉讼出现的重要原因。尊重公民基本的人格权利及其他各项合法权益，应当是新闻媒介必须承担的社会责任。

（五）发挥社会监督作用，做社会的捍卫者

有人把新闻媒介称作“社会监视器”或“环境监测者”，是说它具有预警和监督的功能，可以对社会起到一种监测、预警、调适和捍卫的作用。

新闻媒介的社会监督作用体现在，一是对政府的监督，二是对社会不良现象的监督，三是对违法、违纪和违反社会公共道德者个人的监督。

当发现政府有违法行政行为和公务人员有腐败现象时，新闻媒介有责任代表社会与公众对其实行监督；当社会出现某些不良现象，某些社会成员个人的行为侵害了社会公共利益时，新闻媒介也有责任对其提出批评，实行监督。这些都是新闻媒介所应当承担的社会责任。而承担这些社会责任的目的，就在于维护社会与公众的利益，使其不致受到侵害，保证社会这部大机器能够不出偏差，实现良性运行。

（六）履行传播社会公共文化的使命，不传播低俗不雅的东西

作为一种信息传媒，新闻媒介担负着传播社会公共文化的使命，须自觉地传播积极、健康、有益的社会公共文化，自觉地抵制消极的、不健康的和有害的文化垃圾，这也是新闻媒介一项不容忽视的社会责任。

世界上许多国家对新闻媒介都有这方面的明确要求，强调新闻传播的内容要庄重、高雅、健康、有益，而对那些低俗不雅的内容则持批评态度，并加以必要的道德规范。

《美国新闻道德准则》在其第二项“报业信条”中，就专门设有“庄重”一条。其中指出：“凡报纸假借道德的理由，对于社会伤风败俗，如奸淫掳掠的犯罪事实，着意描写，迎合低级趣味，煽动低级情感，此类报纸，显然不符合公共利益的要求，实无逃于不诚实的罪名。我们虽然没有限制此种不良报纸的规定，但是我们在此不得不严重宣布，凡诲淫诲盗的报纸，必定因读者的反对与同业的遣责，而日趋失败。”

日本新闻协会制定的《新闻伦理纲领》则设有“品格与节度”一条，该条明确指出，报纸要“履行公共的、文化的使命”，同时强调“报道、广告都需要表现高尚品格”。

《中国新闻工作者职业道德准则》（2009年11月修订本）也有相关的内容。在第二条中规定，新闻报道要“宣传科学理论、传播先进文化、塑造美好心灵、弘扬社会正气，增强社会责任感，坚决抵制格调低俗、有害人们身心健康的内容”。

从上述内容可以看出，新闻界通常都把那些“伤风败俗”、“诲淫诲盗”、“低级趣味”、“格调低俗”的，有害人们身心健康的东西作为有害的文化传播，置于批判与否定的位置，将此类行为视为对新闻职业精神和职业理念的一种背弃与糟践，视为不负责任的表现。

新闻媒介社会责任原则的内容及要求远不止这些，但仅从上述内容即可看出，新闻媒介在行使其职业权利时，所应承担的社会责任是多方面的，要求也是很高的，需要每家媒体和每个新闻从业者都高度重视，严格履行，才不辱其社会使命。

三、社会责任原则实现的条件

上述各国对新闻媒介社会责任的一些具体规定和要求，有许多共同点。这体现了不同社会制度、文化形态和民族传统的国家，在新闻媒介社会责任方面的共同要求。特别是20世纪中叶西方国家社会责任理论产生以后，世界各国对新闻媒介社会责任的要求更成为一种普遍性的伦理规范及行为要求。

要保证社会责任原则能够有效实现，需要具备一些条件。

（一）确立正确的社会责任意识

“社会责任”，是指责任人对社会应做的分内事情。按此解释，媒体的社会责任，应当是媒体对社会应做的职业分内的事情。

一家负责任的媒体要从社会的政治、经济、文化及伦理、道德多方面来理解并履行自己的责任。总之，要从一定社会的政治制度和经济制度，以及该社会的文化与道德传统的意义上来理解和履行自己的社会责任。

另外，在讲社会责任的时候，我们国家更加强调从新闻传媒政治责任的角度来认识其社会责任，强调社会责任与道德责任及政治责任的一致性，强调对社会公众负责与对社会的政治制度和经济制度负责的一致性。

（二）实行严格的行业道德规范

新闻媒介的社会责任与其道德责任是紧密相连的，因此，要从增强媒体及其从业者道德责任的角度来规范新闻传播行为。许多国家都制定了专门的行业道德规范条例及相关文件，用以规范媒体及其从业者的行为，特别是确保其履行社会责任。

（三）营造适宜的履行责任环境

要使媒体及其从业者能够很好地履行其社会责任，必须为其营造适宜的政治、经济和法律环境。

民主、和谐的政治环境是确保媒体及其从业者履行其社会责任的重要条件。只有在一个民主、和谐的政治环境中，媒体及其从业者拥有充分的新闻自由，才能够按照自身的功能和职责去履行应当承担的社会责任，去实现自己服务社会与公众的职业目标。否则，如果在一个缺乏民主、自由的政治环境中，媒体及其从业者不具备新闻传播所必需的新闻自由条件，那么即使其愿望再好，其履行社会责任的效果也会受到制约和影响。

规范、有序的经济环境也是媒体及其从业者履行其社会责任的必要条件。只有在一个规范、有序的经济环境中，媒体具有一定的经济实力，并且处在一种平等竞争的媒介经济环境中，相互间都能以服务社会与公众为目的，各自发挥自己的特色和专长，才能保证其能够顺利履行自己的社会责任。否则，如果在一个混乱、无序的经济环境中，媒体间完全处在一种只求赚钱赢利、不讲道德诚信的商业竞争状况下，那么媒体要想履行好自己的社会责任就会十分困难。这方面，西方大众化报刊时期，一些报纸为扩大发行、追逐利润而不择手段，导致道德沦丧、贻害社会的实例给世界报业留下了深刻的教训。

健全、有效的法律环境同样是媒体及其从业者履行其社会责任所不可缺少的条件。只有在一种健全、有效的法律环境中，新闻媒介能够置于开明而又严格的法律的规范下，借助法律来规范自己的传播行为，将自律与他律完美地结合起来，媒体及其从业者才能履行好自己的社会责任。否则，如果缺乏必要的法律规范作为对媒体及其从业者履行其社会责任行为的一种制约，仅仅靠媒体及其从业者的个人自觉，仅仅靠没有法律保障的道德自律，媒体及其从业者履行社会责任的效果就会受到影响。或者虽然有相关法律，但却不是开明的法律，而是对新闻自由实行严格控制的法律，那么，媒体及其从业者在缺乏自由保障的情况下，在履行自己的社会责任方面也会大打折扣。

（四）建立相应的行业监督机制

任何权力如果失去监督便会走向腐败，这一铁律对媒介权力同样是适用的。新闻媒介在履行自己的社会责任时，需要有相应的监督机制加以制约，才能防止媒体及其从业者将作为公权的媒介权力转化为私权，才能保证其自觉、有效地履行服务社会与公众的责任和义务。

从 20 世纪初起，西方一些国家开始相继建立起各种类型的行业监督机构，用以对媒体及其从业者的职业行为进行必要的监督。特别是社会责任理论出现以后，从 20 世纪五六十年代开始，各国新闻评议会等组织的纷纷建立，为规范媒体的职业行为，监督其履行社会责任发挥了一定的作用。

新闻评议会的主要任务是对媒体的职业行为进行评议，对某些涉及职业道德的新闻诉讼进行仲裁，对媒体的传播活动实行行业监督。它是确保媒体履行其社会责任的一种有效形式。

上述几个方面是确保媒体及其从业者履行其社会责任的一些必要条件。这些条件是否具备，具备了多少，直接关系到媒体及其从业者履行社会责任的程度与效果。当然，在不同的国家，由于社会制度和所有制形式的不同，这些条件的存在方式及运用手段各不相同，其作用及效果也不一样。

社会主义国家具备在所有制形式上的优点及在社会制度上的优势，理应更加充分地为媒体及其从业者提供必要的社会政治、经济和法律环境，建立更加完善的行业自律及行业监督体系，使社会责任原则能够更加有效地得到体现和落实。

第三节 坚持新闻自由与社会责任的统一

一、正确认识新闻自由与社会责任的辩证关系

按照社会责任理论的一般理解，新闻自由的权利伴随着一定的义务和责任。没有自

由，就无法履行责任，而不承担相应的义务和责任，自由的权利也无法得到保障。在这里，起核心作用的是道德意识与道德责任，这是媒体及其从业者职业行为的底线。

如果媒体及其从业者在享有新闻自由权利时无节制地放任自己，任意冲破道德底线，连起码的道德意识与道德责任都不讲，将自己的自由权利建立在危害社会公共利益和侵害公民合法权益的基础上，那么就等于剥夺了自己的自由权利，因为社会不会放任其如此，而总要采取一定的手段对其行为进行限制。

社会责任理论之所以提出在必要时政府可以对滥用新闻自由的行为进行干预，以保证媒体能够履行社会责任，不侵害社会与公众的利益，其根本原因就在于，这是保障正当新闻自由权利的一种必要的手段。

二、实现新闻自由与社会责任的统一

社会责任原则是新闻工作中的一项重要原则，一切新闻机构及其从业者都须明确这一原则的深刻内涵，自觉地把要求新闻自由权利同履行相应的社会责任结合起来，坚持自由与责任的统一，真正做到既讲自由权利，又讲责任意识，合理、合法地行使社会赋予自己的新闻自由权利，认真履行自己应当承担的各种社会责任，以圆满实现自己的社会功能，有效发挥自己作为社会与公众耳目喉舌的作用。

要实现新闻自由与社会责任的统一，首先需要媒体及其从业者谨慎行使自己的新闻自由权利，而决不滥用新闻自由权利。须注意把握好新闻传播中的道德底线，知道哪些传播行为是允许的，哪些传播行为是不允许的。凡是违反国家法律法规和政府传播政策的事情，应自觉加以抵制；凡是有损社会与公众利益的传播行为，应坚决不为；凡是出于媒体或新闻从业者一己私利的传播行为，应坚决杜绝。

其次，需要牢牢树立责任意识，自觉地以维护国家安全、社会稳定、民族团结，促进经济发展、世界和平和人类进步作为自己义不容辞的责任，要尽可能地使自己的传播活动能够同上述目标有机地联系起来。

再次，需要确立明确的受众观念，要自觉地将自己手中的传播权力用于为社会与公众提供有效的服务，须知自己的传播权力来自受众，因此必须真正用在为受众服务上。

最后，需要保障媒体及其从业者拥有充分的新闻自由权利和实现这些权利的必要条件，使其能够更好地借助这些权利来履行自己的社会责任、道德责任和政治责任。

总之，只有坚持新闻自由与社会责任的协调统一，才能既保障媒体拥有充分的新闻自由权利，又确保媒体能够很好地履行自己的社会责任，使媒体的社会功能能够得到圆满实现，使媒体能够充分发挥自己的社会作用。

社会主义新闻事业作为党、政府和人民的耳目喉舌，担负着重大的政治责任与社会责任，尤其应当处理好新闻自由与社会责任的关系。每家媒体和每个新闻工作者都须牢记自己的责任与义务，要本着对党、对国家、对人民、对社会高度负责的精神，用好自己手中的新闻自由权利，决不可不讲责任，滥用权利，去做损害国家、损害人民、损害社会的事情。当然，为了保证媒体能够顺利地履行其社会责任，国家也应当提供充分、规范的新闻自由条件，以使新闻自由与社会责任能够协调统一，争取达到完美的效果——媒体充分自由地去履行应尽的责任。这是一种理想的目标和境界，它的实现需要靠新闻媒体及广大新闻工作者的不懈追求，更要靠全社会的共同努力。

如今，随着互联网、手机、微博等新的媒介形态及传播方式的出现，社会已经进入了“自媒体”时代。在这种情况下，只要具备了一定的传播条件，“人人都有麦克风”，“人人都是传播者”，“人人都是评论者”，可以说普通民众拥有了越来越多的信息与新闻传播的自由权利，由此也应当承担相应的社会责任。作为一个传播者，每一个媒体使用者都要增强责任意识，要使自己的传播行为符合法律、道德和必要的专业规范，共同来维护新闻自由与社会责任的统一。

【思考题】

1. 如何理解列宁所说的新闻自由是一个“伟大的口号”？
2. 为什么说世界上没有抽象的、绝对的、无条件的新闻自由？
3. 如何认识当前我国新闻自由的状况及特点？
4. 如何理解社会责任的内涵及要求？
5. 怎样坚持新闻自由与社会责任的统一？

第九章 新闻工作的道德规范与法治规范原则

【本章学习要点】

1. “新闻工作的道德规范”，是指新闻媒体及其从业者凭借职业道德意识与职业道德观念对自己的职业行为所进行的自我制约与规范，通常通过自律形式来体现。新闻工作道德规范原则同新闻工作法治规范原则一起成为制约和规范新闻传媒职业行为的重要手段。恪守新闻工作道德规范是对新闻媒体及其从业者的基本要求。

2. 新闻工作道德规范原则的内涵包括树立新闻职业理想，明确新闻职业责任，理顺新闻职业关系，掌握新闻职业技能，严守新闻职业纪律，维护新闻职业荣誉。

3. 我国新闻工作道德规范的要求是：忠于职守，勤奋敬业；正确导向，注重效果；报道真实，客观公正；清正廉洁，遵纪守法；尊重群众，尊重同行；团结协作，公平竞争。

4. “新闻工作的法治规范”，是指国家运用法律和行政法规对新闻传播活动所进行的制约与规范，它既包括对新闻出版自由权利的认定和保护，也包括对滥用新闻出版自由权利的限制和处罚。

5. 新闻工作法治规范原则的依据包括宪法、基本法律、其他法律、行政法规、地方性法规、部门规章、国际性法律与条约等。

6. 新闻工作法治规范原则一是要保护新闻出版自由权利，其中包括公民的知情权、信息选择权、意见表达权、批评监督权等，以及媒体及新闻从业者的采访权、写作权、报道权、传播权、批评监督权等；二是要限制媒体及新闻从业者不恰当地运用新闻传播权利，进行有损于国家、社会、集体利益和公民个人、法人的名誉、荣誉等合法权益的活动等滥用新闻出版自由的行为。

7. 新闻工作道德规范原则作为一种自律性规范，是让媒体和新闻工作者将职业道德作为自己的职业追求。而法治规范原则作为一种他律性规范，是让媒体和新闻工作者明确自己在法治范围内哪些是不能做的事情。这两者之间相互制约，相互补充，相辅相成。通过道德规范可以净化灵魂，通过法治规范可以规制恶行，其目标都是为了使新闻工作更加规范，更加符合国家、社会和人民的利益与要求，使新闻工作能够达到一种理想的境界。

案例

山西繁峙矿难记者受贿事件

2002年6月22日，山西省繁峙县义兴寨金矿区一矿井发生特大爆炸，38名矿工不幸罹难。6月27日，陕西《华商报》和《中国青年报》接到举报后派出记者赶到矿难现场。28日、29日，两家媒体先后披露了非法矿主转移、掩埋、焚烧死难矿工尸体，以及地方官员隐瞒矿难真相的内幕。

而此前，中央一新闻单位驻山西机构的4名记者6月24日在接到死难矿工家属举报后就已赶到了繁峙。但他们并未去矿难现场深入采访，而是先找了繁峙县委、县政府。当时繁峙县委书记把忻州市委宣传部胡某请来与记者商量对策。胡某出主意说："这事需要打点打点。"于是，县长便从县财政经费中提出部分钱来摆平此事。在此背景下，参与此次矿难报道的山西媒体，包括一些中央媒体驻山西的记者集体失语，采取了"有偿不闻"的做法。

2003年9月15日，新华社关于繁峙矿难的报道称："11名新闻记者在采访事故过程中收受当地有关负责人及非法矿主贿送的现金、金元宝，存在严重的经济违纪行为。"

后来，繁峙矿难记者受贿事件中的11名记者都受到了纪检部门的严厉查处。

为了保证新闻媒体及其从业者能够切实履行责任和承担义务，需要对其传播行为施行必要的道德与法治规范，这是新闻工作必须遵循的重要原则。

第一节　新闻工作的道德规范原则

"新闻工作的道德规范"，是指新闻媒体及其从业者凭借职业道德意识与职业道德观念对自己的职业行为所进行的自我制约与规范，通常通过自律形式来体现。

"新闻职业道德"，是指在一定的经济与社会条件下，人们在长期的新闻传播活动中逐渐形成的规范新闻传播行为的各种观念、习惯、信念的总称。作为新闻工作的一项自律原则，它往往同新闻工作法治规范原则一起成为制约和规范新闻传媒职业行为的重要手段。恪守新闻工作道德规范是对新闻媒体及其从业者的基本要求。

一、新闻工作道德规范原则的形成

（一）世界新闻工作道德规范原则的形成

新闻工作道德规范是在新闻传播活动逐步社会化和大众化的过程中形成的。它首先出现在大众化报刊诞生之后的欧美国家。

19世纪30年代大众化报刊在美国兴起。当时，一些报刊滥用新闻自由，肆意编造虚假报道、刊登黄色新闻、侵犯公民隐私权和名誉权等合法权益的做法引起了公众的强烈不满，新闻职业道德规范和行业自律问题开始成为人们关注的问题。

1841年，霍勒斯·格里利在《纽约论坛报》的创刊广告中宣称，该报摒弃便士报的不良做法，“努力维护人民的利益并促进他们道德的、社会的和政治的权益”①，这被视为美国最早的关于新闻职业道德自律的宣言。

在美国报业史上第一个制定“报人守则”的是查尔斯·达纳。1868年，他在接办《纽约太阳报》之后，拟定了13条规定作为该报从业人员的行为准则。

另一位在美国报业历史上对新闻职业道德建设做出重要贡献的是普利策。普利策最初在与赫斯特的竞争中靠搞黄色新闻起家，但后来极力反对商业利益对新闻传播的侵蚀，倡导媒体和记者的社会责任与道德理想，并主动出资倡办哥伦比亚大学新闻学院，设立普利策新闻奖，奖励坚持新闻专业主义理念的记者。

瑞典是第一个通过法案实行新闻职业道德规范和行业自律的西方国家。1776年，瑞典议会通过的《报业自由法案》中就含有报业自律的内容。1874年，瑞典制定了专门的新闻职业守则。瑞典发行人俱乐部订立的新闻事业工作标准被认为是世界上最早的新闻职业道德规范。

1908年，美国密苏里大学新闻学院院长沃尔特·威廉制定的《报人守则》被认为是最为专业、最为系统的新闻职业道德规范文件。该守则共8条，涉及新闻事业的性质定位和使命任务、新闻传播的规范化要求、新闻从业者的品质要求、新闻传播的职业标准等内容。

此后，西方许多国家陆续制定了类似的新闻职业道德规范的文件，有的还根据形势的发展与变化不断对其内容进行充实和调整，使之更加完善、规范。

在西方有关新闻职业道德规范的文件中，需要特别提及的是1923年美国编辑人协会制定的《报业信条》和美国记者公会于1934年制定的《记者道德律》。前者从“责任、新闻自由、独立、诚信、公平、正直、庄重”7个方面对新闻职业道德作了诠释和规范，成为当今世界上此类文件中，得到普遍认可的一个；后者则是一个操作性很强的道德自律文件。

联合国新闻自由委员会制定的《联合国国际新闻道德规约》在世界范围内有着广泛的影响。该规约分为两部分。其一为《国际新闻道德信条草案》，内容比较宏观，强调该文件“对所有从事新闻及消息采访、传递、发行和评论的人，以及对从事文字、语言或任何其他表达方法，描述当前事件的人而言，可作为职业行为的标准”；其二为主要针对新闻采编人员的《记者行为原则宣言》，由国际新闻记者联合会于1954年通过，内含7条规定：

- 尊重真理及尊重公众获得真实的权利，是新闻记者首要责任。
- 为履行这一责任，新闻记者要维护两项原则：忠实收集和发表新闻的自由，及公正评论与批评的权利。
- 新闻记者仅报道知识来源的事实。不删除重要新闻，不假造资料。
- 只用公平的方法获得新闻、照片和资料。
- 任何已发表的消息，发现有严重错误时，将尽最大努力予以更正。

① 转引自陈桂兰主编：《新闻职业道德教程》，184页，上海，复旦大学出版社，1997。

● 对秘密获得的新闻来源，将保守职业秘密。

● 视下列行为为严重的职业罪恶：抄袭、剽窃；中伤、污蔑、诽谤和缺乏根据的指控；因接受贿赂而发表消息或删除事实。①

(二) 我国新闻工作道德规范原则的形成

我国新闻工作道德规范的形成始于20世纪初。先是一些报人和学者对报业及报人自律进行理论阐释，后来逐渐开始出现相关自律文件。

在早期的报人和学者中，王韬、郑观应、梁启超等人对新闻工作者的职业道德自律问题都有论述，但最早提出明确要求的当属徐宝璜。1919年他在《新闻学》一书的第六章专设“访员应守之金科玉律”一节，并在第二章“新闻纸之职务”中将“提倡道德”作为报纸的六大职务和功能之一，强调了报纸在提倡道德方面应当担负的任务，其中也含有新闻工作者自身的道德修养问题。同一时期的邵飘萍也在《实际应用新闻学》一书中对记者的品性和道德修养问题作了集中的论述，强调“品性为第一要素”。

1921年，美国密苏里大学新闻学院院长沃尔特·威廉访问中国，带来了他的《报人守则》，为我国新闻界了解西方国家的新闻职业道德自律规范提供了参照。

1942年，马星野受中国新闻学会之托起草的《中国新闻记者信条》，被认为是我国最早的较为明确和规范的新闻职业道德自律文件。该信条共有12条，其内容涉及了新闻职业道德自律的许多方面，当时主要在国民党管辖地区实行。②

新中国成立之前，中国共产党在解放区没有制定专门的新闻职业道德自律文件，但在一些关于新闻工作的文件、指示和领导同志的有关讲话、文章中则对相关问题多有涉及，对当时解放区新闻工作者的职业道德修养起到了积极的促进作用。

1950年，范长江提出“人民新闻工作者的四个信条”，这是新中国成立后，第一个以信条形式提出的新闻职业道德规范。该信条的具体内容为：(1) 消息绝对真实；(2) 思想要正确；(3) 建立群众观点；(4) 建立自我批评。③ 该信条虽然条数不多，内容也很简单，但涉及了新闻职业道德中的基本问题，带有很强的针对性，然而由于未能形成正式文件，最终没在新闻界普遍推行。

直至20世纪80年代，我国新闻工作的道德规范问题才正式提上日程。1981年，中共中央宣传部和部分中央新闻单位共同商拟了《记者守则》(草案)，1987年又草拟了《中国新闻工作者职业道德准则》草案。后者于1991年在中华全国新闻工作者协会第四届理事会第一次全体会议上正式通过，此后，经过1994年、1997年、2009年先后三次修订，成为我国新闻界职业道德规范的指导性文件。

二、新闻工作道德规范原则的内涵

新闻工作道德规范有着丰富的内涵，要实现这些规范，需要新闻媒体及新闻工作者坚守职业理想、恪守职业责任。

---

① 转引自蓝鸿文主编：《新闻伦理学简明教程》，249页，北京，中国人民大学出版社，2001。

② 参见蓝鸿文主编《新闻伦理学简明教程》，24～25页，北京，中国人民大学出版社，2001。

③ 参见《中国共产党新闻工作文件汇编》，下卷，298页，北京，新华出版社，1980。

（一）树立新闻职业理想

“新闻职业理想”，即对新闻职业的想象和希望，以及对新闻职业成就的向往和追求。它是人们对新闻职业的一种认知态度和总体评价。新闻职业理想决定和制约着人们对新闻职业的选择意向与选择结果。新闻从业人员只有树立起新闻职业理想，才可能自愿地将新闻工作作为自己的选择意向和工作岗位，并且自觉接受新闻职业道德规范、履行新闻职业道德责任。

（二）明确新闻职业责任

“新闻职业责任”，是指新闻职业所应当承担的分内的事情，它是新闻工作中普遍存在的一种道德关系和道德要求，是每个新闻从业者都必须履行的一种义务。

新闻职业责任主要包括两部分，一是法律责任，二是道德责任。

新闻职业的法律责任，是指法律为新闻职业所确定的责任和义务。其核心是，新闻工作者必须维护法律尊严，严格在法律范围内进行职业活动，自觉遵守各种相关的法律法规，以使新闻传播有利于国家和社会法律秩序的建立，有利于规范和处理新闻工作者与国家、社会及公民个人之间的各种法律关系。

新闻职业的道德责任，是指新闻职业在道德上所应当承担的责任和义务。其核心是，新闻工作者必须对国家、社会、公民个人，以及所在媒体及媒体同仁自觉承担相应的道德上的责任和义务。其具体内容包括尽力满足社会与公众的新闻信息需要，及时、充分地向受众提供真实准确、客观公正、全面有效的信息服务，自觉维护国家和社会的公共利益，维护公民个人的各种合法权益，维护媒体的集体利益及其社会形象，维护媒体同仁的各种权益，等等。

（三）理顺新闻职业关系

“新闻职业关系”，是指新闻职业活动中所涉及的新闻工作者与社会及他人之间的各种内外联系。具体包括以下几种关系：与受众之间的服务和被服务的关系，与采访对象及消息来源之间围绕信息资源的“取”和“予”的特定关系，与新闻通讯员和个人网络新闻传播者之间的相互配合、平等协作的关系，与新闻管理者之间的管理和被管理的关系，与媒介机构和编辑部集体之间的组织协作的劳动关系，与编辑部同事之间的平等、合作的同志关系，与外单位同行之间的良性竞争、合作共赢的关系，与国外同行之间的平等交流、竞争互利的关系，等等。

（四）掌握新闻职业技能

“新闻职业技能”，是指从事新闻传播活动所具备的专门技术和能力。它包括新闻采写编评制播等业务技术和能力，是保证新闻传播活动得以顺利进行、服务社会与公众的基本条件。有无新闻职业技能以及对这些技能掌握的熟练程度，不仅是一个业务问题，而且关乎职业道德。

（五）严守新闻职业纪律

“新闻职业纪律”，是指从事新闻传播活动所应遵守的纪律。它包括按照新闻传播的一般程序和基本要求，以及根据上级的要求和编辑部的指令，有序、有效地组织报道，完成宣传报道任务，等等。它是保证新闻传播活动能够顺利进行，履行好新闻职业责任的重要条件。

（六）维护新闻职业荣誉

“新闻职业荣誉”，是指新闻职业所享有的良好名誉。它是对新闻职业的社会地位和社会信誉的一种肯定和赞誉性评价。维护职业荣誉是新闻工作者职业自尊与自爱心的反映和表现，也是其职业道德的一种反映和表现。

三、新闻工作道德规范原则的要求

我国目前对新闻工作道德规范原则的要求，主要是依据 1991 年 1 月中华全国新闻工作者协会第四届理事会第一次全体会议正式通过、2009 年 11 月 9 日第三次修订的《中国新闻工作者职业道德准则》来确定的。根据这个准则的要求，我国新闻工作者应当遵守以下几方面的道德规范。

（一）忠于职守，勤奋敬业

我国社会主义新闻事业是中国共产党领导下的社会主义事业的重要组成部分，担负着传播信息、报道新闻、引导舆论、服务社会的重要任务，是党和政府宣传群众、指导工作、干预生活、引导舆论的有力工具，也是人民群众获知信息、交流思想、发表意见、监督政府的有效手段。新闻工作的好坏，直接影响到事业的盛衰，乃至国家的兴衰，新闻工作者职业光荣，责任重大。

（二）正确导向，注重效果

社会主义新闻事业所具有的舆论引导功能和它所担负的舆论宣传任务，决定了新闻媒介和新闻工作者必须始终坚持正确的舆论导向，并力求舆论导向的最佳效果。这就需要新闻工作者具备很高的政治觉悟和政策水平、很好的思想道德修养和高度的责任感及事业心，不断增强政治意识、大局意识和责任意识。在新闻报道中，要大力弘扬爱国主义、集体主义、社会主义的主旋律，倡导社会主义核心价值观，要积极动员和团结全国各族人民投身到建设祖国、振兴中华、实现中国梦的伟大事业中来。要始终坚持团结稳定鼓劲、正面宣传为主的方针，努力创造良好的社会舆论环境。同时，要充分考虑传播的社会效果，坚决防止粗俗低下、有损社会风气和人们身心健康的内容的传播。

新闻工作者要从对党、对国家、对人民负责的高度来认识舆论导向的重要意义，掌握实行正确舆论导向的科学方法，提高舆论导向的水平，争取实现舆论导向的最佳效果。

（三）报道真实，客观公正

真实性是新闻传媒普遍提倡和遵循的一项原则，因此，确保新闻的真实、准确应是对新闻报道的基本要求，也是新闻工作的基本道德规范。

一切新闻报道都必须坚持真实性原则，要完全按照客观事物的本来面貌反映和报道事物，任何人都不允许离开或违背事实去反映和报道事物。同时，要尽可能实现内容和形式上的客观，以争取新闻传播的最佳效果。

（四）清正廉洁，遵纪守法

清正廉洁是新闻工作者职业内涵的一种基本品质，也是对新闻工作者的基本职业要求。

在社会主义国家，新闻事业不是个人的事业，而是党和人民的事业，是国家和集体的事业。新闻工作者是在代表党、政府和人民行使信息传播及舆论表达权利。这种职业特点决定了新闻工作者必须为人正派，不谋私利，清正廉洁，奉公守法，具有高尚的道德品质。要严格防止新闻工作者利用自己所掌握的话语权和传播权牟取私利，搞“有偿新闻”和新闻敲诈的行为。

（五）尊重群众，尊重同行

社会主义新闻事业强调全心全意为人民服务，其工作质量与水平要以人民群众满意不满意作为判定的标准。因此，尊重群众、以人为本和以民为本是新闻职业对新闻工作者的必然要求。

尊重同行，也是新闻工作者的一项职业道德规范，它属于公务道德范畴，涉及新闻工作者与本单位同事、与其他新闻单位同行、与基层通讯员以及与国外新闻界同行的关系问题。新闻界同行间应当建立平等、团结、友爱、互助的关系，提倡互相学习，互相支持，开展正当的业务竞争。

（六）团结协作，公平竞争

社会主义新闻事业是党和国家的事业，也是人民和集体的事业。因此，各级各类新闻媒体都应当把自己所从事的工作看作是党和人民，以及国家和集体事业的一部分。在工作中，应当同其他媒体相互配合，协同作战，以形成新闻舆论的整体优势，更好地完成党和人民赋予的新闻宣传及舆论导向任务。

市场机制的引进强化了媒体间的竞争意识和竞争态势，但这种竞争属于社会主义新闻事业的内部竞争，是以互利共赢、增强合力为旨归的竞争，而非你死我活的恶性竞争。

第二节　新闻工作的法治规范原则

“新闻工作的法治规范”，是指国家运用法律和行政法规对新闻传播活动所进行的制约与规范，它既包括对新闻出版自由权利的认定和保护，也包括对滥用新闻出版自由权利的限制和处罚。它是一种他律性质的新闻工作规范。

世界新闻工作法治规范和法制建设经历了从产生到逐步发展的长期过程，形成了一定的制度、体系和原则，成为保障、规制和管理新闻传播活动的依据。

我国的新闻工作法治规范和法制建设尚处在逐步形成与发展的过程中，加强新闻工作法治规范、促进新闻传播法制建设，建设一个开明、规范、有效的新闻传播法制体系，实现新闻工作的法制化，是一项长期任务。

一、新闻工作法治规范原则的形成

（一）世界新闻工作法治规范原则的形成过程

近代新闻业产生以后，围绕其传播活动的自由与限制问题就一直存在着激烈的斗争。新闻工作的法治规范问题从一开始便具有鲜明的阶级属性和明显的意识形态特征。

新闻工作法治规范最初由封建统治者出于限制新闻出版的目的而出台。西方一些国家在中世纪实行的特许制、书报检查制度和印花税制等，就是早期新闻传播法治规范的形式。

资产阶级为争取新闻出版自由，同封建统治者的政治制度和法律制度进行了长期斗争，在推翻封建制度建立起自己的政权之后，立即将新闻出版自由权利作为一项基本权利用法律确定下来。

1776年瑞典通过的《新闻自由法》是世界上第一部专门的新闻法。该法规定禁止政府对报纸的印刷、出版和销售设置障碍，禁止对报纸实行事先检查等。

1789年法国资产阶级议会通过的《人权宣言》第一个用法律形式将出版自由认定为公民的基本权利。

1791年美国国会通过联邦宪法第一修正案，确立了公民的出版自由权利不受侵犯的原则。该修正案规定，国会无权制定任何剥夺公民言论出版自由的法律。

1881年法国政府颁布的《新闻出版自由法》，是一部较为完备的新闻出版法律，对新闻自由的保护是其中的重要内容。

资产阶级争取言论出版自由和建立新闻传播法治规范的斗争促成了无产阶级的觉醒，无产阶级也开始了争取新闻出版自由、建立无产阶级新闻传播法治规范和法制建设的历程。

马克思1841年大学毕业步入社会时选择的第一个岗位就是办报，他撰写的第一篇政论文章就是揭露和批判普鲁士国王的书报检查制度的。这绝不是一种偶然的巧合，而是说明在封建制度和资本主义制度下，争取言论出版自由是革命者斗争事业的必然选择。马克思在严厉批判书报检查制度的基础上，提出了新闻立法的主张：**“没有关于新闻出版的立法**就是从法律自由领域中取消新闻出版自由，因为法律上所承认的自由在一个国家中是以**法律**形式存在的。”①

而列宁在依靠人民革命的力量取得政权后，首先处理的急务中就包括签署关于出版问题的法令，保障人民报刊的顺利出版。法令规定：“在新的秩序确立之后，政府对报刊的各种干预将被取消。到那时，报刊将按照这方面所规定的最广泛、最进步的法律，在对法院负责的范围内享有充分自由。”② 这是他对无产阶级新政权进行新闻立法、建立社会主义新闻法制的构想。

人们在争取新闻自由和建立新闻法制方面所作的理论探讨与斗争实践，推动了新闻传播法治规范和法制建设的进程。经过几百年的努力，如今世界上许多国家都有了专门的新闻法及其他相关法律法规，新闻传播法治规范取得了重大进展。

目前世界各国的新闻立法情况大致有三种类型：一是有较为完善的专门的新闻法律，如法国、德国等一些大陆法系的国家；二是没有专门的新闻法律，主要通过判例法来作为处理新闻出版法律纠纷的依据，借以规范新闻传播活动，如美国、英国等一些海洋法系的国家；三是介乎前两者之间，既没有专门的新闻法律，也不实行判例法，只是借助其他相关法律法规来规范新闻传播活动。

(二) 我国新闻工作法治规范原则的形成过程

同西方国家一样，历史上，我国的封建统治者也是通过封建国家的法制和专权来进行言论和出版限禁的，因此，打破“言禁”和“报禁”，就成为人们要求规范新闻传播秩序的主要追求。

① 《马克思恩格斯全集》，中文2版，第1卷，176页，北京，人民出版社，1995。
② 《列宁论报刊与新闻写作》，619页，北京，新华出版社，1983。

太平天国后期领导人洪仁玕在《资政新篇》中就曾提出设置新闻官来管理报纸和监察政治的构想。

1898 年 7 月 26 日，在维新变法的高潮中，光绪皇帝就上海《时务报》改为官报的奏折发布上谕，谕示允许创办报纸，但须派官员督办（康有为即被委派督办改为官报后的《时务报》），并将报纸每期呈送一份给都察院及大学堂，由大学堂一律呈览。这个上谕被视为我国历史上第一个开放报禁的法令，也是我国第一个有关新闻出版的法律性质文件。

半个月后，康有为向光绪皇帝上《请定中国报律令》，请求制定专门的新闻法律。虽然后来由于戊戌变法的失败而未能实现，但这却是我国历史上第一个要求新闻立法的提案。

我国正式实行新闻立法是 1906 年，这一年，清政府颁布了《大清印刷物专律》，这是学界公认的我国第一部新闻出版法。两年后，清政府又制定了《大清报律》。期间，清政府还制定了一系列有关报业监管及执行办法方面的相关法规，如《报章应守规则》、《报馆暂行条例》、《著作权章程》等，形成了一套较为系统的新闻传播法制体系。这些法律法规借鉴了西方新闻立法的形式，以保护新闻自由为名，实质上是为了维护清王朝的政治、经济和文化制度。

辛亥革命后成立的中华民国南京临时政府于 1912 年颁布《中华民国临时约法》，规定了人民有言论、著作、刊行及集会、结社的自由，并宣布废除《大清报律》，而《著作权章程》在新的相关法律法规产生之前仍继续使用。

袁世凯控制下的北洋军阀政府于 1914 年颁布了《报纸条例》，后来又相继出台了《出版法》、《新闻电报章程》、《电信条例》、《修正报纸条例》、《著作权法》、《报纸法案》、《管理印刷营业规则》和《装用广播无线电接收机暂行规则》等多项法律法规。

蒋介石执掌的南京国民党政权，在其 22 年的治理期内先后制定和颁布了 20 余项有关新闻出版方面的法律法规。其中有些是以国民党中央的名义制定和颁发的，如《指导党报条例》、《指导普通刊物条例》、《审查刊物条例》、《出版条例原则》、《日报登记办法》、《宣传品审查条例》、《新闻检查标准》、《重要都市新闻检查办法》和《中国国民党新闻政策》等；有些是以政府名义制定和颁发的，如《出版法》、《著作权法》、《新闻记者法》、《修正出版法》，以及《无线电台管理条例》、《电信条例》、《取缔不良小报暂行办法》、《战时新闻禁载标准》；还有一些是有关法律、法令的实施细则，如《出版法施行细则》、《著作权法施行细则》和《新闻记者法施行细则》等。此外，国民党政府还在一些基本法规和特别法令的相关条文中列有关于新闻出版方面的内容，如《中华民国刑法》、《危害民国紧急治罪法》、《戒严法》、《国民精神总动员纲领》、《剿匪总动员宣传计划纲要》和《惩治叛乱条例》等。

新中国成立之前的半个世纪中，清政府、北洋军阀政府和国民党政府先后制定与颁布了数十个有关新闻出版方面的法律法规及相关文件，其用意在于规范新闻出版活动，以维护其政治统治。这是同其制定者所掌控政权的阶级性质相联系的。

新中国的成立，标志着人民民主专政新政权的诞生。新政权的根本性质，决定了它的一切法律都应当保护人民利益、维护人民的自由权利。1949 年 9 月第一届全国人民政治协商会议通过的《共同纲领》和 1954 年第一届全国人民代表大会制定的第一部《宪法》都把保障人民言论出版自由列入其中，从法律上为人民群众拥有新闻出版自由提供了根本保障。

共和国成立之初，人民政府陆续制定了一系列新闻出版方面的法规，如《全国报纸杂志登记暂行办法草案》、《期刊登记暂行办法》、《管理书刊出版业印刷业发行业暂行条例》等，对报纸、期刊等出版物的出版、发行等做出了相应的规定，以保障人民报刊的顺利出版。

这一时期，中共中央就新闻出版工作也制定了一些相关文件，如《中共中央关于在报纸刊物上展开批评和自我批评的决定》、《中共中央关于改进报纸工作的决议》等，这些文件政策性很强，在一定意义上也起到了新闻法规的作用，规范和促进了当时的新闻工作。

从20世纪50年代中后期开始，由于当时所面临的国内外形势，我国的法制建设受到一定影响，有关新闻出版方面的法律法规的制定也基本处于停顿状态。这期间，主要依靠党和政府的一些新闻政策和宣传纪律来规范新闻出版活动。

到了“文化大革命”时期，国家的法律制度和法制体系遭受严重破坏，新闻出版活动处在一种混乱无序的状态，完全失去了法治规范。

我国新闻工作法治规范和新闻传播法制建设的重新启动，一直到1978年中共十一届三中全会以后才得以开始。

纵观我国新闻工作法治规范的历史发展过程，可以看到，新闻工作法治规范和法制建设，从内容到形式都与法治规范制定者所掌控的政权的性质，与这一政权所处时代的政治、经济背景和社会文化环境有着密切的联系。

二、新闻工作法治规范原则的依据

（一）宪法依据

从世界范围看，在规范新闻工作的法律依据中，最基本、最重要的是宪法。宪法是国家的根本大法，是制定其他法律法规的基础和依据，当然也是制定新闻出版法律法规的基础和依据。世界上许多国家的宪法中都有涉及新闻出版方面的条款，其内容都可以作为实行新闻工作法治规范的参照和依据，同时它们也是新闻传播法律法规的渊源。

美国联邦宪法第一修正案规定国会不得制定任何剥夺公民言论出版自由的法律，两百多年来，它一直是美国不制定专门的新闻法律的依据，因为任何一个有关新闻传播的立法都会涉及对新闻出版自由的某些限制，势必会有压制新闻自由的嫌疑。

我国的《宪法》中也有多项条款涉及新闻传播中的法律问题：

> 第二十二条：国家发展为人民服务、为社会主义服务的文学艺术事业、新闻广播电视事业、出版发行事业、图书馆博物馆文化馆和其他文化事业，开展群众性的文化活动。
>
> 第三十五条：中华人民共和国公民有言论、出版、集会、结社、游行、示威的自由。
>
> 第三十八条：中华人民共和国公民的人格尊严不受侵犯。禁止用任何方法对公民进行侮辱、诽谤和诬告陷害。
>
> 第三十九条：中华人民共和国公民的住宅不受侵犯。禁止非法搜查或者非法侵入公民的住宅。

第四十一条：中华人民共和国公民对于任何国家机关和国家工作人员，有提出批评和建议的权利；对于任何国家机关和国家工作人员的违法失职行为，有向有关国家机关提出申诉、控告或者检举的权利，但是不得捏造或者歪曲事实进行诬告陷害。

第五十一条：中华人民共和国公民在行使自己的自由和权利的时候，不得损害国家的、社会的、集体的利益和其他公民的合法的自由和权利。

这些条款或者涉及对新闻事业性质、功能的定位，或者涉及对公民的言论出版自由权利、人格权利、人身权利和批评监督权利等基本权利的确认，或者涉及对媒体及新闻工作者的相关职业权利的认定，或者涉及对公民滥用权利损害国家、社会、集体和其他公民合法权益行为的限禁。宪法对此所做出的保护和限制性的规定，都是媒体、新闻从业者和每一个公民应当自觉遵守的，是做好新闻工作的法律依据。

除宪法外，在法律体系中还包括基本法律、其他法律、行政法规、地方性法规和部门规章等几个层次的法律法规。这些层次的法律法规也有许多涉及新闻出版方面的内容，也是新闻工作法治规范的依据。

（二）基本法律依据

基本法律是指宪法层次之下的国家基本法律，通常包括刑事、民事和行政三方面的规范性法律。它设置刑事责任、民事责任和行政责任，主要用于规范涉及刑事、民事和行政方面的法律纠纷。

我国现行法律体系中有关这方面的法律包括以下三组：

第一组为《刑法》（1979 年通过，1997 年修订，1999—2011 年八次修正）和《刑事诉讼法》（1979 年通过，1996 年修正，2012 年修正）；

第二组为《民法通则》（1986 年通过，2009 年修改）和《民事诉讼法》（1991 年通过，2007 年修正，2012 年修正）；

第三组为《行政诉讼法》（1989 年）和《行政处罚法》（1996 年）。

这三组法律都同新闻传播活动有着一定的关系，特别是前两组，关系更为密切。

刑法是一种禁止性的最高法律规范，它规定犯罪和刑罚，对公民的行为进行约束，并对违犯者实行制裁。在我国现行《刑法》中有许多与新闻传播活动有关的内容。

如第二百四十三条关于“捏造事实诬告陷害他人，意图使他人受刑事追究，情节严重的”、第二百五十条关于“在出版物中刊载歧视、侮辱少数民族的内容，情节恶劣，造成严重后果的”等，都同新闻传播直接相关，是规范媒体及其从业者传播行为的重要依据。

民法是一种调整作为平等主体的公民和法人之间财产关系及与其相联系的人身关系的法律。在我国现行《民法通则》中有不少涉及新闻传播活动的内容。

如第九十四条关于“公民、法人享有著作权（版权），依法有署名、发表、出版、获得报酬等权利”、第一百零一条关于“公民、法人享有名誉权，公民的人格尊严受法律保护，禁止用侮辱、诽谤等方式损害公民、法人的名誉”、第一百二十条关于“公民的姓名权、肖像权、名誉权、荣誉权受到侵害的，有权要求停止侵害，恢复名誉，消除影响，赔礼道歉，并可以要求赔偿损失。法人的名称权、名誉权、荣誉权受到侵害的，适用前款规定”等，都是规范媒体及其从业者的传播行为的重要依据。

《刑事诉讼法》、《民事诉讼法》和《行政诉讼法》作为处理相关（刑事、民事和行政）

法律纠纷，审理相关案件所遵循的程序法，也是处理和审理此类纠纷案件时的依据。

另外，我国最高人民法院对在适用刑法、民法过程中的具体应用法律问题所作的司法解释，如1988年《最高人民法院关于贯彻执行〈中华人民共和国民法通则〉若干问题的意见》、1993年《最高人民法院关于审理名誉权案件若干问题的解答》、1998年《最高人民法院关于审理名誉权案件若干问题的解释》、2001年《最高人民法院关于确定民事侵权精神损害赔偿责任若干问题的解释》、2012年《最高人民法院关于审理侵害信息网络传播权民事纠纷案件适用法律若干问题的规定》和1998年《最高人民法院关于审理非法出版物刑事案件的具体应用法律若干问题的解释》、2004年《最高人民法院、最高人民检察院关于办理利用互联网、移动通讯终端、声讯台制作、复制、出版、贩卖、传播淫秽电子信息刑事案件具体应用法律若干问题的解释》等，其中许多内容也同新闻传播有关，也是新闻工作法治规范所应依据的法律文件。

（三）其他法律依据

在国家法律体系中，除了宪法和基本法律之外，还有一些是由最高立法机关制定或修改的，用于调整某一方面社会关系的法律。此类法律也有不少是涉及新闻传播活动的。其中与新闻传播活动关系较为密切的我国的相关法律有《侵权责任法》（2009年）、《著作权法》（1990年通过，2001年修正，2010年修正）、《国家安全法》（1993年）、《广告法》（1994年）、《统计法》（1983年通过，1996年修正，2009年修订）、《戒严法》（1996年）、《人民防空法》（1996年）、《国防法》（1997年）、《防震减灾法》（1997年通过，2008年修订）、《保守国家秘密法》（1988年通过，2010年修订）、《证券法》（1998年通过，2004年修正，2005年修订，2013年修正）、《邮政法》（1986年通过，2009年修订，2012年修正）、《未成年人保护法》（1991年通过，2006年修订，2012年修正）、《妇女权益保障法》（1992年通过，2005年修正）、《消费者权益保护法》（1993年通过，2013年修正）、《预防未成年人犯罪法》（1999年通过，2012年修正）、《突发事件应对法》（2007年）、《气象法》（1999年）等。这些法律涉及著作权保护、国家秘密和国家安全保护、广告传播规范、统计数字及相关材料的运用、特殊人群的人格保护，以及突发事件应对等，需要新闻媒体及新闻从业者遵照执行。

（四）行政法规依据

行政法规是指由国家最高行政机关根据宪法和基本法律的精神所制定的行政工作类规范性文件。它规定国家行政机关所拥有的除限制人身自由以外的各种行政处罚权，其地位次于基本法律和其他法律。在我国，行政法规可以作为新闻工作法治规范依据的主要有下述几类：

专门用于管理和规范各种传播媒介的行政法规。如《印刷业管理条例》（2001年）、《出版管理条例》（2001年通过，2011年修订）、《广告管理条例》（1987年）、《广播电视管理条例》（1997年通过，2013年修改）、《电影管理条例》（2001年）、《音像制品管理条例》（2001年通过，2011年修订，2013年修改）、《计算机软件保护条例》（2001年通过，2011年修订，2013年修订）、《互联网信息服务管理办法》（2000年通过，2011年修订）、《信息网络传播权保护条例》（2006年通过，2013年修订）、《政府信息公开条例》（2007年通过，2008年实施）等。

用于管理和规范新闻传播中某一具体事项的行政法规。如《外国常驻新闻机构和外国记者采访条例》（2008 年）、《广播电视设施保护条例》（2000 年）等。

与新闻传播活动有关的其他领域的专门行政法规。如《破坏性地震应急条例》（1995 年通过，2011 年修订）、《突发公共卫生事件应急条例》（2003 年通过，2011 年修订）、《药品广告审查办法》（2007 年）等。

（五）地方性法规依据

在我国，地方性法规是指由省、自治区、直辖市以及省、自治区人民政府所在地的市和经国务院批准的市的人民代表大会及其常务委员会，根据本行政区域的具体情况和实际需要，在不与国家宪法、法律和行政法规相抵触的前提下，按照法定程序所制定的规范性文件。此类法规有些是与新闻传播活动有着直接或间接联系的，可以作为新闻传播法律规范的依据，如《云南省出版管理条例》（2000 年通过，2004 年修正，2005 年修正）、《北京市图书报刊电子出版物管理条例》（1997 年）、《山西省广播电视管理条例》（1995 年通过，1997 年修正，2007 年修正）、《河北省新闻工作管理条例》（1996 年通过，2002 年修正，2004 年修改，2010 年修正）等。其中，《河北省新闻工作管理条例》是我国第一部由省人民代表大会常务委员会通过的专门用于管理新闻工作的地方性法规。如今，我国大多数省、自治区、直辖市都制定有关于这方面的相关法规，用于规范新闻传播及相关活动。

另外，一些其他地方性法规中有的也涉及新闻传播活动，也可以作为规范新闻传播活动的法律依据。如《安徽省行政执法监督条例》（1997 年通过，2006 年修订）和《安徽省预防职务犯罪工作条例》（2002 年）、《湖南省行政执法条例》（1996 年通过，2013 年修正）、《湖北省行政执法条例》（1999 年通过，2006 年修订）等，都有关于新闻媒介实施舆论监督的内容。

（六）部门规章依据

在我国，部门规章是指由国务院所属部委及具有行政管理职能的局、署等直属机构，根据国家法律和国务院的行政法规、决定、命令，在本部门的权限范围内，按照规定程序所制定的规定、办法、规则、实施细则等规范性文件。这类部门规章是直接用于管理新闻传播活动的专门性法律规定，在规范新闻传播活动中具有重要作用。在我国，此类部门规章数量较大，特别是从 20 世纪 90 年代起，由于国家加大了对新闻出版和广播电视及网络媒体的管理力度，当时的国家主管行政部门——国家新闻出版总署、国家广播电影电视总局、国务院新闻办公室、工业和信息化部等相继制定了一批这类的规章。例如《期刊出版管理规定》（2005 年）、《报纸出版管理规定》（2005 年）、《新闻记者证管理办法》（2009 年）、《关于禁止有偿新闻的若干规定》（1997 年）、《报纸质量管理标准》（1995 年）、《境外电视节目引进、播出管理规定》（2004 年）、《广播电台电视台审批管理办法》（2004 年）、《电子出版物出版管理规定》（2008 年）、《互联网新闻信息服务管理规定》（2005 年）、《互联网出版管理暂行规定》（2002 年）、《音像制品出版管理规定》（2004 年）、《图书出版管理规定》（2008 年）以及《关于认定淫秽及色情出版物的暂行规定》（1988 年）、《报刊刊载虚假、失实报道处理办法》（1999 年）、《关于严防虚假新闻报道的若干规定》（2011 年）等。

这些部门规章主要用于对新闻传播活动进行分类管理，或者是为执行有关法律或行政法规所制定的实施细则，它们是国家主管行政机关对新闻传播活动实施管理的重要依据。

（七）国际性法律、条约依据

一些对于签约国家具有约束力的，与新闻传播有关的国际性的法律、条约等，也是新闻传播法治规范的依据。例如 1948 年联合国大会通过的《世界人权宣言》和 1966 年联合国大会通过、1976 年开始生效的《公民权利和政治权利国际公约》，这两个法律文件的第 19 条都是涉及新闻传播的法治规范。前者的第 19 条规定："人人有权享有主张和发表意见的自由；此项权利包括持有主张而不受干涉的自由，以及通过任何媒介和不论国界寻求、接受及传递消息与思想的自由。"后者的第 19 条规定："一、人人有权持有主张，不受干涉。二、人人有自由发表意见的权利；此项权利包括寻求、接受和传递各种消息和思想的自由，而不论国界，也不论口头的、书写的、印刷的、采取艺术形式的、或通过他所选择的任何其他媒介。"

再有，像《世界版权公约》、《世界知识产权组织公约》、《伯尔尼保护文学和艺术作品公约》、《保护表演者、唱片制作者和广播组织的国际公约》和《保护录音制作者防止未经许可复制其录音制品公约》等一些涉及知识产权保护的国际性公约，也是新闻传播法治规范的依据。

在规范新闻传播活动的法律体系中有上述几个不同层次的法律法规，其性质、地位、管理权限和规范方式存在许多区别，但它们是一个严密和完整的法律体系，起到相互补充的作用，在规范新闻传播活动的过程中共同发挥作用，因此都是新闻工作法治规范原则所不可缺少的重要依据。

三、新闻工作法治规范原则的内涵及要求

新闻工作的法治规范原则主要包括两方面的内涵及要求，一是对新闻出版自由权利的保护，二是对滥用新闻出版自由的限制。

（一）对新闻出版自由权利的保护

公民的新闻出版自由权利主要包括公民的知情权、信息选择权、意见表达权、批评监督权等。而媒体及新闻从业者的新闻出版自由权利具体包括采访权、写作权、报道权、传播权、批评监督权等。

通常，有关新闻工作的法治规范都要针对保护公民、媒体及新闻从业者的上述权利做出相关的法律规定。

在《世界人权宣言》和《公民权利和政治权利国际公约》中，就规定了公民在获知、信息选择、意见表达等方面的权利。按照这两个文件的规定，自由地寻求、接受和传递各种消息是每个人都应享有的一项基本自由权利，而且这种自由权利的获得，可以不受国界及所采取的形式与手段的限制。

我国 1987 年中共十三大的政治报告中提出的"重大情况要让人民知道，重大问题要经人民讨论"，也为保护人民群众的知情权和意见表达权提供了依据。而在 2007 年中共十七大的政治报告中，更是进一步明确地将"知情权"与"参与权"、"表达权"和"监督权"作为国家法律保障的公民的四大民主权利。

对媒体及新闻从业者的采访权、写作权、报道权、传播权、批评监督权的保护在一些国家的法律法规中也有明确规定。这些法律法规对媒体及记者正常进行采访报道、新闻传

播和舆论监督起到了一定的保护作用。

在专门的新闻法中，对新闻媒体及其从业人员的权利通常都会有明确的规定。其中包括对公民、媒体及新闻工作者的新闻传播自由权利作出具体的规定，同时，对干预、阻挠和破坏媒体及新闻工作者新闻传播自由权利的行为和现象也会有具体的处罚措施，以便从法律上确保媒体及新闻工作者的新闻传播自由权利。

（二）对滥用新闻出版自由的限制

媒体及新闻从业者在享受法律所确认和保障的新闻出版自由权利的同时，还要承担对国家、社会、集体和公民个人负责的义务，决不能以享有自由为理由拒绝履行相应的义务，更不允许滥用新闻出版自由权利。

所谓“滥用新闻出版自由权利”，是指媒体及新闻从业者不恰当地运用新闻传播权利，进行有损于国家、社会、集体利益和公民个人、法人的名誉、荣誉等合法权益的活动。

在新闻工作的法治规范中通常都会包括对新闻出版自由权利的保护和对滥用新闻出版自由行为的限制两部分，而且由于法律作为一种行为规则往往更加注重对不规范行为的制约，因而在许多与新闻传播相关的法律法规中，对滥用新闻出版自由行为的制约和限制往往成为重要内容。

从国内外的一些有关新闻传播的法律法规看，对滥用新闻出版自由行为的限制主要集中在以下几方面：

一是危害国家利益和安全的，包括泄露国家政治、外交、军事及经济、科技等机密，危害国家统一、主权和领土完整，损害国家荣誉和利益等。

二是破坏民族团结和社会稳定的，包括煽动民族仇恨、民族歧视，侵害民族风俗、民族习惯，宣传邪教，传播虚假信息、引发群众思想混乱、扰乱正常社会秩序，妨碍和影响司法审判等。

三是危害社会公共道德、有伤社会风化和损害群众身心健康的，包括宣扬淫秽、赌博、暴力、迷信，教唆犯罪等。

四是侵犯公民和法人合法权益的，包括侵犯公民的名誉权、荣誉权、隐私权、肖像权、姓名权，侵犯法人的名誉权、荣誉权、名称权等。

对新闻传播行为的限制，特别是对滥用新闻出版自由权利的限制的基本前提是要维护国家、社会、集体的利益和公民个人的合法权益。这一点，虽然不同的国家对一些具体的内容会有不同的理解，但有些内容是带有共同性的。另外，在新闻工作法治规范要为一定社会的政治、经济制度服务这一点上也是共同的，因为任何国家都不会允许危害国家利益和国家安全、破坏社会秩序和社会稳定、损害他人合法权益的传播行为不受任何约束和限制。这不但是法律所必须实行的规范，同时也是媒体及新闻从业者所应有的道德诉求。当然，在不同的社会政治制度和经济制度下，新闻工作法治规范是有其鲜明的意识形态属性的。

在我国，新闻工作法治规范原则的具体要求可概括为以下六个方面：

一是维护国家利益和安全，保守国家秘密；

二是严格遵守和正确宣传国家的民族区域自治制度、各民族平等团结和宗教信仰自由政策，维护国家主权和社会稳定；

三是维护采访报道对象的合法权益，尊重采访报道对象的正当要求，不揭个人隐私，不诽谤他人；

四是维护未成年人、妇女、老年人和残疾人等特殊人群的合法权益，注意保护其身心健康；

五是维护司法尊严，依法做好案件报道，不干预依法进行的司法审判活动，在法庭判决前不做定性、定罪的报道和评论；

六是涉外报道要遵守我国涉外法律、对外政策和我国加入的国际条约。

第三节　坚持新闻工作道德规范原则与法治规范原则的统一

法律与道德都是规范人们行为和调整社会关系的准则，两者既有区别，又有联系。对被规范对象来说，法律以限制约束为主，是一种他律；而道德以教育感化为主，是一种自律。

因此，法治规范原则与德治规范原则往往是相辅相成，作为一个统一体共同发挥作用的。德治原则确定的是最高道德标准，法治原则规定的是最低行为底线，实行德治可以把人们引向道德高地，实行法治可以规制人们不要越过法律界限，两者的统一可以形成一种崇尚和追求道德、畏惧和遵守法律的社会环境。

在新闻传播活动中，法律他律与道德自律常常交织在一起，即有些内容既属于法律他律的范畴，也是道德自律的内容。例如中华全国新闻工作者协会制定的《中国新闻工作者职业道德准则》（2009 年 11 月 9 日第七届理事会第二次全体会议修订）第六条“遵纪守法”中的规定，既是法律上对新闻工作者的他律要求，也是新闻工作者的道德自律的内容。因此在对新闻传播活动的规范中，法治规范原则与道德规范原则也应当是相辅相成的，舍弃其中的任何一个都是不完全的，也是不可能取得好效果的。

新闻工作的道德规范原则引导媒体和新闻工作者把树立职业理想、明确职业责任、维护职业荣誉等作为其职业追求，自觉地忠于职守，勤奋敬业，奉公守法，不谋私利，坚持正确导向，注重传播效果，实现报道的真实、客观、公正等，这些规范性要求都是为媒体和新闻工作者确定的道德标准。而新闻传播的法治规范原则则明确规定了媒体及新闻工作者在其传播活动中对于国家、社会和人民所应当承担的法律责任和不能越过的法律底线。

道德规范原则作为一种自律性规范，是让媒体和新闻工作者将职业道德作为自己的职业追求。而法治规范原则作为一种他律性规范，是让媒体和新闻工作者明确自己在法治范围内哪些是不能做的事情。这样既有需要崇尚和追求的道德目标，又有不能逾越和需要遵行的法律底线。这两者之间相互制约，相互补充，相辅相成，互为作用。通过前者可以净化灵魂，通过后者可以规制恶行，其目标都是为了使新闻工作更加规范，更加符合国家、社会和人民的利益与要求，使新闻工作能够达到一种理想的境界。

【思考题】

1. 如何理解新闻工作道德规范的内涵？
2. 我国新闻工作者的职业道德规范有哪些要求？
3. 新闻工作法治规范有哪些依据？
4. 新闻工作法治规范应当遵循怎样的要求？
5. 怎样理解新闻工作道德规范原则与法治规范原则的统一？

第十章 社会主义新闻工作的党性原则

【本章学习要点】

1. 新闻事业的党性，是一定政党的阶级利益和阶级意志通过新闻手段的集中表达与体现。它是指新闻媒体站在一定政党的立场，以该政党的利益和主张作为选择、评价与报道新闻的标准，借以维护该政党的利益和意志的过程及做法。在阶级社会和政党存在的环境中，新闻事业通常都会表现出一定的党性。

2. 第一个提出并全面论述出版物（包括报刊）党性原则问题的是列宁。1905 年，他在《党的组织和党的出版物》一文中对出版物的党性原则作了系统论述。他的一系列观点成为后来其他无产阶级政党认识新闻工作党性原则的理论依据。他所开创的党报坚持党性原则的光荣传统也为世界无产阶级新闻事业所继承。

3. 社会主义新闻工作党性原则的基本内涵包括：思想上以马克思主义为指导思想，自觉坚持实事求是的思想路线；政治上坚持同党中央保持一致，正确宣传党的纲领路线和方针政策；组织上自觉接受党的领导，严格遵守党的组织原则和宣传纪律。

4. 我国社会主义新闻工作党性原则的基本要求有：坚持革命性与科学性的统一；坚持对党负责与对人民负责的统一；坚持组织性、纪律性与积极性、主动性和创造性的统一；坚持维护传统与不断创新的统一。

5. 社会主义新闻事业要实现对党负责和对人民负责的统一，把坚持党性原则与体现人民性要求统一起来，就须树立以人民为中心的工作导向，既积极向群众宣传好党的路线、方针、政策，又及时向党委和政府传达好群众的呼声、愿望和要求，既善于把党的政策变为群众的行动，又善于用群众的实践检验党的政策，既要使传播效果让领导认可，又要让群众对新闻传播感到满意。总之，需要把体现党的主张和反映人民的心声统一起来，把正确舆论导向和反映社情民意统一起来。

6. 在市场经济条件下，新闻工作须牢记新闻传媒作为公益性事业的基本性质，注意遵循党和政府的路线、方针、政策，严格按党的政治纲领、思想路线和组织原则办事，保证新闻宣传和舆论导向能够始终坚持社会主义的正确方向。同时又不忘新闻传媒作为信息与文化产业的性质，充分考虑群众和市场的信息需求，增强服务观念、效益观念、竞争观念和市场观念，为群众提供优质的新闻与信息服务。同时，新闻传媒还要善于运用现代经营理念和管理方式做好媒介的经营与管理，在确保社会效益的前提下，努力实现社会效益和经济效益的有效统一。

案　例

1942 年《解放日报》改版

1941 年 5 月 16 日创刊的中共中央机关报《解放日报》，在毛泽东的亲自指导下于 1942 年实行改版，这是中共党报历史上的第一次新闻改革，由此确立了中国共产党党报的办报传统和基本工作原则及理念。

1942 年年初，毛泽东针对《解放日报》存在的背离党性原则的一些问题提出了严厉的批评，指出《解放日报》“是一张不完全的党报，对中心工作宣传不得力，缺乏党报应有的政治敏感”。整风运动开始后，党中央和毛泽东把整顿《解放日报》作为整风运动的一部分，要求着重解决报纸的党性问题。毛泽东指出：“《解放日报》还没有充分表现我们的党性，要想使《解放日报》成为贯彻我党政策与反映群众活动的党报，必须进行彻底改革。”

1942 年 4 月 1 日，《解放日报》在改版后的第一张报纸上发表社论《致读者》，检讨了在坚持党性原则方面存在的问题，进行了认真的自我批评，并调整了版面，把边区和劳动群众的新闻放到了头版，改变了原先头版主要刊登国外通讯社新闻的做法。

社会主义新闻事业是整个社会主义事业的重要组成部分。党和国家把新闻事业看作是党、政府和人民的耳目喉舌，强调它作为党和国家的舆论宣传机关的重要地位。这种特殊的社会角色定位，决定了社会主义新闻工作必须毫不动摇地坚持党性原则，自觉服从和接受党的领导和监督，这是社会主义新闻事业必须遵循的工作原则。

第一节　社会主义新闻工作党性原则的由来及发展

一、无产阶级新闻工作党性原则的提出

党性是阶级性的集中表现，是高度发展的阶级斗争的随行者及其产物。换言之，党性是在阶级斗争进入“高度发展”的“政党斗争”阶段时所产生的。一切政党为了维护自己的阶级利益和阶级意志所表现出来的阶级立场，正是其党性的体现。

从历史发展过程看，当近代资产阶级群体中那些具有自觉意识的分子，为了更好地同封建统治者开展政治斗争而建立起自己的政治组织时，党性便与资产阶级政党形影相随了。因此可以说，党性原则问题是随着世界上最早的政党——资产阶级政党的产生而出现的。

新闻事业的党性，是一定政党的阶级利益和阶级意志通过新闻手段的集中表达与体现。它是指新闻媒体站在一定政党的立场，以该政党的利益和主张作为选择、评价与报道

新闻的标准，借以维护该政党的利益和意志的过程及做法。

在阶级社会和政党存在的环境中，新闻事业通常都具有党性。因为一切政党都要求自己的新闻事业在工作中体现出本政党所代表的阶级利益和阶级意志。所以，党性原则的核心就是代表和体现政党的利益与意志。

为了更好地理解党性原则的内涵及要求，需要首先弄清党性原则的形成过程及其理论依据。

无产阶级新闻事业的党性原则是在无产阶级政党报刊的斗争实践中逐步形成的。作为马克思主义创始人的马克思和恩格斯，在其党报思想中就含有许多有关党性原则的内容。例如，他们提出：党报党刊是党的重要的思想武器和“政治阵地”，是党存在和发展的标志；党的报纸首先应是“政治性机关报”，应成为“党的旗帜”，应表现出自己“特殊的无产阶级性质”；党报党刊必须遵守和阐述“党的纲领和策略原则”，按“党的精神”进行编辑工作；党报党刊要处理好与党的领导机关的关系，在党的领导和监督下开展工作；等等。

虽然马克思和恩格斯没有直接使用“报刊的党性”这一概念，而是用“阶级性”和“党派性”来代替，但其相关论述已经显现出党性原则的一些基本内容。

在无产阶级新闻史上，第一个提出出版物（包括报刊）党性原则问题的是列宁。1905年11月，他在《党的组织和党的出版物》一文中明确指出，“出版物应当成为党的出版物”，“报纸应当成为各个党组织的机关报”。同时他认为：“社会主义无产阶级应当提出**党的出版物**的原则，发展这个原则，并且尽可能以完备和完整的形式实现这个原则。”①

列宁所阐述的报刊党性原则的主要观点包括：报刊是无产阶级总的事业的一部分，是社会主义整部机器上的“齿轮和螺丝钉”；党报应成为党组织的机关报，应当接受党的领导和监督，主动向党“请示汇报”工作；党组织要关心和重视党报，要加强对党报的领导；党组织要清除违背和破坏党性原则的成员，使党报成为真正的党的事业；确定有无党性要以是否符合“党纲”、“党的策略决议和党章”和党的“全部经验”为依据。他认为，只有具备了上述条件，只有完全按照党性原则工作，才称得上是真正的党报。②

列宁的这篇文章是针对当时俄国社会民主工党内部出现的机会主义思潮和分散倾向、一部分党报工作者企图脱离党的组织的做法而写的，有其特定的历史环境和现实条件。但是，其中关于党性原则的一些基本内容却带有一定普遍意义，成为后来其他无产阶级政党认识新闻工作党性原则的理论依据。列宁同马克思和恩格斯共同开创的党报坚持党性原则的光荣传统也为世界无产阶级新闻事业所继承。

二、新闻工作党性原则在中国的丰富和发展

（一）以毛泽东为代表的新闻工作党性原则观点

中国共产党人在自己的新闻实践中，忠实地继承了列宁关于党性原则的思想和传统。在党的一大通过的第一个决议中，就明确规定党的报刊“须由中央执行委员会或临时中央

---

① 《列宁选集》，3版，第1卷，663、664页，北京，人民出版社，1995。

② 此部分引文均见《列宁全集》，中文2版，第12卷，92～97页，北京，人民出版社，1987。

执行委员会经办”，并强调“应由党员直接经办和编辑”①，以确保党报的无产阶级性质。

在后来党的一些有关决议、通知、报告等文件，以及党的负责同志的讲话、文章中，对党报的阶级性质、党性原则也都有不少论述。毛泽东就明确要求党的机关报《解放日报》和《新华日报》“增强党性”。而1942年4月1日延安《解放日报》发表的《致读者》社论，把“党性”置于党的新闻工作所应具备的基本品质的首位。

1942年延安整风时期，结合全党的整风运动，并根据解放区新闻宣传中存在的问题和实际需要，中共中央及其主管部门就新闻工作的方针、原则问题作出了一系列指示和规定，其内容大都涉及新闻工作的党性原则问题，从而形成了中国共产党人关于新闻工作党性原则问题的较为系统的观点。

其主要内容包括：党报是党的宣传鼓动工作最有力的工具，办好党报是党的中心工作，各地党组织应对党报工作极大注意；党报要同党中央保持政治步调的一致，未经同意，不得任意发表涉及全党、全军、全国的全局性的文件、电文、讲演等；党报应正确宣传党的方针政策，并且要严格按照党的方针进行宣传，不能有违背党的方针的表现；党报的宣传必须增强党性，要克服宣传人员中闹独立性的错误；各级党委要关心党报工作，不关心党报是党性不强的具体表现；各级党委要把帮助与利用党报工作作为自己经常性业务之一，要适时讨论新闻政策及社论方针，要抓紧对党报的领导；等等。

这些观点在解放区新闻界很快形成共识，成为当时新闻工作的重要指导原则，并且被作为党的新闻工作的传统在以后的新闻实践中不断发扬光大。

新中国成立后，中国共产党根据党和国家所面临的形势与任务的变化，对新闻事业如何坚持党性原则提出了新的要求。这些要求是同这一时期党所赋予新闻事业的任务相联系的。

1950年5月1日，中央人民政府新闻总署作出了《关于改进报纸工作的决定》，其中明确规定了报纸工作的主要任务是报道经济生活，宣传工作经验和批评缺点错误。总之，要紧密联系当时的工作实际和群众思想实际，解决劳动生产和经济建设中的各种问题。

1950年4月19日，中共中央作出了《关于在报纸刊物上展开批评和自我批评的决定》，强调要在报纸刊物上展开对于工作中一切错误和缺点的批评与自我批评，并将其作为检验新闻机构有无党性和党性强弱的标志。

1954年7月17日，中共中央政治局通过的《中共中央关于改进报纸工作的决议》，在肯定新闻工作坚持党性原则取得成绩的同时，指出了许多报纸存在的“党性和思想性不强”的问题。而是不是“密切联系实际和联系群众”，是不是“经常地充分地严肃地开展批评和自我批评”，是不是“做好马克思列宁主义的理论宣传和党的生活的宣传”，是不是“充分反映人民群众多方面的生活”，以及“宣传报道的形式是不是生动、活泼”，等等，被作为评价报纸党性强弱的标准。

1959年毛泽东提出要“政治家办报”的论断，为新闻工作的党性原则注入了新的内容，提出了新的要求。

毛泽东在这年6月的中央政治局会议上谈到，报纸办得好坏，“要看你是政治家办报还是书生办报”。他明确说“我是提倡政治家办报的”。他说有些同志是书生，而书生“最

① 《中国共产党新闻工作文件汇编》，上卷，1页，北京，新华出版社，1980。

大的缺点是优柔寡断”。他欣赏曹操的多谋善断，强调“办报也要多谋善断，要一眼看准，立即抓住、抓紧，形势一变，要转得快”[①]。

毛泽东从总结党报工作中的问题和教训入手，提出要“政治家办报”的问题，其核心思想是要求办报的人，特别是新闻单位的领导者要有政治家的眼光、胸襟和见识，要能够从政治上总揽全局，抓住事情的要害，使新闻宣传能够紧密配合国内外的政治形势，为全党和全国工作的大局服务。

从实践看，在新中国成立初期的一段时间里，我国新闻媒体在宣传党的路线、方针、政策，反映国家经济建设和群众生活，开展批评和自我批评等方面做得还是很有成绩的，换言之，在坚持党性原则方面做得是好的。

但是，从1957年“反右斗争”和1958年出现“浮夸风”开始，由于“左”的路线的影响，阶级斗争的弦越绷越紧，政治口号越喊越响，人们对党性原则的理解也越来越“左”，越来越狭隘。到了“文化大革命”时期，在一片“革命”的叫喊声中，一些新闻媒体完全变成了推行极左路线的鼓吹者。

“文化大革命”结束后，经过拨乱反正，新闻界过去的许多优良传统得以恢复，对一些理论是非也有了新的认识和结论。在党性原则问题上，新闻界也开始进行认真反思和总结，结合改革开放新时期党对新闻事业提出的新任务、新要求形成了一些新的认识。

总结在“左”的路线下新闻战线走过的弯路、留下的教训，人们认识到，当时的许多做法，实际上是违反党性原则的行为，其结果是损害了党和人民的利益，也败坏了新闻媒体自己的声誉。因此，要真正坚持好党性原则，需要有正确的思想和政治路线作保证。

（二）邓小平对党性原则的新解释

进入改革开放和社会主义现代化建设新时期以后，新闻事业还要不要坚持党性原则，怎样才能坚持好党性原则，在此问题上，新闻界和社会上曾出现过一些思想混乱和模糊观点。对此，邓小平运用战略眼光，从党的根本性质和现时期所面临的形势与任务入手，强调新闻工作必须毫不动摇地坚持党性原则。

1980年1月，邓小平针对当时由于受“左”的思想影响，党内存在的无政府主义思潮和在新情况下出现的形形色色的自由主义思潮，以及一些报刊上出现的不负责任地进行宣传报道和开展新闻批评的现象发表重要讲话，明确提出了“党报党刊一定要无条件地宣传党的主张”的观点。他指出，开展批评也好，组织讨论也好，“要合乎党的原则，遵守党的决定。否则，如果人人自行其是，不在行动上执行中央的方针政策和决定，党就要涣散，就不可能统一，不可能有战斗力”。他这是从维护和保证党的统一和战斗力的角度来强调坚持党性原则问题。

就在这个题为《目前的形势和任务》的讲话中，邓小平还提出了“要使我们党的报刊成为全国安定团结的思想上的中心”[②] 的重要思想，强调了新闻工作在思想宣传战线上的重要任务和作用，这是他新时期党报思想中的核心观点，也是其党性原则理论中的重要内容。

在对党性原则内容的认识上，邓小平有一个内涵丰富的解释。他指出：“党性也包括

① 吴冷西：《忆毛主席》，141页，北京，新华出版社，1995。

② 《邓小平文选》，2版，第2卷，272、255页，北京，人民出版社，1994。

联系群众、艰苦朴素、实事求是等等。”[①] 在他看来，完整的、真正的党性绝不仅仅是对党的决议、原则和纪律的组织服从，还包括联系群众、艰苦朴素、实事求是的思想路线和工作作风。

强调党和群众的不可分割的联系是邓小平的一贯思想，也是他关于党的观念中的一个鲜明观点。1956 年，他在中国共产党第八次全国代表大会上作的《关于修改党的章程的报告》中有一段精彩的论述：

> 同资产阶级的政党相反，工人阶级的政党不是把人民群众当作自己的工具，而是自觉地认定自己是人民群众在特定的历史时期为完成特定的历史任务的一种工具。共产党——这是工人阶级和劳动人民中先进分子的集合体，它对于人民群众的伟大的领导作用，是不容怀疑的。但是，它之所以成为先进部队，它之所以能够领导人民群众，正因为，而且仅仅因为，它是人民群众的全心全意的服务者，它反映人民群众的利益和意志，并且努力帮助人民群众组织起来，为自己的利益和意志而斗争。[②]

按邓小平的观点，全心全意为人民群众服务是党性所必然涵括的内容。除此外，坚持实事求是的思想路线、保持艰苦朴素的思想作风也是党性不可缺少的内容，任何把党性同这些内容割裂和对立起来的观点都是错误的。

20 世纪 80 年代初，新闻界发生了一场关于党性和人民性的争论。当时，有人在强调民主和自由的问题时，提出了人民性高于党性的观点，有人甚至借此以人民性来对抗党性。邓小平明确而又严厉地指出这是一种“违反马克思主义的说法”。

从上述内容可以看出，邓小平在新形势下，针对党内思想战线出现的一些新情况、新问题，就党的领导和党性原则问题提出了许多精辟见解，给新闻工作指明了目标和方向。

（三）江泽民、胡锦涛、习近平对党性原则的新阐述

江泽民作为党的第三代中央领导集体的核心人物，把新闻工作看作是“党和国家的前途和命运所系的工作”。从这一基本判断出发，他十分重视新闻工作的党性原则问题。1996 年 1 月 2 日，他在接见《解放军报》社师以上领导干部的讲话中明确指出，办好《解放军报》，首要的一条就是必须坚持鲜明的党性原则。

而早在 1989 年 11 月他主持中央工作后发表的第一个关于新闻工作的讲话中，就有一部分专门谈党性原则问题。他指出：“我们的新闻工作是党的整个事业的一个重要组成部分。因此不言而喻，必须坚持党性原则。”显然，他把坚持党性原则看作是对新闻工作的一种必然要求。

在进入新时期后，党和国家面临着复杂的国际国内环境，要创造有利于国家发展、社会进步、民族振兴和世界和平的良好舆论环境，要保证改革开放和社会主义现代化建设事业顺利前进，坚持党性原则尤其显得重要。也正因为此，江泽民把“坚持鲜明的党性原则”作为做好新闻工作的“首要的一条”，并反复强调其重要性。

对于如何坚持好党性原则，江泽民提出了新闻工作也要“讲政治”，并且重申了毛泽东的要“政治家办报”的主张。他强调，新闻工作者“必须具有良好的政治素质，具有很

---

① 《邓小平文选》，2 版，第 2 卷，192 页，北京，人民出版社，1994。

② 《邓小平文选》，2 版，第 1 卷，217～218 页，北京，人民出版社，1994。

强的政治鉴别力和政治敏锐性，必须树立高度的政治责任感”，要“自觉地在思想上、政治上与党中央保持一致，在任何复杂多变的形势面前，都要保持清醒的头脑”①。

江泽民还指出，“政治家办报”，并不意味着只讲政治，不讲其他，更不意味着只是作“政治空谈”，只是“机械地简单地重复一些政治口号”，或是只是宣传“纯粹的理论”。他认为，新闻宣传的目的在于让广大干部和群众通过媒体的宣传报道认清自己的利益与奋斗目标，紧紧地团结在党和政府的周围，去为实现自己的利益和目标而奋斗。因此，一定要讲究宣传艺术，注意宣传方式和方法，提高新闻宣传和舆论导向的水平。要善于采取各种群众喜闻乐见的形式，“把党的政治观点、方针政策，准确地生动地体现和贯注到消息、通讯、言论、图片、标题、编排等各个方面”②，使群众在新闻传播的过程中受到潜移默化的影响，从而达到理想的传播效果。

江泽民还提出新闻工作要有“大局意识”和“全局观念”，报纸登什么，不登什么，都要从全局出发，从党和人民的整体利益出发，要宏观地把握形势，全面地考虑报道的内容、形式、时机和效果，始终坚持正确的舆论导向，防止新闻宣传中的偏差与失误造成群众的思想混乱和工作的失误。

胡锦涛对新闻工作党性原则问题也十分重视。他反复强调新闻工作必须始终坚持鲜明的党性原则，以确保新闻宣传的正确导向。2006 年 1 月，他在考察《解放军报》时提出：“要高举旗帜、听从指挥，坚持鲜明的党性原则，坚持正确的政治方向和舆论导向。”③ 2008 年 6 月 20 日，他在考察《人民日报》时，就如何提高党报的舆论引导能力发表的讲话把坚持党性原则放在首位，他强调：“第一，必须坚持党性原则，牢牢把握正确舆论导向。”④

习近平于 2013 年 8 月 19 日在全国思想宣传工作会议上的讲话中对坚持党性原则也提出了明确要求：“所有宣传思想战线上的党员、干部都要旗帜鲜明坚持党性原则”。他还提出了坚持党性原则的具体要求：“坚持党性，核心就是坚持正确政治方向，站稳政治立场，坚定宣传党的理论和路线方针政策，坚定宣传中央重大工作部署，坚定宣传中央关于形势的重大分析判断，坚决同党中央保持高度一致，坚决维护中央权威。”他在讲话中还对党性与人民性的关系作了阐述，指出“党性和人民性从来都是一致的、统一的”⑤。

综上所述，可以说党性原则是社会主义新闻工作的灵魂，坚持党性原则是社会主义新闻事业的一贯要求和传统优势。

中国共产党人关于党性原则问题的一系列思想观点，深化了党性原则的理论内涵，为社会主义新闻工作如何更好地坚持党性原则提供了新的理论和实践依据。

第二节　社会主义新闻工作党性原则的基本内涵

根据中国共产党人关于新闻工作党性原则的理论阐释和长期积累的实践经验，社会主义新闻工作党性原则的基本内涵包括以下内容。

① 《江泽民在接见〈解放军报〉社师以上干部时的讲话》，载《人民日报》，1996－01－22。
② 《关于党的新闻工作的几个问题》，《求是》，1990（5）。
③ 《中国新闻年鉴》（2007 年卷），1 页，北京，中国社会科学出版社，2007。
④ 《在人民日报社考察工作时的讲话》，载《人民日报》，2008－06－21。
⑤ 《胸怀大局把握大势着眼大事　努力把宣传工作做得更好》，载《人民日报》，2013-08-21。

一、思想上以马克思主义为指导思想，自觉坚持实事求是的思想路线

以马克思主义为指导思想，是社会主义新闻工作党性原则的一个基本内涵，也是党性原则在思想路线上的集中体现。

办报，首先要解决指导思想的问题。列宁在创办《火星报》时就明确指出，该报将本着严正的明确方针办报。而这个方针一言以蔽之，就是马克思主义。

中国共产党一向严格要求新闻事业必须坚持以马列主义作为自己的指导思想。1941年中共中央宣传部发出的《关于党的宣传鼓动工作提纲》中就明确指出，我党宣传鼓动工作有基本的原则区别，就在于我党的宣传鼓动工作以马列主义为指导原则。

实践证明，确立一个明确的指导思想就等于树立起一面鲜明的思想旗帜。这面旗帜可以引领民众去实现自己的目标和理想。

马克思主义是一种科学的世界观和方法论。列宁曾经用"最彻底、最完整、最周密、内容最丰富的发展论"来界定马克思主义的世界观和方法论，并认为这是马克思、恩格斯"科学思想中的最大成果"，从而给人类特别是工人阶级提供了认识世界和改造世界的思想武器。

无数事实说明，只有用马克思主义才能把人民群众的思想和行动统一起来，团结在党的周围，去争取社会主义事业的胜利；只有坚持马克思主义，新闻事业才能更好地发挥舆论宣传作用，为党和人民的事业做出积极的贡献。因此，社会主义新闻事业是不是和能不能坚持以马克思主义为指导思想是衡量其有无党性及党性强弱的重要标准。

马克思主义始终坚持把实事求是作为自己科学理论中的核心问题，强调一切从实际出发，反对一切违反科学的主观主义和形式主义。毛泽东1941年在给中央起草的《中共中央关于调查研究的决定》中就指出："粗枝大叶、自以为是的主观主义作风，就是党性不纯的第一个表现；而实事求是，理论与实际密切联系，则是一个党性坚强的党员的起码态度。"①

我国新闻工作一向坚持以马克思主义和将马克思主义与中国革命及建设实践相结合产生的毛泽东思想、邓小平理论、"三个代表"重要思想、科学发展观和习近平新时代中国特色社会主义思想作为自己的指导思想，并且以是否与其相符合作为衡量和判定新闻工作党性原则的最主要的标准。

坚持以马克思主义为指导思想，首先需要善于运用马克思主义的立场、观点与方法去观察、认识、解释和评价客观事物，去组织和指导日常的新闻报道，使宣传报道符合并体现马克思主义的科学原理；还需要坚持实事求是的思想路线，坚持理论联系实际的思想作风，善于运用从实际生活中发现、挖掘和提炼出来的事实材料反映报道新闻，指导实际工作。

同时，还要善于用马克思主义的科学的世界观和方法论来阐明社会生活，反映和报道现实社会中的各种新鲜事；善于用发生在群众身边的大量的活生生的实例来教育和引导群众，使他们从切实的、生动的身边事例中认识社会主义，接受马克思主义的教育；善于借助这些事例来阐明党的路线、方针、政策的实质内容，阐明各项经济、文化和社会工作的

① 《毛泽东文集》，第2卷，361页，北京，人民出版社，1993。

政治意义，阐明马克思主义理论的科学价值，使群众明白马克思主义理论不是空洞的教条，而是指导实际工作的有效武器。

二、政治上坚持同党中央保持一致，正确宣传党的纲领路线和方针政策

正确宣传党的纲领路线和方针政策，同党中央保持政治上的一致，是社会主义新闻工作党性原则的又一基本内涵，也是党性原则在政治路线上的集中体现。

社会主义新闻事业在政治上同党中央保持一致，主要体现在思想立场、政治观点、奋斗目标、政策策略和宣传口径的一致上。这就需要新闻媒体及新闻工作者始终站在党和人民的立场，及时了解并准确把握党在各个不同历史时期所确定的总路线、总方针和总任务，以及由此所决定的每一时期应当实现的具体工作路线、工作方针和工作任务，并保证在宣传报道中同党中央保持高度一致。对一些重大事件、敏感问题，特别是一些涉外事件，不能任意表态，抢先发言，要从全局高度、整体利益考虑，注意传播效果。特别是对一些重大问题的宣传报道，更须严格按中央统一规定的口径进行报道，不要独出心裁，另搞一套。同时，还要注意把握好新闻宣传中的度，防止做过头的宣传。

社会主义新闻事业在政治上同党中央保持一致，关键体现在正确宣传好党的路线、方针、政策上。

党的路线、方针、政策是党和人民利益及要求的体现，也是党的奋斗目标及行动计划的体现。宣传党在各个历史时期的路线、方针、政策，是党对新闻事业的基本要求，也是新闻事业作为党的舆论机关的主要任务之一。毛泽东 1948 年 8 月在中共中央关于请示报告制度的决定的起草过程中就明确指出，“各地党报必须无条件地宣传中央的路线和政策”①。

新闻媒介宣传党的路线、方针、政策，首先需要做到旗帜鲜明，积极主动，以便使党的路线、方针、政策尽快地为广大群众所理解，所接受，所掌握。

其次，需要做到准确、全面，要将其精神实质和具体要求原原本本、不折不扣地宣传给群众，要防止断章取义、为我所用的实用主义做法和生搬硬套、生吞活剥的机械式的宣传，要避免宣传内容与方法上的片面性和不稳定性。

最后，还要做到实事求是，一切从实际出发。要紧密联系实际，注重宣传实效。要善于运用群众易于理解和接受的丰富多彩、生动活泼的各种宣传形式，从各方面启发、教育和引导群众去认识与把握党的路线、方针、政策。

新闻媒介在宣传党的路线、方针、政策的同时，也承担着考察党的路线、方针、政策的正确性的任务。刘少奇 1948 年在同华北记者团的讲话中就提出，“你们不仅要宣传党的政策，还要根据群众的实际去考察政策是不是正确的，有没有缺点”。他说：“党的政策到底对不对，允许你们去考察，允许你们提出问题，如果你们发现党的政策错了，允许你们提出这个问题，你们有这个权利。不仅如此，如果你们看到党的政策大体上是对的，但是还有缺点，也允许提出来。”② 指出党的政策中的问题，可以帮助党政领导机关根据实际情况及时对相关政策作出相应的调整和修正，同时也可用群众在执行政策过程中所创造的成

① 《毛泽东新闻工作文选》，156 页，北京，新华出版社，1983。

② 《中国共产党新闻工作文件汇编》，下卷，256～262 页，北京，新华出版社，1980。

功经验去完善和充实党的政策，这也是坚持党性原则的一种体现。

三、组织上自觉接受党的领导，严格遵守党的组织原则和宣传纪律

坚持民主集中制的组织原则，严格遵守党的宣传纪律，自觉接受党的领导和监督，是社会主义新闻事业党性原则的又一基本内涵，也是党性原则在组织路线上的集中体现。

党的新闻事业是党的整个事业的一个组成部分，这就要求它必须始终置于党的领导和监督之下，严格按照党的组织原则办事，在宣传思想和报道口径上与党中央保持步调一致，不能各行其是。

1981年1月29日《中共中央关于当前报刊新闻广播宣传方针的决定》中明确规定："对党的路线、方针、政策和党委的决定如有不同意见，可以向上级党委直至中央提出，有的也可以在党内刊物上探讨，但是在上级没有改变有关决定前不得公开发表，更不能另搞一套，宣传同党的基本主张相反的意见。在报刊、新闻、广播、电视等党的舆论机关内部，同样要加强集中统一，不能各自为政。"①

中国共产党在领导新闻事业的长期实践中形成了一些传统的做法，有些已作为宣传纪律确定下来。如重要信息及时通报；重大问题事前请示事后汇报；重要稿件送主管机关审阅；向上级党委及时反映情况；涉外事件未经允许不得随便发言；未经请示不得在报纸上批评同级党委，不得利用报纸来进行同党委的争论，同党委闹独立；等等。

党对新闻事业在组织路线上的要求，是新闻事业坚持党性原则、坚持正确政治方向的重要保证。党的新闻事业是否接受和服从党的领导与监督，是否遵守党的组织原则和宣传纪律，是从组织上衡量其有无党性和党性强弱的标志。因此，党的新闻机构及其工作人员应自觉接受党的思想领导、政治领导和组织领导，严格执行民主集中制的组织原则，自觉遵守党的政治纪律、组织纪律和宣传纪律，努力为党和政府的舆论宣传做好工作。

各级党的组织须加强对新闻工作的领导，要把新闻工作纳入党委议事日程，对涉及新闻工作宣传方针、指导思想、报道重点、宣传效果等方面的问题要及时关心和指导，帮助新闻机构把握好政治方向。

党对新闻工作加强领导并不意味着党委可以包办新闻单位的工作，各级党委在加强对所管辖范围内媒体的领导、把握好其政治方向的同时，应当充分尊重新闻单位及其工作人员的主动精神和创造精神，鼓励他们按照新闻规律独立、负责地做好工作，不断提高新闻宣传的质量和水平。

总之，各级党委要做到"善待、善用和善管媒体"，要把加强党的领导和改善对新闻工作的领导结合起来，努力增强对新闻宣传和舆论导向工作的领导能力，提高领导艺术和水平，真正实现对新闻事业的有效领导。

第三节　社会主义新闻工作党性原则的基本要求

中国社会主义新闻工作的党性原则在长期实践中，形成了一些基本的传统和工作

① 《三中全会以来重要文献选编》下册，643～644页，北京，人民出版社，1982。

要求。

一、坚持革命性与科学性的统一

社会主义新闻工作党性原则的科学内涵，决定了它在新闻工作中必须坚持革命性与科学性的统一，注意把革命热情与科学精神结合起来，把主观倾向与客观求实结合起来，真正做到实事求是，理论联系实际，一切从实际出发。

坚持革命性，是要求新闻事业高举革命和创新的旗帜，热情地为一切革命和改革事业呐喊、鼓劲，揭露和批判一切腐朽、落后的旧思想、旧势力，为新生事物催生、助长，以推动人民革命事业和社会主义建设事业不断前进。

在战争年代，新闻事业的这种革命性体现在要严守革命立场，高举民族解放和人民革命的旗帜，以党在各个不同历史时期的斗争纲领和行动策略为指针，宣传革命，组织斗争，团结人民，打击敌人，努力促进人民革命事业的胜利。

在社会主义革命和建设时期，新闻事业的革命性体现在，要积极宣传党和国家关于社会主义革命和建设的路线、方针、政策，充分反映广大干部、群众在建设社会主义过程中的劳动创造和工作业绩，热情扶持社会主义的新生事物，同一切阻碍社会主义事业前进的旧思想、旧文化、旧传统、旧习惯展开积极的思想斗争，为社会主义的不断发展扫清思想障碍，创造良好的舆论环境。

在改革开放和社会主义现代化建设新时期，新闻事业的革命性体现在，要旗帜鲜明地宣传改革开放的方针，宣传党在新时期的基本路线、基本任务、基本理论和基本国策，宣传改革开放及社会主义现代化建设取得的成就和经验，同时要理直气壮地宣传坚持四项基本原则的重要意义，同一切企图否定四项基本原则的思想和行为作坚决的斗争，真正让改革开放和社会主义现代化建设的路线、方针、政策深入人心，并有效地转化为广大群众自觉行动的热情和决心。

坚持科学性，是要求新闻工作者坚持实事求是，坚持理论联系实际，一切从实际出发；保持科学的态度和冷静的头脑，善于运用辩证唯物主义和历史唯物主义的科学方法来观察事物、分析事物与反映事物。

列宁曾指出，唯物主义本身包含有党性。毛泽东则明确说，没有科学，没有实事求是，就是没有党性。他在《改造我们的学习》一文中指出："没有科学的态度，即没有马克思列宁主义的理论和实践统一的态度，就叫做没有党性，或叫做党性不完全。"①

刘少奇则明确地把树立实事求是的作风作为加强党性的"第一个标准"。邓小平也把实事求是的科学态度和理论与实践统一的作风看作是党性的表现，他引述毛泽东的话，提出要"从国内外、省内外、县内外、区内外的实际情况出发，从其中引出其固有的而不是臆造的规律性，即找出周围事变的内部联系，作为我们行动的向导"。他认为，与此相反的反科学的反马克思列宁主义的方法，是"党性不纯的一种表现"②。

从以往的新闻实践看，我国新闻媒介在坚持科学性方面积累了许多成功的经验。广大新闻工作者运用辩证唯物主义和历史唯物主义的科学方法，准确、全面、实事求是地反映

① 《毛泽东选集》，2版，第3卷，800页，北京，人民出版社，1991。
② 《邓小平文选》，2版，第2卷，116页，北京，人民出版社，1994。

现实生活和实际工作，真正体现了理论与实践的统一，受到了群众的欢迎和肯定。

从历史上看，在这方面我国新闻界也有一些失误和教训。例如1958年“大跃进”时期，一些新闻媒体为了政治宣传的需要，脱离实际，不讲科学，头脑发热，盲目跟风，无视事实，任意炒作新闻，大搞浮夸宣传。当时的宣传报道看起来搞得“轰轰烈烈”，很有气势，但结果却既误导了群众，又贻误了工作，给国家和人民的事业带来重大损失。这种只凭政治热情，只考虑政治需要，而不讲科学，无视科学性的做法让我们吃尽了苦头。以至于后来刘少奇批评说，当时报纸搞了很多“错误的东西”，“有报纸的害处，比没有报纸的害处还要大”①。

实践证明，科学性是党性的灵魂。因此，社会主义新闻事业要坚持党性原则，就应当坚持革命性和科学性的一致性，要把革命热情和科学精神统一起来，把主观倾向和客观求实统一起来。这一方面要对党和人民的事业始终充满信心，要以饱满的政治热情为其鼓劲，促其发展，做坚定的促进派，而决不能做冷眼旁观者和冷嘲热讽者，更不能做促退派和反对派。另一方面，又要善于讲求科学精神，坚持实事求是，要注意从群众生活和社会变革的实际情况出发，充分考虑事物变化和社会变动的主客观条件及有利与不利因素，全面反映与报道事物，以帮助干部和群众正确认识事物，把握形势，采取切实可行的行动计划和工作方针；要防止头脑发热，盲目乐观，无视主客观条件和事物发展规律，犯急性病，搞浮夸报道和冒进宣传，更不能背离事实，去有意造假。

“文化大革命”中，一些推行极左路线的人鼓吹“事实要为政治服务”，甚至提出“只要是政治需要，事实没有的可以加上去”，不惜牺牲真实性去维护所谓的“党性”，其结果不但败坏了新闻工作的优良传统，而且使新闻事业失去了人民的信任。

实践说明，坚持党性和坚持真实性、科学性是统一的。坚持实事求是的科学态度，确保新闻的真实准确，应当是党性原则的必然要求。很难想象，那些背离了真实性原则，大搞虚假报道的媒体，还有什么“党性”可言！

二、坚持对党负责与对人民负责的统一

在社会主义国家，新闻事业既是党的耳目喉舌，也是人民的耳目喉舌。作为党中央机关报的《人民日报》就经常强调自己“是党的报纸，也是人民的报纸”②。既姓“党”又姓“民”，可以说是党的新闻事业的一个基本特征。因此，向党负责和向人民负责、坚持党性原则与体现人民性要求应当是一致的，这是新闻事业党性原则理论中的一个基本命题。

新闻工作要向党负责，要坚持党性原则，归根结底是为了向人民负责，体现人民性要求。因为只有向人民负责，只有充分反映和体现人民性要求，才是真正的向党负责，才是真正坚持了党性原则。

无产阶级政党是用马克思主义武装起来的党，它的阶级性、先进性和马克思主义的革命性、科学性，使它当之无愧地成为无产阶级和广大人民群众利益的代表者与捍卫者。无产阶级党性原则的核心就在于，强调始终站在无产阶级和广大人民群众的立场，坚决维护人民的利益，全心全意为人民服务。

---

① 北方新闻学会编：《刘少奇关于新闻工作的几次讲话》，26页，北京新闻学会编印，1980。

② 《致读者》，载《人民日报》，1956-07-01。

无产阶级政党衡量一个党员、一个组织、一项事业工作好坏的标准，就是看其是否把合乎最广大人民群众的最大利益、为最广大人民群众所拥护作为最高行动准则和行为标准。作为党的新闻事业，其行动准则同样也不能脱离这一标准。因此，一切社会主义的新闻事业都须把对党负责和对人民负责完美地统一起来，把坚持党性原则与体现人民性要求有机地统一起来，坚决同一切损害人民群众利益的行为作斗争。那些不顾人民利益、不为人民服务、不受人民群众拥护的新闻事业是谈不上什么党性的。

要实现上述目标，社会主义新闻事业就须树立以人民为中心的工作导向，既积极向群众宣传好党的路线、方针、政策，又及时向党委和政府传达好群众的呼声、愿望和要求；既善于把党的政策变为群众的行动，又善于用群众的实践检验党的政策；既要使传播效果让领导认可，又要让群众对新闻传播感到满意。总之，需要把体现党的主张和反映人民的心声统一起来，把正确舆论导向和反映社情民意统一起来，真正使自己的工作让党放心，令人民满意。

在以往的实践中，有时一些媒体会出现“顾了上头（领导）忘了下头（群众）”或“顾了下头（群众）忘了上头（领导）”的情况，也就是说，没有将“对上（党）负责”与“对下（人民）负责”很好地统一起来，没有将坚持党性原则与体现人民性要求很好地统一起来。这样做的结果，前者会导致媒体信息传播功能的弱化，致使新闻报道中的宣传性内容过多，引起群众不满，甚至会影响人民群众同党和政府的关系；后者则会导致媒体宣传功能的弱化。这两种情况都是应当避免的。

三、坚持组织性、纪律性与积极性、主动性和创造性的统一

社会主义新闻事业强调组织性和纪律性，要求新闻机构及新闻工作者自觉遵守党的组织原则和宣传纪律，在组织上同党中央保持一致，任何无组织、无纪律的行为都会被视为没有党性的表现。

但是，强调组织性和纪律性并不是要限制与束缚新闻机构及新闻工作者的积极性、主动性和创造性，而是主张组织性、纪律性与积极性、主动性和创造性的统一。即把遵守党的组织原则和宣传纪律与发挥积极性、主动性和创造性统一起来。在新闻工作中，那些不敢承担责任，缺乏积极性、主动性和创造性的做法同样是党性不纯的表现。

要处理好新闻工作的组织性、纪律性与积极性、主动性和创造性的关系，关键是一个“责任感”和“负责精神”的问题。新闻工作者，特别是新闻机构的负责人应当有对党和人民强烈的政治责任感与高度负责的精神。只有有了责任感，有了负责精神，才会敢于创新，敢于负责，敢于坚持真理，才会根据实际情况、群众需求和新闻工作的客观规律，独立、负责、积极、主动和创造性地组织报道，开展宣传，做好新闻工作。

在以往的新闻实践中，许多在社会上和群众中产生巨大影响，对实际工作和社会发展起到积极推动作用的报道，都是靠着新闻机构的领导和记者、编辑们主动工作、积极负责、大胆创新而获得成功的。

新闻工作要发挥积极性、主动性和创造性，一方面体现在各个不同媒体，如报刊、电台、电视台、通讯社、互联网站等互相协调，加强合作与分工，努力办出自己的特色，形成自己的风格，避免雷同现象。另一方面，则体现在每个新闻工作者大胆创新，勇于探

索，依靠自己的聪明智慧和工作经验从不同的角度、不同的侧面，用不同的方法、不同的形式去采集和制作新闻，使得新闻报道能够内容丰富，形式多样，风格各异，以满足群众多方面的需要。

总之，社会主义新闻事业要坚持党性原则，就需要既注意保持同党中央在政治上、思想上、组织上步调一致、口径一致，又注意充分发挥自己的积极性、主动性和创造性，努力把新闻宣传搞得有声有色，丰富多彩。

在实际工作中，一些地方和党政部门的领导者往往习惯于把是否遵从其个人的意志和要求，作为衡量媒体有无党性的标准。他们往往会要求媒体按照自己的个人意志去组织宣传报道，而且会将此作为一种“纪律”，凡是听话的，就认为是有“党性”，凡是不听话的，就认定是没“党性”。于是一些媒体不得不“紧跟”、“照办”，或是盲目地“随大流”、“跟风走”，而不去考虑如何发挥自己的积极性、主动性和创造性。

实践证明，真正有党性的人，应当是敢于坚持真理、坚持原则，能够独立思考、勇于负责的人。而那些做事看来头、观风向，遇事跟风走、随风倒的人实际上是不讲党性的人。邓小平就曾对这种现象作过深刻的剖析，他指出，“随风倒本身就是一个违反共产党员党性的大错误”[①]，因为它不符合马克思主义的思想路线和政治原则，也不是科学的党性原则的真正内涵。

四、坚持维护传统与不断创新的统一

社会主义新闻事业经过长期的实践，在坚持党性原则方面已经形成了许多行之有效的传统做法，需要继续坚持和维护。

改革开放以来，特别是20世纪90年代实行社会主义市场经济体制以后，我国新闻工作的内外环境发生了很大变化。许多新闻机构在经营和管理方面引入了市场机制，采取了“事业单位，企业化管理”的运作方式，新闻传播面临着市场的制约和检验。在这种情况下，新闻工作还要不要坚持党性原则、怎样坚持党性原则成了一个新的理论课题，需要通过思想与观念上的不断创新去认识和解决。

市场经济与传统的计划经济有着很大的差异。显然，如果新闻工作依然照搬照套过去的老做法是不合适的。这就需要弄清它们之间的区别，根据变化了的新情况作出新的解释，新的调整。对原先计划经济条件下新闻事业坚持党性原则至今依然有效的做法必须继续遵循，而对建立了市场经济体制后出现的一些新观念、新做法则需认真分析和总结，并用以充实原先的内容。

例如，在计划经济条件下，新闻工作强调“政治性”、“指导性”、“统一性”和“工具性”多些；而在市场经济条件下，人们越来越认识到新闻事业的产业性质和新闻传播中的市场因素，因此更加重视新闻传播的“信息性”、“服务性”、“多样性”和新闻传播的“产业性”等。在计划经济条件下，新闻事业完全以党和政府的政策、指令为工作指针与依据；而在市场经济条件下，新闻事业除了依然要坚决按照党和政府的政策、指令工作外，还要充分考虑受众需求和市场效果。

---

① 新华社新闻研究所编：《邓小平论新闻宣传》，24页，北京，新华出版社，1998。

总之，在市场经济条件下，新闻工作要坚持好党性原则，首先应当牢记新闻传媒作为公益性事业的基本性质，注意遵循党和政府的路线、方针、政策，严格按党的政治纲领、思想路线和组织原则办事，保证新闻宣传和舆论导向能够始终坚持社会主义的正确方向。同时又不忘新闻传媒作为信息与文化产业的性质，充分考虑群众和市场的信息需求，增强服务观念、效益观念、竞争观念和市场观念，为群众提供优质的新闻与信息服务。同时，新闻传媒还要善于运用现代经营理念和管理方式做好媒介的经营与管理，在确保社会效益的前提下，努力实现社会效益和经济效益的有效统一。

【思考题】

1. 如何理解新闻工作党性原则的形成与发展？
2. 社会主义新闻工作党性原则有哪些具体内容及要求？
3. 社会主义新闻工作如何实现对党负责与对人民负责的统一？
4. 改革开放新时期新闻工作坚持党性原则有哪些新内容和新特点？
5. 如何理解邓小平所说的“随风倒本身就是一个违反共产党员党性的大错误”？

第十一章

社会主义新闻工作的“三贴近”原则

【本章学习要点】

1. 新闻工作的群众性是马克思主义的群众意识、群众观念及群众工作路线在新闻传播活动中的反映和体现，它是新闻工作的一项重要原则。属于人民，服务人民，依靠人民，这是社会主义新闻事业群众性原则的特定含义及其显著特征，也是新闻工作“三贴近”原则的理论基础和必然要求。

2. “三贴近”原则的内涵，一是要贴近实际，即要遵循马克思主义的认识论，坚持实事求是，一切从实际出发；二是要贴近生活，即要把现实生活作为新闻工作的源泉，坚持面向生活，深入生活，在实际生活中体现新闻工作价值，完成新闻工作使命；三是要贴近群众，即要坚持马克思主义的群众观，一切从广大人民群众的需要出发，忠实地代表和维护最广大人民群众的根本利益，满足人民群众多方面的需要。

3. 新闻媒体担负着反映和报道实际工作的任务。要把当下国家全面深化改革开放，全面建设小康社会，推进现代化建设事业发展的实际状况，及时、充分、准确地反映和报道出来，就需要新闻工作者坚持深入实际，注重调查研究，从对国情、省情、市情以及社情的调查研究中，了解实际，掌握实际，研究解决实际问题的办法，寻找和确定新闻报道的题材与内容。

4. 新闻媒体担负着反映和报道现实生活的任务。要把火热的现实生活，把我国社会丰富多彩的经济、政治、文化生活和人民群众的日常生活，及时、充分、准确地反映和报道出来，就需要新闻工作者坚持深入生活，把社会生活作为新闻报道的源泉，把反映和歌颂社会主义新生活作为自己不懈的追求，把新生活中涌现出的新人物、新事物、新气象作为新闻报道的题材和内容，把有效地引导生活，美化生活作为新闻传播所追求的一种理想境界。

5. 新闻媒体担负着反映和报道人民群众劳动生活，维护人民群众利益需求的任务。要把人民群众的劳动业绩、创造智慧和理想追求，把他们的生活需要、困难疾苦和愿望要求，及时、充分、准确地反映和报道出来，就需要新闻工作者坚持深入群众，真正把人民群众作为自己的服务对象和依靠对象，把人民群众作为新闻事业的主人和新闻报道的主角，把维护人民群众的利益作为自己的崇高使命。

案例

穆青的农村情结与群众情愫

穆青是我国著名记者，在其长达半个世纪的新闻生涯中，一向喜欢同普通群众打交道。他一生中结交了许多基层群众，特别是农民朋友——造林模范潘从正、植棉能手吴吉昌、红旗渠英雄任羊成，以及兰考的父老乡亲……他对他们有着亲人般的情愫。身为新华社社长，他无论工作多忙，每年都要挤出时间到基层、到他时刻牵挂的农村走走看看。农民朋友的生活，是穆青采访、写作的灵感和源泉之所在，更是他心之所系，情之所牵。

据其身边工作人员反映，穆青无论走到哪里，谈得最多的是“勿忘人民”，题词最多的也是“勿忘人民”。他在长期的新闻实践中，始终坚持深入基层、深入生活、深入群众，从社会基层、现实生活和人民群众之中采集了大量新闻素材，写出一批像《县委书记的榜样——焦裕禄》、《为了周总理的嘱托——记农民科学家吴吉昌》、《人民呼唤焦裕禄》这样的新闻佳作。穆青的为人、为文给我们留下了一笔宝贵的精神财富。

社会主义新闻事业既是党的新闻事业，也是人民的新闻事业，这一性质定位决定了它必须始终同人民在一起，坚持与人民同甘苦、共患难、齐爱憎。为此，就要把“贴近实际、贴近生活、贴近群众”作为自己的工作原则。

第一节　社会主义新闻工作“三贴近”原则的由来及历史传统

一、社会主义新闻工作“三贴近”原则的由来

“三贴近”，即“贴近实际、贴近生活、贴近群众”，是党中央在贯彻中共十六大精神，学习“三个代表”重要思想的过程中向新闻界提出的一项工作原则。

2003年3月，胡锦涛在主持中共中央政治局会议，研究关于如何进一步改进会议和领导同志活动新闻报道问题时指出：“新闻单位要坚持正确的舆论导向，大力宣传党的理论路线方针政策，多报道对工作有指导意义、群众关心的内容，力求准确、鲜明、生动，努力使新闻报道贴近实际、贴近群众、贴近生活，更好地为人民服务、为社会主义服务、为党和国家工作大局服务。”①

2004年9月，在中共中央十六届四中全会的讲话中，胡锦涛又要求新闻媒体“牢牢把握舆论导向，贴近实际、贴近生活、贴近群众”。两次讲话都涉及新闻工作的一些重大方针和原则问题，其中都强调了要“贴近实际、贴近生活、贴近群众”，这说明“三贴近”问题在中国共产党新闻工作中的重要地位和作用。

① 《人民日报（海外版）》，2003-03-29。

关于新闻工作“三贴近”问题，以前中共中央领导人也有过一些类似的提法。如1942年毛泽东在延安时期就要求新闻工作者“深入群众，不尚空谈”。江泽民1991年11月视察新华社时曾向新闻工作者提出过“学习，学习，再学习；深入，深入，再深入”的要求。当时这些要求主要是从新闻工作者要加强思想道德修养、转变工作作风的角度来谈的。

而中共十六大以后，党中央反复强调新闻工作要坚持“三贴近”，是从“立党为公，执政为民”和“权为民所用，情为民所系，利为民所谋”，以及“以人为本”的新的党建理念和执政理念的角度提出来的。这就赋予“三贴近”以新的思想内涵和理论价值，把它当作了党的新闻工作的一个基本理念和一项基本原则。

“三贴近”原则体现了新闻工作的基本方向，概括了新闻工作的本质要求，同时也指出了做好新闻工作的有效途径。因此可以说，它是十六大以后中国共产党新闻工作指导思想中的重要内容，是当代马克思主义新闻思想的体现。

坚持“三贴近”是新闻工作者学习和实践“三个代表”重要思想的必然要求。因为只有坚持“三贴近”，新闻媒体才能更好地成为先进生产力发展要求的反映者和宣传者、先进文化前进方向的弘扬者和传承者、最广大人民根本利益的代表者和维护者。

在“三贴近”原则中，三个“贴近”相互之间存在着密切的联系，但其中“贴近群众”是其核心与实质。因为“贴近实际”和“贴近生活”的目的都是为了更好地了解人民群众的劳动实际与生活实际，以便为他们提供更加有效的服务。同时，人民群众是社会实践的承担者，是现实生活的主人，是他们每天在用自己的辛勤劳动创造着历史，改变着世界，美化着生活，只要深入到人民群众之中，实际上也就深入到了社会实际和现实生活之中。换言之，只要贴近了群众，自然也就贴近了实际，贴近了生活。

胡锦涛在阐释“三个代表”重要思想的本质时指出，“三个代表”重要思想的本质是“立党为公，执政为民”，学习贯彻“三个代表”重要思想必须以最广大人民的根本利益为根本出发点和落脚点。这一观点为我们认识“三个代表”重要思想的本质，以及理解“三贴近”之间的内在关系指明了方向。

中国共产党是为人民而存在、而工作、而奋斗的，其一切工作的宗旨都是为人民谋利益。因此，代表先进生产力的发展要求和代表先进文化的前进方向，最终都是为了代表最广大人民的根本利益。“立党为公，执政为民”就是对“三个代表”重要思想的本质的最准确的概括。

由此可见，“三贴近”的核心是“贴近群众”。而“贴近群众”的思想来源和理论依据是新闻工作的群众性理论。

在马克思主义理论中，如何对待人民群众，是一个涉及思想立场和世界观的重大原则问题。能否体现群众性，能否坚持群众性原则，是检验共产党人的试金石。

群众性也一直是中国共产党新闻工作的一个基本理念和一项基本原则。1942年延安《解放日报》在《致读者》的社论中，把“群众性”与“党性”、“战斗性”和“组织性”一起作为党的新闻工作的基本品质和工作原则。

无产阶级革命导师关于新闻工作的群众性原则有不少论述。

1842年，马克思在主编《莱茵报》时就指出，人民报刊应当成为“‘人民（确实按人民的方式思想的人民）日常思想和感情的’公开的‘表达者’”，“它生活在人民当中，它真诚地同情人民的一切希望与忧患、热爱与憎恨、欢乐与痛苦”①。到了主编《新莱茵报》时，他又强调无产阶级报刊应当成为“热情维护自己自由的人民精神的千呼万应的喉舌”②。在马克思看来，人民的报刊应当属于人民。它应当体现人民精神，表达人民思想，与人民同甘共苦，同生同在，为人民表达舆论，仗义执言。它应当依靠人民的信任和支持，维持自己的生存与发展。马克思的一系列观点为无产阶级新闻事业的群众性原则奠定了理论基础。

列宁十分强调无产阶级政党报刊要反映工人群众的利益，充当工人群众的喉舌，同时也强调党报工作要争取工人群众的支持。他反复告诫党报工作人员不要脱离群众。同时，他也希望全体党员和广大工人群众把办报看作是自己的事，用自己的实际行动关心、支持和帮助党的报刊。十月革命后，列宁仍常常提醒党和苏维埃报刊注意保持同群众的联系。他自己就经常通过阅读和批示报刊读者来信等方式，来保持同人民群众的联系。列宁为无产阶级新闻事业的群众性原则注入了新的内容，形成了对这一问题的较为系统、完整的认识。

毛泽东在吸收马克思、恩格斯、列宁关于党报工作群众性原则理论观点的基础上，结合中国共产党新闻工作的实践，对这一理论作了更加详尽、深入的论述，形成了他独特的党报工作群众性理论。

毛泽东认为，党报不但负有宣传群众、教育群众的使命，还担负着服务群众和联系群众的任务。1942年，他亲自指导延安《解放日报》改版，其根本目的就在于，要使党报更能适应党和人民群众的需要。1944年年底，他在给晋绥边区《抗战日报》的指示中，告诫报社的同志，不要忘记自己“是给晋绥边区人民办报，应根据当地人民的需要（联系群众，为群众服务），否则便是脱离群众，失掉地方性的指导意义”③。除此外，毛泽东还提出了“全党办报，群众办报”的主张，要求党报工作者要相信群众，依靠群众的支持和帮助办好报纸，这是毛泽东党报工作群众性理论中的核心观点。

在毛泽东的倡导和关怀指导下，以《解放日报》和《新华日报》为代表的一些党报坚持维护群众的利益，反映群众的意愿，为群众提供各种必要的服务，同时注意依靠广大党员和群众的支持，开展报纸工作，取得了明显的成效，受到了读者的欢迎。中国共产党人通过不断的新闻实践，充实和丰富了党报工作的群众性理论。

综上所述可以看出，新闻工作的群众性是马克思主义的群众意识、群众观念及群众工作路线在新闻传播活动中的反映和体现，它是新闻工作的一项重要原则。社会主义新闻事业既是党和国家的新闻事业，又是人民的新闻事业，它的一切工作都服务于人民群众并且直接依靠人民群众的支持来完成。属于人民，服务人民，依靠人民，这是社会主义新闻事业群众性原则的特定含义及其显著特征，也是新闻工作“三贴近”原则的理论基础和必然要求。

---

① 《马克思恩格斯全集》，中文2版，第1卷，352页，北京，人民出版社，1995。
② 《马克思恩格斯全集》，中文1版，第6卷，275页，北京，人民出版社，1961。
③ 《毛泽东新闻工作文选》，120页，北京，新华出版社，1983。

二、社会主义新闻工作践行"三贴近"原则的历史传统

无产阶级新闻事业特有的性质决定了它同社会实际、现实生活、人民群众之间的密切联系。在长期的实践中，无产阶级新闻事业逐渐形成了紧密联系社会实际、现实生活和人民群众的优良传统。

马克思和恩格斯在创办《新莱茵报》期间，从当时所处的斗争环境和人民革命的实际需要出发，坚持同人民群众的实际斗争和现实生活保持密切联系，始终站在无产阶级和广大人民群众的立场，维护人民群众的利益。为了适应当时民主革命斗争和群众思想的实际需要，报纸甚至直接打出了"民主派机关报"的旗帜。"介入生活，干预运动，指导斗争，维护群众利益"，成了报纸的重要使命。《新莱茵报》真正成了"运动的喉舌"、"革命的旗帜"和"人民群众千呼万应的喉舌"。

列宁是把马克思主义的普遍原理与俄国革命的具体实践相结合的典范。他深入工厂农村，深入人民群众，深入斗争实际，在调查研究的基础上，制定了一系列符合俄国革命斗争实际的方针和策略。他所创办的报刊更是密切联系俄国革命斗争实际和群众生活实际，始终站在无产阶级和广大群众的立场，真正成为人民革命事业的"宣传员、鼓动员和组织者"。列宁还把"是不是真正联系群众和是不是代表了无产阶级群众的策略"①，作为考察布尔什维克派和孟什维克派报刊的条件。他所创办的《火星报》就是当时俄国工人群众利益的忠实代表者，并且始终依靠着工人群众的支持才得以存在下来。许多工人群众冒着生命危险，秘密发行报纸，宣传报纸的主张，并积极向报纸反映情况。报纸同工人群众建立了真正的血肉联系。

中国共产党的新闻事业在坚持与社会实际、现实生活、人民群众相结合方面也有自己的传统及特点。特别是在密切联系群众方面更是形成了独特的优势和传统。

从历史上看，中国共产党的报刊的创办都是为了指导运动、组织斗争和联系人民群众的需要。而出版后的报刊也都把反映和指导实际斗争、群众生活，代表和维护人民群众的利益作为自己的重要使命。

1942年4月1日，《解放日报》发表社论《致读者》，明确提出"报纸的任务：不仅要充实群众的知识，扩大他们的眼界，启发他们的觉悟，教导他们，组织他们，而且要成为他们的反映者、喉舌，与他们共患难的朋友"；并且表示，要"密切地与群众联系，反映群众的情绪、生活需求和要求，记载他们的可歌可泣的英勇奋斗的事迹，反映他们身受的苦难和惨痛，宣达他们的意见和呼声"②。

1945年10月11日，中国共产党在重庆国民党统治区出版的《新华日报》，以《人民的报纸》为题发表社论，表示自己"一定要继续不断的进步，真正成为属于人民，为了人民的报纸"。《新华日报》始终坚持从群众的实际生活需要出发，"广泛地为人民服务"，真正做到了"以人民的利害为依归"，"对人民有利的"，就"坚决的主张"，"对人民不利

---

① 《列宁论报刊与新闻写作》，45页，北京，新华出版社，1983。

② 《中国共产党新闻工作文件汇编》，下卷，22、39、40、50～53页，北京，新华出版社，1980。

的”，就“毫不容情的反对”①。报纸开辟了许多直接面向群众的栏目，还设置了读者信箱、医药和法律顾问以及广告等服务项目，为群众的学习、娱乐、婚姻、社交、居住、旅行提供多方面的社会生活服务。当时群众有了困难，常常主动求助报纸。一些人甚至连买药、购书、寻购戏票等都求报社帮忙。

新中国成立后，中共中央机关报以“人民日报”命名，充分表明了中国共产党要将自己的机关报办成人民的报纸的鲜明立场。1956 年 7 月 1 日，《人民日报》发表的改版社论中说：“我们的报纸名字叫做‘人民日报’，意思就是说它是人民的公共的武器，公共的财产。人民群众是它的主人。只有靠着人民群众，我们才能把报纸办好。”1986 年 7 月 2 日，《人民日报》在为纪念改版 30 周年致读者的社论《我们的心愿——就人民日报改版三十周年致读者》中，再次强调“《人民日报》是党的报纸，也是人民的报纸”；并且表示，要“最大限度地满足读者需要”，“使读者感到可读、可信、可亲，真正成为他们的益友和知音”。

社会主义制度的建立为新闻事业联系实际、反映生活、服务群众提供了更加有利的政治环境和更加充分的经济条件，使得新闻事业在坚持“三贴近”方面有了更广阔的天地。

在新中国成立后的几十年中，新闻事业把深入工作实际、反映现实生活、服务人民群众，作为自己的工作职责和基本要求，坚持面向实际、面向生活、面向群众，积极反映群众呼声，维护群众利益，努力解决群众生产和生活中的实际问题，做了许多有益的工作，受到了群众的欢迎，得到了群众的好评。

特别是近年来，新闻界从改进群众反映较大的会议和领导同志活动新闻报道、国内突发事件新闻报道和舆论监督工作等方面入手，在实践和落实“三贴近”方面做了许多积极的探索，收到了很好的效果。尤其是在关注弱势群体和弱势人群，关注农村、农业和农民，关注城市农民工，关注城市低收入家庭，关注普通劳动者的生活、工作和命运方面，组织了大量内容新、有深度、充满感情和爱心的民生新闻报道，在社会上和群众中产生了积极的反响，充分体现了坚持“三贴近”原则的优势和效果，为新闻工作开创了新的局面。

近年来全国新闻战线开展的“走基层、转作风、改文风”活动所取得的积极效果，更是为“三贴近”原则的历史传统和现实意义作了最好的诠释。它说明新闻工作者只有走入基层，深入群众，真正贴近实际生活和人民群众，才能转变作风，改进文风，完成好党和人民所赋予的历史使命。

第二节　社会主义新闻工作“三贴近”原则的内涵及实践意义

一、社会主义新闻工作“三贴近”原则的内涵

“三贴近”原则从其源头上看，涉及马克思主义的实事求是思想路线和群众工作路线，内涵极其丰富。

① 《中国共产党新闻工作文件汇编》，下卷，75～76 页，北京，新华出版社，1980。

（一）贴近实际

“贴近实际”的核心，就是要遵循马克思主义的认识论，坚持实事求是，一切从实际出发。具体内容包括：

立足于社会主义初级阶段这个最大的实际，坚持解放思想、实事求是、与时俱进，同时紧跟时代步伐，适应现阶段经济、政治、文化和社会发展的实际状况与具体要求，适应不断变化的客观现实，真实地反映改革开放和现代化建设的实践。

把回答与解决当前我国改革开放和社会主义现代化建设实践中提出的重大问题作为新闻工作的中心任务，坚持从实际出发部署和推进工作，以实际效果检验工作，使新闻工作更加具体实在，扎实深入。

贴近广大群众的思想实际，适应群众的接受能力，形成与社会主义初级阶段基本经济制度相适应的思想观念，而不能超越阶段，把脱离实际的说教强加于人。

贴近党和政府的工作大局，贴近改革开放和现代化建设的主战场，要坚持说实话，鼓实劲，求实效，不能只求场面上的轰轰烈烈，搞形式主义的东西。

（二）贴近生活

“贴近生活”的核心，就是要把现实生活作为新闻工作的源泉，坚持面向生活，深入生活，在实际生活中体现新闻工作价值，完成新闻工作使命。具体内容包括：

实际深入火热的现实生活，深入社会经济、政治、文化生活和人民群众的日常生活中，去反映客观现实，把握社会主流，解决具体矛盾；积极、主动地融入生活，体验生活，服务生活，引导生活。

把新闻工作的着眼点对准火热的现实生活，对准人民群众的生活实际；关注朴素平凡的生活细节，聚焦丰富多彩的生活场景，从现实生活中挖掘生动事例，汲取新鲜营养；展示未来生活的美好前景，激励人民群众同心协力，奋发图强，为创造更加美好的新生活而共同奋斗；使新闻工作更加接近生活，充满生活色彩，富有生活气息，使新闻报道更加紧密地结合人民群众的生活实际，更加入情入理，更加可亲可近。

以生活为源泉，忠实地反映和表现生活，不能本末倒置，不能用抽象的概念剪裁生活，用主观的想象代替生活，更不能违背生活真实，闭门造车；同时善于抓住生活的本质，解决生活中的难题；要根据群众生活的需求，调整新闻传播的形式和方式，不能停留在社会表象和简单的说教上，不能搞形式主义。

跟上生活变化的新节奏，传递生活变化的新信息，反映生活变化的新面貌，解决生活变化的新问题，满足群众精神文化生活的新需求。

（三）贴近群众

“贴近群众”的核心，就是要坚持马克思主义的群众观，一切从广大人民群众的需要出发，忠实地代表和维护最广大人民群众的根本利益，满足人民群众多方面的需要。具体内容包括：

扎根于人民群众之中，想群众之所想，急群众之所急，帮群众之所需，充分反映群众的呼声，体现群众的意愿，满足群众的需求，把握群众的脉搏，说群众想说的话，讲群众能懂的话，为群众提供想看爱看、健康向上的精神文化产品。

树立群众观点和亲民思想，真正做到“权为民所用，情为民所系，利为民所谋”，要以群众满意不满意、高兴不高兴、赞成不赞成、答应不答应作为新闻工作的根本出发点和落脚点，同时多联系群众身边的事例，多反映群众的切身感受，多运用群众熟悉的语言，多采用群众喜闻乐见的形式，使新闻宣传更加可亲可信、深入人心。

重视群众在新闻传播中的主体地位，积极吸引群众广泛参与新闻传播，不能把群众仅仅当成被动接受的对象；关注群众的切身利益，一切工作都须着眼于为人民群众办实事、办好事、多办事。

重视群众的多层次、多方面、多样化的精神文化需求，把普及和提高结合起来，努力丰富群众的文化生活。

上述内容构成了“三贴近”原则的丰富内涵，为新闻工作坚持“三贴近”原则提供了理论依据和行动指南。

二、社会主义新闻工作“三贴近”原则的实践意义

坚持贴近实际、贴近生活、贴近群众，是党和政府对新闻工作的一贯要求，也是新闻工作的历史传统，在今天，更加具有重要的实践意义。

（一）坚持“三贴近”是学习和践行“三个代表”重要思想的必然要求

“三贴近”原则本身就是在学习和践行“三个代表”重要思想的过程中提出来的，因此它也是学习和践行“三个代表”重要思想的必然要求，是新闻界落实“三个代表”重要思想的有效途径。

1. 坚持“三贴近”，才能成为先进生产力发展要求的反映者和宣传者

要反映和宣传好先进生产力的发展要求，就要弄清什么是先进生产力，当前社会和广大人民群众对先进生产力的发展要求是什么，我国在发展先进生产力方面有哪些优势，存在什么问题，今后应当如何更好地发展先进生产力等。这一系列关系到发展先进生产力的目标、方向和策略的重大问题，都需要新闻工作者深入实际、深入群众、深入生活，去观察，去反映，去报道。

在经济建设的实际工作中，我们可以发现、了解到哪些是代表和推动先进生产力发展的积极因素，哪些是妨碍和阻挠先进生产力发展的不利因素，哪些是实践中创造的发展先进生产力的有效经验，哪些是先进生产力进一步发展的阻力和困难。

在人民群众的劳动生活中，我们可以观察和体验群众当前的物质生活状况，了解和掌握他们对发展先进生产力的企盼与要求，发现和总结他们所创造的发展先进生产力的智慧与经验。

改革开放30多年来，我国在经济建设中取得了举世瞩目的成就，持续保持的高经济增长率令世人惊叹，这充分说明了中国共产党在发展先进生产力、建设现代化国家方面所表现出的核心领导作用和非凡领导能力，也充分显示出广大人民群众在发展先进生产力、建设社会主义物质文明方面的创造性智慧和丰富的经验。这些都是新闻媒体及新闻工作者进行宣传报道的取之不尽、用之不竭的宝贵资源。

总之，只有坚持“三贴近”，真正走到经济建设的实际中去，走到社会的现实生活中去，走到人民群众中去，新闻媒体及新闻工作者才能在反映和宣传先进生产力的发展要求

方面做出积极的贡献。

2. 坚持“三贴近”，才能成为先进文化前进方向的弘扬者和传承者

弘扬和传承先进文化是新闻媒体及新闻工作者所应担负的崇高责任与始终追求的奋斗目标。只有用先进文化来丰富和引导人民群众的文化生活，不断提升人民群众的文化素养，弘扬和培育广大人民群众的民族文化传统与高尚民族精神，增强其文化自觉和文化自信，才能使中国特色社会主义事业坚持正确的前进方向。而如果让落后文化和腐朽文化占据我们的传播阵地，侵蚀和毒害群众的思想，那么，即使经济建设和物质文明取得再大的成就，也会失去建设中国特色社会主义的真正内涵及科学意义。

新闻工作者只有深入到实际生活中去，深入到人民群众中去，才能了解和认识到社会主义先进文化所代表的前进方向，才能感受和体会到人民群众对先进文化的渴望与需求，才能提炼和总结出人民群众所创造的优秀民族文化，才能发现和掌握落后文化与腐朽文化的传播特点及其实际危害，进而找到消除其影响的有效方法。

当前，在我国的新闻与文化传播中，出现了许多消极甚至是有害的倾向。一些煽情炒作“星、腥、性”等内容的低俗文化和有害信息充斥我们的媒体，对广大群众，特别是青少年带来很大的精神伤害，造成了很坏的社会影响，严重损坏了社会主义文化事业的声誉，干扰了社会主义的精神文明建设，也影响了我国全面建成小康社会目标的进程。

新闻媒体及新闻工作者应当在深入实际进行调研的基础上，摸清真实情况，掌握准确动向，加大对这些落后文化和腐朽文化的批判力度，坚决将其从社会主义的文化阵地中清除出去，努力消除其不良影响。同时，对一些外来文化中的消极和有害的东西，也应保持高度的警惕，要分析它们的表现形式、传播方式、影响范围及对群众带来的负面影响，并研究消除其影响的策略和办法。

总之，作为先进文化前进方向的弘扬者和传承者，新闻媒体及新闻工作者要以对国家、对社会和对人民高度负责的精神，在弘扬和传承先进文化的同时，对落后文化和腐朽文化进行有力的批判，这样才能始终体现坚持新闻与文化传播的正确方向，才能始终体现坚持先进文化的前进方向。

3. 坚持“三贴近”，才能成为最广大人民根本利益的代表者和维护者

人民群众是历史的创造者，是社会主义物质文明、精神文明、政治文明、社会文明和生态文明建设的具体承担者。他们每天通过自己的劳动描绘着社会主义新生活的壮丽图景，创造着社会主义共和国的光辉历史。他们是社会生活与社会变革的主体，是国家的真正主人。

新闻媒体要将人民群众作为新闻报道的主体，要把镜头对准群众，把版面和荧屏让给群众，要充分反映他们的劳动生活，讴歌他们的创造业绩，报道他们在党和政府领导下创造生机勃勃的有中国特色社会主义历史的实践活动。

新闻媒体要真正代表和维护广大人民群众的利益，首先，要有对人民群众的深厚感情和高度负责的精神。实践说明，一个对人民群众缺乏感情、缺乏责任感的人，是难以真正了解和熟悉群众的，即使是身子到了群众之中，思想也会格格不入。这样，纵有生花妙笔，也难以写出真正代表和反映人民群众思想情感与利益要求的报道来。

其次，要踏踏实实、认认真真地深入到群众中去，去了解群众的困难和疾苦、呼声和要求，去关注群众关心的热点、疑点和难点问题，去与群众同思同虑、同甘共苦。要真正

做到心里装着群众，凡事想着群众，工作依靠群众，一切为了群众，为群众诚心诚意办实事，尽心竭力解难事，坚持不懈做好事，真正做群众的贴心人。

总之，新闻工作者只有坚持“三贴近”，才能真正做到与人民群众心连心，心贴心，心心相印，才能真正代表和维护好最广大人民的根本利益，才能真正把体现党的意志和反映人民群众的心声很好地结合起来。

（二）坚持“三贴近”是保持新闻工作党性，维护新闻真实性的重要保障

前面在论述新闻工作党性原则时，已经谈到了党性和群众性的一致性问题。一个真正坚持党性原则的人必然会把群众的利益放在首位，会把党和国家的利益同人民群众的利益统一起来，把党的主张同人民群众的呼声和要求统一起来。为此，新闻工作者就应当了解群众的呼声、愿望和要求，熟悉群众的困难、疾苦和处境。而要做到这些，贴近实际、贴近生活、贴近群众是最基本的要求。实践说明，我们有许多充分体现了党性原则、代表了民心民意的宣传报道，都是新闻工作者坚持“三贴近”的结果。

坚持贴近实际、贴近生活、贴近群众，对于维护新闻真实性原则同样具有重要意义。如果新闻工作者能够真正做到贴近实际、贴近生活、贴近群众，坚持从社会实际、现实生活和人民群众之中去发现新闻线索，收集新闻材料，采写新闻报道，并且及时根据群众的反映和要求，去检验新闻报道的效果，就可以避免出现脱离实际，背离事实，有悖群众意愿，违反新闻真实性原则的情况。

如今，社会生活日新月异，各种信息四处涌流。在这种情况下，要想在最短的时间里，用最快的速度，将千变万化的世界的真实情景提供给受众，新闻工作者需要具有眼观六路、耳听八方的本领，以及行万里路、问百家人的毅力。而这些只有通过贴近实际、贴近生活、贴近群众才能实现。

人民群众是社会生活的主人，是人类历史的创造者，是改革开放和社会主义现代化建设事业的实践者，他们用自己的劳动创造着历史，改变着世界，美化着生活，他们本身就是新闻的主角，是新闻来源的提供者。因此，新闻工作者只有深入群众，向他们学习，向他们讨教，才能获得最可靠的新闻来源，才能保证自己的新闻报道有取之不尽、用之不竭的信息源头。

由此看来，要保持新闻工作党性，维护新闻真实性，新闻工作者就一时一刻也不能背弃贴近实际、贴近生活、贴近群众的工作原则。

（三）坚持“三贴近”是转变工作作风，密切同人民群众联系的最佳途径

近些年来，由于种种主客观因素的影响，新闻界的职业道德和职业作风呈现滑坡趋势，出现了不少问题，新闻工作者的职业形象与职业声誉因此而受到损害和影响。

在职业道德和职业作风方面出现的问题中，有些是与没有坚持“三贴近”有着直接关系的。例如有的人脱离社会实际，随心所欲搞宣传报道；有的人脱离现实生活，凭主观想象采写新闻；有的人违背群众意愿与需要采写和报道新闻；也有的人安于浮在上面，热衷于跑机关、泡会议、抄材料；还有的人长期脱离群众，思想上、情感上和语言上都同人民群众格格不入；等等。

如果新闻工作者都能够坚持贴近实际、贴近生活、贴近群众，真正深入到改革开放和现代化建设的实际工作中去，深入到火热的现实生活中去，深入到广大的人民群众中去，真正与人民群众打成一片，真正根据实际工作、现实生活和人民群众的需要来采写新闻，组织报道，那么上述现象自然就会减少，新闻队伍的工作作风就会大大改变，新闻报道与实际工作、现实生活和人民群众的联系也会更加紧密。这样的新闻报道才会对实际工作有帮助，对现实生活有好处，对人民群众有益处，也才能受到群众的欢迎。

如果新闻工作者能够真正深入到实际工作、现实生活和人民群众中去，虚心向实践学习，向群众讨教，其心灵就会得到净化，思想觉悟也必然会有所提高。近年来许多深入生活一线采访普通劳动者的记者在这方面都有深刻感受。他们的身子沉下去了，心与群众贴在一起了，思想被普通劳动群众的高尚情操所感染，一切个人的杂念也就无处容身，思想和工作作风都发生了明显变化。

这说明，坚持“三贴近”是新闻工作者转变工作作风，密切同社会实际、现实生活和人民群众联系的最佳途径。

第三节 社会主义新闻工作“三贴近”原则的基本要求

“三贴近”作为一项工作原则，有许多具体要求，需要新闻工作者在实践中加以遵循。

一、坚持深入实际，了解实际，研究实际

深入实际，了解实际，研究实际是坚持“贴近实际”原则的基本要求。

新闻媒体担负着反映和报道实际工作，为党和国家工作大局服务的任务。要把当下国家全面深化改革开放，全面建设小康社会，推进现代化建设事业发展的实际状况，及时、充分、准确地反映和报道出来，就需要新闻工作者坚持深入实际，了解实际，研究实际，做到一切从实际出发，注重调查研究，从对国情、省情、市情以及社情的调查研究中，了解实际，掌握实际，研究解决实际问题的办法，寻找和确定新闻报道的题材与内容。

（一）深入实际

要“深入实际”，首先就要做到“身入实际”，要投身到轰轰烈烈的社会主义建设的实际斗争和亿万劳动群众的实际生活中去，投身到政治工作、经济工作、文化工作和科学实验的伟大实践中，到实践中去接触社会实际、劳动实际与工作实际，在接触的过程中去了解实际和研究实际。

现在有些新闻报道缺乏现实针对性，同党和国家的实际工作，同人民群众的劳动、工作和生活实际隔着一层皮，群众不愿看，看了也无益处，很重要的原因就在于报道者没有深入到社会实际与工作实际中去寻找、收集和挖掘报道体裁及内容，导致报道内容脱离实际。

（二）了解实际

深入实际的目的在于了解实际，在于从对实际的了解中去收集和选择报道题材及内容。

要“了解实际”，就要掌握调查研究的方法，要通过调查研究，去了解实际和反映实际。新闻工作者其实是一个专职的调查研究人员。他每日进行的采访工作，实际上都是在做调查研究工作，在调查研究的过程中，了解社会动态，收集新闻线索，组织新闻报道。

毛泽东说“没有调查研究就没有发言权”，这是他对调查研究的价值、作用和意义的最好概括。他认为调查研究的核心就是坚持实事求是。他指出：“‘实事’就是客观存在着的一切事物，‘是’就是客观事物的内部联系，即规律性，‘求’就是我们去研究。”① 这说明，调查研究就是去求“是”，就是去发现和揭示客观事物的真实面貌与内部联系。

实践证明，调查研究从来就是新闻媒体和新闻工作者最重要、最基本、最经常性的工作内容。因为一切新闻报道，特别是重大报道的题材都来源于对社会实际的调查之中。从社会的现实状况、最新动态、发展趋势，到群众的实践经验、利益诉求和意见建议，再到政策执行中存在的问题、困难，以及解决的办法，等等，这一切都需要通过深入的、脚踏实地的调查，才能了解和掌握。因此，一切新闻工作者都要善于向社会、向群众做调查。

（三）研究实际

了解到了实际工作的现实状况和问题之后，还要研究解决问题的办法，总结人民群众在解决实际问题中的经验，这就需要去分析和研究实际。

“研究实际”，需要立足实际，尊重实际，需要从对实际的科学考察和深入调查分析中去研究解决实际问题的办法，因此不能抱成见，不能戴有色眼镜，不能搞人云亦云。

如果抱着成见，戴着有色眼镜去观察问题和研究问题，就会脱离实际，就会无视事实，就会只看到好的一面，看不到存在问题的一面，就会习惯于到某些地方和某些群众中去找适合于自己口味的材料，而对那些不适合于自己口味的材料，会采取视而不见的做法，甚至会有意地回避和隐瞒。

实践证明，要想取得好的调查研究效果，就需要新闻工作者保持冷静的头脑，掌握科学的思维方法和分析研究方法，要善于分析比较和独立思考，防止下车伊始未做调查便乱发议论的做法，也要防止不动脑筋、人云亦云的做法。毛泽东就提醒记者下去采访“不能人家说什么，你就反映什么”，更不能“看到好的就认为全好，看到坏的就认为全坏”②。

总之，新闻工作者需要脚踏实地地深入实际，在此基础上，还要深入细致地调查实际，了解实际，最后要达到科学、准确地研究实际，反映实际的效果。这才是对“贴近实际”原则的完整要求。

二、坚持深入生活，熟悉生活，引导生活

深入生活，熟悉生活，引导生活是坚持“贴近生活”原则的基本要求。

新闻媒体担负着反映和报道现实生活的任务。要把火热的现实生活，把我国社会丰富多彩的经济、政治、文化生活和人民群众的日常生活，及时、充分、准确地反映和报道出来，就需要新闻工作者坚持深入生活，熟悉生活，引导生活，做到把社会生活作为新闻报道的源泉，把反映和歌颂社会主义新生活作为自己不懈的追求，把新生活中涌现出的新人物、新事物、新气象作为新闻报道的题材和内容，把有效地引导生活，美化生活作为新闻传播所追求的一种理想境界。

---

① 《毛泽东选集》，2版，第3卷，801页，北京，人民出版社，1991。

② 《毛泽东新闻工作文选》，212页，北京，新华出版社，1983。

（一）深入生活

要“深入生活”，就要做到真正把脚迈入生活实际，将身子沉入现实生活的海洋之中，真正用自己的身心去感受生活，体验生活，在现实生活这个取之不尽、用之不竭的源泉中去发现新闻线索，去梳理报道题材，去组织宣传报道。

我们当今所处的时代是一个充满理想和希望的时代，人们每天所面对的社会生活多姿多彩，人们每日生活和劳动的社会中蕴含着丰富的新闻资源。可以说在现实生活的海洋中，随处都游动着新闻报道所需要的各种各样的“活鱼”。因此，新闻工作者只要能够真正深入到现实生活之中，就可以为自己开辟纵情驰骋的广阔天地，找到发挥自己职业能力和专业智慧的理想平台。

实践说明，许许多多令人感动的优秀新闻作品都是新闻工作者深入生活，精心采写的成果结晶。深入大庆油田的记者们，写出了以王进喜为代表的石油工人，为摆脱祖国贫油的帽子战天斗地的豪迈气概；深入大寨农村的记者们，写出了大寨人与天奋斗，向地要粮的战斗精神；深入兰考采访的记者们，写出了焦裕禄强忍病痛，一心为人民的感人事迹；与乡邮员王顺友同走马班邮路的新华社女记者，写出了主人公在平凡劳动中所蕴含的崇高思想。

（二）熟悉生活

深入生活是前提，在深入生活的过程中融入生活，体验生活，才能真正熟悉生活，把握生活。而只有熟悉生活，把握生活，才能更好地反映生活和报道生活。

“熟悉生活”，是指要了解社会生活的多姿多彩，把握现实生活的新鲜气息，掌握群众生活的生动细节；要能够将新闻报道的视点，准确地锁定在生活中的热点、疑点和难点问题上，锁定在的社会生活发展变化的关节点上。这样才能准确地反映生活，有效地报道生活。

熟悉生活还包括要了解群众的生存状态和生活状况，熟悉他们的生活习俗和生活需求，把握他们的生活情趣和生活语言，要善于根据群众生活的需要，调整新闻传播的形式和方式，满足他们的各种新闻与信息需要。

（三）引导生活

“引导生活”，是指新闻媒体要对社会生活发挥引导作用，通过及时提供各种有效、有益的信息，来引导社会生活始终保持健康的形态。

随着经济的发展和社会的进步，人民群众对生活质量的要求在逐步提高，越来越需要新闻媒体加大生活指导的广度和力度。新闻媒体每天都要尽可能全面、周到地传播群众生活所需要的各种信息，以方便群众生活。

当然，在提供各种生活信息，服务群众生活的时候，要注意用积极、有益、健康的东西去引导群众更加积极、有效地生活，提高生活的品位和质量，把物质文明和精神文明和谐地统一起来。对在一部分群众中存在的消极、有害、不健康的生活内容和生活方式，新闻媒体要及时进行批评和有效的引导，以帮助他们抛弃旧俗恶习，养成良好的生活方式和生活习惯。同时，要善于激励人民群众同心同德，齐心协力，为创造更加美好的新生活而共同奋斗。

总之，新闻工作者需要在深入生活的过程中，融入生活，体验生活，熟悉生活和把握生活，并且积极、主动、有效地引导生活。这才是对“贴近生活”原则的完整要求。

三、坚持深入群众，服务群众，依靠群众

深入群众，服务群众，依靠群众是坚持“贴近群众”原则的基本要求。

新闻媒体担负着反映和报道人民群众劳动生活，维护人民群众利益需求的任务。要把人民群众的劳动业绩、创造智慧和理想追求，把他们的生活需要、困难疾苦和愿望要求，及时、充分、准确地反映和报道出来，就需要新闻工作者坚持深入群众，服务群众，依靠群众，真正把人民群众作为自己的服务对象和依靠对象，把人民群众作为新闻事业的主人和新闻报道的主角，把维护人民群众的利益作为自己的崇高使命。

（一）深入群众

要“深入群众”，首先就要做到放下架子，迈开步子，俯下身子，真正走到普通百姓中去，走到亿万劳动群众中去。

社会主义新闻事业历来强调其作为人民自己的新闻事业的性质和特征。把人民群众当作新闻事业的主人，让人民群众成为新闻报道的主角，是新闻事业义不容辞的使命。

作为一个记者，如果成天浮在大城市、大机关，出入于大宾馆、大饭店，满足于采访“大领导”、“大老板”，写作“大文章”、“大作品”，而对下厂矿，下农村，下基层不感兴趣，对访工人、访农民、访普通百姓缺乏热情和耐心，对报道群众中的平凡事、为群众说话代言表示不屑，那么可以说，他就失去了作为一个人民记者的资格。

新华社著名记者穆青对年轻记者讲得最多的一句话就是“勿忘人民”，要求他们最多的就是“到群众中去”。他告诫说，一个对人民群众缺乏深厚感情的人是当不了好记者的。他一生都在身体力行，坚持深入群众。在担任新华社社长后的繁忙工作中，他每年都要拿出一些时间到基层去采访普通群众。退休之后，他仍然坚持到工厂、农村去考察采访。他用自己的行动为新闻工作者诠释了“三贴近”的真正内涵。

（二）服务群众

要“服务群众”，就要树立明确的群众意识和群众观点，坚持一切为了群众，真诚服务群众，自觉地维护人民群众的利益。

新闻媒体要及时向人民群众提供全方位的新闻与信息服务，满足人民群众各方面的信息需要。另外，要充分表达人民群众的愿望和要求，关心与体谅人民群众的困难和疾苦，当好人民群众的耳目喉舌。当人民群众的利益受到损害的时候，新闻工作者要敢于挺身而出，为人民群众撑腰、助劲，伸张正义。

同时，要全面反映人民群众的劳动生活，讴歌人民群众的创造业绩，报道他们在党和政府领导下创造生机勃勃的有中国特色社会主义历史的实践活动。要将人民群众作为新闻报道的主体，把镜头对准群众，把版面和荧屏留给群众，要将人民群众在生产劳动和工作实践中的新发明、新创造、新成绩、新经验、新思想、新风尚及时反映出来，将他们在日常生活中的喜、怒、哀、乐和忧愁、苦闷真实地表达出来，让他们的形象与声音充满报刊、广播、电视和各种新媒体之中，使他们真正成为新闻的主角。

（三）依靠群众

要“依靠群众”，就要坚持新闻工作的群众路线，坚持依靠群众的支持和帮助做好新

闻工作，同时在争取群众支持的过程中进一步密切同群众的联系。

新闻媒体可以通过做好群众来信来访、发表读者（听众、观众）来信来稿、建立健全通讯员队伍和群众监督机制等方面的工作，来吸引群众关心和支持新闻工作，使群众通过这些工作加强同新闻媒体及新闻工作者的联系，共同促进新闻工作的繁荣和发展。

总之，新闻工作者需要真正深入到群众中去，自觉地在深入群众的过程中，真诚地服务群众，自觉地维护人民群众的利益，同时还要紧紧地吸引和依靠群众的支持，始终保持同人民群众的密切联系。这才是对"贴近群众"原则的完整要求。

【思考题】

1. 如何理解新闻工作"三贴近"原则与群众性原则的关系？
2. 如何理解"三贴近"原则的内涵？
3. 你如何看新闻工作者深入实际、深入生活的意义？
4. 为什么说深入群众，服务群众，依靠群众是坚持"贴近群众"原则的基本要求？

第十二章 社会主义新闻工作的舆论导向原则

【本章学习要点】

1. 新闻媒介所具有的舆论功能，使它在反映、表达和引导舆论方面有着特殊的功能与作用。它能调控和引导社会舆论的方向，对社会和民众产生巨大影响。舆论导向正确，会给国家和人民带来福音；舆论导向错误，则会给国家和人民带来祸害。因此，坚持正确的舆论导向，是社会主义新闻工作的一项重要原则。

2. 所谓“舆论导向”，是指对舆论流动方向的把握和引导。它既包括通过信息传播等手段来调控社会舆论的流向，也包括运用舆论手段对人们的思想和行动进行引导。新闻媒介作为一种舆论机构，不但承担着反映和表达社会舆论的任务，而且担负着影响和引导社会舆论的使命。

3. 新闻媒介要善于把正确引导舆论与反映社情民意有机地统一起来，要做到上下兼顾，注意多关注与报道那些党和政府同人民群众都关心的舆论热点问题，将这方面的舆论尽可能地通过媒体传播，使其得以张扬和扩大，形成强大的主流舆论，在舆论场中起到核心作用。

4. 所谓“正确的舆论”，是指内容及表达方式正确的舆论。它既涉及舆论的政治方向问题，也涉及舆论话题的时机选择和舆论强度的程度把握问题，即要求舆论的政治方向要正确、舆论的话题要适时、舆论的强度要适中。

5. 坚持社会主义新闻工作舆论导向的原则对于促进社会主义和谐社会建设、提高党的执政能力、提升国家的“软实力”及我国新闻传播的整体水平都具有重要意义。

6. 新闻工作要确保舆论导向正确，就必须坚持围绕党和政府工作中心，把握舆论引导正确方向；弘扬主旋律，让主流舆论发挥主导作用；掌握舆论生成规律，有效化解舆论危机；整合媒介资源，形成舆论引导整体优势；掌握引导技巧，提高引导水平。

7. 各级各类新闻媒体应当通过资源整合，加强协调配合，实现互动合作，以发挥整体优势，更好地完成党和人民赋予的新闻宣传和舆论导向任务。同时也要注意发挥不同媒体各自的风格和特色，使广大群众从不同媒体、不同风格的生动活泼、丰富多彩的宣传报道中获得启迪，接受引导。

案例

“皇甫平”系列评论与《东风吹来满眼春》长篇通讯

在社会舆论处于众说纷纭、方向不明的关键时刻，新闻工作的舆论导向功能尤显重要。1991年2月《解放日报》发表的署名“皇甫平”的系列评论和1992年3月《深圳特区报》发表的《东风吹来满眼春》的长篇通讯就是成功的舆论导向实践案例。

1991年1月至2月，在上海视察的邓小平发表了一系列有关深化改革的内部谈话。2月15日，上海《解放日报》在头版以“皇甫平”为名发表了《做改革开放的“带头羊”》的评论，旗帜鲜明地颂扬和鼓动改革。

当时，社会舆论对改革开放存在一种欲言又止的沉闷气氛。此前国际上刚发生了东欧剧变和苏联内乱，有些人认为这是由“改革”所引发的，因此对我国改革开放的一系列重大问题提出了疑问和诘难，有人甚至公然在报上质问改革开放“姓社姓资”，整个国家面临着一个“向何处去”的现实问题。

此文及之后该报陆续发表的《改革开放要有新思路》、《扩大开放的意识要更强些》、《改革开放需要大批德才兼备的干部》等评论，引发了一场全国性的舆论风波，有些媒体公开刊发批判皇甫平的文章。但实践证明发展市场经济是大势所趋，坚持改革开放是人心所向，社会舆论对皇甫平文章给予肯定和好评。

一年后，1992年3月26日，《深圳特区报》发表了该报记者陈锡添写的报道1992年1月邓小平视察南方谈话的长篇通讯《东风吹来满眼春》，详细报道了邓小平视察南方期间关于解放思想、加快改革的谈话精神，使得全国的舆论态势发生了重大变化，一个加快改革、促进开放的舆论环境很快在中华大地形成。

新闻媒介所具有的舆论功能，使它在反映、表达和引导舆论方面有着特殊的功能与作用。它能调控和引导社会舆论的方向，对社会和民众产生巨大影响。舆论导向正确，会给国家和人民带来福音；舆论导向错误，则会给国家和人民带来祸害。因此，坚持正确的舆论导向，是社会主义新闻工作的一项重要原则，需要新闻媒体和每一个新闻工作者严格遵循。

第一节　社会主义新闻工作舆论导向原则的由来依据及传统经验

一、舆论导向原则的由来及依据

“舆论导向”，简言之，是指对舆论流动方向的把握和引导。它既包括通过信息传播等手段来调控社会舆论的流向，也包括运用舆论手段对人们的思想和行动进行引导。通常情况下，舆论导向的实施者是通过对人们思想和行动的引导，来实现对社会舆论方向的调控和引导的。

在现实社会中，任何阶级、政党和社会集团都要依据自己的利益与意志，将社会舆论调控和引导到符合自己需要的方向上来，从而为实现自己的利益诉求，以及政治、经济、社会目标服务，这就导致了舆论导向行为与活动的产生。

新闻媒介作为一种舆论机构，不但承担着反映和表达社会舆论的任务，而且担负着影响和引导社会舆论的使命。因此可以说，舆论导向是新闻媒介的一种固有属性和基本功能，也是其重要的工作内容和工作方式。而坚持正确的舆论导向，是新闻媒介必须遵循的一项工作原则和工作规范。

新闻媒介的舆论导向功能是由新闻传播所具有的指导性决定的。换言之，正是新闻传播所具有的指导性，决定了新闻媒介能够担负舆论导向的功能，具有引导舆论的作用。因此，新闻的指导性是舆论导向的理论依据。

关于新闻媒介的舆论导向功能，国内外都有许多阐释。

20 世纪 20 年代初，美国报刊评论家李普曼出版了《舆论学》一书，最早提出了新闻媒介的导向功能问题。他认为，人们生活在一个虚拟的世界中，需要借助媒介来认识和了解社会。而“如果报界尽其责任的话，便可以对新闻加以阐明”。针对有人把媒介比作“镜子”，李普曼认为，媒介更“像一束探照灯的光柱，不停地移动，从黑暗中把事件逐个暴露出来”[①]。在他看来，媒介作为探照灯，可以为公众聚焦照明，吸引人们的注意，阐明新闻的真相。

20 世纪 40 年代，美国学者西奥多·彼得森在其“社会责任理论”中，把“启发公众使他们能够实行自治”，作为报刊的六项基本职能之一。所谓“启发公众”，即“启迪和引导公众”。他在此文中还介绍了美国新闻自由委员会所列举的现代社会对于报刊的五项要求，其中第四项是“报刊要负责介绍和阐明社会的目标和美德”。按他的思想，报刊正是通过“介绍”和“阐明”，来影响和引导公众，让他们明确“社会的目标和美德”。这自然也是一种启迪和引导。

美国大众传播学者提出的“议程设置”理论，其核心讲的也是新闻传播对社会与受众的影响和引导作用。这一理论认为，媒介可以通过“设置议程”，把人们的注意力导向某一特定的问题或事物上。通常，传播者根据自己的需要和判断，预先设置某个符合其利益与思想的议题和议程，然后通过媒体集中、反复地加以传播，吸引受众的注意力，以使他们专注于这一议题和议程。其结果自然是要达到影响和引导他们的目的。

而西方学者在这一领域的最新研究成果表明，与最初的“议程设置”理论所说的媒介不能告诉人们“该怎样想”，却可以告诉人们“该想些什么”所不同的是，如今的大众媒介已经不仅要告诉人们“该想些什么”，而且要告诉人们“该怎样想”了。按照这一观点，今天的媒介对受众的影响和引导作用愈加明显了。

日本新闻界对新闻媒介的指导性原则直言不讳。日本新闻协会 1947 年 7 月 25 日通过的《日本新闻编辑基准》中的第六条，内容为：“指导性、责任感和光荣感，新闻同其他企业的区别所在是它的报道、评论给公众以很大影响。”[②] 不难看出，他们是把“指导性”，把通过报道和评论影响及引导公众，作为新闻媒介区别于其他企业的重要特征，同时也作

① ［美］罗纳德·斯蒂尔：《李普曼传》，280 页，北京，新华出版社，1982。
② 转引自《新闻学基本知识讲座》，246 页，北京，人民日报出版社，1984。

为新闻媒介的一项重要原则。

在我国，一些资产阶级报人、学者、政治家也极为重视新闻媒介的指导性。梁启超认为，报纸有两大天职：一是“对于政府而为其监督者”，二是“对于国民而为其向导者”。“向导国民”同“监督政府”一起，成为他报刊思想中关于报刊功能的核心观点。

孙中山在为香港兴中会拟定的章程中提出，兴中会的急务之一就是“设报馆以开新风”。显然，他办报是为了倡导新思想，开创新风气，用以引导国民前进。后来，他在为伍超所著《新闻学大纲》一书所作的序中，进一步阐述了新闻传播的指导作用：“……夫新闻记者之在欧美者，所负之职务极重，非唯政治之发动，足以导其机；学术之进境，足以救其偏；风俗之驟败，足以区其失；即社会之改革，人心之纠正，亦为记者是赖。记者乎！尔尔知职权之重要否耶。”①孙中山强调新闻记者为政治斗争导向、为学术事业纠偏、为社会风气匡正等，这无一不是在强调新闻传播的指导性功能。

徐宝璜在其《新闻学》一书中指出，报纸具有“输灌知识，提倡道德”的职能。他认为，报纸应“成为社会教育最有力机关”，应“立在社会之前，创造正当之舆论”②，他所说的“社会教育”、“社会引导”也是指的新闻传播的指导性。

由此可见，指导性作为新闻传播的一种固有属性和基本功能是为人们所共知的。新闻媒介通常也都会将其作为自己的一项工作原则和工作规范，通过日常的新闻报道，有意识地对社会舆论与民众思想施加影响，发挥指导和引导作用。只不过不同的媒体在新闻传播中，所采用的指导和引导的方式有所不同罢了。

二、社会主义新闻工作舆论导向原则的由来及依据

马克思主义思想家和政治领袖都非常看重新闻媒介的舆论导向作用，而且特别强调新闻媒介要进行正确的舆论导向。

马克思青年时代在筹划办报时，就把“为真正独立思考的人们寻找一个新的集合地点”③作为追求目标。他希望自己办的报刊能为人们指引前进方向，能够成为人们思想归属之所在。他还指出：“报刊最恰当的使命就是向公众介绍当前形势、研究变革的条件、讨论改良的方法、形成舆论、给共同的意志指出一个正确的方向。”④在这里，马克思把为体现“共同的意志”的社会舆论指引“正确的方向”，视为报刊的“最恰当的使命”。

恩格斯则把党报比作“旗帜”，比作“社会主义的中心”，其任务就是把广大党员和革命群众吸引到“旗帜”下，吸引到“中心”来。在他的思想中，“旗帜”和“中心”所起的作用就在于为民众、为社会指引方向。

列宁则明确提出要使党报成为党的“思想中心”，而且要让群众能够知道党报是自己的思想中心。他一生致力于创办革命报刊，希望自己所办的报刊能够真正成为党的“思想中心”，承担起宣传和鼓动革命、教育和引导群众、组织和指导斗争的任务。

毛泽东非常看重报纸对群众的指导和引导作用。1948年4月，他在《对晋绥日报编辑人

① 转引自胡太春：《中国近代新闻思想史》，287页，太原，山西教育出版社，1987。
② 徐宝璜：《新闻学》，6页，北京，中国人民大学出版社，1994。
③ 《马克思恩格斯全集》，中文1版，第1卷，415页，北京，人民出版社，1956。
④ 《马克思恩格斯全集》，中文1版，第43卷，489页，北京，人民出版社，1982。

员的谈话》中指出："报纸的作用和力量，就在它能使党的纲领路线，方针政策，工作任务和工作方法，最迅速最广泛地同群众见面。"① 他所说的同群众"见面"，其目的就是为了"指导"和"引导"群众。而1959年他给广西负责人提出的党报要发挥"组织、鼓舞、激励、批判、推动"的"五大作用"，可以说其核心问题也是如何发挥好新闻媒介的舆论导向作用。

1948年10月，刘少奇在《对华北记者团的谈话》中，对报纸的导向作用及其意义讲得十分明白和深刻。他说，报纸"出得好，就能引导人民向好的方向走，引导人民前进，引导人民团结，引导人民走向真理。如果搞得不好，也可能散布落后的东西、错误的东西，而且会引导他们分裂，引导他们斗争，引导他们互相磨擦"。他希望新闻工作者能够正确引导人民群众，而且意味深长地说："你们的工作做得好，就很好；做得不好，就很不好，就要受历史的惩罚。"②

邓小平在领导中国进入改革开放新时期后提出的报刊要旗帜鲜明地宣传四项基本原则，要成为全国安定团结的思想上的中心，其实质和核心就是强调新闻事业在指导群众思想、引导社会舆论中的重要使命和任务。

江泽民1989年主持中共中央工作后，从国家稳定、人民团结和事业发展的大局出发，对新时期社会主义新闻事业舆论导向的重要意义作了集中的论述。他指出："历史经验反复证明，舆论导向正确与否，对于我们党的成长和壮大，对于人民政权的建立和巩固，对于人民的团结和国家的繁荣富强，具有重要作用。舆论导向正确，是党和人民之福；舆论导向错误，是党和人民之祸。"③ 江泽民把舆论导向正确与否同党和国家的前途及命运紧密相连，使新闻界更加认清了舆论导向问题在国家政治生活中的地位和分量。

1994年江泽民在全国宣传思想工作会议上又向全国宣传思想战线明确提出了"以科学的理论武装人，以正确的舆论引导人，以高尚的精神塑造人，以优秀的作品鼓舞人"的任务。从此，"以正确的舆论引导人"成为我国新闻工作的一项重要任务。而"坚持正确的舆论导向"，则成为我国新闻工作的一项重要工作原则和工作规范。

中共十六大以后，胡锦涛就舆论引导问题提出的"利误论"（"舆论引导正确，利党利国利民，舆论引导错误，误党误国误民"）等观点，他在2008年考察《人民日报》社的讲话的主题就是提高舆论引导能力问题，这些内容对于加强新闻媒体的舆论引导工作起到了促进作用。

2013年习近平在全国宣传工作会议上提出："必须坚持巩固壮大主流思想舆论，弘扬主旋律，传播正能量，激发全社会团结奋进的强大力量。"④ 他特别强调要根据形势发展需要，把网上舆论工作作为宣传思想工作的重中之重来抓，对新形势下的舆论导向工作提出了新的要求。综上所述可以看出，社会主义新闻工作始终把舆论导向作为一项重要的工作原则，用以规范新闻媒介及其从业者的传播行为。

三、社会主义新闻工作坚持舆论导向原则的传统与经验

回顾历史，我国社会主义新闻工作在坚持舆论导向原则方面曾有过许多成功经历，积

---

① 《毛泽东新闻工作文选》，149页，北京，新华出版社，1983。
② 《中国共产党新闻工作文件汇编》，下卷，249页，北京，新华出版社，1980。
③ 《江泽民文选》，第1卷，563～564页，北京，人民出版社，2006。
④ 《人民日报》，2013-08-20。

累了许多宝贵经验。正是靠着新闻媒介有效的舆论引导，才使得马克思主义的真理得以在中国被广大群众接受，成为我们一切事业的指导思想；才使得党的各项路线、方针、政策和决策为广大群众所认识和把握，并转化为他们的自觉行动；才使得无数英雄模范人物的先进思想和先进事迹在全社会弘扬光大，成为广大人民群众学习的榜样；才使得各项工作经验得以及时推广，从而带动整个工作的全面开展；才使得各种错误思潮得到有效批判和抑制，帮助群众摆脱了它们的不良影响。

在长期的新闻宣传和舆论导向实践中，我国新闻媒介形成了社会热点引导、先进典型宣传、上下统筹兼顾等许多好的传统和经验。

（一）关注社会舆情，做好社会热点舆论引导工作

“舆情”，是舆论生成前，公众对其所关注的某一事态或问题的一种情绪反映与体现。当公众对其所关注的某一事态或问题产生情绪，进而进行观点表达并形成共同意见时，关于这一事态或问题的舆论就产生了。

舆情与舆论，通常是相互联系和衔接的，舆情是舆论生成前的一种意见形态与情绪反映。当公众对其所关注的某一事态或问题产生情绪时，这一事态或问题便会迅速成为社会热点，关注的人多了，大家议论纷纷，形成共同意见，便形成了舆论。因此，舆情常常是由社会热点问题引发，以舆论热点的形式表现出来的。由此看来，舆情是社情民意的晴雨表，也是舆论引导的风向标。关注舆情，是做好舆论引导工作的首要条件。

关注舆情，就要密切关注有可能形成舆情的因素。研究表明，最容易形成舆情的因素是社会热点问题，因此要做好舆论引导工作，首先需要从做好社会热点问题的引导入手。

“社会热点问题”，通常是指一段时间内公众强烈关注的社会问题。在现实生活中，公众关注的社会问题很多，如住房、就业、教育、医疗卫生、食品安全、社会保障、城乡治安、贫富差距、官员腐败等，这类问题往往容易引发公众关注，并成为社会热点问题。

现实生活中的热点问题一般分为两类。一类是长期存在，公众始终关注并期待解决，由于某一局部性、个体性事件而引发公众新的关注的老问题。如上所述问题就多属此类问题。

另一类是由于突发性事件而引发公众强烈关注的社会问题，如“非典”、“禽流感”等公共卫生事件，以及地震、洪涝、泥石流、森林火灾等突发自然灾害事件发生后所引发的社会问题。这类热点事件具有突发性、破坏性和不可预知性等特点，如果舆论引导不当，往往会酿成严重后果，甚至给社会带来动荡。

区别对待不同的社会热点问题，正确做好这两类社会热点问题的引导，不仅有利于增强舆论引导的针对性和实效性，也有利于增强新闻媒体的影响力。

对第一类社会热点问题，需要慎重甄别，抓准选好。要抓住那些政府高度重视，人民群众普遍关心的问题；要抓住那些在群众中有一定影响，不加以引导就有可能使矛盾激化，影响社会稳定的问题；要选取那些有利于调动人民群众积极性，促进改革发展的问题；要选取那些公开报道后不会引起负面效应的问题。总之，热点要抓得准，问题要选得好，舆论引导工作才能有的放矢，收到良好的效果。

对第二类社会热点问题，要积极、主动、正确地加以引导。政府有关部门与新闻媒体应当完善新闻发布制度和重大突发事件新闻报道快速反应机制，要有效地制止流言、谣言的传播，释疑解惑，消除群众的恐慌心理，形成健康、有序的舆论环境。

社会热点问题往往涉及面广，影响面大。这类报道如果处理得好，能起到很好的舆论导向作用，因此历来是媒体关注的重点。

新闻媒介要敢于触及和反映社会热点问题，切忌充耳不闻，视而不见，更不应该采取回避的做法。反映与报道这些热点和难点问题，最终是为了促成问题的解决。因此，要善于给热点问题降温，要主动化解矛盾，以促成矛盾得到缓解，问题得到解决，实现舆论导向的正效应。切忌不负责任地任意给热点问题升温，更不要有意吊群众的胃口，造成矛盾激化，给问题的解决增加难度。要善于对群众做好释疑解惑、平衡心理的工作，引导群众正确对待改革中利益关系的调整，以合理合法的形式表达自己的利益诉求，尽可能地化解矛盾，凝聚人心。

2008年5月12日，我国四川汶川发生特大地震灾害，当时灾区一时间信息传播受阻，舆论环境十分复杂。由于政府、媒体和全社会的高度关注与积极投入，相关信息得以及时、公开传播，迅速动员起全国人民团结一心，众志成城，支援灾区，从而取得了抗震救灾的伟大胜利，受到了国内外舆论的积极评价。

做好社会热点问题的引导工作，需要新闻媒体和新闻工作者做到头脑清醒、遇事冷静，善于正确分析、妥善引导。在保障信息公开的前提下，还要掌握舆论引导适时、适宜的原则，不能以追求轰动效应为目标，而应以是否有利于社会稳定，是否有利于人民群众的根本利益为标准，要提倡积极、主动、稳妥，反对炒作、渲染、夸大。

做好社会热点问题引导工作，还需要做到方法得当，调控有度。要深入研究新形势下各种受众群体的接受习惯和心理特点，要把党和政府所提倡的与人民群众所需要的紧密结合起来，从群众的关注点和兴奋点入手，把握好舆论引导的时机、节奏和力度。

（二）善于选择典型，借助典型宣传引导舆论

所谓“典型宣传”，通常是指对一定时期内出现的同类事物和人物中最突出、最具代表性的事物和人物所做的集中报道。

俗话说“榜样的力量是无穷的”。典型宣传具有鼓舞、激励、示范和引导作用，这使得它在弘扬主旋律和引导舆论方面具有独特作用。新中国成立几十年来，我国新闻媒介进行了大量的典型宣传，有效地发挥了榜样作用，引导了社会舆论，收到了积极效果。

20世纪50年代，王国藩的“穷棒子精神”为翻身农民指引了一条互助合作、奋斗脱贫的道路；王崇伦“要和时间赛跑”的精神，激励着成了国家主人的工人群众竭尽全力去为国家多做贡献；黄继光、邱少云等志愿军英雄成了人们心目中“最可爱的人”，鼓舞着各条战线的群众去战胜困难，奋勇进取。

60年代，大庆人和王进喜成了艰苦创业者学习的楷模；大寨人与天奋斗，向地要粮的顽强精神成了5亿农民的杰出代表；焦裕禄“心里装着全体人民，唯独没有他自己”的人民公仆形象深深印在了广大干部和群众的心里，成为鼓舞他们前进的巨大精神力量；一个雷锋，启发了多少青少年去领悟人生的真谛……

改革开放以来，我国新闻媒体所报道的一大批有作为的企业家、科技专家、先进教师、劳动模范、战斗英雄、优秀干部、青少年标兵——孔繁森、任长霞、邓稼先、袁隆平、华益慰、许振超、王顺友、杨善洲，以及抗击四川汶川特大地震灾害的英模群体等，都是在改革开放的社会实践和建设祖国、保卫祖国的实际斗争中涌现出来的先进典型，他

们都产生了积极的影响，发挥了榜样的作用，形成了一股鼓舞和激励广大群众的强大的社会舆论。

总结我国新闻媒介借助典型宣传引导舆论的经验可知，要做好典型宣传，引导好舆论，应注意以下几点。

一是要确保典型的真实、可信。先进典型来自实践，来自生活，来自人民群众之中，其业绩和思想都是在参与社会实践的过程中产生的，因而具有实实在在的内容。借助典型宣传引导舆论应注意真实地还原典型的本来面貌，无需添枝加叶，这才符合真实的要求。另一方面，报道先进典型是为了教育、影响和带动群众，发挥榜样的力量。如果不真实可信，就会产生负面效应，就失去了典型宣传的意义，也达不到引导舆论的效果。要确保典型宣传真实可信，最重要的是深入实际、深入生活、深入群众，认真调查研究，用第一手材料说话，用生动的情节和细节说话，而且做到事实准确、评价适当，事迹不编造、经验不作假、思想不拔高，经得起实践、历史和群众的检验。要防止把先进典型描述成毫无缺点和毛病的“圣人”，说成是没有人情味的“超人”。典型宣传要注重发现、挖掘那些最有新闻价值、紧扣时代脉搏、震撼人心的人和事，描述他们的业绩，表现他们的思想，弘扬他们的精神，并以此来引导舆论。

二是要深入挖掘典型的时代特征与导向意义。典型具有巨大的示范作用，在先进典型身上，往往蕴含着丰富的思想内涵，体现着鲜明的时代特征，展示着时代发展的趋向。要深入挖掘典型人物闪光的思想和感人的事迹，着力反映他们在平凡岗位上做出的不平凡业绩，让典型人物的精神风貌感染人、鼓舞人。要深入挖掘典型事物的新闻价值与宣传价值，揭示它们在同类事物中所具有的示范作用、推广意义，让典型事物的经验成为推动工作的有效手段。

三是要创新典型宣传的报道内容和报道方式。典型宣传的目的是要让群众想学、愿学，而且便于参与，易于学习。任何一个先进典型本身都具有时代性，不同时代群众的接受兴趣和方式都不同，为了适应今天时代的要求，必须不断创新报道内容和报道方式。要带着深厚感情采访典型、报道典型，深入挖掘其动人故事和感人细节，生动塑造其有血有肉的人物形象，用平实的语言去阐释深刻道理，用鲜活的事例去揭示事物本质，用群众易于接受的方式去表现高尚精神，把先进人物写活，把先进事迹写实，把先进经验写透。比如，近些年来一些新闻媒体在“走转改”活动中报道了一批普通劳动者典型，为他们设置版面、专栏，提供荧幕镜头，使他们成为报道的主角，进一步丰富和拓展了典型宣传的内容。一些媒体在报道典型时，充分利用现代技术，让报纸同网络页面和移动通信相互联动，多方位、多渠道、快节奏、高效率地组织宣传报道，收到了很好的新闻宣传和舆论引导效果。

（三）做到上下兼顾，把正确引导舆论与反映社情民意有机统一起来

在我国，正确引导舆论是党和政府赋予新闻媒介的使命与任务，作为党和政府耳目喉舌的新闻媒介应当义不容辞地承担起并完成好这一使命与任务。

新闻媒介要想取得舆论导向的好效果，需要做到上下兼顾，把正确引导舆论与反映社情民意有机地统一起来，即要在充分反映社情民意的基础上和过程中来引导舆论，努力营造一个宽松和谐的舆论环境。为此，就要善于将体现“上面”的党和政府的思想主张与反映“下面”的人民群众的心声愿望有机地统一起来。

如果按照舆论主体的身份来区分，在社会舆论场中存在着来自“上面”（政府）的官方舆论场和来自“下面”（百姓）的民间舆论场两种不同的舆论场域。

“官方舆论场”，指的是由政府促成并控制的舆论场域。它通常体现执政者的思想主张和利益要求，带有一定的权威性。

“民间舆论场”，指的是由民间形成并在百姓中自然存在的舆论场域。它通常反映的是民众的情感意志和呼声愿望，由群众自发传播，虽然不具有权威性，但却代表着社情民意，在民间有着很大的影响力。近年来互联网等新兴媒体的出现，为民间舆论的形成与传播提供了便捷的条件，使得民间舆论场在社会舆论的形成与发展过程中所发挥的作用越来越大。

官方舆论场汇集与张扬的往往是执政者从政府利益、意志和主张出发所组织的舆论，例如有关政府治国思想、执政方针、行政决策、外交方略、改革措施等之类的内容。而民间舆论场汇集与传递的大多是民众从其自身利益、情感和意愿出发而形成的舆论。

在社会主义国家，作为执掌政权者的党和政府的治国思想、执政方针、行政决策、外交方略、改革措施等，总体看同人民群众的利益是一致的，因此，官方舆论场与民间舆论场在很大程度上具有高度的重叠性和交融性。特别是在一些涉及群众根本利益的重大问题上，这种重叠性和交融性会更加明显。但是，也要看到，在一些情况下，特别是在一些涉及群众具体利益的问题上，这两个场域也会存在不重叠和不交融之处。在这种情况下，两种舆论场之间就会呈现出相互抵触和排斥的现象。

实践说明，新闻媒介引导舆论的理想效果，就是要善于把正确引导舆论与反映社情民意有机地统一起来，也就是要将官方舆论场和民间舆论场有机地结合起来，促使其融为一体。具体说，就是要做到上下兼顾，注意多关注与报道那些党和政府同人民群众都关心的舆论热点问题，将这方面的舆论尽可能地通过媒体传播，使其得以张扬和扩大，形成强大的主流舆论，在舆论场中起到核心作用。对那些同主流舆论存在抵触和排斥现象的舆论，应当尽可能加以引导，使其融入舆论场中能够起主导作用的主流舆论之中。特别是对那些在群众中已经形成的具有一定影响范围的热点舆论，更应当适时地将其纳入党和政府所主张并着力张扬的舆论场中，使其发展为主流舆论。

另外，对那些群众关注的热点、疑点和难点问题，一定要热情关注和高度重视，切忌充耳不闻，视而不见，更不应该采取回避的做法。如果一些事情已经传得满城风雨，一些问题群众已在街头巷尾说长道短，我们却装作不知道，好像根本就没有那么回事，报纸不登，广播不报，电视不播，通讯社不传，这样就会脱离群众，就会失去群众的信任，同时也等于主动放弃了舆论阵地，放弃了进行有效舆论引导的机会。

第二节　社会主义新闻工作舆论导向原则的内涵及意义

一、社会主义新闻工作舆论导向原则的内涵

对社会主义新闻工作来说，“舆论导向”的含义，就是要运用各种舆论形式和手段，把握和控制好社会舆论的方向，并努力将其引导到符合党的纲领路线方针政策和理论策略的方向上来，引导到符合广大人民群众根本利益的方向上来，引导到有利于经济发展、社

会进步、民族团结、国家稳定及世界和平与发展的方向上来。

因此，“舆论导向”，“以正确的舆论引导人”，“坚持正确的舆论方向”，其内涵是一样的。

要理解“正确的舆论导向”，首先须弄清什么叫“正确的舆论”。

所谓“正确的舆论”，简言之，即内容及表达方式正确的舆论，它既涉及舆论的政治方向问题，也涉及舆论话题的时机选择和舆论强度的程度把握问题。

（一）舆论的政治方向要正确

即舆论所代表的方向要符合社会生产力的发展要求，符合先进文化的前进方向，符合广大人民群众的根本利益。因为只有这样的舆论才代表着正确的政治方向，才能称得上“正确的舆论”。

（二）舆论的话题要适时

即新闻报道所选择的舆论话题要符合当前社会主流思想，要适应当前社会现实需要，亦即要“恰逢其时”。一个舆论话题是否正确，会受到一定时空的限制。只有合乎时宜和时机，舆论传播才能“恰到好处”，才能真正起到社会引导作用，真正解决当前的实际问题。

（三）舆论的强度要适中

即舆论传播的强度要恰当、适度，既不可太强，也不能太弱。如果过强，可能会超出社会与民众的承受能力，产生适得其反的负面效果；而如果太弱，又可能会使本来希望引起社会关注、争取民众支持的舆论形不成声势，造不成影响，以致自生自灭，销声匿迹，达不到预期的导向效果。

历史的经验和教训都告诉我们，要做好舆论导向，就必须坚持正确的政治方向，要善于把社会舆论引导到“有利于进一步改革开放，建立社会主义市场经济体制，发展社会生产力的舆论；有利于加强社会主义精神文明建设和民主法制建设的舆论；有利于鼓舞和激励人们为国家富强、人民幸福和社会进步而艰苦创业、开拓创新的舆论；有利于人们分清是非、坚持真善美，抵制假恶丑的舆论；有利于国家统一、民族团结、人民心情舒畅、社会政治稳定的舆论”① 上来。

同时，要做好舆论导向，还要注意选择适时的舆论话题，要让社会舆论在其所在的时空场域中，能够真正代表人民的意愿，反映人民的意志，符合人民的需要，而且要能够真正体现主流价值观和社会发展的方向。

要做好舆论导向，还要注意把控好舆论的强度，要用群众所能够承受和接受的强度、力度来引导舆论。只有这样，舆论导向才能取得预期的积极效果。否则，如果政治方向出现偏差，舆论话题不合时宜，舆论强度把握不好，就会适得其反，事与愿违。

二、坚持社会主义新闻工作舆论导向原则的意义

坚持舆论导向原则是我国社会主义新闻工作的历史传统，也是党和人民对新闻媒体的一贯要求。在改革开放和社会主义现代化建设的新时期，面对纷繁复杂的国内外环境和我

---

① 《十四大以来重要文献选编》上册，654 页，北京，人民出版社，1996。

们所要承担的全面建成小康社会的历史性任务，舆论导向正确与否，更是有着特殊重要的意义。

（一）有助于促进社会主义和谐社会建设

建设社会主义和谐社会是党和政府在新世纪确立的奋斗目标，也是全国民众共同努力的奋斗目标，自然也是新闻媒介需要为之努力的奋斗目标。

要建设社会主义和谐社会，首先需要营造一个和谐的舆论环境，使人们能够身处一种和谐的社会氛围之中，能够感受到一种和谐的社会气氛，并且能够从中受到感染，受到鼓舞，受到启迪。

在这方面，新闻媒介可以大有作为。它可以通过舆论形式来营造和谐的舆论环境。譬如，新闻媒介可以通过对人类长期以来追求和谐社会理想的生动实例的介绍，使人们加深对和谐社会建设的思想内涵、理论渊源和现实意义的认识。

再如，新闻媒介可以通过对我国和谐社会建设中涌现出的典型人物和典型事物的宣传报道，使人们感受和体会到社会中那些和谐、美好的东西，从而增强对和谐社会建设的亲切感和认同感。这样就会形成一种有利于和谐社会建设的舆论环境，进而对整个构建社会主义和谐社会的工作起到促进作用。

另外，新闻媒介作为一种舆论引导手段，还可以通过议程设置，将那些能够体现党和政府执政理念与决策意图的话题突出到显著位置，用以吸引受众关注，借此来影响受众对这一话题的重视和认可，从而达到引导社会舆论的效果。

新闻媒介在舆论引导方面的特点和优势，使其在促进社会和谐，构建社会主义和谐社会中可以发挥独特的功能和作用。

（二）有助于提高党的执政能力

中共十六届四中全会通过的《中共中央关于加强党的执政能力建设的决定》，提出了要“牢牢把握舆论导向，正确引导社会舆论”的任务，而且把它作为加强党的执政能力建设的重要内容。

《决定》强调要坚持党管媒体的原则，增强引导舆论的本领，掌握舆论工作的主动权。同时提出了要坚持团结稳定鼓劲、正面宣传为主；引导新闻媒体增强政治意识、大局意识和社会责任感，进一步改进报刊、广播、电视的宣传，把体现党的主张和反映人民心声统一起来，增强吸引力、感染力；重视对社会热点问题的引导，积极开展舆论监督，完善新闻发布制度和重大突发事件新闻报道快速反应机制；高度重视互联网等新型传媒对社会舆论的影响，加快建立法律规范、行政监督、行业自律、技术保障相结合的管理体制，加强互联网宣传队伍建设，形成网上正面宣传的强势。

《决定》中提出的这些任务和要求都涉及舆论导向问题。它们能否顺利实现，是检验和考察各级党政机关执政能力的重要因素，也是关乎执政党能否实现其执政目标、保持其执政地位的重大问题。

在现代社会，一个缺乏舆论导向能力的执政者，是无法有效运用舆论手段顺利执掌政权的，这样的人也算不上是一个合格的执政者。因此，要从党和国家事业发展的战略高度，从加强党的执政能力建设的角度，认识坚持正确舆论导向的重要性。

各级党政机关及其领导干部需要努力提高对人民群众的动员力、号召力和组织力，提高对社会舆论的把握力、调控力和引导力，特别需要提高热点引导、典型报道和舆论监督等方面的指导能力和导向水平，要能够引导和激励全国人民为实现全面建成小康社会的宏伟目标而团结奋斗。

为此，党政领导机关及领导干部要善于广开言路，畅通舆论，发挥好新闻媒体，尤其是新兴媒体在反映和表达社情民意、调控和引导社会舆论方面的积极作用。同时还要努力增强营造和改善舆论环境的能力，提高舆论引导的艺术和水平，要善于驾驭和引导舆论，使其朝着有利于自己的方向发展，特别是要善于应对和化解由那些不利于自己的负向舆论所汇聚形成的舆论危机，及时消除其不良影响，以便更好地为实现自己既定的目标服务。

总之，只有做到“牢牢把握舆论导向，正确引导社会舆论”，善于营造出良好的执政环境和舆论环境，才能真正体现出执政者的执政能力和执政水平。

（三）有助于提升国家的“软实力”

美国哈佛大学教授约瑟夫·奈把国家的综合实力分为“硬实力”和“软实力”两种。“硬实力”，指的是一个国家在物质资料方面的占有力量，包括经济实力、军事实力和科技实力等；“软实力”，指的是一个国家在文化和意识形态方面的影响力量，包括信息传播力、文化影响力和舆论引导力等。

“硬实力”发挥作用的方式主要是通过硬性的、有形的力量，靠“施加压力”或者“施予恩惠”达到目的。而“软实力”则主要靠“吸引”和“影响”的方式来发挥作用。这其中，增强“信息传播力”、“文化影响力”和“舆论引导力”，是发挥“软实力”的基本要求及重要条件。

通常情况下，一个国家可以通过各种信息传播和舆论引导手段，包括设置舆论话题的内容、调节舆论引导的方向、扩大舆论传播的范围、改进舆论营造的方式、增强舆论渗透的能力等办法，不间断地向世界展示自己的文化传统、价值观念、政治理念和施政方针，同时也展示自己的发展与进步、成绩与优势、历史传统与自然风光，以及人们的思想品德与精神风貌，等等，并尽可能地使自己的主流媒体所传播的这些信息为国际社会所接受，所理解，所认可。而只有当这个国家所传播的这些信息被国际社会认为不但合情、合理而且真实、可信时，这个国家在国际舆论中才有可能产生并不断提高自己的影响力，其“软实力”也才有可能发挥作用并随之不断增强。

新闻媒介作为一种“软实力”，在增强国家综合国力方面能够发挥独特的作用。它凭借在信息传播、文化传承和舆论引导方面的功能，可以对民众施加思想和文化影响，凝聚集体的智慧和力量，形成全社会团结一心共建国家的合力。

当前，世界形势和国际环境错综复杂，西方一些政治势力对我国意识形态领域的渗透从来没有停止过。特别是中国加入世界贸易组织后，西方国家的文化形态、价值观念和生活方式，对我国民众的渗透及影响越来越大。在这种情况下，尽快提升我国新闻媒体的信息传播力、文化影响力和舆论引导力，尽力增强我国参与国际文化和信息传播竞争的“软实力”，变得越来越紧迫，越来越重要。

我国新闻媒介在发挥“软实力”方面担负着重要使命。一方面，在对外传播中，它应当积极展示我国的改革业绩、建设成就、历史文化传统，以及人民群众的思想风貌和道德精神；全面介绍我国致力于经济建设和社会文明进步，力图摆脱贫困，实现可持续发展，构建和谐社会和全面建设小康社会的工作进展；充分传达我国对国际社会的诚信、友好和责任，以及关注和支持世界和平、发展与合作的真诚愿望。以此来争取国际社会对我们的了解、认可和信赖，来树立我们国家良好的国际形象，来增强我们国家在国际社会的影响力。

另一方面，当国际社会出现矛盾纷争，特别是当国际形势发生急剧变化的时候，我国新闻媒体应当在世界舞台上掌握一定的话语权，能够发出中国的声音，阐明我们的立场、观点和价值判断，并尽可能使这些观点和意见为国际舆论所认可。同时要努力消除诸如“中国威胁论”、“中国风险论”等一些不利于我们的负面舆论，营造有利于我国经济社会发展的国际舆论环境。

总之，实现有效的信息传播，扩大积极的文化影响，坚持正确的舆论导向，将有助于提升我们国家的信息传播力、文化影响力和舆论引导力，增强我们国家的“软实力”。

（四）有助于提升我国新闻传播的整体水平

总结以往的新闻工作，常常有这样的情况：新闻单位费尽心思、辛辛苦苦采写制作的新闻及策划组织的报道传播出去之后，非但没能收到预期结果，反而适得其反，出现相反的结局。到头来，人民群众不满意，领导机关有意见，新闻单位自己也觉得窝囊。这种情况在一些社会热点问题报道中显得尤为突出。究其原因，缺乏舆论引导能力是一个重要因素。

由于缺乏舆论引导能力，一些新闻工作者在形势发生变化，百姓众说纷纭，各种舆论蜂起之时，往往心中无数，方向不明。他们或由于头脑发热、不够理智，或由于思想麻木、缺乏智慧，或由于疏于学习、能力不济，或由于懒于调研、情况不明，因而不能及时地作出正确的判断，果断地抓住有利的时机，有效地控制舆论的方向，其结果导致正确的舆论得不到迅速传播，无法形成主导性舆论，而错误的舆论也得不到有效抑制，反而得以蔓延扩散，导致破坏性后果。

所以，增强舆论引导能力有助于提升我国新闻传播的整体水平，更好地完成党和人民赋予的新闻报道与舆论宣传任务。

第三节　社会主义新闻工作坚持舆论导向原则的基本要求

新闻工作需要掌握舆论导向原则的一些基本要求，才能确保舆论导向的正确方向，实现舆论导向的积极效果。

一、围绕党和政府工作中心，把握舆论引导正确方向

坚持以经济建设为中心，是改革开放和社会主义现代化建设时期党和国家兴旺发达、长治久安的根本要求。

新闻媒介要自觉地从党和国家工作大局出发，紧紧围绕经济建设这个中心，积极主动地适应经济社会发展的新要求，为促进经济平稳较快发展，提供强有力的舆论支持。当前，尤其需要宣传与阐释好党和政府加快转变经济发展方式和全面深化改革战略部署的意义及要求，要切实把社会舆论引导到实现党和国家在新时期的中心任务、促进国家经济社会和文化发展的正确方向上来。

要做到围绕中心，正确导向，就要求新闻媒介始终站在国家和人民利益的高度，总揽全局，把握大局，在关键时刻，在重大问题上，适时针对已经出现的舆情，及时发表评论，表明立场，为社会舆论树旗定向，以使舆论朝着正确的方向流动，并迅速发展为主导性舆论。

1979年年初，各地农村在贯彻中共十一届三中全会精神的过程中出现了一些问题。一些人由于"左"的思想尚未肃清，对"包工到组"、"联产承包"、"扩大生产队自主权"等农村改革措施提出质疑，有的甚至公开说"生产队自主权强调过头了"，"现在下面都不听指挥，乱套了"。不少农民在这股"倒春寒"的逆流中产生了疑惑，担心党的政策会变。在此关键时刻，当时《辽宁日报》记者范敬宜立即下到一些县的社、队蹲点、采访。在深入调查研究的基础上，他根据自己所掌握的第一手材料，写了一篇题为《莫把开头当过头》的农村形势述评。

这篇述评虽然写的是东北农村发生的事，但却能总揽全局，把一时一地的情况同当时整个农村改革的大背景联系起来，既有事实分析，又能充分说理。此文后经《人民日报》转载，很快传向全国，形成了一股强大的舆论波，给农村广大干部和群众以很大的启发、教育和鼓舞，为正处在关键时刻的农村改革指明了方向，同时也及时抑制了风头正劲的错误舆论，推动了农村改革的顺利发展。

在国际传播领域，要做到围绕中心，正确导向，就要求新闻媒介准确把握好当前国际形势发展的态势，要看到随着经济全球化的深入发展和我国对外开放的不断扩大，西方意识形态进入我国，对新闻舆论工作带来的影响，特别是互联网、手机等新媒体传播所带来的冲击。近些年来大量事实说明，西方国家的网络媒体在一些突发性事件中，为抢夺舆论引导的先发优势，往往会主动设置议程，控制话语权，引导国际舆论。

为此，我国新闻媒介须坚持统筹国内国际两个方面，加强内宣与外宣的协调配合，构建覆盖广泛、技术先进的现代传播体系，努力形成与我国经济社会发展水平和国际地位相适应的国际传播能力，争取话语权，扩大国际影响力，为我国社会主义现代化事业营造良好的国际舆论环境，这样才能在国际舆论传播中把握正确的方向，赢得积极的效果。

二、弘扬主旋律，让主流舆论发挥主导作用

"主流舆论"，是指那些能够代表主流人群的思想主张和情感意志的舆论。这是一种积极、进步、建设性的正向舆论。我们称之为"主旋律"的舆论都应当是"主流舆论"。

新闻媒介作为舆论传播的主体，能够对舆论的内容和流动的方向进行有效的把握与引导。因此，在舆论导向过程中，新闻媒介要坚持弘扬主旋律，壮大主流舆论，以吸引公众的关注，始终让主流舆论在整个舆论场中占上风。

新闻媒介可以运用各种新闻形式和手段，通过有倾向、有选择的新闻报道和舆论传播来张扬与强化主流舆论；也可以未雨绸缪，在事件尚未发生或刚刚发生，矛盾还在酝酿，舆论正在聚集时，通过有针对性地发表言论来主动汇聚和形成正向舆论，并使其发展为主流舆论；还可以事后发制，通过有意识、有计划地报道某些事实和发表某种言论，对已经形成的舆论施加直接的影响，促使其朝着正确的方向发展，成为能够影响群众的主流舆论。

特别是在形势扑朔迷离，群众思想疑惑，民心产生波动之时，更需要新闻媒介及时有效地组织主流舆论，以便帮助群众释疑解惑，辨明方向，同时迅速汇集和强化这些舆论，使其尽快变为主流舆论，形成强势，以起到稳定民心、稳定局势的作用。

新闻媒介在强化主流舆论的同时，还应当十分注意非主流舆论，特别是负向舆论的动向，并要有效遏制其蔓延发展。在负向舆论初起之时，就要及时地认清其性质，揭露其实质，以防止它对群众思想造成消极影响。而当其风头正劲，影响正向四下蔓延之时，更应当采取果断措施，用主流舆论去抵消其影响，并将其尽快清除出舆论场。

负向舆论往往都是对民意的歪曲和对事物的曲解，都会对社会、对人民带来消极的影响和不同程度的破坏。因此，新闻媒介对一切负向舆论都要旗帜鲜明又有理有据地加以批驳，揭露其错误性质，指明其社会危害，肃清其不良影响，使其尽快退出舆论场。

负向舆论因常以“民意”的面目出现，因而往往带有较大的虚伪性和欺骗性，会迷惑一些不明真相、不知缘由的群众。所以，对负向舆论的批判要注意揭露其片面性、虚伪性和欺骗性的成分，启发和引导群众从其影响中解脱出来。

批判负向舆论还要同传播和弘扬正向舆论结合起来，要做到扶正祛邪，以正压邪，确保正向舆论能够占据主导地位和压倒优势，发展壮大为主流舆论。总之，在错综复杂、瞬息万变的舆论环境中，新闻媒体及广大新闻工作者要高瞻远瞩，审时度势，抓住时机，大力扶持正向舆论，坚决批判负向舆论，努力形成主流舆论的强势，营造一个有利的舆论环境。

世界是多彩的，也是多样性的，有光明，也有黑暗，有真善美的东西，也有假恶丑的东西。歌颂光明、弘扬真善美是新闻事业的光荣任务，而揭露黑暗、批判假恶丑也是新闻事业不可推卸的责任。新闻媒介要从舆论导向的角度积极开展新闻批评，大力弘扬社会正气，无情鞭笞邪恶丑行，坚决抑制错误舆论，以促使社会舆论形成强大的健康主流。

近些年来，我国新闻媒介适时抓住党内和社会上一些腐败现象与不正之风，运用批评和自我批评的方式，营造了一种鞭笞邪恶、弘扬正气的舆论环境，形成了一种强大的舆论洪流，推动了反腐倡廉的斗争，促进了社会主义精神文明的建设，很好地发挥了舆论导向作用，受到了群众的赞扬。

三、掌握舆论生成规律，有效化解舆论危机

从现实状况看，我国当前的内外舆论环境总体上是好的，当然有时也会出现一些不和谐的情况，有时在某一时期或在某个问题上，甚至还会出现一时的舆论危机。

“舆论危机”是指由于不利舆论占据舆论场中心地位而使舆论指向者处于困难关头的现象。如何及时而有效地化解舆论危机，是执政者必须认真考虑和时刻注意的。而能否有效地应对和化解舆论危机，也是对新闻媒体的要求和考验。

要避免和防止出现舆论危机，就须掌握舆论生成的规律，处理好以下几个问题。

（一）扩大开放言路

随着我国社会的发展和民主进程的推进，广大群众的民主意识日益增强，参政、议政的愿望也更加强烈，许多人越来越关注政治，并且愿意就其所关心的国内、国际政治问题以及其他各种社会问题发表看法，阐述自己的见解。特别是互联网、播客、微博等新的传

播手段和传播方式出现以后，更是为普通百姓直接表达自己的政治见解和思想观点提供了极为便利的条件。只要打开电脑进入互联网，一按鼠标，人们就可以把自己的言论观点迅速传播出去。

在这种情况下，政府对民众言论应当立足于“放”，也就是说要广开言路，给予群众自由发表意见、表达观点的机会，并且应当注意保护群众的这种自由权利，而不宜“收（紧）”，即采取限制的做法。

邓小平同志当年曾告诫说，一个民族，一个国家，怕就怕鸦雀无声、万马齐喑。鼓励群众自由表达自己的思想观点，鼓励他们对政府的工作提出批评和建议，这应当是现代民主社会政府的责任。

近年来，我国党和政府在发扬民主、广开言路方面做了许多积极的工作，也采取了一些有效的措施，保障了民众言论能够较为顺畅地得以表达和传播，使得国家的政治环境和舆论环境给人们以逐步开放、更加宽松的感觉。我们应当珍惜这一难得的政治局面和社会环境，要努力使这种政治局面保持和发展下去。

只有社会舆论传播保持渠道畅通，群众的意见和要求能够自由表达，情绪和冤屈能够及时得以倾诉，使社会处在一种舆论平衡状态，这样才能最大限度地减少或避免出现舆论危机。而如果正常的舆论通道不畅通，甚至被堵塞，群众有话无处说，有冤无处诉，有情绪无处宣泄，那么，群众情绪的积压和意见的积累，就可能导致沉默中的情感爆发，那时所产生的舆论力量就会是破坏性的，对政府来说，自然就会形成舆论危机，造成舆论传播中的被动局面。

（二）做好舆论疏通

如果“收”与“放”的关系，主要说的是社会舆论生成之前对民众言论态度和做法的关系的话，那么“堵”与“疏”的关系则主要说的是社会舆论生成之后，特别是出现舆论危机之后对民众言论态度和做法的关系。

当群众对一些现实政治和社会问题，包括国家的内外政策、政府的工作情况、各种社会弊端及社会现象有意见、有看法的时候，政府首先应当开放言路，鼓励群众讲话，而一旦群众舆论，特别那些批评性舆论形成和出现时，就应当及时加以疏导，使其得以通过正常的渠道顺利传播。而如果采取“堵”的办法，去阻止自己认为不利的舆论传播，那么往往会适得其反，不但堵不住，而且可能会导致越堵传得越快，越堵传得越欢，越堵传得越远的现象发生。

因为一般人都有好奇心理，你越是封锁，越是不让看的东西，他越是感到新奇，越是千方百计地想要看到，而且希望看到得越快越好。特别是现代传播技术日益发展和更新，互联网等高新传播技术与手段被广泛运用，这使得“堵塞言路”的做法越来越难以奏效。这边堵，那边传；今天堵，明天传；报上堵，网上传；网上堵，口头传……总之，堵是堵不住的，往往是越堵越被动，越堵越事与愿违。近年来这方面的实例和教训很多。

实践说明，真正有效的做法应当是积极疏导，主动引导，要使那些积极的、正向的舆论能够逐步壮大声势，顺利地发展为主导性舆论。而对那些消极的、负向的舆论则应尽快地加以疏导，使其淡出舆论场，防止其形成舆论危机，造成负面影响。

（三）实现主动引导

在舆论酝酿、生成和发展的过程中，应当善于掌握舆论引导的主动权，要主动去干预舆论和引导舆论，尽可能避免知而不言，闻而不动，任由各种舆论随意传播，四下蔓延。特别是在负向舆论已经生成且呈蔓延之势的时候，更应当积极主动地阐明观点，亮明态度，用正向舆论去引导，将社会舆论纳入正确的轨道，使负向舆论淡出舆论场。

“真理会越辩越明。”采用正面交锋和公开辩论的方式，可能更加有利于双方在阐明自己观点的基础上求同存异，取得某些共识。正确的东西会在公开和正面的交锋与辩论中，得到人们的赞成与认同；错误的东西则会在公开和正面的交锋与辩论中，使人们看清其实质，认清其真相。

相反，如果对一些已经形成的舆论，特别是一些表面看来是非不清，或是明显属于消极负面的舆论采取回避的做法，那么人家不知道你的态度——或者认为你理亏，不敢应对；或者认为你默认，不作解释；或者认为你势弱，无力应对。这样一来，在负向舆论出现且逐步扩散，民众渴望了解事情真相的时候，我们却守口如瓶，既不作解释，也不作应对，任凭其四下蔓延，占领舆论阵地，其后果可想而知。这方面的实例和教训也很多。

以往在一些群众急需了解事情真相的情况下，我们的一些主流媒体常常不作反映，不作报道，出现“缺位”和“失语”的现象，这样不但导致群众对新闻传播的不满，使新闻媒介失去群众的信任，而且会给政府的形象带来不利的影响。

虽然“以静制动”有时会取得好效果，但是在当今时代，在通信与传播手段如此发达的情况下，舆论传播极其快捷，有时顷刻间就会刮起一阵舆论风暴，稍稍的思想上的迟疑和行动上的迟缓，都会造成自己的被动。因此，对已经形成的各种舆论，特别是消极和负向的舆论，积极和主动应对应当是首选的态度和做法。

一件事情发生后，当人们还处在迷茫、混沌、不知所措和无所适从的时候，新闻媒体迅速报道真实情况，组织当事人、知情者及各方面的行家介绍情况，发表看法，可以帮助群众及时了解实情，准确作出判断，逐步形成正确的认识，采取适当的行动。新闻媒介正是在这种及时、有效的报道过程中发挥舆论引导作用，达到舆论导向目的的。

新闻媒体尤其要敢于触及和反映社会热点与难点问题，要善于给热点问题降温，使难点问题变易，要主动化解矛盾，以促成矛盾得到缓解，问题得到解决，实现舆论导向的正效应。

四、整合媒介资源，形成舆论引导整体优势

我国新闻业属于国家和人民共有的事业，有着统一的指导思想与宣传方针、共同的服务目标与工作方向。各级各类新闻媒体应当通过资源整合，加强协调配合，实现互动合作，以发挥整体优势，更好地完成党和人民赋予的新闻宣传和舆论导向任务。

新闻媒体负责人更要具有战略眼光，要从整体上运筹协调，确定总体作战的格局，要围绕党的基本路线、总体目标和中心工作组成一盘棋，进行联手运作。

报刊、广播、电视、通讯社、互联网等各类不同媒体在宣传内容、报道手段、人员组成等方面应当分工协作，相互配合，汇成全方位、立体化和综合性的舆论传播与引导的体系和网络，组成舆论强势，以争取最佳新闻宣传和舆论导向的效果。

当前尤其要注意整合传统媒体、都市类媒体和网络媒体，在媒介融合上多下功夫，发挥各类媒体的优势，同时通过整合，形成合力，共同完成舆论导向的任务。近些年来互联

网、手机、博客、微博等新媒体在舆论引导过程中显现出独特的优势和强大的影响力，因此需要充分调动其积极性，使其在舆论引导中更好地发挥正向作用。

新闻媒介在新闻宣传和舆论导向上的协调与合作形式多种多样。

例如，宣传一个典型，各家媒体可以根据本单位的受众及报道特色，从不同的视度，用不同的形式组织报道，形成各自特点。

围绕一个宣传中心和主题，特别是涉及重大事件的宣传，各家媒体应当以大局为重，紧密联手，通力合作，实行有机配合，有序运作，在中央有关部门的统一指挥和协调下，共同完成新闻宣传和舆论导向的任务。

当然，讲协调与合作，也要注意与发挥不同媒体各自的风格和特色相结合，要积极鼓励各家媒体在实现共同任务和目标的同时，不断创新，努力形成和突出自己的报道风格与宣传特色。这些不同风格和特色的汇聚能使得合力宣传更具优势，使广大群众从不同媒体、不同风格的生动活泼、丰富多彩的宣传报道中获得启迪，接受引导。

五、掌握引导技巧，提高引导水平

要搞好舆论导向，还要注意掌握引导技巧，大力提高引导的质量和水平。

（一）依靠事实的内在力量为正确舆论提供有力依据

新闻媒介引导舆论的一个显著特点是借助于新闻手段。当某一事件发生时，新闻媒体要及时介入并迅速地通过新闻报道来表达和形成对这一事件的看法，借以组织和引导舆论。

新闻手段的特点是坚持以事实为依据，通过对事实的报道和评述来表达观点，阐明立场，进而形成舆论并影响和引导舆论。新闻媒体靠着事实的内在力量为正确的舆论提供有力的依据，也靠着雄辩的事实对错误的舆论进行有力的揭露和批判，因而，其舆论引导往往更具说服力和感染力，更能收到好的效果。这是新闻媒介在舆论导向中特有的优势。

（二）保持舆论平衡，防止大起大落

大量事实说明，舆论导向中出现的许多问题都与对宣传报道内容、时机和分寸的把握失度有关。其中，盲目“刮风”是这方面的突出表现。

一些新闻媒体为了配合某一中心工作所作的宣传总喜欢“刮风”、“凑热闹”，喜欢盲目炒作新闻，在社会上和群众中造成了许多负面影响。

新闻媒体在舆论导向过程中要注意保持舆论平衡，维持舆论常态，防止舆论传播的大起大落。这就需要保持清醒头脑，要善于审时度势，把握时机，控制好“度”，防止出现“冷热失度”，特别是“骤冷骤热”或“持续高温”等现象，要努力创造一种宽松、和谐、平顺的舆论环境。

（三）出精品，创名牌，增强舆论引导吸引力

“精品”和“名牌”凭借其在社会上和群众中的知名度与市场占有力，往往更具吸引力和影响力。新闻媒体的“精品节目”和“名牌栏目”往往不但市场效益好，而且在舆论导向方面也更能够取得好效果。

因此，新闻媒介要注意树立“精品意识”，要多出新闻精品，多创新闻名牌，以优秀的新闻作品去鼓舞人、激励人。近年来，许多新闻单位都通过版面创新、栏目改造、内容

调整等方式来提高新闻报道的质量，争创名牌栏目，增强舆论宣传的吸引力，收到了很好的舆论引导效果。

【思考题】

1. 如何理解新闻媒体在引导舆论方面的功能和作用？
2. 怎样认识在当前新媒体环境下坚持正确舆论导向的现实意义？
3. 如何看待我国新闻媒体在舆论导向方面的经验和教训？
4. 新闻媒体在舆论导向中应当采取怎样的策略及方法？
5. 新闻媒体在舆论导向中应当遵循哪些原则及要求？

第十三章

社会主义新闻工作的舆论监督原则

【本章学习要点】

1.“舆论监督”，通常指的是借助新闻舆论手段所实施的社会监督。它是监督权力运行，维持社会秩序的一种有效手段。社会主义新闻工作的“舆论监督”，是指人民群众运用新闻舆论手段所实行的社会监督。它既包括对各种社会权力机构和各类社会公共事务的监督，也包括对某些社会成员及社会现象的监督；既包括对执掌国家权力的组织和个人的监督，也包括对某些社会问题及社会现象的监督。它是一种广泛的社会监督和群众监督。

2. 新闻作为一种舆论手段，是社会的利器。它能够捍卫真理和正义，鞭笞邪恶和腐败，对权力组织与整个社会起到批评和监督作用，在舆论监督方面有着极其重要的地位，能够发挥重要的作用。

3. 社会主义新闻工作的舆论监督有利于促进社会主义民主，密切党和政府同人民群众的联系；有利于加强党风廉政建设，维护党和政府的形象；有利于化解社会矛盾，维护社会稳定，促进社会和谐；有利于弘扬正气，倡导先进，创造良好的社会舆论环境。

4. 社会主义新闻工作开展舆论监督需要遵循以下原则和要求：以高度负责的精神牢牢把握舆论监督的正确方向；确保所用事实材料真实客观，准确无误；坚持以法律为准绳，以政策为依据；讲求效果，把握好舆论监督的“度”；善始善终，努力促成问题的合理解决；坚持真理，修正错误，不断提高舆论监督的能力和水平；坚持正面宣传与舆论监督的统一；坚持在党的领导下搞好舆论监督工作。

5. 舆论监督要在确保事实真实、准确的基础上，坚持以法律为准绳和以政策为依据，尽可能做到以理服人，以法律服人，以政策服人，要充分考虑实际情况的复杂性，要善于听取不同意见，防止主观臆断。新闻工作者要严守法律观念和政策观念，恪守职业道德，遵守宣传纪律，要使舆论监督稿件既符合法律规范，同时又符合政策和纪律的要求。

6. 舆论监督与正面宣传相辅相成、有机统一。正面宣传主要是从正面颂扬和肯定一切值得褒奖的好人、好事、好现象、好气象，而舆论监督则主要是从揭露问题和总结教训中找出新的前进方向。新闻媒介应注意让正面报道在整个报道中占据主导地位，同时做好新闻批评和舆论引导。

案例

孙志刚事件与新闻舆论监督

2003年3月17日，在广州工作的湖北青年孙志刚，因外出时没带暂住证，被当地民警强行收容。在以后的三天中，他先后被带到三个此前不曾去过的地方：广州黄村街派出所、广州市收容遣送中转站和广州收容人员救治站，最后在收容人员救治站身亡。经法医鉴定，孙志刚是因背部遭受钝性暴力反复打击，造成背部大面积软组织损伤致创伤性休克死亡。

事发一个多月后的4月25日，《南方都市报》发表《被收容者孙志刚之死》一文，将此事曝光，迅速在社会上引发了一场对收容遣送制度的大讨论。先后有8名学者上书全国人大，要求对收容遣送制度进行违宪调查。6月20日，国务院公布施行《城市生活无着的流浪乞讨人员救助管理办法》。8月1日起，新办法正式施行，1982年国务院发布的《城市流浪乞讨人员收容遣送办法》同时废止。一部政府法规由于一篇新闻报道而引发社会舆论关注，并最终被终止，这是体现新闻媒体舆论监督功能的一个典型案例。

"舆论监督"，通常指的是借助新闻舆论手段所实施的社会监督。它是监督权力运行，维持社会秩序的一种有效手段，也是社会主义新闻工作的一项基本原则。

了解社会主义舆论监督原则形成的由来及历史传统，掌握社会主义新闻工作舆论监督原则的内涵及要求，对于新闻媒介及新闻工作者更好地担负起舆论监督的使命，做好新闻工作具有重要意义。

第一节　社会主义新闻工作舆论监督原则的由来及历史传统

一、社会主义新闻工作舆论监督原则的由来

（一）新闻工作舆论监督原则的形成

舆论监督作为新闻工作的一项普遍原则及行为规范，是在新闻出版自由理论出现以后形成的。

随着新闻出版自由理论的产生，西方国家对新闻媒介的社会地位、功能作用以及责任义务等开始有了各种各样的认识和评价，出现了诸如"第四阶级"、"第四种权力"和"政府的第四部门"等各种说法，新闻工作者则被称为"无冕之王"。这些说法都强调了新闻媒介在舆论监督方面所具有的独特的功能和作用。

1772年，英国政治家爱德蒙克·巴特成为英国第一个获准到议会后排记者席位就座的人，他把记者称作议会中比"贵族"、"僧侣"和"资产者"三个阶级都重要的"第四阶级"。后来，这一说法不但被用以形容记者的身份和地位，也被用来比喻新闻媒介作为舆论机关在运用舆论手段，对社会当权者进行舆论监督方面所拥有的地位和作用。美国政治

家托马斯·杰弗逊则把自由报刊看作是对“行政”、“立法”和“司法”三权起制衡作用的“第四种权力”。

其实，在现代社会中，离开新闻媒介的政治和阶级属性，不切实际地夸大其舆论监督功能和作用并不符合社会实际。因为在各种经济、政治利益的制约下，新闻媒介完全独立地行使其监督功能，发挥其权力制衡作用的情况实际上是难以真正实现的。但是这些以新闻出版自由为基础和依据，来解释和认识新闻媒介舆论监督功能的观点，对于我们理解与认识舆论监督观念和原则的形成，还是具有一定参考价值的。

西方国家对新闻媒介的舆论监督功能与作用认识的另一个依据，出自对新闻媒体作为一种大众传媒的社会属性的理解。他们把新闻媒介看作是社会的“监视器”、“看门狗”和“把关人”。正是新闻媒介的这些社会性质决定了它具有为社会服务的公共性和公益性，而这种公共性和公益性构成了大众传媒的权力基础。大众传媒因此而拥有最大限度的采访权、言论权、编辑权和刊载权，同时也拥有了舆论监督的权利。

在中国，对报刊舆论监督功能和作用，也有类似的认识和解释。梁启超就把“监督政府”与“向导国民”并列作为报纸的两大职能之一。而徐宝璜也指出了报纸可以“代表国民而监督政府”，还可以“代表国民向政府有所建议或要求”①。

从实践看，不管其动机、背景和效果如何，西方新闻媒介在承担舆论监督职责、开展舆论监督方面始终没有停止。特别是起于19世纪末、20世纪初的美国新闻界的“揭露黑幕运动”（又称“揭丑运动”、“扒粪运动”），在西方新闻史上更是成为一个重大事件。

1902年年底，美国麦克卢尔主编的杂志发表了三组重要的批评文章，拉开了“揭露黑幕运动”的序幕。三组文章中，一组是揭露约翰·D·洛克菲勒和美孚石油公司的不正当商业竞争行为的，一组是抨击市政府和州政府的腐败的，另一组是涉及童工和黑人劳工问题的。与此同时，普利策在《世界报》上鼓吹和推行的“社会改革”，也以调查和揭露重大社会问题为重要内容。

“揭露黑幕运动”的结果，使得某些官员及社会腐败现象得到揭露和抨击，在一定程度上显示了新闻媒介的舆论力量，而且从此形成了西方一些国家主流媒体进行舆论监督的行为原则和行业传统。

西方国家所讲的新闻媒介的舆论监督，是建立在维护资本主义私有制的大前提下的，有其特定的社会背景、历史条件、思想内涵及具体的行为要求，其中有许多同我们今天关于舆论监督的认识和理解存在区别。但从新闻媒介的社会属性、功能与职责，以及新闻出版自由的角度看，有些内容是带有共同性的。当年，马克思和恩格斯就从报刊的社会属性与功能的角度，论述过报纸的批评、揭露、监督功能和作用。

1849年2月，马克思在《新莱茵报》审判案的辩护发言中就指出：“报刊按其使命来说，是社会的捍卫者，是针对当权者的孜孜不倦的揭露者，是无处不在的耳目，是热情维护自己自由的人民精神的千呼万应的喉舌。”② 显然，马克思认为，报刊应当成为社会的耳目和捍卫者，担负起监视社会、批判和揭露当权者、维护人民利益、为人民群众代言的使命。

---

① 徐宝璜：《新闻学》，5页，北京，中国人民大学出版社，1994。

② 《马克思恩格斯全集》，中文1版，第6卷，275页，北京，人民出版社，1961。

后来马克思还直接使用过“第三种权力”的提法。1850年，他在分析法国当时的阶级阵线时指出，法国存在着三种权力：国家元首、国民议会和报刊。他是在批评法国颁布的新出版法关于报刊“每一篇文章都要有作者署名”的规定的情况下使用这一概念的。他指出：“当报刊是匿名的时候，它是广泛的无名的社会舆论的工具；它是国家中的第三种权力。”① 在马克思看来，报刊作为一种社会舆论工具，在作者匿名的条件下能够成为一种“独立”的舆论力量，这是一种不同于政府和议会的特殊的精神力量，能够对社会起到一定的制约和监督作用。

从新闻媒介舆论监督原则提出的背景及形成的过程看，可以说它是新闻媒介的一项共同使命和职责，也是一条共同的工作任务和原则。当然，不同国家、不同社会制度和不同利益诉求背景下的新闻媒体，对舆论监督原则内涵的理解会有差别，在执行这一原则时的具体做法和要求也会有所不同。

（二）社会主义新闻工作舆论监督原则的形成

坚持开展党内批评和舆论监督历来是共产党人的传统作风。无产阶级的革命导师从无产阶级政党的性质和使命出发，始终都十分重视党内批评和舆论监督问题。

马克思说过，无产阶级革命和其他革命的一个不同的地方，就在于它自己批评自己并靠批评自己壮大起来。

恩格斯把批评看作是“工人运动生命的要素”。他和马克思时常提醒德国社会民主党的领导人要自觉接受批评和监督，在党内“少来点普鲁士作风”，并公开支持党报批评党的负责人的错误。他们认为，一个党能给自己奉送自我批评，正说明这个党具有强大的“内在力量”。

列宁提出，能否对自己的缺点和错误进行批评和自我批评，是衡量一个党“是否郑重”，“是否真正履行它对本阶级和劳动群众所负义务的一个最重要最可靠的尺度”。他明确指出：“犯错误对一个先进阶级的战斗的党并不可怕，可怕的是坚持错误，虚伪地不好意思承认错误和纠正错误。”② 他主张在报纸上设立“黑榜”，用以揭露工作中的渎职行为和社会上的丑恶现象。

斯大林认为，共产党人需要自我批评就像需要“空气和水”一样。他说，没有自我批评，“我们的党就无法前进，就无法割开我们的脓疮，就无法消灭我们的缺点”。他呼吁：“让党，让布尔什维克，让我国一切诚实的工人和劳动群众来揭发我们工作中的缺点和我们建设中的缺点；让他们指出消灭我们这些缺点的途径，使我们的工作、我们的建设不会有保守、停滞和腐败的现象，使我们的全部工作、我们的整个建设事业日益改进，从胜利走向胜利。”③

中国共产党人把“开展批评和自我批评”同“理论联系实际”、“密切联系群众”，共同作为党的“三大作风”之一，说明了批评和监督问题在党的工作中的重要地位与作用。

毛泽东主张要像每天洗脸、扫地一样，把批评和自我批评列为日常工作。他十分注意运用报纸开展批评和监督，提出凡典型的官僚主义、命令主义和违法乱纪的事例，应在报

---

① 《马克思恩格斯全集》，中文1版，第7卷，117页，北京，人民出版社，1959。

② 《列宁全集》，中文2版，第32卷，257页，北京，人民出版社，1985。

③ 《斯大林全集》，中文1版，第11卷，27、28页，北京，人民出版社，1955。

纸上广为揭发。

无产阶级革命导师从共产党的性质和人民群众的根本利益出发，把坚持开展舆论监督作为促进党的建设和革命事业发展，纠正工作失误和克服消极腐败现象的一项重要原则，并且把新闻媒介作为实行这一原则的行之有效的手段，这就为舆论监督奠定了理论基础，提供了思想指南。

中国无产阶级和社会主义新闻事业正是根据这些思想原则与理论原理，始终坚持把开展舆论监督作为自己的重要责任和工作传统，在理论上与实践上不断提高认识和水平，努力做好舆论监督工作。

1931 年创刊于瑞金的《红色中华》，在其发刊词中就表示："要引导工农群众对于自己的政权，尽了批评、监督、拥护的责任"，"以自我批评的精神，检阅工作的成功与缺点，找出正确的方法"①。

新中国成立后，中国新闻事业坚持把"是否充分地开展了批评"和"批评是否正确"，作为衡量报纸党性强弱的"尺度"，并在实践中自觉地坚持开展新闻批评和舆论监督。

为了更好地指导报纸开展新闻批评和舆论监督，1950 年 4 月，在新中国成立刚刚半年，国家各项事业百废待兴的时候，中共中央就专门作出了《关于在报纸刊物上展开批评和自我批评的决定》，显示了中国共产党对加强新闻批评和舆论监督的重视及决心。1957 年，毛泽东又就报纸批评提出了"开、好、管"的"三字方针"，要求报纸既要认真开展批评，又要开展好批评，同时要求党的组织要加强对报纸批评工作的管理。

进入改革开放新时期以来，中国共产党从党所面临的新形势和新任务出发，更加重视舆论监督工作。1987 年中共十三大政治报告中提出"要通过各种现代化的新闻和宣传工具，增加对政务和党务活动的报道，发挥舆论监督的作用，支持群众批评工作中的缺点错误"。这是中国共产党在党代会的政治报告中第一次明确对舆论监督提出要求，因而引起了全党、全国和全社会，乃至国际社会的高度关注和重视。此后，历次党代会的政治报告中，都有关于加强舆论监督的内容。

自进入新世纪以来，党和政府通过文件、会议、指示等形式，对舆论监督工作做出了许多相关规定，同时采取了许多重大举措，为促进舆论监督的顺利开展创造了更加有利的环境和条件。

例如，2002 年召开的中共十六大把加强舆论监督放在建设社会主义政治文明的高度，指出要"建立结构合理、配置科学、程序严密、制约有效的权力运行机制，从决策和执行等环节加强对权力的监督，保证把人民赋予的权力真正用来为人民谋利益"，并提出要"重点加强对领导干部特别是主要领导干部的监督"，充分显现出新时期坚持舆论监督的重大意义。

2003 年 12 月颁布的《中国共产党党内监督条例（试行）》，专设了"舆论监督"一节，对新闻媒体如何发挥好舆论监督作用提出了明确的意见。条例规定：在党的领导下，新闻媒体要按照有关规定和程序，通过内部反映或公开报道，发挥舆论监督的作用；党的各级组织和党员领导干部应当重视和支持舆论监督，听取意见，推动和改进工作；新闻媒体应当坚持党性原则，遵守新闻纪律和职业道德，把握舆论监督的正确导向，注重舆论监督的社会效果。

2004 年，中共中央印发的关于《建立健全教育、制度、监督并重的惩治与预防腐败

---

① 《中国共产党新闻工作文件汇编》，下卷，23 页，北京，新华出版社，1980。

体系实施纲要》的通知，强调要充分发挥新闻媒体的舆论监督作用，并且将“舆论监督”及其他监督一起，同“教育”和“制度”共同作为惩治与预防腐败体系中的一个重要环节和有效手段。

2004年9月中共中央十六届四中全会通过的《关于加强党的执政能力建设的决定》，把“加强对权力运行的制约和监督”，提到了党的执政能力建设的高度，同时要求各级党组织和干部要“自觉接受党员和人民群众监督”，并且提出要“拓宽和健全监督渠道，把权力运行置于有效的制约和监督之下”。

2005年4月，中共中央办公厅印发了《关于进一步加强和改进舆论监督工作的意见》的通知，阐释了舆论监督工作的重要作用；提出了坚持舆论监督工作的原则要求；强调了当前舆论监督工作的重点；要求各级党委和政府支持新闻媒体正确开展舆论监督，并加强对舆论监督工作的领导；强化新闻媒体在舆论监督中的社会责任。这是中国共产党为加强舆论监督所制定的一个专门性的重要指导文件。

中央的这些文件和规定，一方面对舆论监督提供了政策和制度上的保障，使新闻媒体在实行舆论监督的过程中，可以借助党和政府的有关文件和规定，排除各种阻力，维护自己的正当权益，以保证舆论监督工作能够顺利进行；另一方面也有利于规范新闻媒体在实行舆论监督过程中的一些失范行为，以维护舆论监督的权威性和有效性。

这一系列措施和相关文件，体现了党和政府重视并支持舆论监督的决心，对于搞好舆论监督起到了政策保障的作用。同时也使社会主义新闻工作舆论监督原则得以不断丰富和完善。

二、社会主义新闻工作开展舆论监督的历史传统

社会主义新闻工作在践行舆论监督原则，做好舆论监督工作方面有着良好的历史传统。

延安时期，毛泽东对中国共产党和人民政权如何健全和发展民主制度，加强人民群众对党和政府的民主监督就有清醒的认识，并且明确地表述过这一思想。

1945年7月，毛泽东在延安会见受邀前往参观的民主人士黄炎培，同他进行了彻夜长谈。黄炎培直率地对毛泽东说，小到一个家庭、一个单位，大到一个民族、一个国家，往往“其兴也勃焉”，“其亡也忽焉”，最后“人亡政息”，这简直成了一个历史的周期率。他问毛泽东，你们共产党将来得了天下，有什么新路能跳出这个周期率呢？毛泽东十分肯定地回答说，我们已经找到了新路，我们能跳出这个周期率。这条新路就是民主。只有让人民起来监督政府，政府才不敢松懈，只有人人起来负责，才不会人亡政息。①

毛泽东把实行民主政治，加强群众监督看作是摆脱“人亡政息”历史周期率的根本途径。这既是他对以往历史经验教训的思考和总结，也是他对即将诞生的人民共和国政权建设的规划和设想。

后来在西柏坡举行的中共七届二中全会上，毛泽东又告诫全党同志务必保持艰苦奋斗和谦虚谨慎、不骄不躁的作风。他说，我们一些党员、干部在敌人的枪林弹雨面前不愧为英雄的称号，但是要警惕敌人的糖衣炮弹的袭击，防止在敌人的糖衣炮弹面前败下阵来。

---

① 参见黄方毅：《60年前毛泽东与黄炎培对话破解政权的宿命》，载《中国青年报》，2005-07-21。

社会主义的人民共和国建立以后，中国共产党把发扬社会主义民主，加强群众舆论监督作为党和政府的一项重要工作，并采取一系列措施来保证其得以实施。1950 年 4 月中共中央通过的《关于在报纸刊物上展开批评和自我批评的决定》强调要运用报刊批评的方式批评工作中存在的问题。在这一文件的指导下，当时报纸上揭露了一批官僚主义、失职渎职、违法乱纪、贪污腐化等方面的单位与个人的典型，在社会上产生了很大影响。

其中最为典型的是刘青山、张子善的贪污腐化案。这一案件引起了国内外的关注，产生了重大社会影响，也显示了中国共产党和中央人民政府惩治腐败的决心。

刘青山和张子善都是从小参加革命的“老干部”，在敌人的枪林弹雨和牢狱监禁面前都表现得英勇顽强，都称得上是“英雄”。但是新中国成立后，他们在担任天津地区负责人期间，利用人民赋予的权力侵吞公款，贪污腐败，走上了犯罪的道路，后经中央批准，两人均被判处死刑。这一被“糖衣炮弹”击中的典型，成为新中国成立之初党和政府加强民主监督、惩治党内腐败的典型案例。

后来由于“左”的路线的影响，从 1957 年“反右”开始，直到“文化大革命”时期，党内民主和社会民主均受到严重破坏，一些领导者将其个人意志凌驾于组织和社会之上，致使人民群众的民主监督权利根本无法得到落实，新闻媒介的舆论监督工作自然也就无法实现。

“文化大革命”结束后，随着拨乱反正、党的优良作风的恢复，舆论监督工作重新得到重视，新闻舆论监督出现了崭新的局面。在 20 世纪 80 年代，我国新闻媒体上出现了一些在社会上和群众中产生积极影响的舆论监督报道，如“渤海 2 号石油钻井平台翻沉事故”、“大兴安岭森林火灾事件”等，显示了进入新时期后我国新闻媒介舆论监督良好的发展势头和显著的社会效果。

自中共十三大开始，历次党代会的政治报告都强调要加强舆论监督，并对如何搞好舆论监督提出了具体要求，为促进舆论监督的顺利开展创造了更加有利的环境和条件。

进入新世纪后，党和政府在加强舆论监督方面又做出了许多新规定，采取了许多新举措，使得新闻媒介的舆论监督工作得以不断深入和发展。例如 2013 年 9 月，中央纪委监察部在整合机关五个网站的基础上正式创建开通了统一的网站，为群众监督、舆论监督和网络监督搭建平台，收到了很好的效果。

三、我国新闻工作舆论监督的现状与问题

由于党和政府的重视、全国人民的支持，以及各级各类媒体自身的努力，近些年来我国新闻舆论监督工作，无论在广度、力度上还是在深度上，都有一些突破和进展，并且涌现出了以中央电视台的《焦点访谈》为代表的一批在群众中有良好声誉和影响的、以开展舆论监督为主要内容及特点的名牌栏目和节目。而都市报、互联网等媒体在开展舆论监督方面也有不俗表现。它们所采取的形式更加灵活，方法更加多样，范围更加广泛，在群众中产生了很好的影响。

舆论监督在社会和群众生活中所发挥的作用越来越大，效果也越来越好，以至于在一些地方出现了老百姓有冤屈、有问题、有难处“不找政府找媒体”，“不找官员找记者”的现象。

新闻媒介所开展的舆论监督对于揭露问题，批评缺点，纠正失误，改进工作，防治腐败和抑制邪恶发挥了重要作用，产生了积极效果。而媒体自身在开展新闻舆论监督的过程中也密切了同群众的关系，扩大了在群众中的声誉和影响，提高了自身的公信力。

然而也要看到，近些年来我国新闻舆论监督工作虽然取得了一定成绩，群众也给予不少积极肯定，但从总体看，社会与公众的认可度和满意度依然不高，媒体自身也感觉工作难度越来越大，许多问题还没有得到很好的解决。

当前我国新闻舆论监督存在的主要问题有以下方面：

一是媒体“缺位”、“失语”现象严重。一些权力组织及个人无视媒体的舆论监督职能和权利，常常会以各种理由与借口，对正常和正当的舆论监督任意进行干扰。他们或是拒绝接受采访，或是拒绝提供相关信息和资料，或是干脆下“禁令”，禁止采访报道等，致使在需要舆论监督的时候，常常出现媒体“缺位”和“失语”的现象，使得群众听不到媒体的声音，看不到媒体的作为。特别是一些地方权力机构，限制、干预和压制新闻舆论监督的情况严重，致使许多地方媒体开展舆论监督阻力重重，一些本该实施的舆论监督常常被限制、被封杀。

二是说情现象盛行，导致舆论监督稿件夭折率高。一些被批评的单位和个人对媒体正在实施的舆论监督，往往会通过各种关系，采取各种手段（或是递条子、打招呼，或是登门拜访、请客送礼等）来“摆平”和“铲除”。有些人的“关系”直通上层领导，有的还会通过有关主管部门给媒体施加压力，这就使得许多已经采编完成的批评监督稿件在“轮番说情”中被迫撤稿和“枪毙”，而那些发表了的稿件也会半途而废，无法组织后续报道。

三是暴力抗拒和打击报复现象屡屡发生。一些被批评监督的单位和个人，为了维护自身利益，有时还会采取暴力手段来阻拦和抗拒舆论监督。近些年来，记者在采访中被殴打、拘禁，摄影和摄像器材、设备被砸、被毁的情况屡屡发生。一些社会上的恶势力，甚至会用极端手段恐吓和报复记者，使其生命和财产安全受到威胁及侵害。

综上所述可以看出，我国新闻舆论监督工作依然存在很大阻力，力度也还很不足，需要党政部门、企事业单位、社会团体进一步提高对舆论监督工作的认识，进一步加大对舆论监督工作支持的力度，以便依靠全社会的力量共同来营造良好的社会环境和舆论氛围，使得新闻舆论监督工作能够顺利开展，取得更好的成效。

如今，随着中国共产党作为执政党在新时期所处地位的变化，我国社会进入转型期后各种利益关系的调整和社会矛盾的日益复杂化，以及新媒体的出现带来的传播形态和传播方式的变化，新闻舆论监督面临着许多新情况、新考验，需要不断转变观念，完善方式，改进方法，以使我国新闻舆论监督的历史传统能够得以发扬光大，越做越好。

第二节　社会主义新闻工作舆论监督原则的内涵及实践意义

一、社会主义新闻工作舆论监督原则的内涵及作用

(一) 社会主义新闻工作舆论监督原则的内涵

社会主义新闻工作的“舆论监督”，是指人民群众运用新闻舆论手段所实行的社会监督。它既包括对各种社会权力机构和各类社会公共事务的监督，也包括对某些社会成员及

社会现象的监督；既包括对执掌国家权力的组织和个人的监督，也包括对某些社会问题及社会现象的监督。因此可以说，舆论监督是一种广泛的社会监督和群众监督。

从舆论监督实施的主体看有两种情况：一种是新闻媒介代表公众舆论所实行的社会监督，另一种是人民群众借助新闻媒介所实行的社会监督。

不过无论是哪种情况，在社会主义国家，舆论监督实质上都是人民群众的监督，是人民群众借助新闻媒介对执掌国家权力的党和政府有关部门及其工作人员，以及各种社会成员及社会现象所进行的社会监督。它是人民群众参政议政，参与国家和社会事务管理的一种有效形式和手段。

从这一意义上说，舆论监督是社会主义国家体现政治民主、社会进步的一个重要标志，也是社会主义新闻事业实现其社会功能，发挥其社会作用的基本要求，同时还是社会主义新闻工作体现自身社会价值，维护自身社会声誉的必然选择。因此，社会主义新闻事业应当自觉地将积极开展舆论监督作为工作原则和目标，把努力做好舆论监督工作作为职业使命和任务。

（二）社会主义新闻工作舆论监督原则的作用

新闻作为一种舆论手段，是社会的利器。它能够捍卫真理和正义，鞭笞邪恶和腐败，对权力组织与整个社会起到批评和监督作用，在舆论监督方面有着极其重要的地位，能够发挥重要的作用。

新闻媒介的舆论监督可以将被批评监督的人和事公之于众，并借助社会舆论的力量对其形成一种代表民心民意的政治压力。有些人搞不正之风，天不怕，地不怕，受处分也满不在乎，可是，他就怕新闻媒体说话。怕媒体，归根到底是怕舆论，怕民众。因为凡干坏事的人，总是偷偷摸摸，一旦媒体介入诉诸舆论，把他的错误和恶行端到光天化日之下，则天下周知，舆论蜂起，众目睽睽，世人评说，想藏也藏不住了，有人想保也困难了。

近些年来的大量事实说明，很多群众表示义愤的问题一经媒体批评，社会舆论蜂起，群众议论纷纷，所涉部门和单位便会立即介入及回应，并迅速采取措施，作出处理，使问题及时得到解决。实际上，一些久拖难决的问题之所以能得以顺利解决，一些无法无天、横行霸道的“黑势力”和“土霸王”的嚣张气焰之所以能受到打击与抑制，一些位高权重、颐指气使的权势人物之所以能低头认错，收敛自己的违法乱纪行为，都是新闻媒介舆论监督威力的显示。例如，近些年来许多反腐案件，都有媒体及时介入，跟踪报道，于是很快便形成了强大的舆论声势，发挥了很好的舆论监督作用。

新闻舆论监督的这种作用和威力，是其他方式的监督所无法替代的，特别是网络、手机、微博等新媒体出现之后，人民群众无需经过专业新闻机构就可以直接运用媒体实施舆论监督，这使得舆论监督的威力更大，渗透力更强，对社会的影响力更直接，效果也更好。

如今，一旦搞不正之风者的丑行上了网络，便会立即遭到网民跟帖评议，许多网民还会顺藤摸瓜，追踪搜索其各种劣行，使其成为舆论焦点，难逃民众谴责。近些年来由网络媒体介入报道的“天价烟局长”、“最牛部长夫人”、“温甬列车相撞”、“官员艳照”等事件就是很好的例证。可以说，网络媒体已经掀起了一场舆论监督的“网络风暴”，使权力机构和官员面临着前所未有的挑战。在此背景下，中央纪委监察部联合开通了全国纪检监察举报网站，这使得网络舆论监督有了更加直接的平台。

总之，舆论监督是社会主义新闻工作不可缺少的重要组成部分。通过舆论监督可以监督党政部门的工作情况，可以批评群众中的落后行为，可以揭露社会上的阴暗面及腐败现象。因此，舆论监督是新闻媒介的基本职能，也是新闻工作的基本原则和重要的行为规范。

二、社会主义新闻工作舆论监督原则的实践意义

社会主义新闻业作为国家和人民的舆论机构，在开展舆论监督方面所具有的特殊功能和作用，使得社会主义新闻工作的舆论监督有着十分重要的实践意义。

（一）有利于促进社会主义民主，密切党和政府同人民群众的联系

社会主义实行的是人民民主的政治制度。这种政治制度的实质就是人民群众作为国家的主人拥有参政、议政的民主权利。《中华人民共和国宪法》第41条规定："中华人民共和国公民对于任何国家机关和国家工作人员，有提出批评和建议的权利；对于任何国家机关和国家工作人员的违法失职行为，有向有关国家机关提出申诉、控告或者检举的权利，但是不得捏造或者歪曲事实。"

按照宪法的规定，社会主义的国家制度，"充分发扬人民民主，保证全体人民真正享有通过各种有效形式管理国家，特别是管理基层地方政权和各项企业事业的权力，享有各项公民权利"，从而为广大群众行使民主权利提供充分的保障。

社会主义国家的人民群众参加国家和社会事务管理的主要形式，一是通过自己选举出来的人民代表及其组织机构参与，二是亲身参与。而在亲身参与中，运用媒体进行舆论监督是一种有效的手段。

人民群众通过新闻舆论的形式可以发表自己对各种国家和社会事务的意见，行使自己的民主监督权利，这有利于发扬社会主义民主，密切人民群众同党和政府的联系。

人民群众行使对党和政府的监督权利，可以激发他们当家做主的热情，同时也可以提高其参政议政的能力，促进其政治素质的提升，推动国家民主政治的进程。因此，党和政府应当积极创造条件，为人民群众运用新闻媒体行使舆论监督权利提供支持和帮助。

（二）有利于加强党风廉政建设，维护党和政府的形象

在舆论监督的对象中，执掌国家政权的权力组织是监督的重点，因为其行为举止会对国家和社会带来重大影响。

在我国，对权力组织的监督，主要是指对作为执政党的中国共产党的各级组织、执掌国家行政权力的政府各部门、拥有立法权的人大机构，以及担负司法任务的公、检、法、司机关的监督。通过这种监督，防治官员腐败，促进党风廉政建设，维护党和政府的形象。

中国共产党对于加强民主监督，防治党内腐败既有理论上的认识，也有行动上的措施。新中国成立之初，为了吸引及促进广大群众对党和政府进行舆论监督，中共中央在许多相关文件中，对开展新闻批评，加强舆论监督的目的、意义及其重要性作了详细的阐述，并规定了一些具体的办法，以保证新闻舆论监督能够顺利进行。

1957年4月，邓小平同志在西安干部会上就扩大党内民主，加强群众监督问题作了深刻论述。他指出："我们党是执政的党，威信很高。我们大量的干部居于领导地位。在中

国来说，谁有资格犯大错误？就是中国共产党。犯了错误影响也最大。因此，我们党应该特别警惕。宪法上规定了党的领导，党要领导得好，就要不断地克服主观主义、官僚主义、宗派主义，就要受监督，就要扩大党和国家的民主生活。如果我们不受监督，不注意扩大党和国家的民主生活，就一定要脱离群众，犯大错误。因为我们如果关起门来办事，凭老资格，自以为这样就够了，对群众、对党外人士的意见不虚心去听，就很容易使自己闭塞起来，考虑问题产生片面性，这样非犯错误不可。”①

大量事实验证了这一预言。一些干部，包括一部分高层领导干部在掌握了权力之后，忘记了自己作为人民公仆的身份，不但听不进群众的意见，而且滥用权力，以权谋私，脱离了群众，有的在金钱和物质利益的引诱下腐化变质，严重败坏了党的作风和声誉。

权力从来就是一把双刃剑，用得好，可以报效国家，造福百姓；用不好，不仅误国误民，给社会主义事业造成无法挽回的损失，而且个人也将身败名裂。近些年来，党内一些高级领导干部滥用权力、腐化堕落的事例便是很好的例证。这说明，权力一旦失去监督，便会滋生腐败现象，这几乎成了一种铁律，即使是无产阶级政党也不例外。

在深化改革开放、实行市场经济的现阶段，所有制结构、分配制度和社会利益格局的调整与变化，促成了滋生腐败的各种因素的增加。一些人，特别是少数握有一定权力的领导干部及公务人员，利用自己手中的某些权力搞权钱交易，贪污受贿，以权谋私，从而导致腐败现象的滋生和蔓延。近些年来揭露出来的大量官员腐败案令人触目惊心。在这种情况下，借助舆论监督来促进党风廉政建设更加显示出其重要性、必要性和艰巨性。

因此，党和政府要建立健全监督机制，发挥好新闻媒介的舆论监督作用，要强化对手中握有权力的党政机关及各级领导干部，特别是主要领导干部的监督，以更好地加强党风廉政建设，防治党内腐败，使党保持健全的肌体；同时防止和克服工作中的官僚主义，进而改善和加强党的领导，维护党和政府的良好形象。

近些年来，在党和政府的领导与支持下，新闻媒介不断加强舆论监督的广度、深度和力度，对党内腐败现象与官僚主义行为进行揭露和批判，纯洁了党的队伍，增强了党的战斗力，维护了党和政府的威信与形象。

（三）有利于化解社会矛盾，维护社会稳定，促进社会和谐

人类社会由于各种利益关系的交叉和冲突，总是充满着矛盾。人们是在不断地平衡利益、化解矛盾、消解冲突的过程中，去求得社会的稳定、和谐与发展的。

当前我国正处在社会转型时期，这种特定的社会环境与社会条件导致了各种利益关系的急剧调整和变化，由此而引发的社会矛盾也呈现出更加多样化的趋势。例如，城乡之间、地区之间的矛盾，国家、集体和个人之间的矛盾，各种不同的利益群体和利益人群之间的矛盾，资源不均、分配不公引发的矛盾，干部作风、行业不正之风引发的矛盾，等等。这许许多多矛盾的存在，使得我们的国家和社会处在一种十分复杂的环境与状态之中。

这些社会矛盾势必会对社会的和谐与稳定造成不利的影响，带来一定的冲击。新闻媒介应当积极、主动地运用舆论手段协调各种利益关系，及时、有效地疏导社会舆论，化解社会矛盾，消解社会冲突，平衡社会心理，以维护社会的和谐与稳定，增强人民内部的团

① 《邓小平文选》，2 版，第 1 卷，270 页，北京，人民出版社，1994。

结，真正起到“减压阀”、“空调机”和“缓冲器”的作用。

新闻媒介可以通过真实、客观、公正、全面的报道方式，尽可能地反映方方面面不同社会群体和不同人群的利益诉求及观点意见，尽可能地平衡群众的心态，理顺群众的情绪，排解群众的困难，协调好各种不同利益人群之间的关系，让人们能够得到心理的平衡，享受到改革开放的成果，感受到社会主义大家庭的温暖，体会到社会和谐与稳定的好处。

新闻媒介尤其要注意关注弱势群体、弱势人群和特殊地区、特殊人口的生活状况问题，要体谅他们的困难和疾苦，反映他们的呼声和愿望，主动为他们维护权益和伸张正义。像农民工收入问题，失地农民出路问题，下岗失业人员生活问题，退休人员待遇问题，毕业生就业问题，城市贫困人口生存状况问题，农村地区、民族地区、边远地区发展问题，等等，都是新闻媒介应当格外给予关注，并且应当尽可能地通过舆论监督手段，去促成这些的问题解决的。

总之，新闻媒介应当坚持“以人为本”，“以民生为本”，“以民众利益为本”，通过舆论监督去化解社会矛盾，伸张社会正义，维护社会稳定，促进社会和谐。

（四）有利于弘扬正气，倡导先进，创造良好的社会舆论环境

舆论监督主要运用的是批评手段。但批评本身不是目的，说到底，舆论监督的根本目的还在于弘扬正气，倡导先进，通过对坏人坏事的批评使大家从反面事例中汲取教训，知道什么是对的，什么是错的，什么是好的，什么是不好的，应当怎么做，不应当怎么做，从而自觉地抵制错误，向先进者学习。这样，就可以逐步形成一个良好的社会舆论环境，促进社会的文明、进步和发展。

一方面，新闻媒介可以通过设立“黑榜”的方式，即选择一些在群众中反映强烈、危害较大、具有一定代表性的人和事进行揭露和批评，开展舆论监督，用以鞭笞丑恶，从而起到抑恶扬善、匡正风气的作用。

另一方面，新闻媒介也可以通过设立“红榜”的方式，即选择一些在弘扬社会公德、伸张社会正义、体现社会主义核心价值观念方面做出成绩的模范人物、先进典型进行宣传和表扬，用以弘扬正气，倡导先进，促进社会文明。

新闻媒介还可以以其特有的舆论形式成为人民群众进行自我教育的有效手段。人民群众可以通过新闻批评认识自己身上的缺点和错误，自己教育自己，使自己的错误得到纠正，心灵得到净化，觉悟得到提高。

总之，社会主义新闻媒介的舆论监督作为一种社会舆论手段，对于国家的民主政治建设、政府的反腐倡廉、群众的自我批评和自我教育，对于扶持社会正义、鞭笞人间丑恶，对于形成良好的社会舆论环境、促进社会的良性运转，都具有重要意义。新闻媒介及新闻工作者一定要充分认识自己所肩负的崇高责任和光荣使命，排除一切困难和阻力，把新闻舆论监督工作做好。

第三节　社会主义新闻工作舆论监督原则的基本要求

新闻舆论监督是一种锐利的思想武器。在揭露问题、针砭时弊方面，有着独特的战斗性能。但它也是一把双刃剑，用得好，可以抑制邪恶，惩治腐败，起到积极和建设性的作用，用得不好，则可能引发矛盾，影响团结，起到消极和破坏性的作用。因此，开展新闻舆论监督是一件十分严肃的事情，一定要慎之又慎。

总结以往的经验和教训，社会主义新闻工作要坚持好舆论监督原则，开展好舆论监督，需要遵循以下一些原则和要求。

一、以高度负责的精神牢牢把握舆论监督的正确方向

社会主义新闻工作的舆论监督，主要是指对我们工作中的缺点和失误，以及人民内部所出现的问题及错误的批评监督。批评监督的目的是为了改进工作，帮助同志，促进各项事业的发展与进步。因此，新闻工作者需要出于公心，抱着对党对人民高度负责的态度开展新闻舆论监督。要严格区分两类不同性质的矛盾，切切不可将人民内部矛盾扩大成敌我矛盾，采取无情打击的做法，伤害自己的同志，而应以善意的、同志式的态度，作恰如其分的批评。

对党和政府工作中的缺点与失误，要本着总结经验教训，解决存在问题，以利改进工作的目的，作诚恳的、实事求是的批评，而不应站在对立立场，横加指责，或以不负责任的态度，作任意的批评，给工作造成麻烦。

新闻舆论监督需要坚持服务大局，着眼于改进工作，促进社会主义事业的发展和维护社会的和谐与稳定。因此，新闻媒体要善于抓住那些群众关注、政府重视、具有普遍意义的问题开展舆论监督。

总之，新闻媒体要以对党对人民高度负责的精神，牢牢把握舆论监督的正确方向，真正以大局为重，坚持团结、稳定、鼓劲，做到帮忙而不添乱。只有这样，才能达到新闻舆论监督的真正目的，收到理想的监督效果。

二、确保所用事实材料真实客观，准确无误

真实客观是新闻报道的基本要求，也是新闻媒介舆论监督得以顺利进行的前提条件。一则舆论监督报道倘若失实失真，不但会给被监督者带来名誉损失，还会损害新闻媒体的声誉，使新闻业失去人民群众的信任。因此，新闻舆论监督一定要坚持实事求是的原则，确保在实施舆论监督过程中所用事实材料的真实客观，准确无误。

新闻舆论监督所使用的事实材料须完全真实、准确，经得起时间的检验；对被采访对象所提供的材料要认真核对，做到有真凭实据，切忌使用未经核实的材料；要防止道听途说，捕风捉影，以讹传讹；在对因果关系的分析和判断上，要注意符合实际，符合逻辑，要以理服人；报道时所采取的立场也须客观公正，尽量减少主观色彩。

要做到上述要求，就需要新闻工作者坚持深入调查研究，全面听取意见，认真核实材料，力求批评监督稿件中所涉及的人和事，乃至每一个具体细节都确凿无误，防止报道失实、以偏概全。写作用语也须务求妥当、贴切、准确，决不能搞主观“想象”、“推断”，更不能任意夸大或缩小事实，搞弄虚作假。

一般情况下，如果可能，舆论监督稿件要尽量征求有关部门和被批评者的意见，要允许被批评者说明情况和提出申辩，防止由于事实不确和批评过头留下后遗症，给工作带来麻烦。当然，舆论监督稿件最终发与不发的主动权，应当掌握在新闻媒体自己的手中。如

果发现舆论监督报道失实，应及时做出更正；属于重大失实的报道，要作认真的自我批评，以挽回影响。

三、坚持以法律为准绳，以政策为依据

新闻舆论监督是一件非常严肃的事情。批评监督得是否正确，会直接影响到对被批评监督者的社会评价。如果出现差错，会使其在精神上与物质上遭受侵害和损失。因此，新闻舆论监督一定要在确保事实真实、准确的基础上，坚持以法律为准绳和以政策为依据，尽可能做到以理服人，以法律服人，以政策服人，要充分考虑实际情况的复杂性，要善于听取不同意见，防止主观臆断。

要做到这一点，新闻工作者就需要学好法，用好法，要弄通弄懂宪法、民法、刑法及相关法律、法规中关于公民名誉权、荣誉权、姓名权、肖像权、隐私权、居住权、财产权、未成年人受保护权、妇女保障权等各种权利的有关规定，不要无视法律、法规的有关规定，侵犯公民的这些权利。近些年来出现的大量新闻官司中，有不少是因为舆论监督报道侵犯了公民（被批评者）的这类权利而引发的。

还有一些舆论监督报道因为违反了党和政府的某些政策（如民族、宗教等）而造成失误或失当，影响了舆论监督的效果，有的还引发了一些不该发生的矛盾和事端，给党和政府的工作造成了麻烦。

综合上述情况说明，新闻工作者一定要严守法律观念和政策观念，恪守职业道德，遵守宣传纪律，要使自己的舆论监督稿件在法律上无懈可击，立于不败之地，同时又符合政策和纪律的要求。注意对那些拿不准的问题要及时请示，对涉及重大问题和敏感问题的舆论监督稿件要严格履行送审程序，对不宜公开报道的问题可以通过内参等途径反映。

在进行舆论监督时，新闻工作者还要注意防止感情用事，不要掺杂个人感情，不要凭个人的好恶恩怨，凭一时的感情冲动，无视法律，不顾政策，不讲原则，不计效果，任意地组织舆论监督报道，造成不利后果。尤其要注意防止在舆论监督中出现“媒介审判”现象，即在涉及新闻诉讼的报道中，无视司法机关独立审判的原则，不顾相关的法律程序及要求，任意对法院审判的案件作出评判，影响司法机关独立公正地审理案件。

为了从根本上保证新闻舆论监督工作能够顺利进行，国家应当积极通过新闻立法来规范和管理新闻舆论监督工作，使新闻媒介能借助法律来改变舆论监督中的无序和困难状况，进入规范化、法制化的运行轨道。

四、讲求效果，把握好舆论监督的“度”

新闻舆论监督涉及很多政策性问题，如果把握不好，很容易给被监督对象造成负面影响，因此，把握好“度”，是舆论监督工作中的一个十分值得重视的问题。

新闻舆论监督中有许多情况都会涉及“度”的问题，如批评监督稿件发表的时机，报道内容及所使用形式和语言的分寸，等等。这些“度”如果处理得不好，就会影响舆论监督的质量和效果。

其中重点要把握好是非判断、情感表达和政策把握三方面的“度”。

首先，在是非判断方面，需要新闻媒体准确地作出分析和判断，特别是对那些涉及群

众利益问题的批评监督，到底应当如何定性，如何判断其是非，更应该慎之又慎，不能草率行事，做不负责任的报道。即使是一些只涉及少数人利益的事情，也存在是非判断问题，媒体在组织批评监督报道时也需注意分清是非和矛盾由来，不要任意扩大矛盾，更不要无限“上纲上线”，把人民内部的矛盾纠纷扩大为“敌我矛盾”。

其次，在情感表达方面，需要新闻媒体严格把握好“度”。因为舆论监督涉及的一些矛盾纠纷和是非问题，往往会引发参与报道记者的个人情感的流露与表达，特别是对那些是非曲直非常清楚的事情，人们情感的天平会自然地发生倾斜，记者当然也不例外。

对事物的情感流露和表达应当说是一件正常的事情。许多为人所称道的新闻作品，往往都蕴含着记者的真实情感，令人读后深受感动。但在新闻报道中，特别是在一些批评监督报道中如何表达情感，如何把握报道的时机和分寸，需要记者和编辑慎重考虑，不能仅凭个人的好恶，凭一时的情感冲动组织报道。

在20世纪90年代发生的“克拉玛依大火事件”中，当地教育部门少数官员，在大火蔓延危及群众的关键时刻，抛开面临生命危险的学生，自己临阵脱逃，其行为之丑陋和恶劣，令人实在难以忍受。当时群众的情绪十分激动，几近失控。在这种情况下，我们的记者如果凭一时的感情冲动组织报道，很可能会给正处在极度义愤中的群众火上浇油，这样非但不利于事件的平息，还可能会激化矛盾，给事件处理增加难度。因此，这时对媒体和记者来说，就需要很好地控制自己的情绪，与有关部门配合，从有利于问题解决和事件平息的角度组织适度、妥善的报道。

总之，在进行新闻舆论监督时，记者要注意控制情绪，理顺思绪，冷静处理，尽可能给热点问题降温，使难点问题变易，以促成矛盾得到缓解，问题得到解决，新闻报道呈现正效应。如果情感失控，任意炒作事件，就可能激化矛盾，致使热点问题升温，这样就会增加解决问题的难度。

有人比喻说，媒体要起“空调机”、“排气阀”和“减压阀”的作用，就是说媒体和记者应当保持清醒的头脑，善于审时度势，把控局面，化解矛盾，缓和气氛，要努力创造一种宽松、和谐、平顺的社会环境，发挥积极的导向作用。

最后，在政策把握上的“度”就更加重要了。新闻舆论监督，通常主要针对的是工作中的缺点和失误，以及权力组织及个人在决策、施政和作风方面存在的一些问题与错误。开展批评和监督是为了改进工作，帮助同志，促进各项事业的发展。因此，媒体及新闻工作者一定要出于公心，要以高度负责的态度，以建设者的意识开展新闻舆论监督。这里面，政策尺度的把握十分重要。

近些年来，一些媒体在开展舆论监督方面的成功经验，就是坚持以建设者意识选择报道内容，组织批评报道。对一些工作中的缺点和失误，要本着总结教训、解决问题、治病救人、改进工作的目的。因此，批评什么，批评谁，依据什么理由批评，怎样进行批评等，都应当考虑是否符合政策，是否有利于工作。我们提倡严肃的、与人为善的、实事求是的批评，而反对草率的、不负责任的、不计后果的批评。

另外，关于批评报道中的隐性采访和偷拍偷录，也涉及一些政策和法律方面的问题，也有个“度”的问题。

在当前舆论监督环境不是太宽松的情况下，隐性采访和偷拍偷录还是一种不得不采用的方式。但是，在使用这种方式时，需要把握好政策和法律界限。以笔者之见，采用这种做法须注意以下几点：一是要出于维护公共利益的需要，而不能出于泄私愤或达到某种个人目的；二是要注意遵守相关法律法规，不能采用靠自身违法诱导对方犯罪以求得证据的做法；三是要在行使新闻职务行为的过程中采用，而不应该是任意的个人行为；四是不能借助通过隐性采访和偷拍偷录得来的材料向被批评监督者进行敲诈，以谋取私利，等等。

总之，新闻舆论监督是一项政策性很强的工作，需要十分谨慎，严格控制和把握好"度"，以争取最理想的效果。

五、善始善终，努力促成问题的合理解决

新闻舆论监督不是为监督而监督，更不是为了展示和渲染消极、落后的东西，引发群众的不满情绪，而是为了指出缺点，解决问题，改进工作，帮助同志，因此，一定要注意讲究实际效果。

为此，新闻舆论监督须着眼于解决实际问题，要注意善始善终，做到有回报和交代，积极促成问题的合理解决，并及时跟踪报道处理的结果。同时要注意将舆论监督的问题引向积极的方面，不要恶意炒作，不要去报道现阶段没有条件解决的问题。

新闻媒介的舆论监督稿件有头有尾，善始善终，给出结果，说明其舆论监督有力量、有效果，同时也说明新闻媒体本身有威信。新闻媒体不应把批评稿件见报或播出，作为完成舆论监督报道计划的最后标志，而应在稿件发表后继续同被监督者保持联系，了解他们的意见和反应，争取让他们作出公开的自我批评，通过连续报道向群众说明他们改正错误、解决问题的情况。如果被监督者缺乏正确认识，则可以通过连续报道，依靠新闻舆论的力量进一步进行监督，做好帮助和转化工作；如果他们已认识错误，则可促使他们落实纠正错误的措施和改进工作的方法。这样既可巩固舆论监督的成果，又能够达到教育干部和群众的目的。

总之，要使群众看到舆论监督所涉及的问题是可以解决的，相信真理和正义终究会获胜，谬误和邪恶终究会失败，从而树立起前进的信心和勇气。

六、坚持真理，修正错误，不断提高舆论监督的能力和水平

新闻媒体和新闻工作者特殊的工作性质与社会地位，决定了他们在实施舆论监督方面所具有的特殊作用。

作为新闻舆论机构的工作人员，新闻工作者一般不会囿于某个单位、团体的具体立场，看问题相对比较超脱一点；他们生活在群众之中，比较容易听到真实情况；他们大都有较高的政治水平和文化素养，能比较敏感地发现和提出问题；他们所处的工作岗位，有条件更加方便、直接地向领导机关乃至最高决策层反映问题；等等。这些都有助于他们在新闻舆论监督中更好地发挥作用。

新闻媒体和新闻工作者，应当十分珍惜党和政府及人民群众所赋予的舆论监督的神圣权利，严格地要求自己，要出以公心，树立坚持真理、维护正义、为民请命、惩治邪恶与腐败的信心和勇气，要排除困难，克服阻力，积极、大胆、有效地搞好舆论监督，发挥好新闻媒体的舆论监督作用。

同时，要以高度负责的态度对待舆论监督中所出现的问题，自觉接受群众的监督。一

旦批评监督报道出现偏差和失误，应当主动更正，及时修正错误，求得社会与公众的谅解，并且要注意不断总结经验和教训，努力提高新闻舆论监督的能力和水平，减少失误和差错，使舆论监督工作真正让党、政府和人民群众都满意。

七、坚持正面宣传与舆论监督的统一

坚持正面宣传为主，是我国社会主义新闻事业的工作的指针，也是其特有的品质和鲜明的特色。怎样在坚持正面宣传为主的前提下搞好舆论监督，是新闻媒体需要解决的一个重要理论与实践问题。

对如何处理好舆论监督与正面宣传的关系，过去在理论上和实践上都存在一些误区。有时因为过于强调舆论监督，而导致冲淡了正面宣传为主方针的贯彻落实；有时又因为片面强调正面宣传，而导致出现忽视舆论监督，只报喜不报忧的现象，这同样也影响了正面宣传为主方针的有效贯彻与落实。

应当说，舆论监督与正面宣传是一种辩证的关系。它们之间不是对立的，而是相辅相成，相互促进，相得益彰的。

正面宣传主要是从正面颂扬和肯定一切值得褒奖的好人、好事、好现象、好气象。而舆论监督则主要是从揭露问题和总结教训中找出新的前进方向。两者都是为了把工作搞得更好，让事业发展得更快。实际上，只说好不说差，只报喜不报忧会使人冲昏头脑；而只说差不说好，只报忧不报喜又会影响士气。正确的做法应当是既说好又说差，既报喜又报忧，以说好、报喜为主，也要注意说差、报忧。

因此，新闻媒体要做到实事求是地把问题和困难告诉群众，把缺点和失误公开出来，把一切丑恶的东西揭露出来，要让广大干部、群众正视问题和困难，依靠自己的力量找到解决问题和困难的办法，让他们从缺点和失误中总结教训，争取把工作做得更好，从对假恶丑现象的认识和批判中，更好地去创造和维护生活中一切真善美的东西。

马克思主义原理告诉我们，不破不立。没有对社会不正之风和消极腐败现象的有力揭露与批评，正面宣传就难以收到满意的效果。实践说明，批评与监督消极落后和错误的东西，也可以起到积极的作用。因此，新闻媒体和新闻工作者首先要正确认识舆论监督的意义，要敢于开展舆论监督；同时，要认识到舆论监督的目的在于鼓劲，在于帮助干部、群众认识存在的问题，找到解决问题的办法，鼓舞他们更好地前进。

对每个新闻机构来说，应始终把握住让正面报道在整个报道中占据主导地位。舆论监督的东西不宜太多，太集中，要注意将一些批评监督的热点问题分流。有时，一定时间内由于形势和工作的需要，舆论监督报道可能相对多些，但也要注意监督重点的相对集中，不要口子开得太大，涉及的问题太多，而且要十分注意把握好分寸，使舆论监督报道在与正面报道的相互配合中收到良好效果。总之，应把主要篇幅用于报道新人、新事、新成就、新风尚，始终给群众以信心和力量，让他们看到光明，看到希望，自觉地团结在党和政府的周围，去实现社会主义现代化建设的宏伟目标。

八、坚持在党的领导下搞好舆论监督工作

坚持党对舆论监督工作的领导，也是搞好舆论监督工作的一项重要原则。新闻舆论监

督一定要置于党的领导之下，各级党组织也要把新闻舆论监督工作纳入重要议事日程，加强领导，并且不断提高领导的能力和水平。

一般情况下，新闻媒介开展舆论监督须尽可能征求相关党委的意见，特别是一些重大的舆论监督报道，要主动争取党委的支持，并坚持在党委的领导和帮助下进行。党的各级领导机关要认真分析研究新闻单位提出的批评监督报道的内容，给予具体的工作指示，并积极支持新闻单位搞好舆论监督。特别是在舆论监督工作碰到阻力和困难的时候，各级党委要坚决支持新闻单位把舆论监督进行到底。对一些压制新闻舆论监督的单位和个人要给予严肃的批评，督促他们接受批评监督，检查和改正错误。

各级党委及其负责人自身也要增加对舆论监督的承受能力，对涉及本地区、本部门、本单位的新闻舆论监督要做到不捂，不压，不护犊，不遮丑，不设置障碍，不制造麻烦，不老虎屁股摸不得，要积极创造条件支持和帮助新闻单位顺利开展新闻舆论监督。

近些年来，许多党组织及其负责人在实际工作中认识并体会到了正确开展新闻舆论监督的重要意义和积极效果，因此能够自觉地支持新闻媒体开展舆论监督，并主动加强对新闻舆论监督工作的领导。

不少党政领导机关及其负责人，主动请新闻单位对自己所领导和管辖的地区、部门工作中的缺点与错误开展舆论监督，有的甚至主动向新闻单位摆问题，亮家丑，希望新闻单位能运用新闻手段，调动舆论力量帮助他们纠正缺点，解决问题，促进各项工作的顺利开展。有的党政领导机关还专门将新闻单位批评监督本地区、本部门和本单位的稿件汇集起来，作为督促自己改进工作的“镜子”，并以此为依据逐项检查纠正缺点、解决问题、改进工作的情况。

有的党政领导机关为了及时听取新闻批评，发挥好新闻舆论监督的作用，还专门规定领导干部要常看报纸、电视，常听广播，常上网、上微博；各单位要设专人、专岗，每天翻阅报纸，收听收看广播、电视新闻和网络媒体的报道，凡有涉及本地区、本部门、本单位的各类舆论监督稿件或节目，立即抄转有关领导阅批查处，并责成被批评单位及上级主管部门认真对待，迅速作出反应和答复。

为了更好地支持和配合新闻单位开展舆论监督，一些省市的党政领导机关还成立专门的新闻舆论监督机构，统一领导和实施新闻舆论监督工作。有的还建立新闻曝光案件追查制度，支持与配合新闻单位搞好新闻批评和舆论监督。

有的地方人大和政府还制定了有关新闻舆论监督的专门的地方性法规，以规范和管理本地区的新闻舆论监督工作。有的省市还将党政机关及其工作人员必须接受新闻舆论监督问题列入相关法律法规，从法律上保证新闻舆论监督能够顺利实行。

总体来看，大多数党政领导机关及其负责人，对舆论监督认识正确，态度积极，工作有成效。但也有一些党政领导机关和某些负责干部对舆论监督的积极意义依然认识不足。他们过于担心新闻舆论监督可能产生的副作用，因此总是顾虑重重，怕这怕那，缺乏勇气。他们怕新闻舆论监督会“影响团结”、“伤害同志”，怕揭露问题、批评缺点会“给党抹黑”、“给国家添乱”。有的则因为自己身上有短处，有疮疤，有污点而惧怕批评。这些人往往会以种种理由和借口干扰、抵制，甚至压制和破坏新闻舆论监督，严重影响了新闻舆论监督工作的正常开展。

因此，各级党政机关及其负责人应当以对党、对人民、对国家高度负责的精神，把运用新闻媒介经常性地开展舆论监督当作一件大事来抓，自觉地依靠新闻单位及广大人民群众搞好新闻舆论监督。同时，还应加强对这一工作的领导和监督，帮助新闻单位把握新闻舆论监督的正确方向，排除舆论监督中遇到的风险和困难，努力实现新闻舆论监督的积极效果，并有效地制止一切压制新闻舆论监督的现象，保证新闻舆论监督工作能够顺利开展。

另外需要指出的是，新闻舆论监督的影响力总是有一定限度的，因为它并不具备对被监督者的制裁性和强制力。因此，要真正达到舆论监督的好效果，新闻单位要注意同行政、执法机关和纪检、监察机关的协作与配合，要注意把舆论监督同党内监督、人大监督、行政监督、司法监督以及群众监督等其他形式的监督有机地结合起来，依靠组织、法律及全社会的力量来发挥新闻舆论监督的社会影响力。

【思考题】

1. 为什么说在社会主义国家，新闻舆论监督实质上就是人民群众的监督？
2. 如何认识舆论监督在当前党风廉政建设中的作用？
3. 新闻舆论监督应当注意遵循哪些原则和要求？
4. 如何认识当前新闻舆论监督必须以法律为准绳和以政策为依据？
5. 怎样理解正面宣传与舆论监督的关系？

第四编

新闻受众

第十四章

新闻受众的地位和作用

【本章学习要点】

1. “受众”，是传播学中的一个概念，指的是媒介使用人和媒介信息接受者。作为信息传播的客体，受众是传播者的服务对象，是传播产品的消费者。它是传播过程的发端和起点，也是传播过程的终端和归宿，同时还是传播效果的检验者和评价者，是传播工作的批评者和监督者。

2. 互联网等新媒体出现以后，改变了传统传播形态和传播方式下简单的主客体间的传受关系。传者和受者可以通过网络直接交流，相互间可以互为主客体，这使得信息传播过程由单向传播的静态过程，变成了双向流动的动态过程。在这种情况下，受众名副其实地成了真正意义上的传播“主体”，在信息传播过程中的地位和作用愈显重要。

3. 受众在整个信息传播过程中发挥着重要作用，它对传播内容的选择取向具有决定性作用，对媒体风格的定位具有重要影响力，对媒体改革创新的进展具有强大推动力，对传播主体的工作具有评价监督权。

4. 在我国，受众是新闻传播的作用对象，是新闻报道中的主角；他们创造着新闻事实，接受着新闻传播，评判着新闻曲直；他们影响着新闻的内容和形式，制约着传播的过程和效果，决定着媒体的生存和发展。同时，在新媒体环境下，他们自身也已成了传播者。新闻媒体需要充分认识受众在新闻传播中的重要地位，树立牢固的受众服务观念，真正把新闻工作建立在最大限度地满足受众兴趣与需要的基础之上，并将其作为新闻事业发展和改革的驱动力。

5. 受众调查，指的是对媒体传播接受者的媒介接受心理、行为及效果反映等内容的调查。科学的受众调查可以分析受众心理，弄清受众收受新闻信息的动机、要求，以及收受新闻信息后的反应、效果，从而更加有针对性地改进新闻报道，更好地满足受众的新闻信息需要。受众调查有助于新闻媒体掌握受众心理，增强新闻传播的针对性；把握舆情方向，增强新闻媒体的舆论引导力；密切受众关系，提升新闻媒体的亲和力。

6. 受众通常具有以下一些心理：求知心理，即希望从新闻传播中得到最新新闻信息和各种新知识的心理；求益心理，即希望从新闻传播中得到某些对自己有利、有益和有用的新闻信息的心理；求趣心理，即希望从新闻传播中得到自己感兴趣的各种趣闻、轶事和有益于自己愉悦身心、消闲取乐的信息的心理。

7. 受众拥有对媒体及传播者的批评与监督权利。新闻媒体接受受众的批评与监督对于弄清自身存在的问题，明确改进工作的方向，增强服务意识，提高服务质量，以及增进对受众的了解，密切同受众的关系等，都具有重要作用。

案 例

1986年《人民日报》的读者调查

1986年7月2日，《人民日报》在头版发表题为《我们的心愿——就人民日报改版三十周年致读者》的编辑部文章。文章指出："作为党中央机关报的人民日报，如何发挥自己的优势，最大限度地满足读者需要，而且从内容到形式，都办出自己的特色来，使读者感到可读、可信、可亲，真正成为他们的益友和知音，这就是我们决心在探索和改革中加以解决的问题。"这篇文章表明了《人民日报》的改革心愿，也说出了中国新闻界的心里话。从此，"可读、可信、可亲"不仅成了全国报纸改革的目标，也演变为广播电视改革的目标。

随后，《人民日报》委托中国社会科学院新闻研究所开展全国读者抽样调查。调查以报纸发行量为抽样总体，采取多级抽样法，确保抽到的样本必定是《人民日报》的读者。调查的规模为5 100人，回收有效问卷5 061份，回收率为99.2%，有55%的读者在问卷上写了书面意见。新闻所的科研人员经过数据分析提出了20余份改革方案。

《人民日报》编委会根据调查所得到的读者意见认真调整版面，扩大了报道面，增强了信息量，重要的读者来信上了头版头条，并开设"人民论坛"为读者提供意见表达的机会，使读者大有"面貌一新"之感，印刷和发行工作也有了新的进展。

《人民日报》的这次抽样调查为新闻界提供了经验，此后许多中央和地方媒体纷纷开展受众抽样调查，对新闻改革起到了推动作用。

新闻受众（以下简称为"受众"）作为新闻传播的接受者，在整个新闻传播过程中居于核心地位，有着极其重要的作用。从某种意义上说，新闻传播的全部工作和一切活动，归根结底都是围绕着受众而展开的。

正确认识受众的地位和作用，研究其心理，了解其需求，根据其兴趣与需要搞好新闻传播，同时自觉接受其批评与监督，争取受众的认同和信任，是新闻媒体和新闻工作者不可忽视的任务。

第一节　认识受众的地位和作用

一、受众在传播过程中的地位

（一）受众的内涵及定位

"受众"，是传播学中的一个概念，指的是媒介使用人和媒介信息接受者，也称"受传者"、"收受者"、"阅听人"等。具体包括报刊读者、广播听众、电视观众，以及其他各类传播媒介的接受者。

作为信息传播的客体，受众是传播者的服务对象，是传播产品的消费者。它是传播过程的发端和起点，也是传播过程的终端和归宿，同时还是传播效果的检验者和评价者，是传播工作的批评者和监督者。

信息传播的价值和意义，就在于它能为受众所接受，所认可，所使用，可以说信息传播的整个过程都是围绕着受众而展开的。传播者采集、制作和传播事实信息的出发点与落脚点，都是为受众提供服务，传播的最终效果也要靠受众的检验、评价和认可。

通常情况下，在信息传播过程中，处在传播末端的受众作为收受信息的一方，对传播内容（事实信息）和传播主体（传播者）呈现出一定的被动性。通常情况下，他们只能根据传播者所提供的事实信息，决定自己收受事实信息的内容、形式和方式。但这并不是说，受众在信息传播过程中就是完全被动、不起任何作用的。

其实，受众通过对传播内容和传播方式的选择，对传播质量和传播效果的评价，对传播过程和传播成效的监督，都会影响传播者的传播行为和传播方式，影响传播的最终效果。特别是受众对信息传播的需求和愿望、意见和建议，会对传播者起到重要的制约作用。

另外，受众还是广告商投放广告的依据。一家媒体的受众接受效果，即报刊的阅读率及发行量、广播的收听率、电视的收视率和网页的点击率，在一定程度上能够反映出这家媒体信息传播的质量与水平和受众对信息传播质量与水平的满意度。而广告商通常是据此来决定广告投放意向和数量的。从这一意义上说，对那些以广告收入为主要经济来源和赢利手段的媒体来说，是受众在掌握着它们生存的经济命脉。有人因此把受众比作媒体的“衣食父母”。

因此，及时听取受众的意见和建议，适时调整信息传播的内容和方式，自觉接受受众的评价和监督，已成为当今媒体存身立命、不断发展的基本经验和必然选择。

从这一意义上说，受众在整个传播过程中就不单单是传播的客体和对象，是传播的末端和结束，他们完全可以作为一种“反主体”存在。换言之，他们本身也可以成为传播过程中的另一个主体，即“第二主体”，所谓“传播双主体”理论即由此而来。

在这种理论下，传播者和受众实际上是一种互为主客体的关系。当受众在接受传播者传送的事实信息时，它是信息传播的客体和对象；而当受众对于自己所接受的事实信息提出意见、作出反馈时，它又变成了传播的主体。对接受受众反馈信息的传播者来说，其身份也起了变化，由传播主体变成了传播客体。

特别是在互联网等新媒体出现以后，更是完全改变了传统传播形态和传播方式下的那种简单的主客体间的传受关系。传者和受者可以通过网络直接交流，在传播过程中其角色、位置可以随时互换，相互间可以互为主体和客体。这就使得信息传播过程由单向传播的静态过程，变成了双向流动的动态过程，从而朝着更加符合公众需求和愿望的方向发展。在这种情况下，受众名副其实地成了真正意义上的传播“主体”，在信息传播过程中的地位和作用愈显重要。

（二）受众地位的研究及评价

受众地位问题一直是受众研究中的重要内容。在传播学领域，人们的研究，从最初的“魔弹论”，到后来的“影响不一论”、“选择性理论”，再到“使用与满足论”等，经历了一个不断拓展和丰富的过程，人们对受众地位的评价也在不断演进和变化。

1. “魔弹论”

“魔弹论”，又称“枪弹论”、“皮下注射论”和“机械的刺激—反应论”等，是早期人们对受众地位认识中的一种代表性观点。

“魔弹论”的基本理论是，传播媒介好比是一种带有“魔法”的“枪弹”，而受众则是一群零散孤独、不堪一击的“靶子”。作为“靶子”的受众，一旦被媒介“枪弹”击中，便会毫无反抗地“应声倒地”。

持此观点的人认为，信息接受者具有被动性，他们对传播者所传递与表述的某些事实、观念、意见和行动指令等信息，有一种自然接受和认可的心理，会不加分辨地、顺从地接受。

这是一种“传者本位论”下的受众观。这种观点无限夸大媒介的作用，认为在束手无策、被动应对的受众面前，主动进攻的媒介会毫不费力地大获全胜。

其实，这是一种不健全、不完善状况下的传播形态及传播程序所产生的结果，甚至可以说是一种畸形、扭曲状况下的传播形态和传播程序所产生的结果。因为在这种传播形态下，或者说在采用这种传播程序进行新闻传播时，接受者完全处在封闭、消极、盲从的被动状态，其要求与意愿不被重视和尊重，传播过程完全由传播者控制和实施。

然而，在社会现实生活和新闻传播实践中，实际状况要远比这种传播形态和传播程序所认定的情况复杂得多。新闻传播的内外环境、新闻接受者的能动作用等因素，都会对新闻传播的程序、形态及效果产生影响。

“魔弹论”完全忽视和忽略了受众在信息传播过程中，作为“双主体”之一的重要地位及能动作用，是对受众地位认识的一种误读和曲解。

2. “影响不一论”和“选择性理论”

“魔弹论”对受众地位认识的偏见和曲解，引来了人们的质疑和批判，并由此产生了“影响不一论”、“选择性理论”等对受众认识的新理论。

“影响不一论”的基本依据是，不能把受众看作是孤立的、被动的、死板的单一集合体。它是由有着许多个性差异，但又有广泛联系的无数个体组成的复杂的群体。因此，传媒对受众的影响不可能是整齐划一的、被动死板的，更不可能出现一发“枪弹”便可以横扫受众、轻易获胜的情况。

“影响不一论”的结论是，由于受众受“个人差异”、“社会类型”和“社会关系”等三方面因素综合作用，他们对信息传播会有不同的反应。而媒介对他们的影响也不可能是一致的，而是会千差万别。

美国传播学者德弗勒认为：“从魔弹论到影响不一论，是一个由比较简单的概念到十分复杂的概念思考的转变。”① 这说明，人们对受众的认识发生了变化，受众研究也获得了新的进展。

随后出现的“选择性理论”，进一步论证了受众在接受媒介传播过程中的选择性作用。这一理论认为，“由于兴趣、信念、原有的知识、态度、需要和价值观等因素上的差异，

① ［美］梅尔文·德弗勒、桑德拉·鲍尔·洛基奇：《大众传播学诸论》，218页，北京，新华出版社，1990。

具有不同认知结构的人们实际上对任何复杂的刺激都会产生不同的认识（即赋予意义）”①，进而会根据个人的需求和意愿，对信息传播进行选择性接触、选择性理解和选择性记忆，以使这些信息同自己固有的价值体系和既定的思维方式尽量地相互协调，而不是相互矛盾。

“选择性理论”与“影响不一论”都强调受众在接受信息传播过程中的选择性作用，是对“魔弹论”的一种批判和否定。

3.“使用与满足论”

在对受众地位的认识中，“使用与满足论”是在对“魔弹论”的批判中产生的一种颠覆性理论。这一理论与“魔弹论”完全对立，主张要以受众为本位，强调受众在信息传播过程中的主导性作用。

“使用与满足论”从受众角度出发，把受众的选择行为用个人的需求和兴趣来加以解释，探讨受众如何为达到个人的满足和需求而使用信息媒介、选择传播内容，并认为受众对媒介具有制约作用，可以控制信息传播过程，而媒介是为受众服务的，其使命是满足受众的兴趣与需要。

美国传播学者鲍尔在其《固执的受众》一文中，就“魔弹论”与“使用与满足论”两种理论对受众地位的认识与评价的区别进行分析说，以往的问题是“讯息如何作用于受众”，而现在的问题是“受众如何使用讯息”②。在他看来，前者立足于媒介，以媒介为本位，考虑的是媒介如何影响受众；而后者立足于受众，以受众为本位，关心的是受众如何选择和使用媒介。

“使用与满足论”的积极意义在于，它通过对“魔弹论”的彻底否定，矫正了忽略和轻视受众的偏向，确立了受众在信息传播过程中的重要地位，使人们对受众地位问题有了一种新的认识。

然而，这一理论过分夸大了受众的作用，而忽视了现代社会大众传播环境的复杂性，和传播者作为媒介控制者与信息把关人的实际能量及作用，另外，在方法和概念上又过于强调个人的作用，使其很难与更大的社会结构相联系。这一理论的偏激结论，引发了一些人的质疑和批判。

从西方传播学者关于受众地位的探讨中可以看出，人们对受众地位的认识在不断演进和变化，其内容在不断丰富和拓展。从“传者本位”到“受众本位”，从单一影响到“影响不一”，从只偏重“传者”或是“受众”某一方，到兼顾“传者”和“受众”双方，等等，研究者们力图使研究结论更加科学，更加符合实际。

综合上述研究成果，可以得出以下结论：

受众在信息传播过程中，不是单纯被动的信息接受者，而是具有一定能动性的媒介使用人。他们可以根据自己的兴趣和需求作出选择，有时还可能“反客为主”，成为传播中的“第二主体”，对传播过程及效果起到制约和影响作用。

传播者应当确立受众在一定意义上的主体地位，充分尊重受众的选择，尽可能满足受众的兴趣与需要，以保证传播效果，使传播过程顺利完成。

---

① ［美］梅尔文·德弗勒、桑德拉·鲍尔·洛基奇：《大众传播学诸论》，220页，北京，新华出版社，1990。

② 转引自徐耀魁主编：《西方新闻理论评析》，310页，北京，新华出版社，1998。

二、受众在传播过程中的作用

受众的特殊地位，决定了它在整个信息传播过程中，能够发挥重要的作用。

（一）对传播内容的选择取向具有决定性作用

虽然在接受信息传播的过程中，受众相对处于被动的一方，但它可以通过对新闻信息的选择与取舍，通过对媒介传播过程认可与抵制的态度表示，来影响传播者对传播内容的选择取向。所以从这一意义上说，受众对于传播内容的选择取向拥有决定性作用。

受众对传播内容选择取向的影响，主要是通过向传播者提供“前馈信息”和“反馈信息”来实现的。

所谓“前馈信息”，是指受众对信息传播表示预期性要求的信息。它通常由传播者在信息传播开始之前，通过调查方式进行征集。

受众提供的前馈信息，对于传播者了解受众对传播的心理需求和实际需要，并根据调查结果来制定传播方案和传播策略，确定传播内容、传播形式和传播方式，都会产生重要影响。

近年来许多新闻媒体在进行版面、栏目、节目的重大调整前，特别是一些新创办的媒体在正式面世前，都要组织较大规模的受众调查，了解他们的需求、建议和意见，有的还聘请一些知名度较高的专家作为受众代表，定期或不定期地向其征询意见。这些前馈信息成为新闻传播者制定和实施传播计划的目标指向与重要参考依据。

所谓“反馈信息”，是指受众对信息传播效果作出反应的信息。它是受众作为信息传播回程中的主体，对于前程信息传播中所接受的事实信息的意见表达和反映。

受众提供的反馈信息，对于传播者据此调整以后的传播内容、传播形式和传播方式具有重要作用。受众对所接受到的新闻事实信息有何看法、意见、建议和要求，可以主动向传播者反映。而新闻媒体则会根据受众的反馈意见，适时调整和改进自己的传播内容及其他各项服务。

网络媒体出现以后，互联网传播所拥有的便利条件，使得受众能够更加便捷、自由地表达自己对于媒体传播的反馈意见。这是一种具有重大意义的变化。因为它从根本上改变了过去受众作为信息传播接受者，缺少对传播过程的主动参与的被动状况，真正掌握了作为传播过程的“双主体”之一在传播中的主动权。

（二）对媒体风格的定位具有重要影响力

“媒体风格”，是一家媒体的报道传统、行为作风以及栏目、版面和语言风格及特点的统称。它是一家媒体按照自身预设的社会与市场定位，根据受众的实际需要，不断调整和改进自己的传播方式和行为作风，经过长期的日积月累所形成的。

媒体风格需要得到社会和公众的认可与肯定，才能得以确立，而它一旦形成，相对就会具有一定的稳定性。我国大陆报纸有“京派”、“海派”、“粤派”之称，反映的就是不同地区的报纸风格。在电视台中，作为国家电视台的中央电视台和作为地方电视台的湖南电视台等也有不同的风格。

媒体风格看似是媒体自己的经验积累和传统养成，但实际上，同受众有着密切的关系。正是受众长期以来逐渐形成的，对某一媒体的报道内容、形式、方式，及其报道传统、行为作风等方面的风格和特点的优劣与好恶的评价，在引领和规范着这一媒体风格的逐渐形成。

受众影响媒体风格形成的具体表现，就是受众对某一媒体阅读（收听、收视）习惯和购买行为的形成，以及由此产生的对这一媒体表示认可的心理定势。

（三）对媒体改革创新的进展具有强大推动力

在各类媒体激烈竞争的今天，为了更好地生存与发展，各家媒体都使出浑身解数，通过不断的改革创新，坚持不懈地在寻求着新的发展之路。报纸会通过不断改版，以使读者产生耳目一新的感觉。电台、电视台则会通过不断更新或增设栏目、节目和频道，来提升自己的竞争力。如中央电视台对栏目实行"末位淘汰制"的做法，就是一种力度很大的革新措施。

媒体为什么要不断地改革与创新，表面上看似乎是为了增加发行量和收听、收视率，但实际上，最根本的还是受众不断变化的新需求所使然。

如果一个栏目、节目和频道，对受众已经不再具有影响力，如果一种报道形式和传播方式，对受众已经不再具有吸引力，如果一家媒体的整体传播状况，对受众市场已经不再具有占有力，那么在这种情况下，改革与创新便成了唯一的出路。因此，从这一意义上也可以说，是受众推动着媒体在不断地改革与创新。

（四）对传播主体的工作具有评价监督权

对传播者的传播行为，对信息传播的整个过程及效果进行检验、评价和监督，是保证新闻传播能够顺利进行，并且不断提高质量和水平的重要条件。

那么由谁来承担对传播者的传播行为，以及对信息传播的过程及效果进行检验、评价和监督的任务呢？答案很明确：既不是新闻传播控制者，更不是传播者自身，而是受众。

一家媒体信息传播的效果如何，其工作的质量和水平怎样，说到底，最终应当是受众说了算。受众认可，评价说好，才能算好。而如果受众不认可，有意见，那么其最直接的手段和方式，就是对这家媒体的传播进行抵制和排斥，致使其传播过程受阻，达不到预期的目标和效果。这样，它就会失去市场，失去生存和发展的前提与条件。这对一家媒体来说是个致命的问题。受众把握的对媒体传播行为及传播效果的评价权的重要性由此可见。

受众对传播效果的评价权，使得它很自然地具有了对媒体及传播者的监督权。受众正是通过对媒体的传播行为和传播效果的检验与评价，监督并规制媒体及传播者及时调整自己的传播内容、传播形式、传播方式及传播策略，以满足受众的需要。所以，受众所具有的对传播效果的检验权、评价权和监督权，使其对传播主体的传播行为能够起到重要的制约作用。

受众在传播过程中的这些重要作用，从一定意义上说，决定着传播过程的得失成败。因此，发挥受众的主观能动性，使他们在传播过程中积极支持和主动配合媒体及传播者，便成为新闻传播过程中的一个重要环节。

新闻媒体应努力调动受众的积极性，促使他们通过来信、来访和进行意见反馈等形式，主动地表达自己对新闻传播的批评和建议，发挥他们对传播者传播行为和传播效果的监督作用，以促使新闻传播过程的顺利实现和有效完成。

三、正确认识受众的地位和作用

实践说明，新闻媒体及新闻工作者只有正确认识受众在新闻传播过程中的地位，明确受众在新闻传播过程中的作用，才能更好地提高服务受众的自觉性，最大限度地去满足他们的各种信息需求。

在世界新闻业的发展过程中，对受众的地位和作用，媒体控制者和传播者并不都能够形成正确的认识。在西方国家的政党报刊阶段，当时一些办报人仅仅把报纸当作政治宣传工具，把读者作为其宣传对象，而不考虑他们的兴趣与需要。

进入大众化报刊阶段之后，西方报业的一些经营者和管理者，出于办报赚钱赢利的目的，开始把读者作为其新闻产品的消费者。他们从市场需求关系的角度，把读者视为“上帝”，视为维持生存和发展的经济来源与生命支柱。因为他们知道，如果没有读者的认可与支持，报纸就没有销路，就吸引不来广告，就失去了生命之源头。在这种情况下，新闻传播开始出现由以传播者为中心、为本位的状况，向以读者为中心、为本位的状况的转变。

这种转变的意义在于，它确立了读者在新闻传播过程中的核心地位和决定性作用，使得新闻传播有了一个合理的坐标。

但是这一时期，有些报纸经营者完全以市场为导向，以赚钱赢利为目的，不惜舍弃报纸的社会责任，牺牲报纸的格调品位的传播方式和经营行为，不但曲解了“读者中心”和“读者本位”的科学内涵，也玷污了报纸的社会声誉。他们完全不顾传播的社会效果，一味地迎合某些读者，投其所好，造成大量低俗不堪的东西和虚假不实的新闻充斥版面。这其实不是真正意义上的为读者服务，而是对读者的亵渎和侵害。后来，随着一些严肃报纸的出现，这种情况得到一定程度的纠正。

由大众化报刊开始的以普通市民读者为主要服务对象的变革，促成了受众地位的变化，也带来了传播内容及形式，乃至传播理念和传播理论的根本性变化。从此，读者作为传播过程中的“主体”和“中心”的理念得以确立，并受到认可。

无产阶级报刊从一开始就是作为人民自己的报刊出现的。即使是无产阶级政党报刊，也是以无产阶级和广大人民群众作为自己的主要读者，以满足他们的需要作为自己的主要任务，以得到他们的信任作为自己的立身之本。马克思就说过：“民众的承认是报刊赖以生存的条件，没有这种条件，报刊就会无可挽救地陷入绝境。”①

无产阶级报刊通常都是工人团体和政党组织创办的报刊，宣传党与工人团体的利益和要求是其义不容辞的任务。当然，这些利益和要求同工人群众的利益和要求在根本上是一致的。所以，对无产阶级报刊来说，人民群众永远是其服务的对象，满足人民群众的兴趣与需要是其不懈追求的目标。

从我国社会主义新闻事业的实践来看，在对读者地位和作用的认识上，曾经有过一些偏差和失误。由于在很长一段时间里，我国新闻事业把政治宣传作为主要任务，所以新闻传播往往以党和政府的政策宣传、思想教育、工作部署、经验推广、典型介绍及成就展示

① 《马克思恩格斯全集》，中文2版，第1卷，381页，北京，人民出版社，1995。

等为主，而对于从人民群众兴趣与需要的角度考虑，则注意得不够。

特别是对新闻理论中的“读者兴趣”观念，由于存在某些偏见，因而在一段时间里，曾经出现过一些不正确的认识。那时候，一些人对人民群众正当的生活情趣与需求，不但不予尊重和考虑，还当作错误的东西加以批判，似乎人民群众不需要，也不该有自己的生活情趣与需求。

在社会主义国家，人民群众是国家的主人，也是新闻事业的主人。他们既是新闻传播的接受者和使用者，也是新闻传播的评价者和监督者，还是新闻传播内容中的主人公和创造者。这种特殊的身份和地位决定了他们对新闻传播的重要影响与作用。他们是新闻传播的作用对象，是新闻报道中的主角；他们创造着新闻事实，接受着新闻传播，评判着新闻曲直；他们影响着新闻的内容和形式，制约着传播的过程和效果，决定着媒体的生存和发展。因此完全可以说，整个新闻传播活动都是围绕着如何适应和满足受众的兴趣与需要展开的。

新闻媒体和新闻工作者应当充分认识受众在新闻传播中的重要地位，从而树立牢固的受众服务观念，真正把新闻工作建立在最大限度地满足受众兴趣与需要的基础之上，并将其作为新闻事业发展和改革的驱动力。

当然，社会主义新闻事业肩负着“用正确的舆论引导人”的任务，因此，在满足受众兴趣与需要的同时还要善于正确地引导受众，要将两者有机地统一起来。

第二节　开展受众调查与研究

一、受众调查与研究的依据及意义

（一）受众调查与研究的依据

1. 受众调查与研究的源起及发展

受众在新闻传播过程中的重要地位和作用，说明新闻传播一旦背离了受众的需要，必然会受到受众的冷待和唾弃。这不但会导致传播过程受阻，预期的传播目标不可能实现，而且也会使新闻媒体的声誉受到严重影响。因此，要想使新闻传播过程畅通无阻，顺利实现预期的传播目标，就需要研究受众，开展受众调查，这已成为新闻业发展和新闻改革深入过程中的一个重要课题。

受众调查，指的是对媒体传播接受者的媒介接受心理、行为及效果反映等内容的调查。其类型包括报刊读者调查、广播听众调查、电视观众调查、互联网用户调查等。

受众研究与受众调查形影相随，紧密相关。它主要研究受众的媒介接受心理、行为及效果反映等内容，也包括研究受众的地位、作用，受众与传播者的关系等。

受众调查源起于商业调查和民意调查。最初的受众调查，大多以为广告用户服务为主要调查目的，主要考虑如何使报纸的内容和形式适应受众需要以扩大发行来满足广告客户的需求，进而获得高额的广告收入。

20 世纪 30 年代以后，随着电影的发展和广播的兴起，一些人开始了对电影观众和广播听众的关注，有关这方面的调查和研究陆续展开。

而伴随着新闻学教育的发展和传播学研究的深入，受众调查和受众研究进入了更加科学的阶段。如美国威斯康星大学的布莱尔于1928年开展的旨在研究报纸对读者的作用的读者调查，以及1928年盖洛普民意测验机构创始人盖洛普发表的博士论文《决定读者对报纸内容兴趣的一种客观方法》，就属于最初采用科学方法进行受众调查和受众研究的范例。

20世纪50年代以后，随着电视的兴起，报纸、广播和电视为争夺广告份额的竞争加剧，使得受众调查和受众研究的出发点与角度发生了变化，即由过去主要以调查和研究信息、媒介及传播者对受众产生的影响与作用为内容，转变到以调查与研究受众接受信息与使用媒介的动机，以及受众的接受需求是否得到满足为内容。所以从某种意义上说，真正成规模的以受众为主体和中心的受众调查与受众研究，是从上个世纪60年代前后开展起来的。

科学的受众调查和研究的核心问题在于，分析和研究受众心理，弄清受众收受新闻信息的动机、要求，以及收受新闻信息后的反应、效果，从而更加有针对性地改进新闻报道，更好地满足受众的新闻信息需要。

2. 新中国的受众调查与受众研究

新中国的受众调查和受众研究相对起步较晚。准确地说，正规的受众调查和受众研究，直到20世纪80年代才正式开始。

1981年5月，在北京新闻学会举办的首次受众学术研究会议上，时任中国社会科学院新闻研究所所长的安岗作了题为《研究我们的读者》的发言。他指出："为读者的问题，就是为什么人的问题。""研究读者，就是要解决我们怎样直接为广大群众服务得更好的问题。这无论是在新闻理论上还是在实践中，都是一件大事情。"他还提出："无产阶级新闻学的第一章是否就应当写读者？"①

1983年，安岗为我国1982年北京首次读者调查报告公开发表，又专门写了题为《我们要有向读者、听众、观众调查的浓厚空气》的序言，进一步提出了要建立专门的受众调查和研究机构，开展科学的新闻统计调查的建议。他指出，新闻界要"建立起全国性的新闻调查网，能灵敏而又迅速地反映读者、听众、观众的意见和要求，考察报纸、广播、电视的宣传报道效果；并且在调查研究的基础上，建立系统的新闻统计资料，建立一门新闻统计的科学，为新闻事业的改革和发展规划提供全面的和可靠的依据"②。

1982年，由北京新闻学会发起，中国社会科学院新闻研究所、《人民日报》、《工人日报》、《中国青年报》等单位共同组成联合调查组所进行的一次读者调查，是新中国成立以来我国第一次较大规模的受众调查。这次调查运用科学抽样和社会统计分析方法，以及计算机技术，将调查材料进行了较为全面、深入、细致的统计分析，提出了科学的调查报告，为我国新闻界研究受众、改进报道作了具有开创意义的尝试工作。

从那以后，一些新闻实务、新闻研究、新闻教育单位和社会调查、舆论研究机构，相继开展了许多规模不等的各种综合或专项的报刊读者、广播听众和电视观众调查，把我国的受众调查工作逐渐引向深入，不断推向新的水平。

纵观这些年来我国的受众调查与研究，总的特点和趋势是：适应新闻改革与传媒发展

① 《中国新闻年鉴》（1982年卷），175～176页，北京，中国社会科学出版社，1983。
② 《中国新闻年鉴》（1983年卷），249页，北京，中国社会科学出版社，1984。

需要的目的越来越明确，从为了解对新闻传播的一般看法，到为新闻改革和有关决策部门提供可靠依据；调查的内容由浅入深，从对受众分布、构成和对媒介的接触等一般情况的了解，到对受众的意见态度等的调查，进而测定受众对一些难点、热点、疑点问题的认知和评价；调查的对象从普通的群众发展到决策咨询和科研部门的知名人士及党政领导，从而更具广泛性和代表性；实施调查的设计问卷更加严谨科学，抽样的方法更加灵活多样，从单一的类型抽样到各种非随机抽样和随机抽样结合使用，有的还采用了较为复杂的多阶段整群抽样方法；对资料的分析也逐渐从以直观显示的描述性统计分析为主，发展到以推测性统计分析为主，使调查结果的分析解释更加准确和具有说服力。

进入 20 世纪 90 年代以后，特别是 1992 年国家实行社会主义市场经济体制以后，随着大量商业化调查机构的介入，我国的受众调查和受众研究开始进入了市场化与商业化的运作阶段。这些调查机构所作的相当一部分受众调查，带有明显的商业服务性和功利性。这类机构通常把调查的着眼点放在发行量、视听率和受众的年收入与消费水平等内容上，而不是放在受众对媒介信息的满足和利用上，这就背离了受众调查和受众研究的初衷与本意。

但尽管如此，20 世纪 90 年代以后的受众调查和受众研究，总体上看还是更加注重受众的需求、受众媒介利用的满足等，以及媒介内容对人的价值观和观念现代化的影响等，从而显得更加科学和规范。而调查与研究的成果对于新闻改革与传媒发展所起的作用也更加积极、有效。

总之，我国的受众调查和受众研究的开展，得之于开放，成之于改革，是科学、民主的产物，是新闻改革不断深化的结果。

3. 受众调查和受众研究的理论依据

受众调查和受众研究需要有方法论依据，也需要有心理学、社会学等理论依据。方法论问题将在下面探讨，这里主要分析受众调查和研究中涉及的心理学内容。

按照心理学的观点，人们由于生活经历、职业选择、所处环境、知识水平、道德修养、性格习惯、情趣爱好的不同，往往会产生不同的心理。当然，在社会生活中，人们由于地域、民族、阶级、阶层等利益关系，也会形成某些共同的心理。

我们研究受众，既要弄清他们的共同心理，也要了解他们的不同心理，把握其中的规律。这样有助于提高新闻传播的针对性，使其更加适合受众的心理需求，同时也有助于更好地挖掘新闻事实中的内在价值要素，增强新闻传播的效果。

一般说来，以下几种受众心理是新闻传播中须加以注意的。

求知心理。指的是受众希望从新闻传播中得到最新新闻信息和各种新知识的心理。

求知心理是受众接受新闻传播的最基本、最主要的心理需求。在许多受众调查中，“了解国内外时事”、“开阔眼界丰富见闻”等选项的比例都较高。

“求知”，包括希望获悉各种新闻信息和掌握各种知识信息。受众希望通过新闻媒体了解国内外新近发生的最新时事信息，以满足其知情需要，这应当是最起码的要求。媒体夜以继日的辛劳工作，其主要任务就是为受众提供他们所需要的各种新闻信息。

除此之外，随着社会的文明发展和科技的繁荣进步，人们对各种新知识的需求越来越迫切。群众需要了解科学技术的新发明、新成就，了解各种人类知识的新发展、新变化，希望用最新的科学文化知识成果充实自己，以便更好地适应劳动生产和工作学习的需要，更好地安排自己的生活和娱乐。人们从各种知识中可以获得精神的享受，可以陶冶情操，丰富知识，开阔眼界，提高素养，使自己成为能够推动现代文明社会前进的积极而有作为的一员。媒体是人们获取各种知识信息的最有效的手段之一，它可以通过每天出版的报刊、每日播放的广播电视节目、每时上传的网络信息，随时将各种新科技、新文化、新知识的信息传播给受众，使他们从中获得教益。

求益心理。指的是受众希望从新闻传播中得到某些对自己有利、有益和有用的新闻信息的心理。

受众之所以需要新闻，表面上看似乎是为了了解新闻信息，满足自己的知情需要，但从根本上看还是希望从新闻信息中获得益处，希望所获得的新闻信息能够给自己的劳动、工作、学习和生活提供帮助，带来利益和方便。

西方心理学家概括的人类的五大基本需要（生理、安全、相属与相爱、受尊重、自我实现等），几乎都与人们的求益心理有关。那些会导致受众利益调整和变化的政策、决策和社会变动的信息，那些会对受众日常的劳动、学习和生活带来冲击与影响的信息，那么受受众关注和欢迎，正说明了这一道理。

新闻媒体需要充分考虑受众的这种心理需求，尽可能满足他们希望从新闻传播中得到某种利益和好处的愿望与要求，把那些与他们的各种利益关系密切的新闻信息及时、准确、充分地提供给他们。

求趣心理。指的是受众希望从新闻传播中得到自己感兴趣的各种趣闻、轶事和有益于自己愉悦身心、消闲取乐的信息的心理。

新闻媒体以其特有的传播方式和手段，在提供娱乐，满足受众求趣、求乐心理需求方面发挥着独特的功能。

人们对那些能够引发自己兴趣的信息，能够给自己带来愉悦和乐趣的信息总是情有独钟。美国新闻学者希伯特和麦克道格尔，曾把“个人关心的、同情、反常、进步、斗争、悬宕、两性关系与年纪、动物”等，作为构成受众兴趣的重要因素，其中一些涉及新奇、变动、异常和人情味的因素，都同受众的求趣心理有关。

换言之，通常人们对各种新鲜、奇特、反常、变态，以及具有人情味的事实信息都会感兴趣，应当说这是一种正常的心理需求。此类信息可以作为人们闻知、求趣和消闲的内容与形式。

因此，媒体适当地提供一些这样的信息，可以满足受众求趣心理的需求。但是，一些媒体采用“煽情主义”的手法，绘声绘色地报道一些名人丑闻或渲染一些色情逸闻，或是详细描写犯罪细节以刺激受众感官，迎合受众口味的做法是不足取的。

媒体还可以通过提供一些能引发和促成人们娱乐的传播内容及传播形式来满足受众从中寻求愉悦和乐趣的需要，使媒体成为受众获取娱乐的一种渠道和手段。

受众调查与受众研究涉及多方面的内容，它所借助的理论和方法也多种多样，需要从事受众调查和研究的人员多方面地涉猎与掌握。

（二）受众调查与研究的意义

1. 掌握受众心理，增强新闻传播的针对性

受众调查与研究的根本目的在于掌握受众心理需求，增强新闻传播的针对性。

通过传播实施前的受众调查与研究，可以了解受众在想什么、需要什么、关心什么、

喜欢什么，据此，新闻媒体可以了解和掌握受众的心理需求，进而有针对性地组织新闻报道，开展新闻传播和舆论宣传。

通过传播实施后的受众调查与研究，则可以了解受众对新闻传播的内容、形式及方式满意不满意，喜欢不喜欢，以及他们希望以后做怎样的调整和改进。据此，新闻媒体可以按照受众的意见和建议，适时调整和改进传播内容、形式及方式，使以后的新闻传播更能够满足受众的心理需求。

实践说明，科学的受众调查和研究，对新闻媒体改进新闻工作、增强新闻传播的针对性有着重要作用。许多媒体在新闻报道方面成功的改革方案和重大的调整思路，都是在进行了受众调查和研究之后形成的。实践说明，通过受众调查和研究，可以较为准确地掌握受众的心理需求，从而增强新闻传播的针对性。

通过受众调查与研究，还有助于增强媒体及新闻工作者的受众意识。

所谓“受众意识”，是人们关于受众认识与观念的总和。它包括了新闻工作者对受众在新闻传播中的地位、作用，以及如何满足受众兴趣与需要的各种认识和观念。

正是在受众调查和研究的过程中，通过对受众的兴趣和需要的了解，对受众心理需求的把握，新闻工作者会逐步增强对受众在新闻传播中的重要地位和积极作用的认识，从而会自觉地增强受众意识，确立起一切为了受众、一切服务受众、一切方便受众、一切有利于受众的观念，并且能够自觉地将适应和满足受众的兴趣与需要，作为媒体改革与发展的动力及目标。

2. 把握舆情方向，增强新闻媒体的舆论引导力

新闻传播领域的“受众”，在社会领域即为“公众”。因此，对受众的调查，其实也是一种公众调查，是一种对民情民意的调查。

通过受众调查与研究，新闻媒体可以了解到公众对新闻报道所涉及的一些国内外事件及当前事态的态度、看法和意见，了解到公众的心理倾向、思想情绪和观点主张。据此，新闻媒体可以准确地把握舆情的方向，从而能够有针对性地实施舆论引导，把公众的情绪和意见引向符合人民利益与国家意志、符合主流意识形态与核心价值观念的轨道，掌握舆论导向的主动权，增强新闻媒体的舆论引导力。

通常情况下，许多受众调查研究和民意测验具有异曲同工的效果。即从受众调查研究中可以了解到民情民意，而从民意调查中也可以反映出公众对媒体传播的意见观点。这也是为什么一些媒体和民意调查机构，有时会联手合作开展调查研究的原因。

自20世纪80年代以来，一些媒体采用的“精确新闻报道”，是一种“将各种社会调查手段、科学统计方法以及新闻采写技巧融会贯通来报道新闻的方法”[①]，它通常以民意调查的数据为依据和基础来报道新闻。这种报道形式，往往是由媒体自身，或是委托某一民意调查或社会调查机构，或是共同合作，就某个社会现象或问题进行专项调查，然后根据调查所得的数据作出统计分析，发表调查结论，同时作适当的分析与评论。这种报道方式，涉及的是受众关心的某些问题，而且运用数据说话，因而往往更有说服力，传播效果也比较好，在舆论导向方面常常能够发挥独特的作用。

---

① 姜秀珍：《新闻统计学》，11页，北京，新华出版社，1998。

3. 密切受众关系，提升新闻媒体的亲和力

媒体联系受众的手段和形式多种多样，通过受众调查与研究的方式来实现同受众的联系，是有效方式之一。

有些受众调查与研究需要直接面对受众。在调研过程中，媒体调查和研究工作者同受众可以相互交流和沟通，征求他们对新闻报道的需求和意见，了解他们对新闻改革的思考和建议。这种交流和沟通，能够加深相互间的了解，增进相互间的感情，密切相互间的关系，使受众对媒体产生亲切感和信任感。这对提升新闻媒体的亲和力和影响力具有重要作用。

有些不直接面对受众的调查和研究，主要是通过问卷形式向受众征询意见。通常设计得好的问卷，会以朋友交谈式的口吻和语气，征求受众对新闻传播的意见和建议。受众通过接受调查，会感觉到媒体对自己的关心、对自己意见的重视、对改进报道的诚意。这种感觉也会增进受众对媒体的了解，密切受众同媒体的关系。

新闻媒体对受众有了亲和力，就会增强吸引力和影响力，这应当是受众调查与研究所追求的理想目标。

二、受众调查与研究的内容和方法

（一）受众调查与研究的内容

受众调查与研究的内容主要包括受众基本情况、受众媒介行为与选择、受众需求与兴趣爱好、受众对传播效果的认知与评价、受众对媒介信息的利用与满足、受众对新闻从业者道德和作风的评价等。

1. 受众基本情况

“受众基本情况”，包括受众规模、数量、分布及构成等，是受众调查与研究不可缺少的基本数据。

这些数据和研究成果，可以用于分析受众的分布情况、构成特点、比例关系等，既是媒体改进传播内容和传播策略的依据，也是广告商广告投放的依据。

2. 受众媒介行为与选择

“受众媒介行为与选择”，包括受众接受信息传播的行为方式，以及进行媒介选择的意向及特征等。

通过这方面的调研，可以获得受众阅读收视习惯和媒介选择意向的相关数据及材料，这是测度阅读率和视听率的重要依据。

3. 受众需求与兴趣爱好

“受众需求与兴趣爱好”，包括受众对信息传播的心理需求与兴趣爱好的偏向及特点等。这通常是受众调研的重点内容。

通过此项调研，可以了解受众喜欢什么、不喜欢什么，需要什么、不需要什么，以及为什么会产生这些需求与兴趣爱好。这方面的调查数据和研究成果是媒体改进传播内容、传播形式和传播方式的重要依据。

4. 受众对传播效果的认知与评价

“受众对传播效果的认知与评价”，包括受众对传播内容、传播形式和传播方式等的接

受状况、认知程度及评价意见。

通过此项调研，可以了解受众对媒体传播内容、传播形式和传播方式的评价，以及媒体在受众心目中的地位，同时还可以了解受众对媒体传播功能的认知状况及程度。这些可以作为评价媒体是否实现其功能的依据，也可以了解受众需求的热点及倾向。

5. 受众对媒介信息的利用与满足

“受众对媒介信息的利用与满足”，包括受众对媒介信息的满意程度与利用程度等。

这是一种真正直接针对受众和服务受众的调研。因为前四种调研，实际上是站在传播者的角度，把受众视为被动的接受者来考察和分析“传播媒介为受众做了些什么”。而此项调查与研究，则是完全以受众作为出发点，将受众看作是“主动传播者”和“积极解读者”，来研究“人们利用传播媒介做了些什么”，大众传播媒介的哪些功能能够被受众利用，媒介传播内容满足了受众的哪些特定的需求，等等。因此，受众调研应将此项内容作为重点。

6. 受众对新闻从业者道德和作风的评价

“受众对新闻从业者道德和作风的评价”，包括受众对新闻从业者在道德修养和工作作风方面表现情况的评价。

通过此项调研可以了解和掌握媒体及新闻从业者在思想作风和工作作风方面存在的问题。近些年来社会与公众一直在关注的新闻界的虚假报道、“有偿新闻”、低俗之风、不良广告，以及新闻侵权、新闻敲诈等现象，应当是调研的重点。此项调研是评价媒体和新闻工作者职业道德水平、社会信誉度及公信力的重要依据。

（二）受众调查与研究的方法

受众调查与研究需要借助科学的方法。下面介绍一些常用的方法。

1. 访谈调查

“访谈调查”，指的是调查人员通过当面访谈形式对受众进行的调查。

这种调查通常是由调查人员深入到被调查的受众之中进行面谈访问，或是邀请被调查的受众代表参加专门举办的座谈会，直接听取他们的意见和建议，了解他们的媒介接受行为及方式等。访问的形式包括入户访问、街头访问、单位访问、开会座谈等。

访谈调查的好处是能够与受众面对面交谈，容易使受众产生亲近感，便于同他们直接沟通，当面了解他们的需求、意见和建议，因而易于收到好的效果。而专门召开的座谈会可以根据媒体的调查目的和调查需要，有选择地邀请调查对象，集中就所调查的内容征询意见，与会的受调查者可以畅所欲言，共同探讨，这样容易形成较为集中的意见，保证调查的质量和效果。

但是，访谈调查一是要派出人员访问，费工、费时；二是随意性的入户访问和街头访问有时会占用被访者的时间，影响其正常活动，容易受到对方拒绝；三是由于是面对面的访谈，有时可能会影响被调查者自由表达意见，这些都会影响访谈效果。因此，此类调查需要做好筹划，讲究方法，注意效果，以求得被调查受众的理解、配合和支持。

2. 电话调查

“电话调查”，指的是调查人员通过电话访问形式对受众进行的调查。

这种调查通常是由调查人员运用电话向被调查的受众进行访问，听取他们的意见和建议，了解他们的媒介接受心理、行为及方式等。

电话调查的好处是方便、快捷，可以在最短的时间内完成调查过程，收集受众意见。这对于一些需要尽快获得调查结论的受众调查来说，是一种有效方法。但是，这种方法一是需要有相应的调查设备、调查机构和专门的调查人员，同时还需要有必要的调查经费；二是这种调查很难保证能顺利得到被调查者的有效配合，因而有时会影响到调查的质量和效果。

3. 邮寄调查

“邮寄调查”，指的是调查人员通过邮寄问卷形式对受众进行的调查。

这种调查通常是由调查人员运用邮寄问卷形式向被调查的受众进行调查，听取他们的愿望、要求、意见与建议，了解他们的媒介接受心理、行为及方式等。

邮寄调查的好处是简便易行，只要通过邮局把调查问卷寄给被调查的受众，到时收回问卷进行统计分析即可。但是，被调查者能否给予配合，能否按要求寄回问卷，寄回的问卷是否符合调查要求，这些都是不确定的，因而其效果往往难以预知和保证。这就需要调查者在运用此种调查时注意配以其他相应的措施，以使调查能够取得预期的效果。

4. 网络调查

“网络调查”，指的是调查人员通过互联网形式对受众进行的调查。

这种调查通常是由调查人员借助互联网，以发布网络问卷的形式向被调查的受众进行调查，听取他们的愿望、要求、意见与建议，了解他们的媒介接受心理、行为及方式等。

网络调查不但简便快捷，省时、省力、省经费，而且调查所得的材料也便于借助计算机进行定量分析，从而得出较为科学的结论。但是，这种调查一是被调查者的随意性较大，很难保证最终问卷的回收数量和质量；二是调查目标仅限于网络用户，这样会影响到调查对象的广泛性和代表性。因此，调查者在运用此种调查时应当尽可能扬长避短，考虑周全，以确保调查的效果和质量。

在上述调查中，设计和发放问卷是调查者常用的形式。邮寄调查和网络调查一般都须借助问卷，而访谈调查和电话调查通常也须借助问卷开展调查。

通过问卷进行受众调查的好处很多。一是问卷内容可以实现标准化，因而较适用于大样本、大范围的调查；二是调查方法较为简单，易于操作，而且省时、省力、省经费；三是调查形式有利于被调查者充分自由地表达自己的真实想法；四是调查资料便于借助计算机进行定量分析，从而得出科学结论。

问卷调查也有不少缺点。如回答的内容和方式只能按问卷所设计的要求，因而往往不够灵活，较为机械，也不便于做深度调查；对被调查者的文化素质要求较高，因而会影响调查的范围与质量；被调查者对调查的问题往往因人而异，会有各种各样的理解和答案，调查者无法控制，同时也会影响调查结论的科学性；等等。

以上几种调查方法各有利弊，新闻单位可以根据调查需要，灵活掌握，选取适合自己需要的最便捷、最有效的方法实施调查，以求得理想的调查结果。

借助这些调查方法所获取的资料和数据，可以用于分析和研究媒体受众的构成特点、媒介选择的规律、需求与兴趣的变化，以及对传播效果认知与评价的结论、对媒介信息利用与满足的程度、对新闻从业者道德和作风的评价等，从而使调研取得有效成果。

第三节　接受受众批评与监督

一、接受受众批评与监督的依据及意义

（一）接受受众批评与监督的依据

如前所述，受众是传播者的服务对象，是传播产品的消费者，是传播过程的发端和起点，也是传播过程的终端和归宿，同时还是传播效果的检验者和评价者。这说明了受众在传播过程中的重要地位，也是传播者应当接受受众批评与监督的依据。

第一，作为信息传播的接受者，作为传播者的服务对象，受众与传播者之间是一种“主仆”关系。受众是接受信息传播服务的“主人”，而传播者则是提供信息传播服务的“仆人”。“仆人”只有尽力满足“主人”的需要，才算是尽到了责任。“仆人”的信息传播服务工作做得好不好，“主人”有权提出批评意见，进行评议监督。受众的这种地位与权利是不容忽视和侵犯的。

第二，作为传播产品的消费者，受众与传播者之间构成了一种产品消费者、享用者与产品生产者、提供者的关系。这种关系决定了传播者与受众之间，形成的是一种带有一定经济成分的契约关系。这种关系要求作为传播产品生产者和提供者的传播者，要承担保证自己的产品质量合格，同时还要提供周到的传播服务的责任与义务。而作为消费者的受众，为了维护自己的合法权益，当然有权对传播者提供的产品的质量及其服务的质量提出批评，进行监督。这是受众作为消费者的一种应当受到保护的合法权益。

第三，作为传播效果的检验者和评价者，受众似乎天然就具备了批评监督的权利。按照一般道理，不管传播者是作为信息产品生产者，还是作为信息传播服务者，都需要接受产品质量检验和服务质量检验。而受众作为信息产品的消费者和信息传播的服务对象，承担着对产品质量和服务质量作出检验与评价的责任。他们有权对信息产品的质量，以及信息传播服务的质量和水平提出批评，进行监督。

第四，通常情况下，广告商是把受众对媒体传播的接受效果作为投放广告的依据。这样一来，作为受众信息接收效果显示标志的报刊的阅读率和发行量、广播的收听率、电视的收视率和网页的点击率等，就成了广告商关注的焦点。报纸杂志办得好，阅读率就高，发行量就会上升；广播电视节目办得好，收听率和收视率就会提高；网站办得好，点击量就会大，点击率就会高。因此可以说，受众对传播效果的评价，决定着媒体的生存大计，受众对媒体及传播者的传播行为和传播效果的批评与监督，对媒体的生存与发展有着至关重要的作用。

第五，在社会主义国家，人民群众是国家的主人，也是新闻事业的主人。根据国家宪法规定，人民群众拥有对国家一切事业进行批评与监督的权利，新闻事业自然也在人民群众批评与监督的范围之内。对新闻事业的批评与监督，通常是由作为媒体接受者的受众来行使的。换言之，受众对媒体及新闻工作者的批评与监督，实际上是在行使人民群众对新闻事业的批评与监督权利。

综上所述，受众拥有的对媒体及传播者的批评与监督权利，是由受众所具有的特殊的

身份和地位决定的。无论是其作为信息传播服务对象的身份，还是作为信息产品消费者的身份，或是作为信息传播效果检验者与评价者的身份，都赋予受众批评与监督媒体及传播者的权利。而作为国家主人和新闻事业主人的身份，更是确保了受众对新闻媒体及新闻工作者的不可侵犯的批评与监督权利。

（二）接受受众批评与监督的意义

受众运用自己的权利，对媒体及传播者的传播行为和传播质量进行及时、有效的批评与监督，对于新闻媒体及新闻工作者弄清自身存在的问题，明确改进工作的方向，对于他们增强服务意识，提高服务质量，增进对受众的了解，密切同受众的关系等，都具有重要作用。

1. 弄清存在问题，明确改进方向

受众对媒体在新闻与信息传播过程中存在的问题，比如传播内容、形式和方式方面的问题，传播技术、传播水平和传播效果方面的问题，以及服务手段、服务态度和服务质量方面的问题等，及时地提出批评，进行有效的监督，可以帮助媒体及新闻工作者弄清自己存在哪些问题，应当从哪些方面进行调整和改进，怎样才能使自己的工作更加符合受众的实际需要，更能满足受众多方面的需求。

现在，许多新闻单位都注意通过调查和座谈等形式，及时征求受众对新闻工作的意见和建议，主动接收受众的批评与监督，受到了受众的欢迎，也收到了理想的效果。

2. 增强服务意识，提高服务质量

受众的批评与监督，通常主要是针对媒体及传播者的传播效果和服务质量的。如果媒体及传播者不能很好地满足受众的新闻与信息需求，不能保证新闻传播的质量和水平，受众就会提出建议和意见，进行批评和监督，这将有助于新闻单位看到存在的问题，进而增强服务意识，提高服务质量。

例如，过去一些媒体常常以领导机关及领导者的宣传部署与工作指令，作为工作的目标和传播的要求，因此往往使得许多没有多少新闻价值的会议消息、领导同志活动报道等内容，充斥报纸的版面，挤占广播和电视新闻节目的时间。而群众所关注的、急需了解的、涉及他们切身利益的许多内容，在一些媒体上却很少得到反映和报道。对此，受众通过各种形式提出了尖锐批评，表达了自己的不满。

这说明，一些媒体还没有牢固树立起受众观念和服务意识，还没有真正把受众作为自己的服务对象，没有真正把为受众服务好作为自己的工作目标和工作要求。中共中央 2003 年 3 月通过的《关于进一步改进会议和领导同志活动新闻报道的意见》，正是在听取群众意见的基础上作出的。它反映出党和政府对群众意见的重视，也是对媒体工作的严格要求。这对促使新闻单位虚心听取群众意见，进一步增强服务意识，改进工作，提高服务质量起到了推动作用。

近些年来，许多媒体在改进会议和领导同志活动新闻报道、国内突发事件新闻报道和做好舆论监督工作方面有很大的进步与提高，使得新闻报道的内容和形式更加贴近受众，更能体现新闻传播的社会服务功能，更能满足受众的新闻与信息需求。受众从媒体上也切实感觉到，报道的内容离自己更近了，自己想看的东西也越来越多了。

应当说这与受众多年来坚持在这些方面提出意见和建议、进行批评和监督是有直接关系的。这说明，媒体对受众的批评和监督是重视的，也是认真、负责的。它们知错即改，

努力增强服务意识，提高服务质量，才使得媒体报道发生了变化。

3. 增进相互了解，密切相互关系

受众的批评与监督，说到底是为了帮助媒体及传播者改进新闻工作，提高服务质量，进而增强媒体的影响力和竞争力，促进媒体的改革与发展。从这一点上看，受众与传播者在对待批评与监督的问题上，是有共同的行为取向和目标追求的。因此，接受受众批评与监督的过程，实际上也是媒体及传播者汲取受众智慧、听取改进意见、谋划改革思路的过程。在这个过程中，受众同传播者可以相互沟通，共谋发展，这会有助于增进相互间的了解，密切相互间的关系。

近些年来，许多新闻机构采取多种形式，如召开读者（听众、观众）座谈会、专家咨询会，组织问卷调查，入户访问等，主动听取受众的批评意见，接受受众的监督。这些做法促进了相互间的沟通和了解，密切了相互间的关系，增进了相互间的友谊，为新闻媒体深化改革、加快发展创造了良好的氛围和条件。

二、接受受众批评与监督的要求

接受受众批评与监督是新闻机构的一项重要工作，对于新闻媒体改进工作，提高服务质量和水平，密切同受众的关系，进而提升媒体的影响力、公信力和竞争力都有着重要意义。因此，新闻机构和新闻工作者要充分认识其重要性，努力提高接受受众批评与监督的自觉性，并尽可能使之形成制度，力求取得好的效果。

（一）提高认识的自觉性

新闻媒体作为信息媒介和舆论机构，担负着重大的社会责任，其工作能够给人民群众提供多方面的新闻与信息服务，满足他们的各种新闻与信息需求。

另外，新闻媒体的新闻报道和舆论宣传，会对社会产生强大的推动力和影响力，也会对国家，对集体，对个人的利益带来这样或那样的影响。有人说，记者手中的一支笔、笔下的一篇文，往往决定着一个单位和一个人的荣辱进退，事业兴衰，正所谓“笔下有财富万千，笔下有人命关天，笔下有是非曲直，笔下有毁誉忠奸”。

因此，新闻工作者一定要用好手中的新闻报道权和舆论话语权，要真正把这些权利用来为群众代言，为社会张目，为国家的安全与秩序、社会的进步与发展和群众的利益与福祉服务。

而要用好这些权利，新闻媒体及新闻工作者就要自觉地接受受众的批评与监督。这样才能使自己手中的传播权利不走形，不失衡，不变质。

新闻媒体及新闻工作者需要把接受受众的批评与监督，提高到坚持新闻工作群众路线、尊重群众民主权利和维护群众合法权益的高度来认识。需要自觉地把自己的全部工作置于社会与公众的监督之下，做到正确使用传播权利，发挥其积极功能，为社会，为公众提供有效的新闻信息服务。

为此，新闻媒体及新闻工作者须有诚恳的态度和得力的措施，要保证将接受受众批评与监督的工作落到实处。

一家新闻媒体，一个新闻工作者，如果没有虚心接受受众批评与监督的思想准备和行动表现，对来自受众的批评与监督持消极冷漠，甚至是抵制对抗的态度，那么它（他）就不可能真正自觉地去为受众服务，自觉地去实现自己的工作目标，完成国家、社会和民众所赋予的任务和使命。

（二）形成管理的制度化

接受受众批评与监督的重要性不难理解，但要真正落到实处，长期坚持下去，并取得好的效果却不是一件容易的事情。

一些新闻单位对此项工作常常是想起来了，就强调一下，抓一下，过后便置之脑后，不再关心和重视；或是出了问题了，上面要查了，就重视一下，抓一下，应付完了，就又放下了。因此，要想坚持下去，要想取得好的效果，就必须保持经常性，并且要形成制度。

有些问题，群众一直反映强烈，意见很大，新闻媒体一直也在努力地克服和纠正，但却始终改进不多，进展不大，或者说是纠正了以后又出现回潮和反复的情况。之所以存在这些问题，原因是多方面的，但与缺乏相关规章，没有实行制度化管理，没有严格按照受众的批评意见改进和落实有着很大关系。因为没有制度化，就会出现无章可循和执行无力的情况。因此，就新闻媒体和新闻工作者如何接受受众批评与监督问题而言，尽快地建章立制，实行制度化管理，并严格加以落实显得越来越重要。

有关部门应当通过一定程序，对接受受众批评与监督的工作，单独建立规章，或是纳入其他相关规章之中，从而形成制度，进行制度化管理。如果有条件，还应当将其纳入法制轨道，实行法治管理。

对于已经建立了规章、形成了制度的，须注意加强对规章制度的执行，要有检查，有落实。对出现的问题，要一查到底，要有交代，要保证效果。

例如对群众反映强烈的一些涉及传播效果、服务质量及新闻从业者思想作风和道德修养等方面的问题，就要一抓到底，认真落实，并且要将检查落实的结果公之于众，以便接受群众的监督。

另外，为了保证此项工作能够得到有效落实，还应当有一定的组织形式作保障。新闻单位和有关部门应当设立相关机构，配备专门人员来负责此项工作。如果条件成熟，还可以考虑建立社会性的媒介评议机构，吸收群众参与对新闻媒体及新闻工作者的批评和监督。此类机构可以对涉及新闻媒体和新闻工作者的违反职业道德与行业规范的行为进行调查，并监督其就相关问题作出答复，进行纠正，同时承担相应的责任，接受相应的处罚。

（三）力求实践的好效果

受众的批评与监督只有落到实处，力求好的效果，才能实现预期的目标。因此，需要新闻单位在落实此项工作时注意讲求方式方法，不断地在实践过程中总结经验和教训。

对受众提出的批评意见，新闻单位要及时做出反馈，要向受众报告改进的措施、纠正的结果，尽可能做到件件有交代，事事有落实，以体现新闻单位对受众批评意见的负责态度。

新闻单位对群众提出批评的问题要区分情况，给予恰当处理。能纠正的立即纠正，能调整的尽快调整，该对有关人员实行处罚的要给予处罚，不能护短，不要迁就。特别是对那些严重损害媒体声誉、造成恶劣社会影响的，该严惩的要严惩，决不手软。近些年来国家新闻出版管理机构和一些新闻单位对一些搞虚假报道、“有偿新闻”、新闻敲诈及收受贿赂的记者作出严厉的处罚决定，就是一种负责任的表现。

另外，从监督效果的角度看，实行奖惩结合是一种好形式。对那些在组织报道、服务群众、满足受众需要方面，在思想作风和工作作风方面表现突出的新闻单位及记者、编辑个人进行奖励，将有利于转变队伍作风，树立行业正气，提高服务质量。

奖励可以起到一种导向的作用，通过奖励某些人，表彰他们的某些事迹，可以告诉大家，组织上在提倡什么，颂扬什么，反过来也等于在告诉大家，组织上在反对什么，批评什么。这种表扬和激励的方式，有时可能会比批评和惩罚的效果更好些。

通过奖励，激励记者和编辑多听取群众的意见，多去为群众服务，多做有益于群众的事情，让他们对自己所付出的辛劳感到有认可，有补偿，有慰藉。近年来，有关部门加大了对优秀记者、编辑和优秀新闻作品的表彰力度，该重奖的实行了重奖，反响很好，效果不错。

总之，新闻单位要努力把受众对自己的批评与监督作为改进工作，改善服务，促进发展，提高水平的动力，要以积极的态度、完善的措施、有效的制度和踏实的工作来落实好，争取实现好的效果。

【思考题】

1. 如何理解受众作为信息传播过程中的“第二主体”的作用？
2. 如何认识新媒体环境下受众地位的变化？
3. 受众有哪些心理需求？掌握这些心理需求对做好新闻工作有何意义？
4. 如何认识开展受众调查的作用及意义？
5. 新闻媒体为何需要接受受众的批评与监督？

第十五章 服务受众 引导受众 依靠受众

【本章学习要点】

1. 受众是新闻传播的服务对象和工作目标，是新闻事业的主人，新闻媒介应当时刻将受众放在中心位置，把他们的呼声、愿望和要求作为工作的第一信号，真正做到时时想着受众，处处为着受众，事事方便受众，尽心尽意地为他们提供一流的服务，尽可能地满足他们多方面的需求。

2. 把读者的兴趣与需要作为一种新闻理念和一项工作原则提出，并且成为媒体的自觉性追求和规制性行为，是19世纪30年代西方大众化报刊出现以后的事情。大众化报刊的出现，本身就是新闻传播适应和满足读者兴趣与需要的结果。

3. 受众兴趣与需要原则的要求是，新闻媒体要以受众兴趣与需要作为新闻选择的依据、新闻报道的追求，以及检验和评价媒体传播效果与社会效益的标准。

4. 新闻工作者要全面理解和认识满足受众兴趣与需要同有效引导受众之间的辩证关系，善于把满足受众兴趣与需要同有效引导受众有机地统一起来，真正做到以满足受众兴趣与需要作为新闻传播的根本出发点，在此基础上，通过组织那些既能吸引受众兴趣和满足受众需要，又能达到宣传和导向目的的新闻报道去引导受众。

5. 要正确引导受众，就要坚持用科学理论和先进思想教育与引导受众，以高尚精神和优秀作品激励与引导受众，增强受众引导的针对性和有效性。

6. “全党办报、群众办报”，是中国共产党新闻工作的优良传统。其内涵是动员全党、全社会的力量，动员全体人民群众来共同做好新闻工作。具体内容包括动员广大党员和群众关心及参与新闻工作，建立健全党政部门和大型企事业单位的新闻宣传机构，建立健全通讯员队伍，建立健全社会公众对新闻机构及从业人员的监督机制。

案例

香港《东周刊》刊登影星裸照事件

2002年10月30日，香港《东周刊》刊出了一幅香港一女星被强迫拍摄的裸照。此事迅速在香港引起轩然大波，成龙呼吁公众对《东周刊》"抵制、不买和不看"。但有些人不但没有罢看罢买，反而一窝蜂地购买，杂志当天下午即被抢购一空。《东周刊》因为印了裸照而一时洛阳纸贵，狂销几十万份，一个报摊最高纪录一分钟能售出十本。

这一事件引发了强烈社会反响，许多香港艺人纷纷走上街头抗议游行，香港报业评议会在事发后收到29宗市民投诉，香港影视及娱乐事务管理处收到660宗投诉，两家机构收到的投诉数量都创下了香港历史之最。

当公众批评《东周刊》的做法时，该刊负责人竟然以"读者需要"作辩解，进一步引发了社会和公众的不满。在强大的舆论压力下，最后《东周刊》三名高层人士引咎辞职，杂志被迫停刊。

这起裸照风波反映了香港一些媒体在商业化和娱乐化的媒介环境中职业道德的沦丧，也暴露了一些媒体一味迎合读者兴趣而放弃引导受众责任的问题。

受众是新闻传播的服务对象和工作目标，是新闻事业的主人，这一特殊地位决定了一切新闻机构和广大新闻工作者，都应当时刻将受众放在中心位置，把他们的呼声、愿望和要求作为工作的第一信号，真正做到时时想着受众，处处为着受众，事事方便受众，尽心尽意地为他们提供一流的服务，尽可能地满足他们多方面的需求。在服务受众的过程中，还须坚持用健康、有益和有效的新闻信息积极引导受众。同时需要注意紧密依靠受众，借助他们的支持和帮助做好新闻工作。总之，服务受众、引导受众、依靠受众是新闻工作群众路线和群众意识的重要内容。

第一节　满足受众兴趣与需要

新闻媒体最基本的职能是满足受众的新闻与信息需要。受众对新闻传播感到满意，新闻工作才算完成了自己的任务和使命，实现了自己的目标和价值。因此，如何满足受众的兴趣与需要，让受众对新闻传播感到满意，对新闻媒体感到信任，是新闻媒体和新闻工作者必须时刻考虑的问题。

一、受众兴趣与需要理论的形成

（一）受众兴趣与需要理论提出的背景

按照一般的理解，新闻作为一种信息产品，要实现其自身价值就须进入消费市场，满足其消费者——受众的需要。从这一意义上说，满足受众兴趣与需要是新闻传播的必然选择与追求。

考察新闻传播活动产生的历史及发展过程，可以说，自近代新闻事业产生以来，中外新闻传播活动都是循着这样的规则和轨迹运作与发展的。从早期地中海沿岸出现的手抄小报，到后来各种印刷报纸的问世，都是在适应和满足其读者需要的过程中生存和发展的。包括资产阶级革命时期的政党报刊，也是适应和满足了其主体读者——资产阶级同封建统治者斗争的需要，而得以存在和发展的。

但是，自觉地把读者的兴趣与需要作为一种新闻理念和一项工作原则提出，并且成为媒体的自觉性追求和规制性行为，则是19世纪30年代西方大众化报刊出现以后的事情。

大众化报刊的出现，本身就是新闻传播适应和满足读者兴趣与需要的结果。作为一种商业报刊，大众化报刊要求得生存和发展，最根本的一条就是要使自己的新闻产品能够满足其消费者的兴趣和需要。世界上第一份获得成功的大众化报纸《纽约太阳报》的办报方针，就是“为公众报道当天的新闻”。该报鼎盛时期的主编查尔斯·德纳提出，新闻就是“使社会上大部分人感兴趣并且从未引起过注意的事情”①，而他手下的采编部主任约翰·博加特，则用“狗咬人不是新闻，人咬狗才是新闻”的比喻，对什么是读者兴趣作了形象的诠释。

显然，在他们看来，唯有让读者对传播内容感到有兴趣，产生阅读需要，才能吸引读者。同时，这也是报纸自身的生存之道。后来相继出现的一批此类报纸也都是以读者的兴趣与需要，作为选择和报道新闻的主要依据的。正是由于紧紧围绕读者的兴趣与需要做文章，大众化报纸一诞生便很快赢得了读者，打开了市场，站稳了脚跟。

从那时开始直到20世纪初的一段时间里，“受众兴趣与需要”不但作为一种报道原则和报道要求，而且作为一种新闻理念和传播理论开始受到西方新闻界的关注。许多报人和新闻学者，在对“新闻定义”和“新闻价值”理论的探讨中，都涉及和包括了受众兴趣与需要的内容。

我国最早的新闻学者徐宝璜，在其《新闻学》一书中提到，美国《科利尔周刊》有一期曾刊登了10位编辑对于“新闻”所下的定义，而这些定义基本都围绕了一个核心，即受众兴趣与需要。

（1）阅者所欲知之事，皆为新闻。

（2）事之为国民所注意者，皆新闻也。

（3）充分人数所欲读之事，若不违反良兴趣与毁谤律（laws of libel），皆为新闻。

（4）国民愿谈论之事，皆为新闻；愈能引起议论者，则新闻价值愈大。

（5）新闻者，乃与阅者有关系，或为阅者所注意之各种事情、发见（discoveries）及意见之正确的迅速的消息也。

（6）任何与公众福利有关之事，任何于个人之关系、活动、意见、财产、或私人行为之中，引起个人之注意或与以指导启发者，皆为新闻。

（7）新闻乃种种经过之事情，并事情之默示（lnspi-ration）及结果也。

（8）新闻者，乃关于有人类注意之任何事情或观念之纲领事实。所谓有人类之注意者，即于人类生活或幸福有关或对之有一种影响也。

（9）新闻乃以国民为根据，且完全视其如何引起他人之注意以度量者也。

（10）新闻包括一时代之一切活动，而为一般人所注意者。能引起最多数阅者之注意者，为最佳之新闻。②

正是根据这些美国报人对新闻定义的认识和理解，徐宝璜得出了“新闻者，乃多数阅者所注意之最近事实也”的新闻定义。并且把注意人数之多寡和注意程度之深浅，作为判断新闻价值大小的标准。在他看来，判定事实是否能成为“新闻”，或有没有价值，以及

① 转引自徐耀魁主编：《西方新闻理论评析》，133页，北京，新华出版社，1998。
② 参见徐宝璜：《新闻学》，16页，北京，中国人民大学出版社，1994。

新闻价值的大小，关键要看这一事实是否能够引起“多数阅者”之“注意”，而引起他们注意的，正是事实是否有趣味，和是否能够对阅者有“益处”、有“启发”、有“影响”。

同一时期我国著名报人邵飘萍也提出，要以“多数人感有兴味者”①，作为新闻价值选择的“第一标准”。他关于新闻的定义——“新闻者，最近时间内所发生，认识一切关系人生兴味、实益之事物现象也”②，就突出了兴趣（“兴味”）和需要（“实益”）。

西方新闻价值理论中对新闻价值要素的概括，就大都是以读者的兴趣与需要作为出发点和依据的，而且大都使用了“趣味性”、“人情味”或是“情趣”、“兴味”等一些直接与“兴趣”有关的词语。

西方新闻界以读者的兴趣与需要为核心提出的关于新闻定义和新闻价值的一系列理论观点，从理论上确立了“受众兴趣与需要”原则在新闻传播中的地位和作用，并使之成为新闻界普遍认可和共同遵循的一个新闻理念与基本原则。

（二）中国共产党新闻事业对受众兴趣与需要理论的认识

中国共产党的新闻事业自诞生以来，始终作为党的舆论工具，主要承担在政治上宣传群众、组织斗争、指导革命的任务，满足党进行政治斗争的需要，是报纸的首要工作原则。与此同时，新闻事业也强调自己作为工人阶级和广大群众的耳目喉舌，要满足人民群众的需要，强调新闻报道要适合群众的口味和情趣。

如 1931 年 12 月 11 日创刊的中国工农红军的报纸《红星报》，在其发刊词中就声明自己要成为“全体红军的俱乐部”，要“会讲故事，会唱歌，会讲笑话，会讲苏联红军兄弟们的情形给大家听，会变把戏，会作游戏给大家看”。该报如此看重满足其读者——红军战士的各种兴趣和需要，体现了它为读者服务的明确的办报宗旨。

抗日战争时期在重庆出版的中共机关报《新华日报》为了让“多数人民所爱读，能读”、“感兴趣”，采取了种种方式，包括“改用白话”写作，“采用综合报道”，等等。

中共中央机关报《人民日报》，在 1956 年 7 月 1 日为改版致读者的社论中，提出要“务必注意到广大读者的呼声，尽量把文章写得有条理、有兴味，议论风生，文情并茂，万不要让读者看了想打瞌睡”③。

虽然这些报刊从其政治宣传功能出发，没有把读者的兴趣与需要作为新闻选择的主要标准，但是，它们也都十分重视读者的兴趣与需要，力求把报纸办得让读者感兴趣，爱读，爱看。

从上面的论述中可以看出，受众兴趣与需要作为一个新闻理念和一项工作原则，是新闻界所普遍认可和共同遵循的。但是，如何认识和界定受众兴趣与需要的内涵，如何把握对受众兴趣与需要的理解的“度”，不同的媒体有着不同的观点和追求。当年以赫斯特的《纽约日报》为代表的一些美国大众化报纸，为了迎合读者的某些兴趣与需要，不惜用黄色新闻与煽情手法来刺激和吸引读者，降低了报纸的品位和格调，产生了很坏的影响，在历史上留下了深刻的教训。

---

① 转引自［日］松本君平：《新闻文存》，451 页，北京，中国新闻出版社，1987。

② 转引自郑保卫：《新闻长思录》Ⅱ，49 页，北京，人民出版社，2005。

③ 上述引文均见《中国共产党新闻工作文件汇编》，下卷，25、76、111 页，北京，新华出版社，1980。

二、受众兴趣与需要原则的要求

（一）以受众兴趣与需要作为新闻选择的依据

新闻传播能否满足受众的兴趣与需要，首先取决于新闻传播的内容是否符合受众的口味与情趣，是否适应了受众的某种需要。因此，在新闻传播内容的选择上，必须以受众的兴趣与需要作为依据。新闻媒体要尽可能地选择那些符合受众口味与情趣、适应受众需要的内容进行传播，这样才能引发受众的兴趣，吸引他们的眼球，促使其阅读及收视行为的形成。也只有在这种情况下，新闻传播才有了起点，才有了产生的可能。否则，你的设想和计划再好、再周全，你的写作和报道再精心、再巧妙，恐怕也收不到预期的效果。

从西方国家对新闻价值理论的认识和理解中就可以看出“受众兴趣”在西方媒体新闻选择的价值取向中的决定性作用。美国新闻学者卡斯伯·约斯特在论及新闻选择的标准时指出：“在选择新闻时第一个基本原则就是估量它的公共兴趣。我们在出版新闻时，须以趣味为大部分新闻的主体，理由是：唯有趣味，才能使报纸具有吸引力，因而容易卖出去。”①

西方学者关于“公共兴趣”（即受众兴趣）对于新闻选择的重要性的理论阐释，同大众化报纸出现后西方报纸追求市场效应的实践是紧密联系的。它说明，在报纸走向市场之后，适应读者的兴趣、满足读者的阅读需要的重要性。

从媒体与受众的关系看，只有受众感兴趣的东西才能引发其阅读需要，也才能促成新闻传播过程的顺利实现，求得新闻传播的预期结果。因此，从受众兴趣出发选择新闻，应当是媒体的必然选择。

受众的兴趣是多方面的，受众的需要也是多种多样的，媒体的报道应当尽可能地扩大报道面，增强针对性，从受众的实际需要出发，以满足他们多方面的需要。

在我国新闻媒体中，机关报（刊、台）占有很大比重，它们都承担着重要的政治宣传职能和工作指导任务，因此，其新闻报道这方面的内容占有较大比例。但这些媒体同时还是“人民的公共武器，公共财产”，是“人民的耳目喉舌”，因此，理所当然地也应当多反映和报道人民群众的劳动生活和意见要求。《人民日报》1956 年 7 月 1 日发表的《致读者》的改版社论中，就把“尽量满足读者的多方面的要求”，作为自己的“天职”，把成为读者的“益友”和“知音”②，作为自己追求的目标。

显然，社会主义国家的媒体，包括机关报刊也应当把受众的兴趣与需要作为自己新闻选择的基本要求，要尽量选择那些群众感兴趣，对他们有益、有用的新闻信息进行传播。

（二）以受众兴趣与需要作为新闻报道的追求

新闻媒体仅仅做到以受众的兴趣与需要作为新闻选择的依据，还只是初步的，要真正使自己成为受众缺不了、离不开的“益友”和“知音”，还需要时时、事事、处处把受众的兴趣与需要挂在心上，以其作为自己工作的出发点和不懈的追求。

《人民日报》1986 年 7 月 2 日在为纪念改版 30 周年发表的致读者的社论中，就明确表

---

① 转引自童兵主编：《中西新闻比较论纲》，339 页，北京，新华出版社，1999。

② 《致读者》，载《人民日报》，1956－07－01。

达了愿意把满足读者需要作为自己的工作目标和不懈追求的良好心愿：

> 改革和开放，正在迅速地改变着我们国家的面貌。从报纸工作来说，如今所面临的形势，别说与三十年前，就是与几年前，也有很大的变化。广大读者，比过去任何时候更加需要从报纸上获知各个领域的新信息、新事物、新问题，以及党中央对这些新事物、新问题的看法；比任何时候更加需要从报纸上获得现代化所需要的新观念、新知识、新技术；比任何时候更加需要在报纸上交流思想和经验；比过去任何时候更加需要从报纸上知道世界上发生的新事情。现在，国内各种报纸、期刊数以千计，广播电视日益普及。在这种情况下，作为党中央机关报的人民日报，如何发挥自己的优势，最大限度地满足读者需要，而且从内容到形式，都办出自己的特色来，使读者感到可读、可信、可亲，真正成为他们的益友和知音，这就是我们决心在探索和改革中加以解决的问题。①

从30年前的“尽量满足读者的多方面的要求”，到30年后的要“最大限度地满足读者需要”，虽然字眼上只是些微的变化，但却反映了《人民日报》对“满足读者需要”这一新闻工作基本问题的新的认识和追求。

在激烈的传媒竞争中异军突起、超常发展的都市报，其重要的经验就是坚持从读者的兴趣与需要出发，自觉地根据读者的兴趣与需要、反应和意见来决定并调整自己的报道内容及报道方式。凡是都市报都称自己是“市民报”，都把满足市民读者需要作为自己的生存之本和发展之根，其工作的重心和核心就是千方百计地为读者提供有效的新闻信息服务，以满足他们各方面的兴趣与需要。

相反，近年来也有一些媒体在竞争中败下阵来，其中虽然有多方面的原因，但无视受众的兴趣与需要是最根本的原因。很难设想，在市场经济条件下，一家没有受众意识，无视受众兴趣与需要，不顾传媒市场竞争法则，其传播内容与传播方式都不能满足受众兴趣与需要的媒体，能够长期维系生存和得到真正的发展。

当然，对“受众兴趣与需要”，新闻媒体和新闻工作者要有全面的理解。

通常所说的“兴趣”，不仅指一般的情趣，还应当包括人们所关注、所感兴趣的所有事情；而“需要”也不仅指一般的需求，还应当包括人们对社会与人生的一切欲望和企求。

如何及时、全面而又充分、有效地将人们所关注、所感兴趣的事情报道出来，把人们对于社会与人生的欲望和企求反映出来，如何使自己的工作始终不脱离受众的这些兴趣与需要，真正做到想受众之所想，急受众之所急，帮受众之所需，办受众之所盼，同时还要做到喜受众之所喜，乐受众之所乐，忧受众之所忧，虑受众之所虑，这应当是新闻媒体及新闻工作者须时时考虑的事情。

另外，如何使新闻传播的内容和形式更能适应受众的需要，更能符合受众的接受心理和接受习惯，同样也是新闻媒体必须认真考虑的事情。

总之，在整个新闻传播的过程中，新闻媒体须牢牢确立受众的主体和中心地位，做到整个工作都以满足受众需要为中心，都以服务受众为目标和归宿。

所谓“中心”，指的是事物的主要和主体部分。它处在核心的位置，其他东西均围绕

① 《我们的心愿——就人民日报改版三十周年致读者》，载《人民日报》，1986-07-02。

它而存在和运作。如果这个“主要部分”和“主体部分”搞不好，其他部分的工作就没有了基础和动力。按照这一道理，如果新闻传播离开了受众，那么，其他的工作目标也会失去基础和动力。新闻媒体只有时时、事事、处处把受众的兴趣与需要挂在心上，当他们需要的时候，能够及时把他们所需要、所感兴趣的东西，和媒体对他们的关怀、体贴与帮助带给他们，才能赢得他们的信任，受到他们的欢迎。

因此，新闻媒体及新闻工作者应当始终注意把受众的兴趣与需要作为自己工作的第一信号，作为新闻报道的不懈追求，坚持从受众的兴趣与需要出发制订报道计划，选择和决定恰当的报道内容与报道方式，同时根据受众的兴趣与需要去检查传播的过程及效果。

（三）以受众兴趣与需要作为检验和评价媒体传播效果与社会效益的标准

一家媒体的新闻报道和信息服务做得是好还是不好？检验其传播效果和社会效益的标准是什么？是媒体自身说了算，还是媒体管理部门说了算，或是受众说了算？这是涉及对新闻事业的业务要求和工作方向的大问题。

过去在计划经济体制下，我们的新闻传播往往习惯于根据上级领导机关的意图，自上而下地、宣传灌输式地向群众传播一些需要他们知道的东西，而忽视了群众本身的兴趣和需要，这样做的结果，往往是脱离群众的需要，忽略群众的兴趣，因而使得新闻传播不能满足群众的实际需求。

既然受众处在新闻传播的中心地位，既然受众的兴趣与需要是新闻选择的依据和新闻报道的追求，那么，很显然，检验新闻传播效果和社会效益的主要标准，也应当是受众的兴趣与需要。这就是说，看一家媒体的报道搞得好不好，工作做得怎么样，关键是看这家媒体的报道和整个工作是不是满足了受众的兴趣与需要，是不是为受众提供了完善和周到的服务。在对媒体传播效果的评估指标和评估体系中，受众的满意度应当是决定性的因素。

所谓“受众的满意度”，指的是受众对新闻传播的满意程度，它是传媒公信力的一种体现。而决定受众满意程度的关键在于，看新闻传播是否满足了受众的兴趣与需要。因此，新闻媒体应当努力使自己的工作满足受众的兴趣与需要，并以此作为检验自己工作绩效的最主要的标准。

第二节　正确引导受众

一、正确认识满足受众兴趣与需要同正确引导受众的关系

新闻传播必须满足受众的兴趣与需要，这是对新闻工作最基本的要求。因此，任何对受众的兴趣与需要漠不关心的态度和做法，都是同新闻工作的基本职能及要求相悖的。

但是，新闻工作属于意识形态范畴，对人们的思想和行动负有导向职能。它要从国家、民族、社会发展和人民群众根本利益的高度，来决定自己的传播内容及传播方式，以使其能够对社会与公众的思想和行动起到积极、有效的引导作用。

总结以往的实践，新闻媒体在对满足受众兴趣与需要同正确引导受众关系的认识问题上，存在着两种误区及有害偏向。

一种认识是，把受众兴趣与需要看作是一种绝对的东西，崇尚“受众至上”论，认为只要是受众需要和感兴趣的，就可以不加限制地进行传播，不必顾及社会影响，不用考虑

传播效果。

在这种思想指导下，一些媒体一味地去迎合受众，炒作新闻，有的还有意地去迎合少数受众消极的、不健康的兴趣与需要，有的甚至靠黄色新闻来取悦受众。

西方国家大众化报刊初兴时期，一些报纸为了赢得市场，追求利润，大肆用黄色新闻和煽情手法来迎合与招徕读者的做法，连西方的有识之士都持批判态度。值得重视的是，一百多年前在西方现代报业发展初期出现的这些现象，如今在我国的一些媒体上却呈现发展和蔓延之势。

有些媒体为了扩大发行，增加收益，片面地追求发行量、收听率、收视率和点击率，其传播活动完全服从于市场的指挥棒。它们忘记了自己的舆论导向职责，忘记了引导受众的任务，完全不顾传播效果，把满足受众兴趣与需要作为新闻选择的唯一标准及要求，随意刊播新闻信息，致使一些低俗不堪的“垃圾信息”充斥报纸版面，占据电视荧屏，造成了许多不良的传播后果。社会上一些有识之士对此常常提出批评，发出警示，广大群众也经常表示不满。可是一些媒体却依然我行我素，“唯市场是从”。它们虽然名义上打着“满足受众兴趣与需要”的旗帜，但实际上却只盯着市场，心里只装着经济收益，而不考虑受众的根本利益，不顾及传播的社会效果。

另一种认识是，把对受众的思想和行动引导看作是一种孤立的事物，认为只要引导的方向正确，就可以不必考虑受众是否能够接受，传播是否能够收到好的效果。

在这种思想指导下，一些媒体往往不顾受众的兴趣与需要，而是习惯于刊播宣传性稿件，采用说教方式来教育和引导受众，结果往往招致受众的逆反心理，致使传播受阻，无法收到预期的效果。

实践说明，新闻传播首先必须做到适合受众的口味和兴趣，满足受众的需要，才能引发受众的关注和兴趣，而只有受众有了阅读和收听、收看的兴趣，自愿地去接触新闻传播，媒体的宣传和导向才有实现的可能。很难设想，那些受众完全拒绝阅读、收听和收看的新闻传播，能够达到传播者的宣传和导向目的。

这种无视受众的兴趣与需要的做法，不但达不到引导受众的目的，反而使得新闻传播严重脱离受众，脱离实际，失去了受众的拥护和信任，这方面的教训我们应当记取。

实践说明，上述两种对满足受众兴趣与需要同正确引导受众关系问题的认识都是片面的、不完全和不正确的。这两种认识所造成的后果，虽然表现形式不一样，但从根本上看都会导致出现违反新闻传播规律、损害受众切身利益、影响新闻传播效果的结果。因此，新闻工作者应当清楚地认识其实质，防止在新闻传播中出现这两种有害的偏向。

要防止出现上述两种有害的认识偏向，重要的是要全面理解和认识满足受众兴趣与需要同有效引导受众之间的辩证关系。既要认识到满足受众兴趣与需要的重要性，认识到如果抛开受众的兴趣与需要，一味地按照主观意图去搞宣传和导向，势必会导致脱离受众，致使新闻传播过程受阻，达不到预期的传播目的和效果；又要认识到新闻媒体在引导受众方面所担负的特殊使命和繁重任务，认识到在社会主义国家，一家媒体如果不以积极、健康、有益的新闻传播正确地引导受众，就是一种失职的表现，同样也不可能达到最终的传播目的。

正确的做法，是要善于把满足受众兴趣与需要同有效引导受众有机地统一起来，真正做到以满足受众兴趣与需要作为新闻传播的根本出发点，在此基础上，通过组织那些既能吸引受众兴趣和满足受众需要，又能达到宣传和导向目的的新闻报道去引导受众。

二、正确引导受众的原则和方法

要正确引导受众，首先要对受众的兴趣与需要做具体分析，要区分各种不同的情况，不要笼统地、机械地去讲“受众兴趣与需要”，要把满足受众兴趣与需要同引导受众有机地统一起来。

（一）用科学理论和先进思想教育与引导受众

“受众”，包括一切接受新闻传播的社会人群，其主体应当是广大的人民群众。从历史的本质和社会发展的规律看，人民群众是历史前进的动力，是社会发展与进步的推动者，是社会的主人，这是千真万确的真理。

但是，历史也告诉我们，人民群众，包括作为先进生产力代表的工人阶级群众，他们的觉悟不是自发和自有的，而是要靠教育、灌输和引导。因此，我们不能崇拜群众的自发性，不能消极等待群众的觉悟，而要坚持用科学的理论和先进的思想去教育与引导群众。

新闻媒体作为信息传媒和舆论机构，在教育和引导群众方面担负着重要使命。一切新闻机构都应当把用科学的理论和先进的思想教育与引导群众作为自己的一项经常性的任务，要运用各种新闻手段主动地开展思想宣传和理论教育工作，教育和引导群众确立正确的世界观和人生观，树立积极为建设社会主义现代化国家做贡献的思想和志向。在当前，要通过新闻宣传，让广大群众充分认识党的路线、方针、政策，了解自己所面临的形势和所承担的任务，努力把群众的注意力与关注点引导到深化改革和扩大开放，促进社会主义经济、政治、文化、社会和生态文明上来，引导到实现现代化建设的各项任务上来，引导到全面建成小康社会的宏伟目标上来。

（二）以高尚精神和优秀作品激励与引导受众

“受众”是一个集合概念，是由无数新闻传播接受者个人组成的集合体的统称。具体就每一个受众个体来说，其经历、阅历、资历不一样，兴趣、爱好、习惯不相同，理论修养、文化素质、精神境界有差别，因而决定了他们的接受能力、欣赏水平、思想情操都会有着很大区别。

毛泽东曾说过：“任何有群众的地方，大致都有比较积极的、中间状态的和比较落后的三部分人。”① 由此看来，受众个体间同样会存在先进与落后的复杂情况。表现在信息接受方面，自然也会存在千差万别。如有的人会自觉地去选择和接受健康的、高雅的、有益的东西，而有的人可能会对一些低俗的、不雅的、无益的，甚至是有害的东西感兴趣。

我们说新闻传播要满足受众的兴趣与需要，绝不是说可以无原则地去迎合受众，迁就一部分受众的落后意识和消极情绪，迎合少数人的低级趣味和不健康心理，而是要做受众的良师、益友，要善于用高尚的精神和优秀的作品鼓舞、激励与引导受众，为他们提供积极、健康、有益和全方位的新闻信息与社会信息服务。

在新闻传播中，有些媒体为了争“市场”，抢“卖点”，不惜以大量版面刊登格调低下、庸俗不堪、媚俗煽情的内容，以迎合一部分受众的兴趣与需要，有的报刊甚至出现了

---

① 《毛泽东选集》，2版，第3卷，898页，北京，人民出版社，1991。

让报贩看大样，由报贩定选题的怪事。而它们在这样做的时候还常常打着“满足读者需要”的招牌。

新闻传播要“满足受众兴趣与需要”，但决不能与媚俗迎合相提并论。任何一个具有事业心和责任感的新闻工作者都应当把关心、服务受众与教育、引导受众有机地统一起来。要坚持用积极、健康、有益的信息服务受众，引导受众，努力使他们成为有远大理想、高尚精神和健康情操的人。同时，要注意把新闻传播的社会效益与经济效益结合起来，坚持社会效益第一的原则，在保证社会效益的基础上去实现两者的有机结合。

在具体的新闻传播过程中则要注意，凡是那些积极、健康的，正当、合理的和有益、有用的受众兴趣与需要，媒体都应当尽量予以满足，并且注意在满足需要的过程中对受众进行适时、巧妙和有效的引导。而对那些消极、不健康的，非正当、不合理的和有害、无用的少数人的兴趣与需要，则应当采取不同的处理方式——对错误的东西要给予批评，对低俗的东西要进行抵制，对消极的东西要加以引导。要坚决防止消极、有害的信息或污染社会风气，侵蚀群众思想；或左右社会舆论，影响社会安定。总之，决不能因为只考虑某些受众的兴趣与需要，而不加选择地刊播消极、有害的信息，造成不良的传播后果。

（三）增强受众引导的针对性和有效性

新闻媒体要正确地引导受众，就须坚持从受众的思想实际出发，有针对性地进行适时和有效的引导。在这个过程中，一定要防止简单化。既不能完全顺其自然，放弃主动引导；也不能过于主观自信，搞强制性引导。要弄清受众的真实需要，真正针对他们感兴趣的、确实需要的东西，恰到好处地给予适时、有效的引导。只有这样，才能收到理想的传播效果。反之，如果新闻媒体传播的东西是受众不感兴趣的、不需要的东西，受众就不会愿意接受，也就不会收到好的传播效果。

正确引导受众的关键是要明白受众关心什么，需要什么，对什么感兴趣，对什么有要求。另外还要知道受众的这些兴趣、需要和要求，在什么情况下会发生怎样的变化，会有什么新的调整，等等。这就需要新闻工作者经常性地深入到实际生活和人民群众中去，去认真体察与了解群众的劳动、工作和生活状况，把握与弄清他们的兴趣所在和实际需要，进而制定恰当的、具有针对性的新闻报道方案，组织适时、有效的新闻传播。

受众的兴趣五花八门，需要更是多种多样，而且这些兴趣与需要还会随着时间、地点等各种环境和条件的变化而变化，这就会形成多种多样的兴趣点与关注点和多种多样的需要及要求。新闻媒体对此应有充分了解和把握，并给予及时回应和解答，以帮助受众释疑解惑，满足其不同的兴趣和需要。而正是在满足受众兴趣与需要的过程中，在为受众释疑解惑的过程中，新闻媒体可以对受众的思想和行为实施有效的引导。这就叫做“在服务中引导，在引导中服务”。

第三节　坚持依靠受众

一、坚持依靠受众的依据及意义

（一）有效实现新闻传播的目标

新闻传播的基本任务，是为受众提供他们感兴趣和需要的各种新闻信息，满足他们对新闻信息的多方面需求。而要实现这一目标，新闻媒体仅靠自身的努力是不行的，还要依靠广大受众的支持和帮助。

如前面所论及的，受众在新闻传播过程中居于核心地位。新闻传播的整个过程能否顺利地完成，受众起着决定性的作用。

受众可以通过对媒体传播的预期要求和对传播效果的反馈意见，以及对传播内容的认可或抵制的态度与行为等，来影响传播者对传播内容的选择取向。因此，新闻媒体传播内容的选择，离不开受众的意见参与。

换言之，新闻媒体要实现自己预期的传播目标，必须经常性地收集受众对新闻传播的需求信息，了解受众对新闻传播效果的反馈意见。这中间，受众的配合与支持是不可缺少的。

实践说明，那些能够得到受众有效配合与支持的媒体，其传播效果往往就好，传播目标的实现也就有了保障。

另外，受众通常是新闻信息的重要来源，是新闻报道线索和相关内容的提供者。这种特殊的身份，也决定了它在新闻传播过程中的重要作用。

受众作为社会成员中的一分子，对发生在现实生活中的事情，常常是最初的目睹者和亲历者。他们掌握有关新闻事件的第一手资料，是新闻线索和事实真相的最直接的提供者，媒体报道的许多新闻线索、素材和相关资料常常都来自普通受众。

特别是一些突发性事件，通常媒体记者不可能就在现场。所以，第一时间从现场发现和报告事件、提供第一手报道资料的，往往是当时正在现场的普通百姓。美国纽约“9·11”事件和英国伦敦地铁爆炸事件的第一条新闻信息，就都是当时在现场的市民提供给媒体的。

现在许多媒体设立了热线电话，有偿征集新闻线索，吸引普通百姓为媒体提供发生在他们身边的新闻事件的线索和相关材料。有的媒体还在一些部门、单位、社区，在不同职业的人群中，聘请固定的新闻信息员。这样，就能保证发生在各地和各种场合的新闻事件的有关线索，能够尽快地通过这些信息员，及时地传递给媒体，确保媒体能够及时组织报道。

还有的群众在媒体记者采访和报道新闻事件的过程中，特别是在记者采写批评监督报道时，主动给予力所能及的配合和帮助，协助记者完成报道任务，支持媒体实现新闻传播目标。

而传统的媒体通讯员，不但会及时向媒体提供新闻线索、报道素材和新闻稿件，而且会随时把群众对新闻报道的反馈意见反映给媒体，帮助媒体适时调整报道内容和报道方式，对新闻传播过程的有效完成，更是起到了重要作用。

总之，只有紧紧依靠受众的配合与支持，新闻媒体的传播目标才能得以有效实现。

（二）密切保持同受众的联系

受众的信任与支持是媒体赖以生存和发展的基本条件。新闻媒体要想得到受众的信任和支持，就须紧紧依靠受众，与受众保持密切的联系。

新闻媒体依靠受众，保持同受众联系的渠道和方式很多。

1. 做好群众来信来访工作

群众来信来访往往能最直接、最真实地反映舆情，代表民意。群众的思想疑惑、政策疑问、生活难题等，都可以通过来信和来访的方式表达出来。而政府有关部门则可以通过群众来信、来访，来了解群众在劳动、工作、学习和生活中的想法、意见、困难及要求，以便及时采取相应的措施帮助群众释疑解惑，排忧解难。

新闻单位从来信来访中，选择有一定代表意义的典型信件或典型事件发表或报道，使群众的意见得到公开传播，可以很好地引起社会舆论的关注和各级领导机关的重视，促使群众提出的问题更快、更好地得到解决。这是新闻媒体加强同群众联系，了解民意，掌握舆情，获得群众信任和支持的有效形式。

群众来信来访的多少，从某种意义上说，可以反映出一家媒体在群众中的威信和影响力，反映出群众对媒体信任和支持的程度。因此，新闻单位一定要以满腔的热情和高度负责的精神，做好群众来信来访工作。不但要精心选择典型性的群众来信适时发表，而且要尽可能督促有关部门重视群众来信中提出的问题，并负责任地作出答复和协助解决。有些媒体还常常根据群众来信反映的情况主动采访，介入事件，促使群众反映的问题能适时有效地得以解决。这样做，不但密切了媒体同群众的联系，而且也提高了媒体的声望。

2. 开展受众调查

受众调查是媒体了解群众对新闻传播的批评和建议，以便适时调整报道计划、改进报道工作的有效途径。在过去的实践中，我国媒体采用多种多样的调查方法收集群众意见，取得了一定的效果。

通过受众调查，新闻媒体不但可以及时了解到受众对新闻传播的意见和建议，更好地接受群众的监督，而且还可以密切同受众的联系，吸引受众对新闻工作的支持，赢得受众对媒体的信任。

3. 吸引受众直接参与新闻制作和传播

新闻制作和传播过程，通常主要是由新闻媒体和新闻工作者来完成的。但是，如果能够吸引受众直接参与，将有助于拉近媒体同受众的距离，密切媒体与受众的联系，同时也有助于取得更好的新闻传播效果。

近些年来，许多媒体都十分重视此项工作，而且积累了很好的经验。一些受众应邀进入了电台、电视台的演播间，参加座谈，发表意见，直接参与节目的制作和播出，真正尝到了作为新闻传播的主角的滋味。一些互联网的网民则借助网络手段，在新闻网站上就其关心的时政和社会问题发表看法，行使自己作为公民的参政、议政的权利。

总之，这些形式和手段的运用，不但为受众提供了与媒体接触和沟通的机会，同时也促进了受众同媒体的联系，加深了受众对媒体的信任，使得受众更加主动和自觉地去支持媒体的工作。

二、坚持依靠受众的目标及要求

依靠受众做好新闻工作，是确保新闻工作能够实现其目标的重要保障。对此，我国新闻媒体有着明确的认识和长期的实践，并且积累了良好的传统和经验。这些传统和经验概括起来，一言以蔽之，就是“全党办报、群众办报”。

“全党办报、群众办报”，是毛泽东总结中国共产党人的办报经验后提出来的。1948年4月，他在《对晋绥日报编辑人员的谈话》中提出：“办报和办别的事一样，都要认真地办，才能办好，才能有生气。我们的报纸也要靠大家来办，靠全体人民群众来办，靠全党来办，而不能只靠少数人关起门来办。”①

“全党办报、群众办报”的内涵，简单来说，就是要动员全党和全社会的力量，动员全体人民群众来共同做好新闻工作。

在我国，人民群众是国家的主人、社会的主体，同时也是媒体受众的主要构成者。因此，“人民群众”与“受众”是两个紧密相连的概念。在探讨“全党办报、群众办报”问题时，我们是把“受众”与“人民群众”等同看待的。

在新时期，坚持“全党办报、群众办报”，对于加强党和政府及其新闻事业同人民群众的联系，集全党、全社会和广大人民群众之力共同办好新闻事业，仍然具有重要意义。

要实现“全党办报、群众办报”的目标，需要新闻媒体和新闻工作者做好以下工作。

（一）动员广大党员和群众关心及参与新闻工作

我国新闻事业是党的事业，理所当然应当在全党的支持下进行工作。我国新闻事业同时又是人民的新闻事业，吸引广大人民群众的支持也是其必然的选择。因此，各级党委、政府要积极动员全体党员和广大人民群众关心及参与新闻工作，并以此作为一项重要的政治任务。

为此，要使全体党员和广大人民群众认识到关心及参与新闻工作是所有党员和群众的共同责任，要消除在一些党员和群众中存在的新闻工作是新闻媒体与新闻工作者的事，同自己不相干的想法，要使每个党员和群众都能积极、主动地关心及参与新闻工作。

从过去的经验看，党员和群众关心及参与新闻工作的形式可以是多种多样的。如开展读报、评报活动，把自己的心得体会和意见建议及时反馈给新闻单位，帮助其改进工作；做好报纸的推广宣传和发行工作，扩大新闻媒体的影响；经常向新闻机构反映情况，提供稿件，帮助新闻单位更好地了解来自基层党组织及广大党员和群众的愿望与要求，保持同他们的联系；等等。

（二）建立健全党政部门和大型企事业单位的新闻宣传机构

为了使各地、各级党组织和政府以及各企事业单位能同新闻单位保持经常的、不间断的联系，应当建立和健全各地、各级党政部门和大型企事业单位的新闻宣传机构，以其作为同新闻单位保持经常性联系的专门机构。这种机构所承担的任务主要有：

向新闻单位提供有关本地区、本部门、本单位工作经验与业绩的宣传材料，以及提供反映本地区、本部门、本单位工作中困难与问题情况的材料；协调与组织本地区、本部门、本单位的新闻发布、公关宣传及通讯报道工作；反映本地区、本部门、本单位干部群众对新闻工作的批评建议；组织对党报党刊的订阅、发行和宣传、推广工作；负责同所属单位通讯员的联络，协调与组织本地区、本部门、本单位的通讯员工作；等等。

（三）建立健全通讯员队伍

发展通讯员，建立媒体通讯员队伍一直是我国新闻事业的优良传统。几十年来，我国

① 《毛泽东新闻工作文选》，150页，北京，新华出版社，1983。

新闻事业始终坚持通讯员队伍建设，在全国形成了一个庞大的通讯员网络，使“全党办报、群众办报”的方针得以落到实处。

通讯员来自人民群众，生活在群众之中，本身是群众的一员，每日与群众同劳动，同生活，同学习，同娱乐，因此他们最能体察群众的情绪，最熟悉群众的生活，最了解周围事物变动情况的来龙去脉，所以也就能最迅速、最直接、最准确地反映情况，表达舆情，提供各种新闻信息，使新闻机构能够同人民群众、同实际生活更加密切地联系在一起。

如今，随着社会的进步、教育的发展和全民族科学文化素质的提高，我国基层通讯员的素质也普遍提高。许多通讯员通过专门的训练或是自学，掌握了新闻采写和编播制作的知识与技能，业务能力大大提高。现在有许多基层通讯员，已经能自如地按照新闻媒体的要求组织宣传报道，提供新闻稿件与节目。不少人还能熟练操作现代传播工具，快捷、有效而且高质量地完成新闻采写和编播制作任务。

遍布各地、各部门、各行业的人数众多的通讯员队伍，是现代新闻传播所能倚重的一支重要力量。依靠他们，新闻机构可以及时获得新闻线索、新闻素材和新闻稿件；可以随时保持同基层、同群众、同实际的密切联系；可以使自已耳聪目明，触角四伸，信息渠道畅通，新闻传播的速度、数量和质量得到有力的保证。这是信息时代新闻传播立于不败之地的一个基础条件。

新闻单位要认真搞好通讯员队伍建设，不断提高他们的政治素质和业务技能，使他们能够更好地发挥作用。还可以将一些优秀的通讯员吸收为专业新闻工作者，以便不断壮大新闻队伍。

除了做好专职通讯员工作外，新闻媒介还要注意吸引更多的群众参与和支持新闻工作。例如，可以吸收一些各行业、各部门的专家、学者及普通群众作为特约撰稿人，也可以把一些专家、学者及普通群众请进编辑部和节目制作室，让他们谈体会，提意见，写文章，做节目，让他们真正成为新闻事业的主人，成为新闻报道的主角。

（四）建立健全社会公众对新闻机构及从业人员的监督机制

在我国，人民群众作为新闻事业的主人，是新闻媒体的监督者。因此，新闻媒体应当经常通过受众调查、开座谈会等形式认真听取人民群众的批评意见，自觉接受他们的监督。对来自人民群众的批评建议，新闻单位要虚心接受，并给予认真的答复。凡属工作中的缺点和失误，要及时纠正。对在群众中已造成不良影响的错误，要作出严肃检查和必要的说明、更正，尽力挽回影响，以求得群众的谅解、信任和支持。

新闻媒体作为舆论机构，在实施舆论监督方面拥有特殊的权力。因此，自觉接受人民群众的监督更加显得必要。须知新闻媒体及新闻工作者的一切权力都是人民群众给的，这些权力也必须用来为社会与公众服务，要自觉防止滥用新闻传播和舆论监督权力的现象。

近些年来，我国新闻界已开始建立相应的机构，对群众反映的新闻媒体及新闻工作者滥用职权侵权、违纪以及搞“有偿新闻”、新闻敲诈的行为实行监督，形成了一定的监督机制，也收到了一定的监督效果。

【思考题】

1. 受众兴趣与需要理论是在什么背景下提出来的？

2. 如何把握受众兴趣与需要原则的内涵及要求？

3. 怎样认识“有什么样的受众，就有什么样的媒体”和“有什么样的媒体，就有什么样的受众”？

4. 正确引导受众应当坚持哪些原则和方法？

5. 请谈谈在新时期如何实现“全党办报、群众办报”？

第五编

新闻从业者

第十六章

新闻从业者的职业特征与职业修养

【本章学习要点】

1. 新闻职业在社会分工中担负着特定的社会职责。它借助新闻传播手段向社会提供新闻及其他各种信息服务。新闻传播作为一种社会职业从各种社会分工中分离出来，是新闻传播活动作为一种社会性事业产生之后的事。新闻职业在现代政治、经济、文化和社会生活中的作用不可忽视，其岗位光荣，责任重大，能从事这一职业是一件十分荣耀的事情。

2. 新闻工作是一种每日每时都在影响着社会与公众的工作。其职业特征表现在它能够及时、敏锐地反映社会和时局的变化，广泛密切地保持着与现实生活和社会公众的联系，直接或间接地服务于一定的阶级、政党和利益团体，代表和体现社会与公众的利益和意志，快节奏、高强度地从事创造性的劳动。

3. 新闻工作最大的弱点是浮浅。由于工作性质的特殊性，新闻工作者常常要在极短的时间内，匆匆忙忙地进行采访，作出判断，写出报道，这就难免会只看到眼前的东西、直观的东西、表层的东西，而背后的、深层的、实质的东西就不容易看到，因而失之于浮浅，有时还会出现报道片面和失实的情况。

4. 新闻职业的基本特征决定了新闻从业者应该具备以下一些素质特征及要求：品德要高尚、政治要坚定、思维要敏捷、业务要熟练、知识要广博。

5. 新闻工作者的业务能力修养，指的是新闻从业者各种业务技能的训练和工作能力的综合培养与锻炼，包括政治判断力和新闻敏感性、社会交往与活动能力、调查研究能力、文字表达能力、身体和环境适应能力。新闻工作者只有具备了这些业务能力，才能胜任新闻工作，完成好自己的职业使命。

6. 社会主义新闻工作者，需要具备以下基本素养及要求：胸怀全局，顾全大局，坚持党性原则；尊重事实，服从真理，坚持实事求是的思想路线；心系群众，以人为本，坚持全心全意为人民服务的宗旨；善于学习，勤于实践，坚持创新理念。

案例

范长江谈记者修养

范长江是我国杰出新闻记者和新闻宣传工作的领导者，新中国成立后曾经担任过新华社和人民日报社社长。1941 年 8 月 27 日，他为纪念记者节写了一篇题为《中国需要什么样的记者——纪念九一记者节八周年》的文章。

在此文中，他对新闻记者应有的修养阐释了自己的观点："第一，我们大家要讲真话。我们新闻记者说话，责任重大，万万不可昧了良心。是好说好，是坏说坏。即使环境困难，可以少说甚至不说，万万不可颠倒是非，误己害人……第二，要注重气节。新闻记者最容易有受贿机会，恶势力常常用津贴的方法，使报纸变为恶势力作恶的工具……我们新闻界，应当特别保持'富贵不能淫，贫贱不能移，威武不能屈'的优良道德传统。第三，要提倡学习……我们新闻记者本身的不断学习，至为迫切，无论对国际还是对国内形势，必须随时给予群众以正确的解释，引导他们走上正确势力之途径……"

范长江在文章最后给出一个总括性的结论："假如问，中国今天需要什么样的记者？我们可以说，需要说真话，有气节，有认识的记者。这正是今年记者节中我们大家应该共同努力的目标。"

范长江的这番话，既是他自己对新闻职业道德修养的深刻理解，也是对广大新闻工作者提出的殷切希望。

新闻业担负着向社会和公众提供新闻与各种信息服务，表达和引导社会舆论，促进社会发展与文明进步的崇高社会责任，因此，新闻从业者需要具备良好的职业修养才能胜任其职业使命。社会主义新闻业的特殊地位决定了它对其从业者有着很高的职业素质要求。

第一节　新闻从业者的职业特征与素质要求

新闻职业作为一种运用新闻手段服务社会与公众的职业，有其特殊含义和基本特征，同时也有其基本的素质要求。

一、新闻职业的含义

所谓"职业"，是指在社会分工中以特定手段和技艺向公众提供专业服务的工作与岗位。任何一种职业都是为适应社会与人类的某种需要而出现的。

由于社会与人类的需要多种多样，因而也就形成了各种不同的社会分工，出现了担负不同社会职责、满足社会与人类不同需要的各种职业。

新闻职业在社会分工中担负着特定的社会职责。它借助新闻传播手段向社会提供新闻及其他各种信息服务。在当今社会，人们要想更好地劳动、工作、学习和生活，一刻也离不开新闻媒介和新闻工作者所提供的新闻及各种信息。

新闻传播作为一种社会职业从各种社会分工中分离出来，是新闻传播活动作为一种社会性事业产生之后的事。

大约在15、16世纪前后，在地中海沿岸以威尼斯为中心的一些商业、交通业、造船业和金融业较为发达的城市中，出现了一部分专门以收集、编写及传播各种商品价格、贸易行情、船舶交通、道路安全、旅游气象等经济信息和社会信息为生的人。他们把收集到的各种相关信息用手工抄写，提供给前来进行商贸、金融和旅游活动的人。

这种手抄小报是新闻业产生初级阶段的代表形式。它表明新闻传播已开始作为一种社会性事业出现了。其标志就是在社会分工中出现了专职的新闻采集、制作和传播者。正是这种社会分工，导致了专职新闻从业人员的出现，宣告了新闻业的诞生。

我国的职业新闻从业者是随着19世纪初中国近代报刊的产生而出现的。历史上，我国第一个新闻从业者是梁发，他在1815年8月5日于马六甲创刊了第一家中文报纸《察世俗每月统记传》，从事采编和刻印、发行工作。

在我国，最初称记者为“访员”、“访事”或“访事人”、“采访人”等。1899年3月，梁启超主编的《清议报》第7册上，第一次出现了“记者”的称呼。

“访员”、“记者”，顾名思义，其任务是“采访”、“记事”，把采访、记录的最新事实信息传播给读者。世界上若是没有这些专门从事采集、编写、发布和传播新闻与社会信息的人，那么，人们将会耳目闭塞，信息不灵，这就会给人们的劳动、工作、学习和日常生活造成诸多不便。而社会也将会失去一种敏感的“监视器”和“报警器”，从而导致无序和混乱。

作为社会的耳目、民众的喉舌、生活的助手和政府的镜鉴，新闻职业在现代政治、经济、文化和社会生活中的作用不可忽视。民众依靠新闻报道，可以随时了解社会生活中各种变动的信息，调整自己的言论和行动，以便更好地劳动、工作、学习和生活；政府根据新闻报道，可以随时掌握舆情民意，检讨自己的决策与工作，调整相关的计划和政策，以便更好地把握情况，理顺关系，总结经验，纠正失误，使各项工作能有效运转。

总之，在当今社会生活中，新闻职业岗位光荣，责任重大，能从事这一职业是一件十分荣耀的事情。

二、新闻职业的基本特征

新闻工作是一种每日每时都在影响着社会与公众的工作，是一种常干常新的工作，是一种充满新奇与挑战、具有冒险性的工作，是一种需要付出艰辛劳动和不懈努力的工作。作为一种社会职业，新闻工作有其独特的职业特征。

（一）及时、敏锐地反映社会和时局的变化

新闻媒介有如社会的雷达，日复一日地搜索和记录着大千世界的变动情况。小到公众心理、情感和言行的细微变化，大到民族反目、国家战争、天体变动、自然灾害等重大情况的发生，都在它的视野和监测之中。

新闻媒介又是社会的耳目，每时每刻都在关注着社会生活中发生的各种事情。从民众日常生活中的柴米油盐问题，到国家大政方针的制定，以及内外政策的变动等，都能通过它得到反映与报道。作为一种“精神导线”和“有声的纽带”，它能起到沟通内外、上下

和左右的特殊作用。

新闻媒介的这种反映功能和沟通作用，决定了新闻工作者要时刻保持敏锐的新闻嗅觉和快捷的反应能力，要能够迅速捕捉社会生活中发生的各种新情况，把握时局的各种新变化，并以最快的速度将其反映和报道出去。

（二）广泛密切地保持着与现实生活和社会公众的联系

新闻媒介与现实生活和社会公众有着天然的联系。反映现实生活和服务社会公众是它的天职。有人说，新闻是"事学"，因为它是以反映与报道事物的变动情况为己任的。因而，它总是以现实生活和社会公众作为自己反映与报道的来源及对象。就像鸟儿离不开天空，鱼儿离不开海洋，花儿离不开土地一样，新闻工作离不开现实生活这个广阔的天空、浩瀚的海洋、肥沃的土地，离不开创造了和正在创造着人间种种奇迹的、作为社会主体的人民群众。它总是一刻也不间断地保持着同现实生活和社会公众的密切联系，从中汲取社会生活的知识与营养，获取新闻报道的材料与灵感，挖掘新生事物的本质与内涵，并依靠它们去实现自身的存在价值和社会功用。

（三）直接或间接地服务于一定的阶级、政党和利益团体

新闻媒介作为一种信息传播手段，是为社会与公众提供新闻和信息服务的，因而具有明显的社会性。但它从来就不是一种完全独立于阶级、政党、利益集团，独立于政治的"公共通讯工具"。它总是直接或间接地服务于一定的阶级、政党、利益集团，为它们实现其阶级利益和政治目标服务。无论是资产阶级及其政党，还是无产阶级及其政党，都是循着这样一条规律运作的。新闻传媒及新闻工作的这种政治属性是一种客观存在，不管主观上是否承认，它都会在新闻传播中体现出来，并时时在发挥着作用。

（四）代表和体现社会与公众的利益和意志

新闻媒介作为一种社会舆论机构，是社会舆论的反映者和表达者，集中代表和体现的是社会与公众的利益和意志，因而通常能够得到民众的拥护、信任和支持，具有很强的社会影响力。社会主义新闻业自觉地站在广大人民群众的立场，维护他们的利益和意志，表达他们的意见和要求，成为他们忠实的代表者，在他们中间享有很高的威望，具有很强的权威性。

（五）快节奏、高强度地从事创造性的劳动

新闻的可贵和优越之处就在于它能最迅速、最准确、最充分地反映和表达现实生活，最大限度地满足受众获知、获益和获趣的需要。因此，新闻工作不但需要快节奏，而且需要付出高强度的劳动，并进行创造性的工作。新闻从业者要用快节奏、快速度和新思维、新角度去观察生活，审视世界，把最具新意、最有新闻价值、最能给人们带来新鲜感的新闻信息提供给广大受众。为此，新闻从业者必须做好吃苦的准备，必须付出艰苦的劳动，必须时刻保持清醒的头脑、充沛的精力和饱满的热情，去敏锐地观察、独立地思考、勤奋地工作，随时完成新闻传播的职业使命。

（六）浮光掠影的职业弱点

1889 年，恩格斯在一封致友人的信中明确指出了"新闻事业使人浮光掠影"[①] 的弱

① 《马克思恩格斯全集》，中文 1 版，第 37 卷，319 页，北京，人民出版社，1971。

点。在恩格斯看来，新闻工作最大的弱点是浮浅。因为工作性质的特殊性（要在截稿前尽快地把最新的新闻信息报道出去），新闻工作者常常无法保证有较充足的时间去作深入的采访调查，因而不得不常常用“走马观花”的方式去观察，用“蜻蜓点水”的方式去采访，用“倚马可待”的方式去完成新闻稿件的写作任务。总之，他们要在极短的时间内，匆匆忙忙地进行采访，匆匆忙忙地作出判断，匆匆忙忙地写出报道，这就难免会浮光掠影。他们所看到的东西往往是眼前的东西、直观的东西、表层的东西，而背后的、深层的、实质的东西就不容易看到。新闻报道常常因此而失之于浮浅，有时还会出现报道片面和失实的情况。这是新闻工作无法回避的一种职业弱点。

“弱点”，通常是先天造成的一种自然的短处，因而常常难以完全避免。但是，弱点又并非是完全不可改变的。先天的东西，通过后天的努力也是可以弥补的，只不过需要付出更大的努力和代价。新闻工作者要防止或克服浮浅的弱点，就要以积极的态度，主动扬长避短，以弥补这一弱点可能造成的失误。

例如可以在平时有条件时多深入、多调研、多积累，也可以采取事后追踪的方式，通过后续的深入采访、连续报道来全面、深刻地展现和揭示事物的真相，同时还可以在平时多学习各方面知识，锻炼各方面能力，用知识和经验不断充实自己，提高自己的理论修养、政策水平和业务能力，这样，就可以使自己在任何突发事变面前都能够冷静应付，熟练地完成新闻报道任务，从而避免或减少新闻职业自身的弱点给新闻工作带来的不利影响。

三、新闻从业者的素质要求

新闻职业的基本特征决定了对新闻从业者特殊的素质要求。

从记者和编辑的角度看，新闻从业者须具有以下素质要求。

（一）品德要高尚

新闻媒介所肩负的社会使命，决定了新闻工作者应当是一个有着高度社会责任感和高尚道德情操的人。他们应当胸怀宽广，心地坦荡，不以物喜，不以己悲，敢于担当社会责任。只有这样才能敏锐地发现问题，客观地报道事实，公正地分析情况，更好地满足社会与公众的新闻和信息需要，把握社会前进的脉搏，推动社会的良性运转与健康发展。

新闻工作从某种意义上可以说是一种“自由职业”，他们常常要独立采访，没有领导在身边督促、检查，完全凭着自己的觉悟和职业道德意识自觉地行动。这就决定了新闻工作者要具有很强的道德意识和良好的职业修养，要能够自觉地承担职责，完成使命。

总之，新闻工作者须严格地约束自己，自觉地规范自己的行动，检点自己的行为，不滥用权利，不借新闻工作之便谋取私利。可以说，一个缺乏自觉意识、不能约束自己的人，一个没有良好道德素养的人，是做不好新闻工作的。

（二）政治要坚定

新闻工作属于意识形态领域的工作，要通过有选择的新闻报道和评论来影响受众的思想及行为，引导社会舆论。因此，其工作的好坏绝不仅仅是某一新闻媒体和新闻工作者个人的事，而是涉及国家和社会公共利益的大事。一个没有政治责任感的人，是难以肩负起新闻传播的重任的。这就决定了国家、社会和公众都会对新闻从业者在政治素质上提出一定的要求。

社会主义国家更是要求新闻工作者把国家和人民的利益看得高于一切，要时时从国家富强、民族团结、人民福祉，以及社会稳定、和谐与进步出发，以高度负责的态度做好新闻工作，决不允许丝毫的马虎大意、不负责任，更不能把新闻工作作为牟取私利的手段。

（三）思维要敏捷

客观世界纷繁复杂，千变万化。新闻工作者的任务就是要准确、迅速地反映出客观世界的变动情况，向公众提供最新的事实信息，以帮助他们更好地认识世界和改造世界。因此，没有敏捷的思维，没有高度的新闻敏感，没有很好的新闻悟性，没有很强的新闻发现和应变能力，是无法胜任新闻工作的。这就决定了新闻工作者思路要开阔，思维要敏捷，对周围事物的变动情况反映要快，要能迅速、准确地把握事物，报道事物。

一个新闻工作者，不管碰到什么情况，不管在怎样险恶的环境中和艰难的条件下，都要能够迅速地跟踪和介入新闻事件，并能果断地作出分析和判断，完成好新闻采写任务。

（四）业务要熟练

新闻工作是一项对时效性和专业性要求很高的工作，也是一项需要付出巨大智慧和心劳的极其紧张、繁重、艰苦的工作。为了应付紧急情况和突发事件，新闻记者往往 24 小时都处在紧张待命的情况下，随时准备前往新闻事件发生地采访调查，哪里有新闻就往哪里跑，正因为这样，做新闻常常被人们称作“跑新闻”。这就要求新闻记者具备随时投入采访工作，从容应对复杂局面，果断组织新闻报道，快速完成采写任务的业务能力。

另外，新闻工作者出于职业的要求，每天都需要进行社会交往，每天都需要同各种人打交道，上至党政领导、社会名流，下至平民百姓、普通群众。上午还在政府机关的新闻发布会上，下午就可能行走在山乡崎岖的小路上。总之，哪里有新闻事件发生，哪里就有新闻记者的身影，就需要新闻记者同那里的人群打交道。人世间像新闻工作者这样与社会生活、与各阶层群众保持着如此密切联系，并且能够同他们沟通交流、友好相处的人，几乎是找不到的。这就决定了新闻工作者必须具有很强的社会交往和社会调研等业务能力。

总之，从事新闻工作需要具备各种顺利进行新闻采编制播等工作所必需的熟练的业务能力，这样才能准确地把握社会脉搏，真实地反映社会生活，充分地表达公众意愿，出色地完成职业使命。

（五）知识要广博

新闻工作的报道范围十分广泛。上至天文，下至地理，以及工业、农业、商业、政治、军事、外交、科学技术、经营管理、文化教育、体育卫生、哲学、法学、心理学、社会学等，各方面的知识都可能涉猎。另外，新闻工作的传播对象也极为广泛。工人、农民、战士、学生，老人、青年、少年儿童，科学家、工程技术人员、大中小学教师，宗教信仰者、少数民族同胞等，各方面的人都可能碰到，都要同他们打交道。这就决定了新闻工作者要有广博的知识。

同时，新闻工作是意识形态的重要组成部分，担负着传播先进思想和文化的重要使命，这就要求新闻工作者必须有丰厚的文化积淀。为此，新闻工作者应当广采博取，多学强记，用各种新知识、新观念充实自己，只有这样，才能视野开阔，思想敏锐，知识广博，才能顺利地进行采访写作，有效地完成报道任务。

第二节　新闻从业者的职业修养

新闻从业者独特的职业特征和素质要求决定了他们必须加强职业修养，全面提高职业素质和业务能力。

一、政治与思想修养

所谓“政治修养”，指的是新闻工作者的政治意识与政治品质的锻炼和修养。一个新闻从业者应当时刻把国家和人民的利益放在高于一切的地位，应当明确自己的政治责任和社会责任。

美国著名报人普利策曾把国家比作一艘船，把记者比作站在船头的“瞭望者”。这位瞭望者要观风云，察动向，随时将海平面上出现的各种值得注意的情况向船长和船员发出警报，使航船能顺利地绕过暗礁，渡过险滩，冲破激流，驶达胜利的彼岸。

社会主义国家更是把新闻工作视为国家前途和命运所系的工作。新闻工作者担负着如此光荣而又艰巨的责任，没有明确的政治方向，没有强烈的责任感，怎么能够履行好自己的职责，引导国家的巨轮驶向胜利的彼岸，确保国家的前途和命运能安然无恙呢！

因此，作为一个新闻工作者，应当自觉加强政治修养，增强责任意识，要有敏锐的政治嗅觉，要有明确的政治方向，要站得高、看得远、想得深、要真正把自己的工作看作是服务国家、服务人民、捍卫真理、捍卫正义的一种政治责任和社会使命，自觉地把自己的聪明才智和一腔热血献给这一神圣的事业。

所谓“思想修养”，指的是新闻从业者在思想意识与思想品质上的锻炼和修养。一个新闻工作者应当有一种强烈的事业心，不是把新闻工作仅仅看作挣钱吃饭、借以谋生的一种职业，而是将其视为一种崇高的社会事业，视为一种为国家服务、为社会服务、为人民服务的社会工作。这就需要新闻工作者自觉地抛弃一切个人杂念，用一种执着的事业追求和职业热情努力工作，为促进社会进步和人类文明而不懈奋斗。世界上那些不惧强暴、不怕困难、不畏艰苦，为新闻事业英勇献身的新闻工作者，用他们自己的行动为广大新闻工作者加强思想修养树立了学习的典范。

二、法治观念与职业道德修养

所谓“法治观念与职业道德修养”，指的是新闻从业者在法律意识、法治观念与职业规范、职业道德方面的锻炼和修养。一个新闻工作者应当具有强烈的法律意识、牢固的法治观念和良好的职业规范与职业道德方面的修养。

在法治社会中，新闻工作同一切其他工作一样都要在法律的范围内运作。新闻从业者的全部工作和一切行动，包括新闻采访、写作、编排、制作和播出及其他相关活动都须依据有关法律、法规行事，不得做任何违反法律、法规的事情。

新闻从业者要加强法治观念的修养，就须认真学好各种法律、法规，特别是同新闻工作相关的法律、法规，要自觉地学法、守法、用法，而且要宣传好这些法律、法规，善于运用这些法律、法规规范和约束自己的行动，要尽力防止新闻侵权、毁誉等行为，防止由于新闻报道失实、失误而造成的违反法律、法规的现象。

新闻工作同其他社会职业一样，也有自己的职业道德。如承担社会责任，报道客观公正，为人诚信正直，等等，就是世界公认的一些基本的新闻职业道德要求。

新闻从业者要讲究职业道德，就须增强职业自律意识。要自觉遵守职业道德，严格约束和检点自己的职业行为，认真处理好自己与新闻接受者、被采访对象、新闻信息提供者、新闻通讯员、新闻控制者之间，以及个人与编辑部集体、本部门同事及外单位同行之间的关系。尤其要注意克服个人主义、利己主义的倾向，防止以权谋私、以稿谋私现象，防止搞“有偿新闻”和新闻敲诈等。

三、业务能力修养

所谓“业务能力修养”，指的是新闻从业者各种业务技能的训练和工作能力的综合培养与锻炼。一个新闻工作者只有具备了运用各种新闻手段从事新闻工作的业务能力，精通新闻采访、写作和编播制作等业务的“十八般武艺”，才能掌握新闻工作的主动权和自由权，因此，必须努力加强业务能力的修养。

新闻工作者应当注意下面一些业务能力的培养和锻炼。

（一）政治判断力和新闻敏感性

新闻工作的特殊规律要求每个新闻工作者都要善于在纷繁复杂、千变万化的现实生活中迅速而又准确地判断出哪些事实具有新闻价值，能够构成新闻。这就需要新闻工作者具备高超的政治判断力和新闻敏感性，要善于对事物变动的状态、过程、发展的趋势及其内含的本质作出正确的政治判断和科学预见。

恩格斯在指导德国社会民主党机关报《社会民主党人报》的编辑时就指出，作为一个新闻工作者，“善于从适当的方面迅速抓住问题”，这是比“学识渊博”重要得多的。能不能用最短的时间，从最适当的方面抓住刚刚出现的问题的实质，这是看一个新闻工作者是否具备应有的政治判断力和新闻敏感性的关键。恩格斯曾高度赞扬马克思的非凡的政治洞察力和历史预见性，称赞他能迅速在“一大堆杂乱的、看来是偶然的、互不连贯而又矛盾的事实中”，看出“哪一部分将构成世界历史的组成部分”①。

提高政治判断力和加强新闻敏感性有着不可分割的联系。只有具备一定的政治判断力，在政治上敏感的人，才能迅速、果断、准确地在瞬息万变的现实生活中捕捉到具有新闻价值的新闻信息。

新闻工作者需要通过不断的学习和积累，提高自己的政治理论水平和政策水平，增强自己的政治判断力和新闻敏感性，以适应新闻工作的需要。

（二）社会交往与活动能力

新闻工作的天职就是及时、准确地把新近发生的各种新闻信息报道给读者。因此，在现实生活里，在社会人群中，在一切新闻事件的发生地，到处都活跃着新闻工作者的身影。新闻工作者称得上是最活跃的社会活动家。他们必须具备很强的社会交往与活动能力，必须善于同各种人打交道，这是他们的一项基本功。

① 《马克思恩格斯选集》，2版，第1卷，484页，北京，人民出版社，1995。

首先，新闻工作者要善于同普通群众交往，善于做基层调研工作，善于反映民间的生活状况，善于理解百姓的愿望和要求，而且要善于从中寻找新闻线索，搜集报道材料，组织新闻报道。

新闻工作者同普通群众打交道应当实实在在，不骄不躁。要以学生的身份向他们学习，要以朋友的诚意同他们交心。这样他们才会把你当作自己人，有话愿向你说，有事愿向你讲，有委屈愿向你倾诉，有困难愿求你帮助。如果总以为自己了不起，总端着记者的架子，思想和语言都同群众格格不入，群众是不会买账，也不会向你反映真实的情况的。

另外，新闻工作者也要善于同领导机关和上层人物打交道，要能够在同他们的交往中活动自如。新闻工作者要善于把握领导机关的意图和动向，吃透领导者的思想和精神，同时要学会用领导者的头脑来思考问题，判断情况，把握社会动向，解决社会与公众中出现的一些带有倾向性的问题。

新闻工作者在同领导机关和领导者打交道时应当举止适度，有礼用心。在采访过程中，新闻工作者既要注意尊重被采访对象，虚心向他们请教，又要注意时时把握新闻采访的主动权，记住在新闻采访活动中自己是主导者，对方是被采访对象，是为自己服务的，要善于抓住机会主动提出问题，并精心引导对方满足自己的采访要求，如果过于拘谨和怯场，会导致采访的失败。

（三）调查研究能力

调查研究是新闻工作者了解情况、认识事物、获得真实报道材料的重要方法。新闻工作者不做调查研究就没有发言权、写作权和报道权。因此，一切新闻工作者都应当把调查研究作为基本功。

要搞好调查研究，方法十分重要。新闻工作者在进行调查研究之前，要选好调查题目，定好调查方案，确定好适当的调查方法。新闻工作者调查研究的方法是多种多样的。可以搞系统、全面的调查，也可以搞专项、专题调查；可以向上级领导机关调查，也可以到基层群众中调查；可以找有关人员直接调查，也可以通过间接形式搞外围调查；可以用公开身份搞调查，也可以不暴露身份搞“隐性”调查；可以用开座谈会的形式调查，也可以用通信或问卷方式调查。

要搞好调查研究，更重要的是要有对国家、对社会、对人民极端负责的精神，要有踏实认真的好作风。新闻工作者应当脚踏实地地深入实际，深入生活，深入群众，要坚持深入到新闻事件的现场，向当事人、知情者和周围人群调查了解有关新闻事件的第一手材料；还应当经常性地深入社会生活的各个层面进行采访调查，熟悉各阶层群众的劳动、工作、学习和生活，倾听他们的呼声、愿望和要求，随时了解他们的生活状况、思想动态和工作经验。这种经常、深入的调查访问过程实际上也是新闻工作者向社会学习、向实际学习和向群众学习的过程。

当然，由于新闻报道讲究新鲜，注重时效，所以在大多数情况下，都不允许新闻工作者从容不迫地到一个地方蹲下来进行较长时间的、细致的观察和了解，做出系统、全面的分析和判断，而往往要求新闻工作者在最短的时间里能就新闻事件中的某个问题、某个方面进行急切快速的调查采访，然后作出迅速果断的判断，写出及时简洁的报道。这就需要新闻工作者具备很强的新闻调查研究能力，要善于根据不同的情况，运用不同的调查方法，进行快速有效的调查研究和分析判断。

调查研究能力的形成绝非短时间的事，需要经过长期、艰苦的锻炼。每个新闻工作者都应当充分利用日常的采访调查机会加强锻炼，不断积累经验，总结提高，使自己成为一个合格的职业调查人员。

（四）文字表达能力

新闻写作也像文学写作一样，需要具备良好的文字表达能力。同一件新闻事实，有的人能把它写成一篇言简意明、生动感人、深受读者欢迎的好新闻；而有的人虽然费力不小，但写出来的东西佶屈聱牙，枯燥乏味，使人看了提不起精神。这里面，文字表达能力起着关键作用。一个新闻工作者必须具有扎实的语言文字功底，要善于运用本民族的语言文字，准确、鲜明、生动、通俗地去表述事实。这就需要熟练地掌握本民族语言的词汇、语法、修辞的运用方法，提高语言文字的表达和表现能力。在写作方法上，应当提倡大胆探索，要不拘一格，勇于创新，努力形成自己独特的写作风格。

（五）身体和环境适应能力

新闻工作带有很大的挑战性和冒险性。新闻工作者要随时准备应付突发事件，承担各种紧急采访任务。记者们的足迹遍及天南地北、城市乡村，震灾之地、水患区域、发案现场、战斗前线，等等。因此，新闻记者要有良好的心理素质，要有健康、强壮的体格，要能够适应各种可能出现的艰苦工作环境，要能够吃苦耐劳、昼夜奋战。当然，更重要的是要有一种顽强的毅力，要有一种自愿为自己所钟爱的新闻事业献身的精神。

为此，新闻工作者平时须注意锻炼自己吃苦耐劳的精神，培养自己适应环境的能力，锻造自己不惧困难、敢于应对挑战的职业品格。这样，在关键的时刻，才能冲得上去，坚持得下来，才不会半途而废，即使面临生命危险，也不会退缩。

战火的考验、灾害的袭击、暴徒的挑衅、不明真相者的围攻、被批评者无理纠缠的法庭诉讼等，这一切都是对新闻工作者的锻炼和考验。一个新闻工作者，如果没有对新闻事业的热爱和忠诚，没有对国家、对人民、对社会的高度责任感，没有良好的心理素质和身体条件，是无法做好新闻工作的。

在2003年春天抗击“非典”期间，一些记者为了及时、准确地报道疫情信息，不顾自身安危，深入疫区一线，进入医院病房，冒着被传染的危险进行现场采访。他们的职业精神令人钦佩，他们应对突发事件的能力也使人赞叹。这说明在新闻工作者面前，没有克服不了的困难，没有跨越不了的障碍，没有适应不了的环境！

同样在2003年春天，凤凰卫视女记者闾丘露薇在伊拉克战争爆发后许多人都往外撤的时候，联系了一辆出租车，找了一位当时在安曼的伊拉克女孩做向导，同一名摄像记者一起，在北京时间3月23日从约旦边境出发，经过12个小时的艰苦跋涉，于24日下午抵达巴格达，成为战争打响后第一个从境外进入巴格达的中国记者。当她头发蓬乱、满脸疲惫地出现在镜头前，镇定自若地发回第一条来自战争前线的报道时，人们无不对她“巾帼不让须眉”的勇敢精神和敬业态度心怀敬意。

新闻工作者本身有着各种具体分工，对从事不同任务的新闻工作者也有不同的业务要求，如摄影、美术、录音、录像等，熟练运用各种业务技能也是新闻工作者必备的基本功夫。

近年来，随着传播科技的进步和新闻事业的发展，特别是随着媒介融合趋势的出现，新闻传播的技术手段不断更新，新闻传播的内外环境不断变化，对新闻工作者的业务技能的要求也越来越高，电脑操作、汽车驾驶、外语交流、多媒体技术等，都成为对新闻工作者业务技能的要求。在这种情况下，打破传统的媒介分工，做一个复合型、全能型、融合型的“全媒体记者”已经成为新闻从业者的共同追求。

第三节 社会主义新闻从业者的基本素养及要求

社会主义新闻事业在国家政治、经济和社会生活中所具有的重要地位，决定了党和人民对每一个新闻从业人员都寄予殷切的期望并提出很高的要求。只有培养和造就一大批忠于党、忠于人民、忠于国家、忠于社会主义新闻事业的高水平的新闻从业者队伍，才能适应新闻事业发展的需要，才能保证社会主义新闻事业真正成为党和人民称心满意的事业。

在我国，要做一个合格的社会主义新闻工作者，需要具备以下基本素养及要求。

一、胸怀全局，顾全大局，坚持党性原则

做一个社会主义新闻工作者最基本、最重要的素质要求是时时不忘自己作为党、政府和人民的耳目喉舌的职责，要树立高度的政治责任心和强烈的社会责任感，时时把国家的安危、社会的稳定、民族的团结和人民的福祉放在心上，真正做到胸怀全局，顾全大局，始终不渝地坚持党性原则。

要胸怀全局，顾全大局，关键需要培养新闻工作者的政治敏锐性和政治洞察力。社会主义新闻工作者要时刻把国家和人民的利益看得高于一切，要时时、事事、处处从国家和人民的利益出发，自觉地为维护国家和人民的利益而努力工作，要同一切损害国家和人民利益的言行作坚决的斗争。同时还要具有政治胸怀、政治眼光、政治胆略和政治责任心，要善于从宏观的角度，把握社会主义建设事业的全局，顾全党和国家工作的大局，努力促成国家的经济、政治、文化、社会和生态文明。

这就要求新闻工作者自觉地把自己的工作同国家的富强、人民的福祉、民族的振兴和经济的发展、文化的繁荣、社会的和谐等目标结合起来，在大是大非面前，要立场坚定，态度鲜明，敢于坚持原则，敢于开展斗争。为了国家和人民的利益，要有一种一往无前的精神。如果在事关大局的问题上是非不清，立场不稳；如果在日常的新闻报道中漫不经心，草率马虎；如果在扑朔迷离的时局面前手足无措，混混沌沌；如果在各种诱惑面前缺乏自制力和约束力……这样的新闻工作者就无法胜任社会主义新闻工作的要求，完成好党和人民赋予的新闻宣传与舆论引导任务。

二、尊重事实，服从真理，坚持实事求是的思想路线

实事求是是我国各项工作都必须遵循的唯物主义的思想路线，社会主义新闻工作也将其作为行动准则和思想路线。

实事求是的核心在于坚持唯物主义的立场、观点，一切从实际出发，不唯上，不唯书，重在唯实。也就是说在观察事物和处理问题时，不是简单地以文件上的、书本上的东西和现成的经验为依据，而是以现实生活中客观存在的实际事物为依据，以人民群众的实

际需要为依据。

对于新闻工作者来说，坚持实事求是的思想路线是最基本的要求，也是最根本的思想修养。为此，必须从以下几方面加强修养。

（一）尊重事实

新闻是对新近发生的客观事实的反映和报道。因此，新闻工作者应当确立"事实第一"、"事实为先"的新闻观念，要明确一切新闻报道都须以事实为依据，要根据"事实"来反映和报道事物，而不能根据"希望"来反映和报道事物。尊重事实应当成为社会主义新闻工作者基本的职业理念和业务追求。而一切无视事实、背离事实和歪曲事实的做法都应当从新闻报道中坚决摒弃。

然而令人遗憾的是，在我们的新闻实际工作中，虚假报道却屡禁不绝，时有出现，这说明一些新闻工作者还缺乏"尊重事实"这一基本的职业素养。

有的人或出于外界压力，或出于个人私利，或由于客观原因，或由于主观因素而无视客观事实进行新闻报道。他们有的根据个人的意愿任意夸大或缩小事实，有的甚至随意歪曲事实，公开造假，这就从根本上背弃了社会主义新闻工作实事求是的思想路线，是新闻工作的一个大忌。

（二）服从真理

要坚持实事求是的思想路线，除了要做到尊重事实外，还要做到服从真理。每个新闻工作者都要有一种坚持真理的政治勇气，无论碰到何种压力，无论面对何种威胁，无论遭遇何种挫折，都要能做到不妥协、不气馁、不畏惧、不退缩，始终高举真理的旗帜前进。为了坚持真理，要能够做到"富贵不能淫、贫贱不能移、威武不能屈"。这是社会主义新闻工作者必须具备的一种基本的思想品质。历史上那些为了维护真理而不畏权势、不怕打击、不受利诱、刚直不阿的记者们为我们树立了服从真理的榜样。

经验说明，只有忠实于事实，才能忠实于真理，在尊重事实和服从真理之间，尊重事实是前提，是基础。如果一个人不敢面对事实，不敢承认事实，那就根本谈不上服从真理。因为，真理应该是建立在对客观事实的准确把握和对事物规律的正确认识的基础之上的。因此，要做一个彻底的唯物主义者，就应当做到不唯上，不唯书，只唯实。

所谓"不唯上"，是指对上级领导、权势人物不迷信、不盲从。对某一事物的认识和看法应当依据这一事物本身的实际情况，从对其实事求是的分析中作出正确的判断，而不是简单地以某位领导或某个权势人物的意见为结论。

要做到这一点，需要具有一定的政治勇气。因为在实际工作中，常常会出现这样的情况：一些领导者或权势人物不从实际出发，不顾群众的愿望和要求，仅凭自己的主观意志来制定政策，作出决策，指导工作，结果导致脱离实际，脱离群众。在这种情况下，新闻工作者是盲目服从，无原则地按照领导者的意图做脱离实际、脱离群众、违背事实的宣传报道，还是坚持原则，按新闻工作的规律和要求，依据客观实际，依据群众意愿，做实事求是的反映和宣传报道，这是检验一个新闻工作者能否坚持实事求是的思想路线的标准。

所谓"不唯书"，是指对书本上的东西不迷信、不盲从，不搞形而上学，不搞本本主义。对某一事物的认识和看法，不能只看书本上怎么说，文件中怎么讲，而是要到实际中去作调查，按照这一事物客观存在的实际状况做出正确的反映和报道。

总之，要做一个彻底的唯物主义者，要坚持实事求是的思想路线，就要尊重事实，服从真理。在新闻宣传工作中，要抛弃一切个人杂念，坚持原则，敢说真话，把实事求是的思想原则贯彻到整个新闻宣传工作的实际中去。

三、心系群众，以人为本，坚持全心全意为人民服务的宗旨

在社会主义国家，人民是国家的主人，也是新闻事业的主人。新闻事业作为国家和人民的舆论机关，其根本任务和基本方针是为人民服务。因此，一切新闻工作者要牢固地树立起公仆意识，把全心全意为人民服务作为自己的工作宗旨，作为加强自身职业道德修养的核心和根本，真正做到心系群众，以人为本，做到“情为民所系，权为民所用，利为民所谋”。

新闻工作者要做到心系群众，以人为本，实现全心全意为人民服务的宗旨，关键在于要有对人民群众的深厚感情，要把人民群众的疾苦和利益时时装在心头。一个脱离群众、对人民群众的疾苦麻木不仁、漠不关心，对人民群众的呼声、愿望和要求不闻不问、无动于衷的人，还谈什么为人民服务！

因此，新闻工作者需要扎根于群众之中，自觉地维护同人民群众的感情，培养对人民群众高度负责的精神。这就要求每一位新闻工作者经常深入到人民群众之中去，了解他们的生活疾苦，反映他们的呼声愿望，尊重他们的思想情感，维护他们的人格尊严，报道他们的劳动业绩，颂扬他们的精神风貌。要满腔热情地同人民群众交朋友，想他们之所想，急他们之所急，帮他们之所需，真正做到与人民群众“同甘苦、共患难、齐爱憎”。当人民群众的利益受到损害时，要敢于挺身而出为他们代言，伸张正义。

一个对人民群众缺乏感情的新闻工作者是难以真正了解和熟悉群众的，即使身子到了群众之中，其思想也会格格不入。这样，纵有生花妙笔，也难以写出真正反映人民群众思想感情的报道来。许多老一辈新闻工作者始终把根深深地扎在人民群众的沃土之中，与人民群众息息相通，心心相印。他们诚心诚意地同普通工人、农民、干部、知识分子、青年学生和解放军战士交朋友，从他们身上汲取营养，从而丰富了自己的思想，充实了自己的生活，写出了许许多多真正反映人民群众思想感情和劳动创造的有血有肉、生动感人的新闻报道。

20 世纪 60 年代那篇脍炙人口、传遍全国的优秀通讯《县委书记的榜样——焦裕禄》，就是作者朴实、真诚的人民情感的自然流露。作者穆青在回忆这篇通讯的写作时说：“夜深人静，我们摊开稿纸，焦裕禄就像站在我们面前，千千万万噙着泪回忆焦裕禄的兰考贫下中农就像站在我们面前。我们的眼泪常常不由自主地夺眶而出，淌在稿纸上。”

为了写作这篇通讯，三位作者深入焦裕禄生前工作和战斗过的兰考大地，深入曾与焦裕禄共同工作和战斗过的兰考干部、群众之中，通过访问和调查，他们自己也深深为焦裕禄那种全心全意为群众服务的无私奉献精神所感动。正因为作者本人是饱含着激情写作的，才赋予了这篇通讯极强的感染力，具有了催人泪下、感人肺腑的力量。

无数事实说明，只有对人民群众有了深厚的感情，并把这种感情贯注到自己的工作中，体现到自己的新闻报道中，才能写出真正受人民群众欢迎的新闻报道，而只有这样的新闻工作者才称得上是真正的社会主义新闻工作者。

四、善于学习，勤于实践，坚持创新理念

当今时代是一个信息涌流、知识爆炸的时代，也是一个充满矛盾、变幻无穷的时代。万事万物，此消彼长，此灭彼生，其变化之大、之快，令人眼花缭乱，目不暇接。作为一个新闻工作者，要全面、及时、准确地反映和报道这多姿多彩的世界与千变万化的事物，就须不断地开阔视野，增长才干，要善于学习，勤于实践，不断地积累知识和经验，努力提升捕捉事物最新变化状态、反映事物内在规律和本质特征的能力，这样才能完成党和人民所赋予的新闻报道和舆论宣传任务。

（一）善于学习，不断丰富学识

面对不断涌现的新事物，新闻工作者需要强化自己的学习能力，要不断学习和积累各种最新知识，政治的、经济的、文化的、科技的、法律的，等等。只有具备广博的知识，才能增长见识，丰富学识，才能视野开阔，才能在对各种事物的比较和分析中增强判断与识别事物的能力。

（二）勤于实践，不断积累经验

新闻工作者需要通过经常性地深入实际、深入生活、深入群众，在社会实践中进行调查研究，来加强对实际生活和客观事物的了解与认识。俗话说，“见多识广”，积累了丰富的实践经验，才能更全面、更准确地把握和报道事物。

（三）坚持创新理念，不断求新创新

要适应不断变化的世界，要了解不断变化的事物，要在不断变化中促进各项事业的不断发展，还需要具备创新的理念和精神，要着力于求新、求变、求发展，这对社会主义新闻工作而言尤其重要。

对于新闻工作者来说，坚持创新是其职业内涵所决定的。新闻工作本身就是一项不断求新、创新的工作，它每日每时都须寻访和发现新事物，反映和报道新事物。用最新的观念、最新的方式方法去反映和报道最新的新闻及各种信息，是新闻工作者的社会责任和职业追求。因此，新闻工作者需要不断强化自己的创新意识，并努力掌握创新的方式方法。

实现创新，首先要善于独立思考。

何为“求新”、“创新”？想人之未想，说人之未说，写人之未写，这应是新闻工作“求新”、“创新”的最起码的要求。作为新闻工作者，如果你想到的事别人早就想到了，你说的话别人早就说过了，你报道的“新闻”别人早就报道过了，那么，你的工作就失去了存在的价值和意义。因此，新闻工作最忌人云亦云，最忌随大流、跟风走，最忌炒冷饭、煲剩汤，最忌嚼别人嚼过的馍。而独立思考、勇于创新正是避免出现这些问题的有效方法。

一个新闻工作者，面对纷繁复杂、千变万化的客观事物，要善于独立思考、冷静分析，善于进行创造性的工作。唯有这样，才可能形成对事物独到的认识，才可能从中发现那些具有新闻价值的信息，才可能写出新人耳目、独具特点、真正属于自己创造性劳动成果的“独家新闻”和“首创新闻”。

实现创新，还要掌握创新思维的方式方法。

创新的关键在于思维创新。如果一个人总是抱残守缺，僵化保守，习惯于按老框框、

老套路去思考问题，去判断事物，那么，他笔下的新闻作品是难以出新、出彩、具有吸引力和感染力的。一些媒体上的那些平淡无奇、毫无新意、形式老套的新闻作品，有许多都是由于写作者思维方式陈旧而造成的。

思维方式的创新体现在要改变传统的直线思维和单向思维的方式，学会运用多向思维、发散思维、逆向思维等方式。新闻工作者思维要灵活，要善于从多侧面、多角度、全方位、立体化地去观察事物，思考事物，以便更好地了解和掌握事物的全貌、整体和深层次的东西。近些年来，在新闻报道中涌现的许多具有创新特点的新闻作品和新闻报道方式，大都是作者思维创新，不断求新、求异、求变的结果。

实现创新，还需要有不断进取的精神。

只有积极向上，不断进取，才会不断有所发现，有所创新，有所前进。创新，永远是那些不知疲倦、永不满足、勇往直前的探索者的劳动成果。

新闻工作是一种永远处在不断求新、求异、求变中的职业。新闻永远姓“新”，新闻工作者只有不停地去观察、思索，不断地去发现新事物，不懈怠地去采访、写作，才能使新闻始终保持“新”的本质。那些故步自封、安于现状的人，那些四体不勤、不求上进的人是干不了新闻工作的，也是根本做不好新闻工作的。

要实现创新，也需要有点冒险精神。

新闻工作是一种富有挑战性、带有冒险性的职业。要获取最有价值的新闻信息，使新闻报道日出日新，不断创新，新闻工作者就要有一种风险意识，就须做好冒点风险的准备。要准备去经历风险，迎接考验，在与大自然和人类社会各种险恶状况的斗争中去开创新闻报道的新领域，去创造新闻工作的新业绩。那些敢于第一个吃螃蟹的人，那些不惧风险、不畏艰苦、不断向未知领域求索的新闻工作者，往往能够获取最新的新闻信息，取得最新的报道成果。

令新闻界自豪和骄傲的是，在人类同险恶的自然状况和危险的社会事变作斗争的现场，处处都有新闻工作者在一线采访。自然界的“三极”（南极、北极、珠穆朗玛峰）都留下了新闻工作者的足迹；在灾害区域、险情之地、战争前线和各种突发事件的现场，都能见到新闻工作者的身影。总之，哪里有险情，哪里有危难，哪里就有新闻工作者在工作、战斗！

伊拉克战争中那些冒着炮火在前线采访的记者们，抗击“非典”中那些冒着被传染的危险在医院病房采访的记者们，震灾、水害区域中那些不顾个人安危坚持在灾害现场采访的记者们，都成了人们心目中的“英雄”。

当然，提倡冒险精神，也要注意讲科学，更要注意讲安全，一切要以能够顺利完成采访任务为出发点，不能蛮干，不能作无谓的牺牲。

总之，新闻工作者只有善于学习，勤于实践，才能开阔眼界，丰富学识，积累经验；只有强化创新意识，努力求新、求异、求变，才能在新闻工作中不断创新；只有积极向上，不断进取，才能使自己真正成为一个有思想、有作为的人。

新闻工作任重道远。党和人民对新闻工作者寄予厚望，每个新闻从业者都应当明确自己的历史使命和社会职责，努力学习，刻苦锻炼，加强修养，使自己尽快地成熟、成长、成才，以高度的敬业精神，为社会主义新闻事业的繁荣和发展做出自己应有的贡献。

【思考题】

1. 新闻职业有哪些基本特征和优势？
2. 如何理解新闻职业的弱点？
3. 新闻从业者如何全面锻炼和提升自己的职业素质？
4. 如何理解业务能力修养在新闻从业者职业修养中的作用？
5. 社会主义新闻事业对新闻从业者有哪些基本要求？

第十七章

新闻从业者的教育与培养

【本章学习要点】

1. 世界新闻教育是适应新闻业发展的需要产生的，大学新闻教育是新闻工作专业化和新闻职业规范化的产物。世界新闻教育经历了从职业培训到专业教育的发展过程，以及从一开始的业务技能训练到作为一种专业知识、专业理念和职业精神、职业操守的专业教育的发展过程。

2. 我国新闻教育呈现出与国家政治经济环境及条件、社会文化教育环境及条件、新闻事业的发展状况及需求，以及社会和学界对新闻学学科地位的认知程度相适应的特点。它是多种因素相互作用的结果。

3. 我国新闻教育今后需要进一步开阔办学视野，实行“大新闻与传播教育”；提高科技含量，优化新闻教育环境；提升教育水平，积极参与国际竞争；保持民族传统，体现中国教育特色，建立起完善的中国特色社会主义新闻教育体系。

4. 新闻教育的理念，就是要确定新闻教育的培养目标和教育方式，解决培养什么样的新闻人才，以适应新闻业发展需要的问题。新闻教育应当注重对学生进行新闻专业理念和职业精神的教育，帮助他们确立正确的新闻价值观念及传播行为规范，继承和发扬新闻工作优良的传统作风，培养他们崇高的社会责任感和历史使命感，以及深厚的人文关怀精神，使他们懂得如何关注社会，关注人生，关注国家和民族的前途与命运，关注人类文明和社会事业的进步与发展。

5. 新闻教育所培养的对象应当具备“德”、“识”、“能”三方面的基本素质和修养。在“德”、“识”和“能”三者中，“德”是基础和核心，是起决定性作用的东西。因此，要以“德”来统领“识”和“能”，要尽可能实现三者的统一，即“德才兼备”。

6. 新闻教育要重视对学生政治素质、人文社会科学知识素养、业务知识与技能的训练和培养，以及对学生新知识、新技能及外语和体育、体能的要求。

7. 媒介素养教育，是指有关媒介知识及运用技能和方法的教育。媒介素养教育的普及和大众化，其根本意义在于，使普通民众掌握媒介传播的相关知识及运用技能和方法，从而知道怎样运用媒介更好地为自己的劳动、学习、生活，以及参与国家和社会事务服务，使自己真正成为媒体的主人，成为其主动的驾驭者，而不至于只是充当被动的接受者。

案 例

普利策倡办新闻教育

“我们的国家与报业休戚相关，升沉与共。报业必须有能力、大公无私、训练有素、深知公理并有维护公理的勇气，才能保障社会道德。否则，民选政府就会徒有虚名，成为一种赝品。报业的谩骂、煽动、虚伪、专横将使国家与报业一同堕落。塑造国家前途之权，掌握在未来新闻记者的手中。”这是美国哥伦比亚大学新闻学院捐资人普利策的一段名言。普利策是美国著名报人，早年靠黄色新闻起家。后来他逐渐认识到新闻工作重要的社会功能和作用，认识到新闻工作者所应当承担的社会责任，认识到需要经过学校专业教育才能培养出有责任、有知识、有能力的新闻人才，从而转变成为新闻教育的积极倡导者。

1904 年，他在《北美评论》上发表文章阐述他倡办新闻学院是为了“把新闻提高到一个学术性专业的层次”，是为了“培养更好的记者”。后来他捐款 200 万美元在哥伦比亚大学创办新闻学院。他希望新闻院校能够真正培养出对国家、社会和民众负责的新闻工作者。

国家、社会与公众对新闻从业人员的职业期待和要求，决定了新闻从业者必须具备良好的专业素质和职业素养。而这些素质与素养的形成需要有一个教育和培养的过程。因此，新闻教育便成了新闻人才培养的重要手段，成了新闻队伍建设的重要环节。广义的新闻教育既包括新闻院校的专业教育，也包括媒体的职业培训，还包括面向社会与公众的媒介素养教育。而狭义的新闻教育则专指新闻院校的专业教育。

第一节　新闻教育的产生与发展

一、世界新闻教育的产生与发展

（一）世界新闻教育的产生过程

新闻工作是一种需要具备一定专业素养及相关业务知识和技能的实践性很强的工作。其素养的养成和知识与技能的教育一开始带有师傅传徒的性质，学习者跟从师傅学习采编技艺，操练专业技巧，通过边学边干，在实践中逐渐掌握相关的知识与技能，养成一定的专业素养。

正规的新闻教育应当从新闻院校的专业教育算起。自 19 世纪末叶开始，在当时报业发达的一些西方国家的高等院校里开始开设新闻采编课程，进行新闻知识与技能教育。1869 年，美国华盛顿大学校长李建议开设专门训练班，培养从事报纸采编和印刷出版工作的人员。这一计划虽未能在该校实现，但却引发了 19 世纪 70 年代美国一些高等院校新闻教育实践的推行。

从1873年开始，美国堪萨斯州立学院、康奈尔大学、密苏里大学等院校相继开设新闻与出版课程。几乎在同一时期，德国也开始了大学新闻教育的实践。1884年，巴斯尔大学开始讲授新闻课程；1892年，莱比锡大学也把新闻教育引入大学；1916年，该校又创办了德国第一所新闻学院。

美国的第一个大学新闻系于1903年在俄克拉何马州的中央州立大学成立。而美国的第一个大学新闻学院则是1908年成立的密苏里大学新闻学院。1912年，由普利策资助的哥伦比亚大学新闻学院正式成立。

密苏里大学和哥伦比亚大学新闻学院等新闻院校的成立是世界新闻教育史上的标志性事件，它说明人们已从学科建设和教育理念上接受了新闻教育，将其列为大学的学科专业之一，赋予其应有的学术地位和职责。

20世纪20年代前后，正规的大学新闻教育在欧洲一些国家相继展开，一些大学成立了新闻院系，或在大学开设新闻研究班，讲授新闻课程。这一时期，中国、日本等亚洲国家也开始了大学新闻教育。世界新闻教育从此进入了发展时期。

从世界新闻教育产生的过程看，我们可以得出以下结论：

一是世界新闻教育是适应新闻业发展的需要产生的。

从世界范围看，新闻教育是随着新闻业的不断发展，和社会对新闻从业者素质要求的不断提高而逐步产生的。当新闻业的发展需要具有一定专业知识和业务技能的人才不断予以补充的时候，新闻教育便作为一种现实需要而出现了。

二是大学新闻教育是新闻工作专业化和新闻职业规范化的产物。

大学新闻教育作为正规新闻教育的出现，是新闻工作专业化和新闻职业规范化的结果。普利策当初提议创办新闻学院的根本出发点就在于，他认识到新闻工作的专业性和新闻职业的规范性，因此强调应当通过大学专业新闻教育来提高新闻从业者的专业理念和道德水准。

三是世界新闻教育经历了从职业培训到专业教育的发展过程。

新闻学科作为一门应用性的学科，其发展必然会有一个由“术”到“学”的发展过程。而新闻教育的产生过程也正反映了这样的过程，即从一开始的业务技能训练到作为一种专业知识、专业理念和职业精神、职业操守的专业教育，是一个从职业培训到专业教育的过程。

（二）世界新闻教育的发展现状

自20世纪初开始的新闻教育从20年代以后便快速发展起来。以美国为例，至30年代，全美已有450多所大学设有新闻学课程。而且在这一时期，新闻教育的层次也在提升，最早的新闻学研究生教育便始于此时。美国的一些新闻院校从30年代起陆续开始设立硕士学位，培养研究生。1934年密苏里大学新闻学院率先授予新闻学博士学位，使新闻学教育达到了专业教育的最高层次，也使新闻学学科在大学的学科门类中确立了自己应有的地位。

第二次世界大战后，随着世界范围内经济的恢复和政局的稳定，新闻教育的发展又进入一个新的时期。欧美许多国家的新闻教育都在不断扩大。特别是东欧一些新建立的社会主义国家，纷纷开办大学新闻教育，培养社会主义的新闻干部。一些独立后的亚洲国家也开始了新闻教育的尝试。

这一时期新闻教育的发展还体现在新闻专业及其课程设置的发展与变化上。随着新闻传播技术手段的更新和发展，特别是在广播和电视出现以后，新闻教育由原先的仅仅是报业采编和出版专业的教育，陆续发展到了无线电广播专业和电视专业的教育。期刊、广告、公共关系等专业也成为新闻学教育的组成部分。50年代以后，随着大众传播学的诞生，西方国家的一些新闻院校又出现了传播学专业的教育，这使得新闻学教育大大扩充了学科知识的范围，也提升了自己的社会影响力，同时逐渐发展为一门热门学科。在设有新闻与传播院系的高校中，新闻学与传播学专业往往成为文科考生争相报考的热门专业。

由于在对新闻教育理念认识上的不同，以英国、法国和日本等国为代表的一些国家更加倾向于以新闻媒体组织职业培训的方式来训练和培养新闻人才。这些国家虽然在一些大学也设有新闻院系，但通常不进行本科层次的系统专业教育，而是开展新闻学与传播学研究、培养新闻专业师资或者承担职业培训的任务。即使是开设本科教育的院系，其招生规模也很有限。

随着信息时代的到来和通信与传播技术的快速发展，特别是互联网的出现，人们对新闻与传播的知识及技能的需求越来越直接和迫切，由此导致了世界新闻教育逐渐呈现出社会化和大众化的趋势。许多发达国家根据这种社会需求开始了对公众的媒介知识与素养教育，使更多的人掌握新闻传播的相关知识与技能，从而能够更好地了解、认识、掌握和运用新闻媒介，把握新闻传播收受的主动权。

现代新闻教育所呈现出的集新闻学与传播学教育于一身，集大学教育、媒体培训与社会普及于一体，熔专业理念、业务技能与职业操守教育于一炉的特点，使得其内容更加丰富、形式更加多样、效果更加适用，从而展现出广阔的发展前景。

二、我国新闻教育的产生与发展

（一）我国新闻教育的产生过程

1. 历史上的新闻教育

我国近代报业的出现虽然晚于西方国家200多年，但是现代新闻教育的产生则几乎与西方国家同步。1918年10月，在蔡元培校长的倡导和支持下，由留美归来的徐宝璜教授主持成立的北京大学新闻学研究会是我国最早的新闻教育与研究机构。该会举办的第一期研究班招收了包括毛泽东在内的55名学员，他们成为我国在高等院校接受新闻学专门教育与训练的第一批学员，而担任该班授课教师的徐宝璜和邵飘萍则成为我国最初的新闻学导师。此前，北京大学政治系已开始开设新闻选修课，由徐宝璜等人为选修学生讲授新闻学的相关知识。这是我国大学新闻教育的发端。

我国正规的新闻教育是以1920年创办的上海圣约翰大学报学专业为标志的。在大学设立新闻系科专业，将新闻教育列入大学教育体系，这说明了社会与学界对新闻学作为一门独立学科地位的认同，也是新闻教育走向专业化教育的标志。

继圣约翰大学之后，厦门大学、平民大学、燕京大学、复旦大学等高校也相继成立报学系或新闻系。至20世纪20年代末，全国设立新闻系、科的高等院校已达十余所。同期还有一些新闻专科学校成立，著名的有成舍我创办的北平新闻专科学校和顾执中创办的民治新闻专科学校。

在从20世纪30年代到40年代的20年中，我国的新闻教育呈稳步发展状态。虽然期间受到抗日战争的影响，敌占区的一些新闻院校不得不内迁后方，但是新闻教育却依然在不断地发展之中，以适应全民抗战宣传以及整个形势发展的需要。抗战胜利后，一些内迁院校回迁，另有一些新的院系在国民党管控地区和解放区创办。这期间，我国先后有50余所新闻教育机构开展新闻教育。① 这些新闻院系相对集中在当时报业较为发达的上海、北京、重庆、南京、广州等大城市。

抗日战争和解放战争期间，中国共产党也开设创办新闻教育，先是1939年在延安中国女子大学设立新闻班，后来在解放战争时期又先后在江苏淮阴创办华中新闻专科学校(1946年)，在张家口的华北联合大学中设立新闻系（1946年），后来又创办了华中建设大学新闻训练班和平山新闻干部训练班（1947年），为解放区的新闻机构培养新闻干部。

在新中国成立前的新闻院系中，最为著名的当属燕京大学新闻系与复旦大学新闻系。这两所大学的新闻系在教育理念、教学质量和社会影响方面都体现了当时我国大学新闻教育的特点，同时也代表着当时我国大学新闻教育的水平。前者于新中国成立后先是随着燕京大学的撤销并入北京大学中文系，成立新闻专业（1952年），后又由于院校调整由北京大学并入中国人民大学新闻系（1958年）；后者则一直延续下来，成为我国迄今为止连续办学时间最长的新闻院系之一。

2. 新中国的新闻教育

新中国成立后，我国的新闻教育进入了一个新的发展时期。

新中国成立之初，为了适应新创办的人民新闻事业发展的需要，中国共产党陆续创办了一些新闻院校，如苏南新闻专科学校、华东新闻学院和北京新闻学校等，主要用于对在职的新闻干部进行短期的新闻培训。

对原有新闻院校的调整也是这一时期我国新闻教育的一个显著特点。经过调整之后，形成了以中国人民大学新闻系和复旦大学新闻系为南北两大新闻教育基地的格局。

中国人民大学新闻系成立于1955年，是党和政府为了改进报纸工作的需要创办的。在新中国成立后中国共产党建立的第一所社会主义大学中设立新闻系，体现了党和政府对新闻干部队伍建设的重视。身兼中国人民大学校长的著名教育家吴玉章十分重视新闻系的建设，在他的直接关怀和指导下，新闻系建有自己的印刷厂，办有自己的报纸，学生最多时达到1 000多人，一度是中国人民大学的第一大系。1958年院校调整时又将北京大学中文系新闻专业并入该系，使其有了成立于1924年的燕京大学新闻系的教育背景和学术背景，大大扩充了其整体实力，成为全国新闻教育的重要基地。

复旦大学新闻系作为从旧中国一直延续下来的新闻系，在50年代的院校调整时，又并入了圣约翰大学和暨南大学新闻系，使其教育资源与学术背景得以不断延伸与发展，从而确立了其在全国新闻院系中的重要地位。

1958年“大跃进”时期，随着当时全国高等教育的发展，江西大学、杭州大学、暨南大学等高校相继建立了新闻系。进入60年代后，又有一批高校开设新闻专业。

1959年北京广播学院的成立，标志着我国新闻教育从以往传统的单纯报纸专业教育向广播电视专业教育的发展。与此同时，安徽和湖北也建立了专门的广播电视学校，成为

① 上述资料参见方汉奇：《大陆新闻教育》，载《新闻论坛》，1994 (2)。

培养广播电视人才的基地之一。

至“文化大革命”前，新中国拥有新闻教育机构约20个，在校生1 000人左右，主要为当时以机关报（刊、台）为主体的新闻传播机构输送新闻人才。

“文化大革命”当中，新闻教育受到严重摧残。中国人民大学新闻系随着中国人民大学的被迫停办而下马，其他一些大学的新闻系科专业也都停止招生。直到1972年，以撤销后的中国人民大学新闻系教师为主体重新建设起来的北京大学中文系新闻专业才开始招收三年制的工农兵大学生。与此同时，复旦大学也启动了类似的招生计划，成为当时仅存的新闻教育机构之一。

从新中国成立至“文化大革命”这一时期的新闻教育，是在新中国政治、经济和文化的大背景下存在与发展的，其发展的规模与水平同这一时期国家的政治形势、经济状况和文化背景相适应。

（二）我国新闻教育的发展现状

1978年中共十一届三中全会召开，我国进入了改革开放的新时期，新闻教育也迎来了恢复与发展的新的时期。

1977年，北京大学、复旦大学、北京广播学院等高校的新闻学专业陆续开始恢复招生。1978年，在党中央关怀下重新复校的中国人民大学也恢复新闻系，并在当年招收了第一批本科生和研究生。此时原先并入北京大学中文系新闻专业的全体新闻系教师都返回了中国人民大学，北京大学新闻专业随即停办。同期招收研究生的还有复旦大学，这标志着中国新闻教育已由本科教育进入了研究生教育的层次。

新时期我国新闻教育大发展的第一个高峰期是从1983年全国新闻教育工作座谈会召开之后开始的。这次由中宣部和教育部联合召开的座谈会，讨论了全国新闻教育发展规划和新闻教育改革问题，并发表了《关于加强新闻教育工作的意见》，为我国转型期新闻教育的改革与发展确立了正确的方向和原则，促进了新闻教育的快速发展。

在这次座谈会上，中央领导提出，凡有条件的省要争取建一个新闻系。座谈会召开的当年，就有华中理工大学、武汉大学、兰州大学等高校相继建立新闻系或新闻专业。而“文化大革命”中停办的暨南大学、厦门大学、广西大学、江西大学、杭州大学等院校的新闻系（专业）也相继复办。

到20世纪80年代末，我国所有大行政区域都有了新闻教学点，绝大部分省市自治区都形成了自己的新闻人才培养基地。至此，我国内地新闻教育的基本格局大体形成。

1988年，中国人民大学新闻系和复旦大学新闻系同时升格为新闻学院。此前，1985年两系已同时获得博士学位授予权，成为我国内地第一批拥有新闻学科博士学位授予权的新闻院系。这标志着我国内地新闻教育已完成了由本科生向博士生的发展，形成了新闻教育的完整体系，实现了全程化教育，同时也再次确立了这两所新闻院系进入新时期后在全国新闻教育界的领先地位。

进入20世纪90年代之后，特别是1992年国家实行社会主义市场经济体制以后，我国的新闻与传播教育进入了大发展的又一个高峰期。至1996年年底，内地经国家教育主管部门批准备案的设有新闻与传播类本科专业的普通高校已有55所，专业教学点88个，在校生达9 000人。

到2002年年底，我国内地设有新闻与传播类本科专业的普通高校已超过百所，其中既有综合性大学，也有理工、政法、财经、外语、体育类大学，还有一些师范院校也开办了新闻教育；包括新闻学和传播学（含广播电视、编辑出版、广告、摄影、网络等专业及方向）在内的各类专业教学点已经达到323个：从而成为世界上新闻与传播教育最发达的国家之一。

改革开放以来的30多年中，我国的新闻与传播教育走过了一条超常规发展的道路。迄今全国已有约300多所大学办有新闻学与传播学专业，教学点约1 000个，在校生逾15万人。

（三）我国新闻教育发展的特点

1. 与国家政治经济环境相适应

教育属于上层建筑，是为经济基础服务的，它的发展要适应一定社会的经济基础的需要，同时也为这个社会的经济基础所制约。有什么样的经济基础，就有与其相适应的教育。

在计划经济条件下，我国的新闻教育数量少，规模小，发展速度相对缓慢，这是同这一时期国家经济体制的特征相适应的。当时我国的经济环境及条件决定了以机关报（刊、台）为主要构成的新闻事业的规模和数量，因此，新闻教育无需太大的规模和数量即可满足社会及媒体的需求。另外，在计划经济条件下，教育的发展完全由国家统一按计划统筹安排，这使得开办新闻教育受到一定制约和限制。

而改革开放新时期我国新闻教育大发展的形势，也正是借助了国家实行改革开放政策以后所形成的政治开明和经济发展的大环境所取得的。可以说，没有经济上的发展和政治上的民主，就没有新闻教育大发展的大好局面。

2. 与社会文化教育环境相适应

教育的发展还要借助一定的社会文化环境及条件。在一个文化相对落后的国家，其教育发展的规模、数量和质量往往也会受到一定的制约与影响。在现代社会，不可能设想一个文化落后而又封闭的国家，会有发达的教育。

从新中国成立之初到“文化大革命”这段时间，我国新闻教育相对落后，文化的落后和封闭是一个重要的原因。由于民众整体文化素质相对较差，对新闻与文化的需求相对有限，这既制约了新闻事业的发展，也限制了新闻教育的发展。

而改革开放带来的经济和文化的发展，大大提高了民众的文化素质，促进了民众的新闻与文化需求，从而推动了新闻事业的发展，也带动了新闻教育的发展。

新闻教育的发展还同国家教育战线的整体发展形势相适应。改革开放后，我国的高等教育快速发展，使得新闻教育也步入了发展的快车道。特别是进入20世纪90年代后期以后，我国教育事业开始了由“精英教育”向“大众教育”的转变，高等学校迅速增加，急剧扩张，这种发展形势自然也带动和刺激了新闻教育的发展。这期间，内地新闻教育几乎在以成倍的速度激增，这正是这种教育大发展形势的一种反映和体现。据有关资料介绍，从2001年到2002年，一年时间里，我国大陆的新闻学与传播学的教学点就从201个增加到323个，净增数为102个，而2001年的净增数为57个，接近一倍。

3. 与新闻事业的发展状况相适应

新闻教育的发展与新闻事业的发展是一种互动的关系。新闻教育总是与一定社会政治经济条件下新闻事业的发展状况相适应，新闻事业的发展会影响和带动新闻教育的发展，而新闻教育质量和水平的高低，也会影响和制约新闻事业的发展。

我国改革开放前后新闻教育在发展规模与水平上的巨大差异，正是新闻事业在不同时期政治经济条件下发展规模与水平的真实反映。计划经济条件下我国新闻事业的狭小规模不可能造成新闻教育的大发展。而改革开放以后，特别是实行市场经济体制以后，新闻事业的爆发性大发展，显然是新闻教育大发展的必要条件。

从1978年年底的全国仅有186家报纸，发展到20世纪90年代的2 400多家报纸；从只有几十家广播电台、电视台，发展到近3 000家广播电台和有线、无线电视台；从十几万人的新闻队伍发展到近百万人的新闻从业大军：这是激发新闻教育发展的内在因素。正是新闻媒体和社会与日俱增的新闻与宣传人才的需求，直接推动和促进了新闻与传播教育的快速发展。

4. 与社会和学界对新闻学学科地位的认知程度相适应

我国新闻教育的发展还同社会和学界对新闻学学科地位的认知程度有着直接的关系。长期以来，社会上和新闻界内部一部分人有意无意地散布“新闻无学论”观点，导致了人们对新闻学是否是一门独立的学科，是否可以作为一门科学引入大学教育的序列和体系，始终存在着争议和偏见，这无形中制约和影响了新闻教育的发展。既然“新闻无学”，还有什么必要在大学里设置新闻学专业，进行系统的专业教育？一些大学有意无意地长期将新闻学教育排除在外，不能说同这种认识没有关系。

我国新闻教育的大发展恰恰是在新闻学的学科地位逐步被认识并巩固的过程之中实现的。20世纪90年代中后期和进入21世纪后，随着新闻学与传播学作为一级学科的学科地位的确立，北京大学、清华大学等著名高校纷纷开办新闻学与传播学教育，这说明新闻学与传播学教育在我国高等教育中已经树立起了不可动摇的学科地位，今后的发展再也不受观念和认识上的制约与影响了。

总之，我国新闻教育的发展是多种因素相互作用的结果，其荣辱兴衰与国家一定时期的政治、经济、文化和教育发展的大环境相联系，也与这一时期新闻事业的发展规模和发展水平相联系，同时与人们对新闻学学科地位的认知程度也有一定的关系。

三、新闻教育的发展趋势及特点

（一）开阔办学视野，实行“大新闻与传播教育”

如今，世界已经进入了信息传播全球化的时代，信息与传播已经成了人们劳动、工作、学习和生活不可缺少的东西。任何一个人都不可能离开信息，也不可能离开传播。对新闻传播知识与素养的认识和了解已经成了全社会的一种需要。因此，我们应当把新闻教育放到社会政治、经济和文化传播的大背景下来认识其意义与功能，要确立起“大新闻与传播教育”的观念，要从为社会与公众提供有效的媒介教育服务和提升全民族的媒介素养的角度来确立新闻与传播教育的观念、政策及对策。

“大新闻与传播教育”观念下的新闻教育应当是院校教育与媒介机构教育和社会教育的有机结合，要把新闻教育列入继续教育、社会教育和终身教育的教育结构与体系中，把提升新闻从业人员的专业素养、能力，和提高全民的媒介素养与知识水平作为同等重要的内容。

对在职新闻干部的教育和培训工作应当纳入全国新闻人才培养的大框架和大格局中予以高度重视，大力加强。要注意在培训机构的布局、培训目标的确定和培训质量的提高上多下功夫，以使此项工作能够顺利发展。

而对民众的媒介素养教育也要有相应的规划和措施，要特别重视对青少年的媒介素养教育，通过这种社会教育真正实现“大新闻与传播教育”所确定的目标。

（二）提高科技含量，优化新闻教育环境

新闻教育是文科教育中少数带有高科技含量的专业教育之一。在通信设备、手段和传播技术、条件越来越现代化的条件下，新闻教育机构在科技手段的拥有和科技设备的更新上都面临着许多需要考虑及解决的问题。

新闻院校的办学投入要有一定的经费保障，要尽可能提高科技含量，优化新闻教育的硬环境，即要保证有足以维持组织正常业务教学用的摄影、广播、电视、计算机网络等器材设备、实验设施和技术条件。近年来一些重点新闻院校在逐年增加这方面的投入，并且已经显现出一定的效果。而有些新闻院校在这方面缺口较大，使得新闻教育事业的发展受到严重制约和影响。

除了硬环境需要有效地加以改善和提高外，软环境的改善和提高也十分重要。诸如教学目标的调整、教学内容的更新、课程体系的完善、师资力量的充实、生源质量的提高、科研力量的投入等，这些会直接或间接影响新闻教育和教学质量的因素都应予以充分重视，并确保其得到及时的改善和提高。

（三）提升教育水平，积极参与国际竞争

经济全球化与信息传播全球化的竞争态势的初显，使我们看到了未来新闻教育国际竞争的前景。面对已经到来的国际竞争，最好的办法就是提高教育质量，增强竞争实力，使自己具备参与国际新闻教育竞争的能力。

要参与国际新闻教育竞争，首先要在培养目标和教育理念上有所调整，要把培养具备国际传播竞争能力的新闻人才作为新闻教育的重中之重。新闻院校应当对原先的培养目标、教学方案和课程体系进行调整与革新，以应对未来激烈的国际传播竞争。要在传播理念、新闻敏感、外语水平和最新传播技术及手段的掌握与运用上，使学生和一些在职人员达到能够与国际新闻同行竞争的能力和水平，同时还要具备运用各种媒介手段参与国际交流与交往的素养和能力。

（四）保持民族传统，体现中国教育特色

全球化的趋势导致了国际间的交流与交往在不断扩大，世界上各个国家、民族之间文化上的互鉴与融通出现了加剧的势头。西方国家实施的对包括我国在内的一些发展中国家的“西化”、“分化”战略，使我们的传统文化和价值观念受到严重挑战。如何保持民族传统，发展有中国特色的社会主义文化事业和新闻事业，是我们必须认真考虑的严肃问题。

在新闻教育领域，一方面我们要尽力实现同国际新闻教育的接轨，另一方面又要注意保持自己一些原有的民族传统，体现出中国新闻教育自身的特色与风格。这就需要我们坚持党和政府所确定的正确的教育方针，坚持新闻教育为人民服务、为社会主义服务的方向，坚持对教育对象的政治、道德和业务素质的高标准、严要求，坚持中华民族传统文化和社会主义先进文化在新闻教育中的核心地位，并发挥其决定性作用。

总之，凡是能够体现我们民族传统和自身特色的东西，我们都应当尽力地去维护它，完善它，发展它。这样，一个有中国特色的社会主义新闻教育体系就会在我们的手中确立起来，并且展现出它的广阔的发展前景。

第二节 新闻教育的内涵及实施

一、新闻教育的理念及人才素质要求

（一）新闻教育的理念与指导思想

新闻教育的理念，就是要确定新闻教育的培养目标和教育方式，解决培养什么样的新闻人才，以适应新闻业发展需要的问题。对新闻教育理念的认识涉及新闻教育的方向问题，同时也制约与规定着新闻教育的内容和方式。

当年普利策倡办新闻学院，力推在大学开展新闻专业教育，希望通过新闻教育来“提高新闻工作者的思想、责任和地位”。他在关于建立新闻学院的建议中指出：“只有最高的理想、最兢兢业业的工作愿望、对所遇到的问题最准确的知识和最真诚的道德责任感，才能使新闻事业不屈从于商业利益，不为自己谋取私利，不与公众利益为敌。”① 他所追求的新闻教育的理想和目标，是为新闻从业者树立起摆脱商业利益和自私目的的正确的职业理想与严格的道德规范。

我国教育的人才培养目标，一向强调“德才兼备”、“德、智、体全面发展”，强调“全面的素质教育”。在新闻教育中，同样是以此作为办学方针、作为指导思想的。

中国人民大学新闻学院新闻学本科专业的教学方案中明确规定：“本专业培养德、智、体全面发展的从事新闻工作的记者、编辑等高级专门人才。”

复旦大学新闻学院把培养“具有良好的政治素质与道德修养”的新闻工作者作为自己的目标。

显然，他们都把道德素养和政治素质作为对新闻专业学生第一位的要求。

哥伦比亚大学新闻学院卡莱教授强调新闻教育应当将新闻学本身作为目标，教育者的任务是帮助学生理解新闻学深刻的人文学科基础和特定的人文价值因素。他还提出，不要把“新闻”等同于“传播”和“媒体”，因为“新闻”应当是“鱼的故事”，而“传播”和“媒体”只是“鱼本身”。他认为，新闻教育的任务关键在于要向学生传授“鱼的故事”，而不是仅仅去获得“鱼本身”，把“新闻”仅仅视为一种“传播行为”，或是一种“传播媒体”，是新闻教育的“错误”。②

新闻教育的基本任务和目标应当是帮助学生掌握新闻学的一些基本理念，真正弄清什么是新闻，什么不是新闻；弄清新闻事业的宗旨、任务和职责是什么，什么是新闻事业应当做的，什么是新闻事业不能做的；弄清新闻工作者的职业特征和职业素养是什么，怎样才能做一个合格的新闻工作者。

---

① ［美］弗雷德里克·S·西博特、西奥多·彼得森、威尔伯·施拉姆：《传媒的四种理论》，71页，北京，中国人民大学出版社，2008。

② 参见［美］卡莱·詹姆斯：《新闻教育错在哪里》，载《国际新闻界》，2002（3）。

总之，新闻教育的根本，说到底应当是一种新闻素质、素养和新闻专业理念、精神的教育，而不仅仅是一种新闻传播技能、方法和应用知识的教育。

所谓“新闻专业理念、精神”，是指对新闻工作价值观念、行为规范及传统作风的综合性的理解和感悟。它是新闻工作者的职业意识、信念、道德、品质、作风及责任感、使命感的综合反映和体现，也是新闻学学科内涵的反映和表现。

新闻教育应当注重对学生进行新闻专业理念和职业精神的教育，帮助他们确立正确的新闻价值观念及传播行为规范，继承和发扬新闻工作优良的传统作风，培养他们崇高的社会责任感和历史使命感，以及深厚的人文关怀精神，使他们懂得如何关注社会，关注人生，关注国家和民族的前途与命运，关注人类文明和社会事业的进步与发展。只有有了明确的新闻教育理念，确立起正确的新闻教育的指导思想，才能保证新闻教育真正按照教育者所确定的方向和目标运作，并取得理想的效果。

（二）新闻人才的素质要求及修养

明确了新闻教育的目标和方向，新闻人才的素质要求就有了依据。按照我们对新闻教育基本理念的理解，新闻教育所培养的对象应当具备“德”、“识”、“能”三方面的基本素质和修养。

1. “德”的素质和修养

所谓“德”，指的是“道德”和“品德”。它是做人的基本要求，也是从事任何职业都应当具备的一种基本的素质。在对“德”与“能”关系的认识上，我国有许多流行的说法，如“作文先做人”，“从艺先为人”。人们对“人才”所认可和追求的理想标准是“德才兼备”、“德艺双馨”。因此，道德素质应当是对新闻人才的最基本、最重要的素质要求。

通常，狭义的“道德素质”，仅仅是指职业道德，而从广义上理解，它还应当包括“政治素养”、“事业心”以及“法治观念”。

新闻从业者的“政治素养”，是指要具有全心全意为人民、为国家、为社会服务的强烈意识，应当自觉当好人民的代言人、社会的监督者和国家利益的捍卫者。

新闻从业者的“事业心”，是指要热爱并自觉献身新闻事业，具有敬业精神，要有强烈的使命感和对国家、对人民、对社会的高度的责任感，要有坚持真理的决心和勇气，要有敢于竞争和吃苦耐劳的职业精神。

新闻从业者的“法治观念”，是指要严守国家的各项法律法规，遵守新闻工作纪律，不做违反法纪，损害国家、社会和人民利益的事情。

对新闻从业者来说，“道德素质”的基本要求是：时时以国家和人民的利益为重，坚持客观、公正、真实地报道新闻，不为名利所动，坚决反对搞“有偿新闻”，反对将社会和人民所赋予的新闻报道的公权变为牟取私利的私权。

按照这些素质要求，新闻教育应当注重和强化对学生的思想品德教育，努力使学生成为一个有明确的政治理想、良好的职业道德、强烈的事业心和责任感，愿为新闻事业奋斗终生的人。

2. “识”的素质与修养

所谓“识”，指的是“见识”和“胆识”。它是对新闻人才的一种特殊的职业素质要求。

“见识”，可以理解为“知识”和“见闻”。新闻从业者应当广泛深入生活，接触群众，了解社会，同时要勤于学习，善于思考，尽力扩大自己的见闻，增长各方面的知识，使自己成为一个知识广博、见闻广泛的人。

从新闻教育的角度看，对“识”的素质要求主要是帮助学生形成合理的知识结构。

一个合格的新闻人才，其知识结构应包括基础知识（文史哲等）、专业基础知识（新闻理论与新闻史等）、专业知识（新闻采写编评和制播等）、百科知识（一般社会科学与自然科学）和一门其他非新闻专业知识。

按照这一知识结构来塑造学生，就须在教学内容和教学方法上采取有效措施，要帮助学生处理好“专业知识”与“非专业知识”的关系，处理好“博”与“专”的关系。

专业知识和专业基础知识的重要性不言自明。除此外，要注意帮助学生打好文史哲等知识基础，这是保证学生将来业务发展的重要条件。一个缺乏哲学头脑，没有理性思维，文学、历史等人文科学知识浅薄的人是难以胜任新闻工作的。要引导学生尽量扩展自己的知识面，尽可能多涉猎一些科技和自然科学方面的知识，使自己成为“杂家”；同时又要尽可能掌握一门非新闻专业知识，以适应将来从事某一领域报道的需要。

“胆识”，可以理解为“胆量”和“识见”。新闻从业者应当是具有一定胆量和识见的人，为了自己所从事的新闻事业，要高瞻远瞩，富有远见，要敢于面对事实，敢于坚持真理，敢于说真话，敢于为人民的利益仗义执言。

新闻从业者的胆识来自对人民的真诚热爱、对事业的无比忠诚、对新闻的透彻理解。没有对人民的真诚热爱，就不可能在人民利益受到侵害的时候，顶住压力，不怕打击，奋不顾身地捍卫人民的利益，自觉地充当人民的代言人。没有对事业的无比忠诚，就不可能排除一切金钱利禄的诱惑，经受一切艰难险阻的考验，持之以恒，始终坚守新闻岗位，做到爱岗敬业，志愿为新闻事业贡献自己的一切。没有对新闻的透彻理解，就不可能认识新闻工作专业理念和职业内涵的根本与实质，就不可能有为捍卫新闻的纯洁性和新闻事业的神圣性而献身的勇气。

新闻教育的责任就在于培养和锻炼学生的胆识，提高他们为新闻事业努力奋斗的勇气和为实现专业理想而献身的决心。

3.“能”的素质与修养

所谓“能”，指的是“才能”和“技能”。它是从事新闻工作必备的素质和条件。

新闻专业实践性很强，学生的质量和水平如何，最终要看其综合掌握和运用新闻业务的实际能力。

从新闻教育的角度看，对学生“能”的素质要求主要体现在，要培养和锻炼学生具有以下一些才能和技能：认识形势和掌握政策的能力，发现线索和分析问题的能力，采访调查和社会活动的能力，文字表达和运用新技术的能力，组织编辑稿件和制作播出新闻的能力，等等。

上述能力的获得，除了通过课堂教学，了解和掌握一些基本原理和方法外，更重要的是通过实践去体验，去训练，去提高。

在“德”、“识”和“能”三者中，“德”是基础和核心，是起决定性作用的东西。因此，要以“德”来统领“识”和“能”，要尽可能实现三者的统一，这就是我们常说的“德才兼备”。总之，新闻教育应当立足于培养德行好、见识广、能力强的德才兼备的高素质人才。

二、新闻教育的专业目标及教学方法

（一）新闻教育的专业目标

我国新闻院校对新闻教育专业目标的理解和认识，是通过其人才培养目标及要求体现出来的。下面我们以中国人民大学新闻学院、复旦大学新闻学院和中国传媒大学的培养目标及要求，来分析和认识我国新闻院校对新闻教育专业目标的理解及要求。

中国人民大学新闻学院新闻学专业本科生的培养目标及要求是：

系统学习和掌握马克思主义的基本理论，坚持四项基本原则；坚持实事求是和群众路线的优良作风；具有运用马克思主义基本理论分析问题和解决问题的能力；具有爱国主义和国际主义精神；具有共产主义道德品质、遵纪守法；努力为实现我国社会主义现代化服务，为人民服务。

正确理解和掌握马克思主义新闻思想，熟悉党的方针政策，政治敏感较强。有比较深厚的文化基础知识和专业基础知识，有较高的文字水平及调查研究和群众工作能力。采访、写作、编辑和评论等新闻业务基本功较扎实。能比较熟悉地运用一门外国语阅读报纸和专业书刊。

具有健全的体魄，达到大学生体育锻炼合格标准。

复旦大学新闻学院新闻学专业本科生的培养目标及要求是：

了解马克思主义新闻学原理，党和政府关于新闻宣传工作的方针政策；熟悉中外新闻事业的历史和现状，有较扎实的各门人文科学、社会科学的基础知识和一定的自然科学知识；能够运用马列主义的立场、观点、方法独立地分析鉴别各种社会现象；有较高的文字水平和较强的社会活动能力；比较熟练地掌握新闻媒介工作的采访、写作、编辑业务或广告业务；能用一门外国语阅读外文书刊。

中国传媒大学确定的新闻学专业本科生的培养目标和培养要求是：

坚持坚定正确的政治方向，培养具有马克思主义理论修养和社会主义思想道德品质的新闻传播人才；提倡素质教育，注重人文、社会科学与自然科学相结合的学习；注重通识教育，加强新兴学科的学习；培养学生具有宽广的视野以及能与世界新闻信息传播发展潮流相适应的素质。

从上述三校的培养目标及要求来看，当前我国新闻院校在对新闻学专业本科生培养目标及要求的理解和认识上带有许多共同性，这是同我国对人才培养的总体目标和国家对高等教育的总体要求相联系的。

上述三校在我国目前的新闻教育中居于重要地位，综合三校的情况，可以看出我国新闻院校在对培养目标及要求的思想认识和实际操作上有着以下一些特点。

1. 重视对学生政治素质的培养和要求

新闻学专业对从业者的政治素质要求很高。三校都把理解和掌握马克思主义的新闻理论、加强马克思主义的理论修养作为对学生的基本要求，以保证学生能够具备从事新闻工作必备的政治敏感性和政治判断力，有着良好的政治品德修养，并学会用马克思主义的立场、观点和方法去观察事物，分析现象，解决问题。

2. 重视对学生人文、社会科学知识素养的培养和要求

新闻学专业对学生的人文、社会科学知识的素养也有很高的要求。三校都注意通过对人文、社会科学知识的学习来提升学生的道德价值观念和社会价值标准，增强学生的社会责任感与人文关怀精神，用人类文化的精髓及优良传统来丰富学生的精神世界，夯实其专业知识基础，以便更好地确立其专业理念，规范其职业行为。

3. 重视对学生业务知识与技能的训练和培养

新闻学专业实践性和应用性很强，重视对学生业务知识与技能的训练和培养是新闻专业教育一向的传统。许多学校提出，在专业教育中应当坚持“理论与实践并重”，即把必要的专业理论知识的学习同大量的专业业务技能的训练放在平等的地位，尤其要注意强化技能训练，以提高学生的动手能力。

4. 重视对学生新知识、新技能的学习要求

不断地用最新的科学知识和科学技能充实学生，是新闻专业教育不可或缺的。近些年来，大量的新知识和新技术被充实到新闻专业的教学中，如一些新的自然科学和社会科学知识，以及现代通信与计算机网络技术等，都成为学生的学习内容，不但丰富了学生的知识面，也提升了学生运用新知识与新技能解读和实践新闻的能力。

5. 重视对学生外语和体育、体能的训练要求

新闻传播要走向世界，要同国际接轨，掌握一定的外国语言是必备的条件，因此，外国语言的学习应当成为新闻专业学生的重要训练内容。

新闻工作的风险性和艰苦性，决定了对新闻学专业学生的体能要求很高。许多新闻院校都将这方面的要求列入培养目标之中。

从世界范围看，在对新闻学专业培养目标的认识和理解中，许多国家都有共同之处。例如对学生的“德”、“识”、“能”的要求都有一些相类似的表述和规定等。其差别在于，一是强调的重点有差异，如西方一些国家更注重对学生业务能力的培养，而我们更重视对学生政治素质的培养；二是对其具体内涵的理解有区别，如同样讲道德素养，西方一些国家对其中的个人价值标准的要求多些，而我们对其中的社会价值标准的要求多些；三是在培养目标的实施条件及保证手段上存在差别，如西方一些国家相对来说拥有更加充足和先进的业务教学与实践的设备、技术和手段，因而在对学生业务课程的学习和操作上有更严格的要求，而我们一些新闻院校在这方面还有一定差距。

近些年来，在新闻教育中，许多新闻院校都在强调和践行“厚基础、宽口径、强能力、复合式”的理念，即要求新闻学专业的学生专业理论基础要厚，知识面要宽，动手能力要强，综合运用能力要好，要能适应当今信息化时代与高科技时代对新闻传播者的素质要求。这是对新闻学专业学生在知识结构与实际能力的培养目标上的一种较为全面的概括和较为恰当的要求。

（二）新闻学专业的教学方法

新闻学专业的教学有着许多独特的方法，这是同这一专业对学生的政治素质和业务技能的特殊要求相联系的。

1. 理实并重方法

所谓“理实并重方法”，是指将理论教学与实践教学放在同等重要的位置上，不偏废

某一方面的教学方法。它要求既要重视对学生理论素质的培养，又要注意加强对学生业务技能的训练，使他们不但理论功底扎实，而且动手能力强，成为兼具深厚理论潜质和较强业务能力的高层次新闻人才。

在理论教学方面，要强调理论对于实践的指导意义，提高学生学习理论的积极性和自觉性，帮助学生学会运用所学理论知识正确分析新闻现象，认识新闻规律，掌握新闻工作的原则和方法。同时，通过政治理论和国内国际形势的教学，以及国家相关政策法规的教育，帮助学生学会从宏观上观察形势，分析问题，做到高瞻远瞩，把握大局，按照相关政策、法规的要求，以高度负责的精神做好新闻工作。还要重视对学生进行理论思维方法的教育和训练，帮助学生学会用科学的思维方法，多视角、多侧面、全方位、立体式、深层次地观察和分析事物，写作和报道新闻，提高新闻报道的水平。

在实践教学方面，要注意强化学生的动手能力，在课堂教学、新闻实习和社会实践等各个环节上都要围绕提高学生新闻采编制作的实际能力下功夫。

2. 案例教学方法

所谓“案例教学方法”，是指根据培养目标和课程内容的需要，运用相关的案例作为参照组织教学的方法。它通常多运用在新闻业务课程的教学中，有些理论课程也采用此种方法。

新闻业务课程涉及新闻采写、编辑和制作的一些实践性及操作性很强的内容，前人和他人的相关经验，不管是成功的还是失败的，只要带有典型意义，就具有学习和借鉴的价值，就可以作为教学案例运用在教学中，让学生从这些案例中学习经验，汲取教训，增长见识，掌握正确的操作方法。

除了在各门操作性很强的业务课程中可以采用这种方法外，一些新闻院系还专门开设了“中外优秀新闻作品赏析”、“中外名记者采写经验谈”等课程，运用大量成功的案例帮助学生学习和掌握其中具有典型指导意义的经验与方法。

3. 实践教学方法

所谓“实践教学方法”，是指根据培养目标和课程内容的需要，组织学生通过参加媒体实践与社会实践活动，来学习和掌握业务知识与技能的教学方法。

这种教学方法以增强和检验学生的新闻业务与社会调查能力，全面锻炼和考验学生的思想与业务素质为目的。新闻院校的实践教学通常通过新闻实习方式进行。

按照循序渐进的原则，一些院校把新闻实习分为小、中、大三个不同档次。小实习以短时间的社会调查和体验采访生活为主，通常安排在低年级进行。中实习带有半实战性质，按新闻报道实际程序的要求锻炼学生的采写和编辑、制播能力，通常安排在专业课程基本学完之后进行。大实习通常为毕业实习，有的还与毕业论文写作和就业选择相联系，因此，不但时间长，而且要求高，需要学生多出成果，并由所在的实习媒体进行严格的考核和鉴定。实习结束后，一些表现突出的学生往往会被所实习的媒体录用。

另外一种实践教学方式是组织学生参加和进行多渠道、多样化的社会实践。例如：利用双休日和节假日，结合新闻实践开展小组专题社会调查；利用寒暑假，回乡或到其他地区进行个人或小分队专项社会调查与实践（如组织“故乡行”、“边疆行”、“灾区行”等活动）；有组织地到学校的社会实践基地开展集体访问或社会调查活动；有组织地参加正式的重大社会报道活动；等等。

4. 师生互动方法

所谓“师生互动方法”，是指在教学过程中，学生与老师采取交流互动方式，围绕某一教学内容进行交流互动，用以启发学生的思维，锻炼学生分析问题和解决问题的能力。

采取这种教学方法可以增加老师与学生思想交流和碰撞的机会，锻炼学生的上述能力。在一些新闻专业课程的教学中，老师可以结合当前新闻实际工作中的一些理论和实践问题，组织学生交流讨论，老师可以进行有针对性的讲评，也可以同学生进行平等的交流，用以锻炼学生的思维反应能力和分析表达能力。

5. 院校与媒体互动方法

所谓“院校与媒体互动方法”，是指新闻院校与新闻媒体之间建立合作关系，进行教学和业务上的互动的教学方法。

新闻院校将新闻媒体作为教学实践基地，组织学生到媒体进行新闻业务实习，使学生能够将在学校课堂里和书本上学到的东西到实践中去检验与提高；同时组织老师到媒体进行新闻业务实践，使老师们能够保持同实践的经常性联系，以便随时将媒体实践中的新问题、新经验充实到教学中去。

而媒体则可以借此同新闻院校保持密切联系，一则可以通过接收新闻院校的实习生，从中考察和挑选优秀学生将来充实自己的采编队伍，二则可以通过接收新闻院校老师进行业务实践，加强相互间的沟通，以带动和促进媒体采编人员的理论学习与业务交流。同时，媒体一些优秀采编人员应邀到新闻院校担任兼职教师，既有利于改进和提高院校新闻业务课的教学，也可以促进媒体相关人员加强对新闻工作的理论研究和实践总结，提升自身的理论层次和学术品位。

新闻院校与新闻媒体的互动是一种“双赢”的选择。一些媒体主动为新闻院校提供学生实习和教师实践的条件，并保持经常性的密切联系，为新闻院校实施这种互动教学方法创造了有利的条件。

第三节　新闻教育的提高与普及

一、新闻从业者的在职教育与岗位培训

（一）在职教育与岗位培训的内涵及种类

在新闻教育中，除了针对新闻学专业学生的学校专业教育外，还包括对新闻从业人员的在职教育和岗位培训。这是对学校专业新闻教育的一种补充和延续，属于继续教育的一种形式。

所谓“在职教育”，是指对在职新闻从业人员所进行的教育和培训。它通常由新闻机构自己或与新闻院校联合组织实施，是提升新闻媒体在职人员素质的重要手段。

“岗位培训”，也是一种对新闻从业人员的职业教育，它与在职教育有相似之处，但也有区别。通常参加在职教育的人员都应是在职、在岗的新闻业务人员，而参加岗位培训的人员可以是在职、在岗的业务人员，也可以是准备进入媒体工作但尚未上岗的人员。

在职教育的历史，应当说比学校专业新闻教育的历史还要长，因为在学校专业新闻教育出现之前，一些媒体就已经开始运用这种方式对其工作人员进行业务培训。而且直到现

在，许多国家仍然以此作为对媒体内部工作人员进行业务培训的主要方式。而在那些没有设立大学新闻专业教育的国家，其选拔和录用新闻工作者的主要形式与途径，就是将招录人员集中进行岗位培训，合格者录用，不合格者则淘汰。

在职教育和岗位培训包括岗前培训、在岗培训、离职培训、短期轮训、出国留学、委托培养、资格培训等形式。

在职教育和岗位培训是提高在职新闻从业人员政治和业务素质的有效手段，是对离开学校后的专业人员进行继续教育的重要形式，各主管部门及各家媒体都应当将其纳入人才培养和事业发展的总体计划之中，组织和落实好实施工作。

（二）在职教育与岗位培训的要求和实施

1. 纳入统一计划

在职教育与岗位培训是一种继续教育，是提高在职从业人员素质与技能，充实其知识和能力的“加油站”。此项工作能否顺利、有效地进行，决定着媒体的人才质量，制约着媒体的事业发展，因此，有关部门及各新闻机构都应予以高度重视，将其作为人才培养和事业发展的重要组成部分，纳入统一的人才培养和事业发展规划之中。在西方国家，许多媒体都有自己周密的员工培训计划，并附有严格的实施要求。

我国对在职教育和岗位培训工作一直有着传统。历史上，新闻单位和社会联合进行在职教育的事情不乏其例，成舍我和顾执中创办的新闻专科学校，主要任务就是对在职新闻从业人员进行教育培训。

中国共产党在战争年代极其艰苦的环境和条件下，就把对新闻干部的在职教育和岗位培训作为提高新闻宣传干部的一项重要工作，有关部门及相关新闻机构利用各种可能的条件，坚持开展此项工作。1948 年，由新华社华北总分社和华北人民日报社共同举办的华北记者团，就是一个短期培训班，其任务是为即将随军南下进入新解放地区的新闻干部“充电”。刘少奇亲自到培训班讲课，发表了著名的《对华北记者团的谈话》，给记者团成员以很大鼓舞。当时，各解放区创办的一些新闻学校和新华社等新闻机构举办的培训班组织培训了一大批新闻干部，为做好人民解放战争后期的新闻宣传工作，为即将建立的新中国新闻宣传工作顺利、有效地进行，提供了可靠保证。

新中国成立之初，中宣部和国家出版总署也及时制定了新闻干部培训计划，组织落实对在职人员的培训工作。

1983 年中宣部和教育部联合召开全国新闻教育座谈会，就学校新闻教育和新闻干部在职教育问题作了研究和部署。1984 年中宣部办公厅专门印发了关于《关于新闻队伍建设规划设想的通知》，对新闻干部的在职教育作了具体的安排和部署。《通知》要求，要调动各方面的积极性，利用一切可以利用的力量，采用多渠道、多形式、多层次的办法培训干部。根据这个通知的精神，当时有关部门和一些新闻机构迅速制定了培训规划和实施措施，保证了新闻干部在职教育和岗位培训工作得以顺利进行。

2. 提供有效保障

新闻干部的在职教育和岗位培训工作的实施必须有一定的组织及物质保证，否则教育和培训规划就可能流于形式，难以落实。比如，开展培训要有培训基地，要有人员保障，要有经费和物质保障，等等。

为使新闻干部培训规划得以顺利实施，1984 年中宣部办公厅发布的《通知》中，就对培训的方式、方法等相关问题作了许多具体的规定，要求新闻单位须提供相应的组织保障，使得在职教育和岗位培训工作能够顺利进行。

同时，还要在人员和经费、物质等方面提供保障，使培训工作能够保质保量地达到预期的要求。

3. 严格考核制度

在职教育和岗位培训要建立严格的考核制度，要对参加学习和培训的人员提出明确、具体的达标要求，并实行合理、规范、有效的奖惩制度。有些单位采用精神激励和物质奖励相结合的办法，对达到培训要求，并且获得优异成绩的人员给予奖励，包括提职晋级、评定职称和颁发奖金等；而对那些没有达到培训要求的人员，则给予一定的惩罚，如采取暂缓提职提级和评定职称、扣发奖金、自己承担培训费用等办法。通过这些奖惩办法，以激励和引导参加培训的人员保质保量地完成学习与培训计划。

4. 采取多种形式

在职教育和岗位培训可以采取多样化的形式。参加培训的人员可以脱产学习，也可以在职学习；可以短期学习，也可以参加较为长期的学历、学位教育类的学习；可以在国内进修学习，也可以安排到国外进修学习；可以在本单位组织的培训班学习，也可以参加外单位组织的培训学习，还可以参加本单位与外单位联合组织的培训学习；可以参加补课性质的知识学习（以取得学历为主要目的），也可以参加提高性质的研讨学习（以知识更新和专项研讨为主要目的）；可以参加成人教育序列（如函授、电大等）的学习，也可以参加普通高校组织的在职人员的学历、学位教育学习；可以参加面授形式的学习培训，也可以参加远程网络形式的教育培训；等等。总之，形式可以灵活、多样，只要适合本单位和本人的实际情况，能够达到学习提高的预期目的就行。

5. 坚持经常有序

在职教育和岗位培训要坚持经常化，要保证持之以恒地有序进行。对一家新闻机构来说，人员总是在不断调整和更新之中，年年都会有进有出，有来有走，对新进入人员的岗前培训是必须常年坚持的。而对那些现职在岗人员，也有个知识更新的问题，需要经常性地为他们“充电”。特别是对那些业务骨干，尤其要注意定期或不定期地组织他们参加培训，通过学习研讨、总结经验来提高他们的理论思维、政策水平和业务能力。

新闻机构的决策层应当真正把人才培训作为内部资源开发的有机组成部分，上升到战略高度来认识其意义。因为未来的媒体竞争，最关键的还是人才的竞争。只有拥有一流的人才，才可能具备一流的实力，也才能够将自己的媒体建设成为具有强大竞争力的一流的媒体。

二、媒介素养教育的普及与大众化

（一）媒介素养教育普及与大众化的意义及内涵

1. 媒介素养教育普及与大众化的意义

所谓“媒介素养教育”，是指有关媒介知识及运用技能和方法的教育。通常这种教育是包括在新闻教育之中，由新闻院校向新闻学专业的学生实施的，因此，毫无疑问它应当属于新闻教育的组成部分。

在西方一些国家以及我国香港、台湾等地，媒介素养教育不仅仅是在学校里、课堂上对新闻学专业学生的专业教育，而是成了面向社会与公众的一种大众教育，即将有关的媒介知识及运用技能和方法直接传授给普通百姓，使之成为一种普及性的社会教育。据资料介绍，在美国，大约有 5 000 所中学开设媒介知识课程，其中，在 936 所初级中学中，就有 59%的学校对学生实施媒介教育。

我国著名报人和新闻教育家邵飘萍在 1924 年出版的《新闻学总论》一书中，就已对新闻教育的普及与大众化问题做过阐述。他指出，新闻学作为一种“处世穷理之学”，“不独为新闻记者所应具”，“即多数国民，最好亦能使之相当了解”。他还提出：“以余之希望，新闻学一科，应作为中学以上之普通课程，且望各大学之皆有添设。”①

媒介素养教育普及与大众化的根本意义在于，它能使普通民众掌握媒介传播的相关知识及运用技能和方法，从而知道怎样运用媒介更好地为自己的劳动、学习、生活，以及参与国家和社会事务服务，使自己真正成为媒体的主人，成为其主动的驾驭者，而不至于只是充当被动的接受者。

当前，在我国实施媒介素养教育大众化具有特殊的意义。

一是民众的需求。

在现代社会，高新科学技术为信息传播插上了翅膀。各种各样的信息通过报刊、广播、电视、网络等各种媒体源源不断地传播开来。人们处在四处涌流的信息包围之中。而自媒体和参与式新闻的出现，使得人人都有了麦克风，人人都成了传播者。在这样的信息传播环境下，如何才能正确、有效地识别与选择传播媒体、传播内容和传播方式，以便更好地从中获取有益、有用和有效的信息，如何才能更好地借助媒体传播信息、发表意见、表达观点，成为广大受众需要时时面对的问题。然而，由于媒介知识、素养的缺乏，不少人在这方面常常感到力不从心，有顾此失彼、不知所从的感觉。

在信息传播无时不在，无处不有，其社会渗透力和影响力不断扩大，而人们对传播的依赖性日益增强的情况下，向普通百姓普及媒介知识已经越来越重要。民众迫切需要了解怎样才能更好地借助媒介传播获取有效信息、参与民主政治和得到娱乐休闲，以及怎样抵制媒介的消极传播。

概括起来，媒介素养教育可以满足人们以下几方面的需求：

其一，获取有效信息。面对潮涌般的信息传播，人们需要学会及时作出分析和判断，区分出哪些是有效信息，哪些是无效信息，并加以正确的选择。

其二，抵制有害传播。如今的信息传播，各类媒体齐显神通，信息潮流滚滚而来，难免会出现大海奔流、泥沙俱下的情况，其中会夹杂着一些诸如虚假新闻、“有偿新闻”及低俗新闻等垃圾和污秽，造成信息污染，对社会和公众产生消极影响。人们需要掌握相关知识来识别哪些新闻与信息是对自己的劳动、学习、工作和生活有益的，哪些是无益，甚至是有害的，从而可以自觉地抵制有害传播，防止陷入传播陷阱。

其三，行使民主权利。随着我国民主政治进程的不断推进，民众的参政、议政意识不断增强，有效地运用新闻媒介行使自己参政、议政的民主权利，已成为民众日益迫切的要求。人们需要知道，怎样才能更好地运用新闻媒介表达自己的心愿，发表自己的意见，行

① 转引自胡太春：《中国近代新闻思想史》，301 页，太原，山西教育出版社，1987。

使自己作为公民监督党和政府及其工作人员的民主权利。

其四，承担监督责任。新闻媒介是为社会与公众服务的，其传播行为理应接受社会与公众的监督，以使其按照公众的意愿，遵循传播规则行事。人们需要知道自己在批评和监督新闻媒介方面享有哪些权利和具有哪些责任，以及怎样才能更好地行使这些权利，承担这些责任。

总之，民众需要通过媒介素养教育来提高自己识别媒介、选择媒介、运用媒介和监督媒介的能力。

二是形势的需要。

新世纪把世界带入了一个充满变革与发展的新的时代。世界范围内经济全球化、政治多极化和信息传播全球化日益增强的态势，给我国建设和发展提出了许多新的课题。而加入世贸组织更是对我国的政治、经济、文化以及新闻传播带来许多新的挑战和影响。国外资本向我国新闻传媒业的渗入，国外文化向我国思想文化领域的渗透，西方意识形态对我国民众的影响，这些都是一些需要及时采取应对措施的事情。

面对这样一种传播环境，怎样才能使民众保持警觉，调整心态，提高对各种外来文化及意识形态影响的识别力和批判力，自觉抵制国外文化及意识形态的消极影响，是极为重要的问题。

实施对民众的媒介素养教育，让广大民众了解当前的传播环境，掌握必要的媒介知识，才能使他们处变不惊，应变从容，在复杂的信息传播环境中明确方向，站稳立场，从容应对。

三是媒介批评的诉求。

随着社会的进步和传媒业的发展，新闻媒介的渗透力和影响力日益扩大，人们对它的期待和要求也越来越高。新闻媒介要更好地发挥自己的有效功能，减少传播失误和负面影响，必须自觉接受社会与公众的批评和监督，这是新闻媒介存在与发展的必然要求。舍此，它将会失去民众的信任，失去存在与发展的根基。要让民众具备批评和监督媒体的自觉认识，并掌握正确的方法，对民众进行相关的媒介素养教育是不可缺少的。

2. 媒介素养教育普及与大众化的内涵及任务

媒介素养教育作为一种面向社会与公众的教育活动，包括以下内容，担负以下任务。

一是普及媒介基本知识。

媒介素养教育首先要让民众了解有关媒介的一些基本知识。例如，大众传媒有哪些特征、属性，有什么功能、作用，媒介传播有哪些基本规则、规律，等等。掌握了这些知识，有助于民众知道怎样识别媒介，并根据自己的需要有目的地选择媒介的种类，以及传播的内容及形式；知道在什么情况下选择什么样的媒介能获得最有效的信息；知道在什么样的媒体上能获得自己所需要的有益的传播内容和自己乐于接受的有效的传播方式；知道怎样才能减少接受媒介传播过程中的盲目性和被动性；知道怎样才能抵制有害的传播内容及传播方式；知道哪些是对媒介传播的合理要求，而哪些要求是媒介无法承担和难以做到的。

二是传授媒介运用方法。

认识媒介的根本目的还在于运用。媒介素养教育的最终目的还是要落定在民众能有效地运用媒介上，不但使他们能从媒介传播中获得对自己劳动、学习、工作、生活和娱乐有效和有益的信息，更重要的还在于使他们知道怎样借助媒介来行使自己参与国家和社会事务，有效地参政、议政的权利。

具体来说，要使民众知道怎样利用新闻媒介来维护国家及相关法律所赋予自己的各种权利，如知情权、参与权、表达权、监督权，以及名誉权、荣誉权、姓名权、肖像权、隐私权等；知道怎样运用各种媒体对国家机关及公务人员的决策、工作、作风等情况发表意见，开展批评，实行监督。这是一个民主与法治国家赋予民众的基本权利，也是一个民主与法治国家的公民应尽的义务和责任。

另外，对广大互联网等新媒体的使用者来说，还可以通过媒介素养教育掌握媒介传播的相关技能和方法，使自己能够更好地运用媒介收受和传送信息，成为信息传播的主动参与者。

三是传播媒介批评理念。

媒介批评理念是一种现代理念。实行媒介批评是现代媒介传播理论和实践中的一个重要问题。因此，培养民众对新闻媒介的批评和监督意识是媒介素养教育中的一项重要内容。要通过普及媒介素养教育，让民众知道在现代社会中媒介批评的重要意义，帮助民众确立媒介批评和监督的自觉意识，知道怎样才能更好地尽到责任，帮助媒介不断总结经验教训，减少缺点失误，更好地为社会与公众服务。

面向社会与公众的媒介素养教育，关键在于要让民众增强识别媒介、选择媒介、运用媒介和监督媒介的能力，使他们能够主动驾驭媒介，真正成为媒介的主人，这应是媒介素养教育的基本要求和真正目的。

（二）媒介素养教育普及与大众化的要求及实施

媒介素养教育普及与大众化虽然在世界上一些国家和地区已有先例，但在我国内地还是一项全新的工作。

实施媒介素养教育大众化，是提高民众文明素质的重要环节，也是国家文明发展的重要标志。这是一件功在国家，利在人民，惠及千家万户的事情。因此，需要全社会的广泛关注和参与，需要采取切实可行的办法。

1. 建立相应的督导与协调机构

作为一项社会系统工程，实施媒介素养教育普及与大众化，首先需要建立一定的组织机构来督导和协调此项工作。例如可以由宣传部门牵头，组成由新闻、教育、文化等部门共同组成的机构，负责此项工作的组织、协调。具体可由教育部门牵头实施。

2. 形成媒介素养教育的社会化系统

教育的基础在青少年，教育的主要阵地在中小学。普及媒介素养教育同样应以中小学为基础，同时吸收社会文化教育机构参加，形成社会化的教育系统，有组织、有计划地开展此项工作。还可通过职工文化教育、业余社会教育等多种渠道和形式开展普及性的媒介素养教育，使无论男女、长幼以及何种职业的群众都可以通过多种渠道和形式获得这方面的知识。

3. 编写媒介素养教育的普及教材

开展普及性教育，关键要有一套适用的教材，有了好的教材，许多人通过自学的办法同样可以达到学习的目的。因此，应当组织编写适合于向不同人群普及媒介知识的教材。这种普及性教材与新闻院校的专业教材的主要区别在于其通俗性和实用性。如果说专业教育的主要任务在于培养学生的新闻理念和训练学生掌握为社会与公众服务的媒体操作技能的话，那么，大众化媒介素养教育的主要任务在于普及媒介知识，培养民众的媒介素养，以及掌握运用媒介的能力。

4. 发挥新闻院校的骨干作用

媒介素养教育属于新闻教育的组成部分，因此，新闻院校应当将其作为新闻教育的补充，给予充分的支持和配合。有条件的新闻院校应尽可能参与社会性的媒介素养教育活动，并担负一定的指导责任。同时，还可在校内面向其他院系专业的学生开设媒介知识选修课程和课外讲座，向非新闻学专业的学生普及媒介知识。特别是在师资培训和教材编写方面，新闻院校更应多做些工作。

让新闻教育走出学校和课堂专业教育的象牙塔，将其变为面向社会与公众的一种普及性教育，是全社会的共同任务，更是新闻院校义不容辞的责任。有广大群众的积极参与，有全社会的共同关心，有有关部门的支持与配合，我国的媒介素养教育工作就一定能够顺利开展，并取得良好效果。

【思考题】

1. 世界新闻教育产生的背景是什么？
2. 怎样认识我国新闻教育发展的趋势及特点？
3. 如何理解新闻教育的理念及指导思想？
4. 新闻人才怎样提高“德”、“识”、“能”的素质修养？
5. 媒介素养教育的大众化有何意义？

后 记

《新闻理论新编》自2007年出版以来已有7年时间，这期间许多新闻与传播院校将其作为本科生新闻理论课的指定教学用书和研究生学习与研究新闻理论的参考书目，使得该书在新闻理论教学和研究中发挥了应有的作用，产生了一定的影响。这次根据出版社要求进行修订，本人在内容、体例和文字上都作了较大调整和修改，目的是为了更加方便老师的教学和学生的学习，非常希望修订版书稿能够继续得到大家的认可。

这些年来，我在组织新闻理论教学的过程中，得到了许多研究生的帮助，他们或是为我收集最新实践案例，或是为我整理最新研究成果，有的在担任助教过程中还就教材中的一些问题提出建议和意见。我愿借此机会向他们致谢！特别是我的在读博士生任媛媛、李刚存、叶俊、范兴昕，硕士生张阿凤、邹雅筠、次仁卓玛，以及已毕业博士生李文竹、薛巧珍和今年刚录取的博士生王亚华等人，在此次书稿修订过程中，为案例收集、资料更新及书稿校对做了许多工作，在此向他们表示感谢！

我还要特别感谢中国人民大学出版社的翟江虹编辑，她为此次书稿修订多次同我联系，并且提出了很好的建议，提供了便利的条件。

真诚期待能够听到读者朋友的批评建议！

作者

2014年10月12日

图书在版编目（CIP）数据

新闻理论新编/郑保卫著．—2 版．—北京：中国人民大学出版社，2014.10
新编 21 世纪新闻传播学系列教材·基础课程系列
ISBN 978-7-300-20150-4

Ⅰ．①新… Ⅱ．①郑… Ⅲ．①新闻学-高等学校-教材 Ⅳ．①G210

中国版本图书馆 CIP 数据核字（2014）第 239600 号

普通高等教育“十一五”国家级规划教材
国家级精品课“新闻理论”配套教材
新编 21 世纪新闻传播学系列教材·基础课程系列
新闻理论新编（第二版）
郑保卫 著
Xinwen Lilun Xinbian

出版发行	中国人民大学出版社		
社　　址	北京中关村大街 31 号	**邮政编码**	100080
电　　话	010－62511242（总编室）		010－62511770（质管部）
	010－82501766（邮购部）		010－62514148（门市部）
	010－62515195（发行公司）		010－62515275（盗版举报）
网　　址	http://www.crup.com.cn		
经　　销	新华书店		
印　　刷	北京捷迅佳彩印刷有限公司	**版　　次**	2007 年 9 月第 1 版
开　　本	787 mm×1092 mm　1/16		2015 年 1 月第 2 版
印　　张	21.25	**印　　次**	2024 年 7 月第 5 次印刷
字　　数	505 000	**定　　价**	39.80 元